낙하생 이학규의 시문학 연구

民族文化研究叢書 150

낙하생 이학규의 시문학 연구

이국진 지음

高麗大學校
民族文化研究院

이 책은 高麗大學校 民族文化硏究院이 새로운 民族文化의 暢達과 國學振興을 위하여 제정한 『芝薰國學硏究造成費』와 『民族文化硏究叢書刊行計劃』에 의하여 출판되었습니다.

머리말

낙하생(洛下生) 이학규(李學逵, 1770~1835)는 신유옥사(辛酉獄事, 1801년의 천주교 박해사건)에 연루되어 김해에서 24년간 유배생활을 보낸 조선후기 문인이다. 유복자로 태어난 그는 성호학파의 주역인 외할아버지 이용휴(李用休)와 외삼촌 이가환(李家煥)의 보살핌 속에서 문학과 학문에 대한 가르침을 받았다. 아내는 정약용(丁若鏞)과 10촌간이었으며, 천주교 신자로 유명한 이승훈(李承薰)·황사영(黃嗣永)과도 친척 관계였다. 한편, 젊은 시절에는 포의(布衣)의 신분으로 『규장전운(奎章全韻)』의 편찬에 참여하고, 왕명에 따라 원자궁(元子宮)에 내릴 책을 교수(校讎)하여 바치는 등 정조(正朝)의 신임을 받았다.

하지만 이런 성장 배경은 그가 천주교 신자도 아니고 벼슬이 없음에도 불구하고, 서른두 살부터 쉰다섯 살까지 남쪽 바닷가에 갇히는 원인이 되었다. 순식간에 삶의 나락으로 떨어진 이학규는 풍비박산이 난 가문과 세상을 떠나는 가족들의 소식에 비통해하며 궁핍한 유배생활을 견뎌나갔다. 그 과정에서 그의 존재는 사람들로부터 잊혀졌다. 그의 유배기간이 정약용보다도 6년이나 더 길었던 것은 요주의 인물이어서가 아니라 정치적으로 철저히 소외되었기 때문이었다. 그리하여 이학규는 아들의 거듭된 간청으로 간신히 풀려난 뒤에도 정처 없이 서울과 김해를 오가다가 충주지방에서 쓸쓸하게 여생을 마쳤다.

이처럼 기구하고 불우한 일생을 보낸 이학규에게 '시'는 그가 스스로 고백했듯이 삶을 지탱해 나가는 가장 절실한 수단이었다. 이학규는 예민한 감수성과 강렬한 창작 욕구에서 비롯된 시창작을 통해 한없는 회한과 울분에 잠기기도 하고, 외롭고 고통스러운 내면을 달래기도 하고, 삶의 의미와 방향을 성찰하기도 했다. 또 한편으로는 자신이 체감한 낯선 풍속과 백성들의 고난, 관리들의 횡포 등을 애정 어린 시선과 치열한 의식을 투영하여 시로 형상화했다. 아울러 시문학의 예술경계를 다각도로 탐구하며 자기만의 시론과 시세계를 모색했다. 이로 인해 이학규 자신은 일평생 외지를 전전하며 세상으로부터 외면 받았지만, 그의 시세계는 다채로운 성과들이 가득했던 조선후기 한국한시사의 중심에 자리하면서 높은 문학적 성취를 이룩했다.

필자는 이학규 한시를 연구 대상으로 삼아 석사 학위 논문을 썼다. 당시에는 이학규의 시작품들을 생애 순으로 살펴보며, 그 내면의식의 변모 양상을 고찰하는데 집중했다. 이후 박사 과정을 거치면서 생애를 추적하는 작가론적 연구 방법의 한계를 실감했다. 그와 함께 이학규가 문학적 계기에 따라 각종 시 양식을 주체적으로 선택하고, 다양한 표현기법을 끊임없이 습득하고 자기화 해나간 작가라는 점이 느껴졌다. 또한 이학규의 시세계를 깊이 이해하기 위해서는 조선후기 한시사의 개성적인 흐름과 그에게 직접적인 영향을 미친 정약용·신위와 같은 대가들의 시세계를 구체적으로 알아야 한다는 사실을 절감했다. 이에 이학규 한시로 박사 학위 논문을 쓴다면 의미도 있고, 무엇보다도 많은 공부가 되겠다는 확신이 들었다.

이 책은 필자의 박사 학위 논문인 『이학규 한시의 표현기법과 미적 특질 연구』를 수정 보완하고, 이학규의 부(賦)문학 작품을 연구한 후속

논문을 보론으로 붙인 것이다. 박사 학위 논문을 수정 보완한다고 했으나 연구 성과를 보충하고 문구를 다듬는 정도에 그친 점이 송구스럽다. 앞으로 후속 연구를 통해 미진한 부분을 조금이나마 보완하도록 노력할 계획이다.

책을 출간하려고 하니 감사인사를 드려야 할 많은 분들이 떠오른다. 먼저 모교인 경북대학교 한문학과의 김시황, 박영호, 황위주, 정병호, 강민구, 이구의 선생님과 여러 선후배들께 감사를 드린다. 늘 자상한 보살핌과 가르침 덕분에 한문학에 대한 흥미를 맘껏 키우고 학문적 기초를 다질 수 있었다. 고려대학교 한문학과의 이동환, 박성규, 안병학, 김언종, 심경호, 윤재민, 윤경희, 임준철, 송혁기 선생님, 국문학과의 정우봉 선생님은 학자로서의 소양과 엄밀한 연구 자세를 가르쳐 주셨다. 대학원에서 인연을 맺은 여러 선후배들의 학문에 대한 열정과 가르침은 부족한 필자를 더 분발하도록 일깨워 주셨다.

조선후기 한시에 관심을 가지던 필자에게 연구실 책장에서 『낙하생전집』을 꺼내주시던 안병학 선생님의 따뜻한 손길을 어찌 잊을 수 있으랴. 부디 속히 쾌유하시길 간절히 기원 드린다. 박사 학위 논문 서론에 담길 문제의식과 연구 방법을 다듬고 또 다듬도록 독려하시고, 원고를 넘기기 전날까지도 결론의 부족한 부분을 지적해 주신 정우봉 선생님의 세심한 가르침 덕분에 이렇게나마 연구 성과를 갖출 수 있었다. 박사 학위 논문의 심사를 맡아서 자상하게 지도해 주신 박성규, 김언종, 백원철, 황위수 선생님께도 깊이 감사드린다. 출판을 지원해 주신 고려대학교 민족문화연구원에도 감사를 드린다.

언제나 묵묵히 응원해주시고 믿어주시는 부모님, 항상 편안한 마음가짐으로 공부할 수 있도록 격려해주시는 장인 장모님, 늘 따뜻하고 밝은 기운으로 보듬어주는 아내와 딸에게 깊이 감사드린다. 이 모든 분들께 부끄럽지 않도록 더 노력할 것을 다짐한다.

2017년 5월 8일

이 국 진

차례

제1장. 서론

1. 문제 제기와 연구 방법

본고는 낙하생(洛下生) 이학규(李學逵, 1770~1835) 한시의 표현기법과 미적 특질을 고찰하고, 이를 통해 이학규 한시의 시사적(詩史的) 의미와 위상을 구명하고자 한다.

유복자로 태어나 10살까지 외가에서 자란 이학규는 어릴 때부터 외할아버지 이용휴(李用休, 1708~1782)와 외삼촌인 이가환(李家煥, 1742~1801), 이삼환(李森煥, 1729~1813)으로부터 문학과 학문에 대한 가르침을 받았다. 신유옥사(辛酉獄事, 1801)에 연루되어 금주(金州 : 김해)에서 24년간 유배생활을 겪을 때에는 정약용(丁若鏞, 1762~1836)으로부터 현실주의 시세계에 대한 강한 자극을 받았으며, 만년에는 신위(申緯, 1769~1845)와의 밀접한 교류를 통해 그의 시풍으로부터 많은 영향을 입었다.

이처럼 이학규는 조선후기 시단에서 일가를 이룬 문인들과의 긴밀한 관계를 바탕으로, 평생 동안 18세기 말~19세기 초 한국한시사의 흐름에 적극적인 관심을 기울였다. 앞선 문인들로부터의 영향관계를 비롯하여, 젊은 시절부터 후사가(後四家)의 개성적인 작품을 수준 높게 평가하고, 궁벽한 유배지에서도 명말청초 문인들의 시세계와 시론에 깊은 이해력을 드러내며, 조선후기에 성행한 각종 시 양식들을 활용하는 양상은 이러한 작가적인 성향을 잘 보여준다.

여기에 예민한 감수성과 강렬한 창작충동을 거침없이 표출하면서도, 한편으로는 투철한 시인의식을 견지하며 시문학의 예술경계를 끊임없이 탐구함으로써 그는 자기만의 시세계와 시론을 모색해 나갔다. 그리하여 불우한 삶의 경험과 사회현실에 대한 애정 어린 관심에서 비롯된 진지한 정서와 치열한 의식들을 다양한 제재와 표현기법을 통해 형상화하였다.

이 때문에 이학규 자신은 일평생 외지를 전전하며 세상으로부터 외면을 받았지만, 그의 시세계는 다채로운 성과들이 가득했던 당대 한국한시사의 중심에 자리하면서 높은 문학적 성취를 이룩하였다. 따라서 이러한 이학규 시세계의 전모(全貌)를 파악하여 세밀하면서도 총체적인 분석을 진행하고, 그 시사적 의미와 위상을 정립하는 일은 이학규 한시의 문학적인 특성을 온전히 파악하고, 18세기 말~19세기 초 한국한시사 이해의 폭을 넓힐 수 있다는 점에서 중요한 의의를 지닌다.

그렇다면 이학규의 시세계를 어떤 방법으로 분석하고 연구할 것인가? 이를 위해서는 한시 또한 다른 문학작품처럼 내용과 형식의 유기적 통일체라는 원론적인 문제를 다시금 생각할 필요가 있다. 즉, 한시의 창작과정은 추상적인 단계에 있던 내용을 나양한 표현기법을 통해 형식으로 구체화하려는 고뇌의 과정이다. 따라서 바람직한 한시 연구를 위해서는 작품의 내용과 형식, 표현기법 등에 대한 균형 있는 고찰이 이루어져야 하는 것이다.

그러나 지금까지 한국 한문학에서의 한시 연구는 편향된 측면이 있었다. 해방 이후 한시 연구의 주된 흐름은 역사주의적 방법 아래 '근대(近代)'·'민족(民族)'·'실학(實學)'·'현실(現實)'·'민중(民衆)' 등의 의미를 탐색하는 방향으로 진행되었다. 그리고 1990년대 중반 이후로는 '여성'과 '생태'가 연구 주제로 등장하였으며, '시풍'과 '풍격'의 논의가 활발해졌다. 아울러 작품 속에서 시인의 생애와 사상 또는 의식을 살피는 작가론적인 접근이 주를 이루었다.[1)] 이러한 연구 경향은 시대적 사명감과 진지한 학문정신에 기반하여, 지금까지 높은 수준의 연구 성과를 구축하였다. 그럼에도 불구하고 학계에서는 문학성을 탐구하려는 노력이 부족한 점과 방법론적 고민이 결여된 획일화된 연구풍토에 대한 반성 및 새로운 연구 방법의 필요성이 지속적으로 제기되어 왔다.[2)]

---

1) 심경호, 「한문학연구의 회고와 전망」, 『고전문학연구』 18집, 한국고전문학회, 2000; 이종묵, 「한시 연구의 회고와 전망」, 『대동한문학』 19집, 대동한문학회, 2003; 박영호, 「한국에서의 한문학 연구 동향」, 『퇴계학과 한국문화』 35집, 경북대학교 퇴계학연구소, 2004.

2) **이우성**은 한국한문학을 연구하는 데 있어서 역사과학적 방법에 기본을 두면서도 미학에 대한 관심을 높이고, 미학의 관점에서 문학의 본령에 보다 유의해야한다고 지적하였다. (이우성, 「한국한문학연구의 회고와 전망」, 『한국한문학연구』 8집, 한국한문학회, 1985, 288면.); **민병수**는 한시 연구가 '의식', '사상', '사회'를 뽑아내는 소재론적 접근에 머물렀다고 지적하며, 한시 연구의 중요한 과제로 우리나라의 시인·비평가들이 중국의 문학이론을 수용할 때 보여준 자각적인 의지를 읽어내어 시가 함축하고 있는 깊은 意趣를 탐색 발굴하는 것을 강조했다. (민병수, 「한문학」, 『국어국문학연구사』, 우석, 1985, 349~352면.); **이원주**는 역사주의적 방법론과 중국과의 비교문학적 방법론의 가치를 인정하면서도 그 한계를 지적했다. 이에 문학성과 역사성을 통합적 구조 속에서 총체적으로 해명하는 역사주의적 한시 연구 방법론의 심화를 촉구했다. 또한, 비교문학적 연구는 궁극적으로 한국 한시사에서 어떤 의미를 지니고 있는지에 대한 의미부여가 있어야 한다고 보았다. 그리하여 새로운 연구 방법으로 聲韻學과 色彩美學 등의 연구 성과를 바탕으로, 한시가 지닌 미학적 구조와 미의식의 원리를 밝히는 예술미학적 접근 방법을 제안했다. (이원주, 「한문학 연구 동향」, 『한문학 연구』 6집, 계명한문학연구회, 1990, 212~213면.); **박성규**는 고려조 한시 연구가 역사주의적 연구방법에 치우쳐 있다고 지적하고, 문예미학적 연구방법을 통해 한시형식의 정제성과 서정시와 자연시에 구사된 상상력과 상징성 등 문학의 본질로서의 美의 문제에 많은 관심을 기울여야 한다고 말하였다. (박성규, 「高麗朝 漢文學硏究의 현황과 과제」, 『국어국문학 40년』, 집문당, 1992, 188~195면; **박희병**은 한시 연구에서 그 시작품에 대한 총체적 연구가 필요하지만, 그에 못지않게 어떤 작가의 시세계가 보여주는 본질적인 특징을 포착해내는 작업이 중요하다

이러한 점을 고려할 때, 한 시인의 시세계를 표현기법과 미적 특질의

고 지적하였다. (박희병, 「조선시대 한문학 연구사 검토」, 『국어국문학 40년』, 집문당, 1992, 199면; **안대회**는 한국 한시에서의 현실주의 논의가 소박한 반영론에 근거한 편내용주의적이고 기계론적 경향을 띠었다고 지적하였다. 그리고 이러한 연구는 한시의 현실반영의 특수한 법칙이나 개별 작가, 개별 한시의 미적 가치에 대한 깊이 있는 분석을 결하고 있다고 언급했다. (안대회, 「한국 한시에서의 현실주의 논의」, 『민족문학사연구』 2권, 민족문학사학회, 1992, 85면.); **송준호**는 역사주의적 관점에 의한 한시연구의 성과를 매우 정당하고 값진 것이라고 평가하면서도, 시의 문예적 본질을 연구하는 쪽으로의 방향전환과 작품의 일차적 의미를 넘어서서 본질을 정확하게 이해하는 일의 중요성을 언급하였다. (송준호, 「우리 한시 연구에 대한 성찰과 하나의 제언」, 『대동한문학』 11집, 대동한문학회, 1999, 7~23면.); **심경호**는 작가의 의식 혹은 정신적 지향을 해명하는 것에 그치지 말고 한시 문학의 미학적 특성을 구명하는 데 일조하는 방향으로 논의를 일반화, 개념화 할 필요가 있다고 지적하는 등 한시 연구 방법론에 대한 다양한 의견을 제시하였다. (심경호, 앞의 논문, 102~111면.); **이종묵**은 문헌실증주의와 정확한 텍스트 이해에 기반 한 '實事求是'의 방법론을 중시하고, 전통적인 한시 창작방법론 탐구와 연구 방향성의 진지한 고민의 필요성을 강조하였다. (이종묵, 앞의 논문, 33~38면.); **이동환**은 작가의 생애 · 사상 · 문학관과 작품 분석 간의 유기적 관계가 결여된 경우와 생애나 사상 등의 예비적 논의가 작품 분석을 압도하는 경우를 지적하며, 역사과학적 연구방법이 보다 세련되어야 한다고 언급하였다. (이동환, 「한문학 연구의 회고와 방향」, 『한국한문학연구』 37집, 한국한문학회, 2006, 23~25면.); **정민**은 감상이나 해설 차원에 그치는 작품 연구와 작품을 통해 작가의 생애를 복원하는 작가 연구가 만연한 점을 지적하고, 이러한 연구방법의 개선을 요구했다. (정민, 「18세기 한문학 연구와 문화사적 시야」, 『한국한문학연구』 41집, 한국한문학회, 2008, 28~29면.)

* 최근에는 빠르게 변화하는 연구 환경을 감안한 방법론적 논의가 진행되었다. **윤재환**은 연구 영역의 확장이 의미를 지니기 위해서는 영역의 확장 속에서도 흔들리지 않는 본질의 構築이 먼저 이루어져야 한다고 지적했다. 아울러 용어의 錯亂과 보편과 특수의 이해 부족에서 기인한 착란에 대한 주의를 요구했다. (윤재환, 「조선 후기 한시 연구를 위한 몇 가지 제언」, 『한문학논집』 41, 근역한문학회, 2015.); **이국진**은 한시 연구 방법론의 외연 확장, 장르 경계를 넘나드는 연구 방법의 활성화와 다양화, 현대 사회 및 현대인들과 교감할 수 있는 연구 방법론의 모색을 제안했다. (이국진, 「한국 한시 연구 방법론의 연구사적 검토와 방향성 탐색」, 『동양학』 60, 단국대학교 동양학연구원, 2015); **이은주**는 중국 한시 연구 흐름과의 연계, 북한 및 해외 한시 연구 동향에 접근할 수 있는 창구의 확대, 한시 텍스트의 현대적 해석과 문학적 쟁점 발굴의 필요성을 제기했다. (이은주, 「한국 한시 연구사의 검토와 과제 -최근 10년 한국한시 연구를 회고하며-」, 『동양학』 60, 단국대학교 동양학연구원, 2015.)

방면에서 고찰하는 일은 내용 중심의 작가론에서 벗어나 작품의 문학성을 부각시킬 수 있는 유용한 방법이라고 할 수 있다. 하지만 여기에서도 형식은 내용의 존재방식이며, 수준 높은 표현기법은 내용의 심화를 촉진함으로써 예술적인 효과를 높인다는 점을 간과해서는 안 된다. 이에 작품의 표현기법과 미적 특질에 대한 분석은 반드시 그 속에 담긴 정서와 의식 및 주제와의 연관관계를 구명하는 데로 나아가야 하는 것이다.

이런 문제의식을 바탕으로 이학규의 시세계를 살펴보면, 무엇보다도 다양한 시 작품과 시체를 학습하고 운용함으로써 창작역량을 키우고 창작방향을 개척해가는 모습이 주목된다. 이학규는 일생에 걸쳐 이상은(李商隱)의 「무제(無題)」와 「달(月)」, 백거이(白居易)의 「하처난망주(何處難忘酒)」, 노동(盧仝)의 「월식(月蝕)」, 양만리(楊萬里)의 「전원잡흥(田園雜興)」, 김창흡(金昌翕)의 「갈역잡영(葛驛雜詠)」, 박제가(朴齊家)와 이덕무(李德懋) 등이 지은 성시전도시(城市全圖詩)와 같이 각기 다른 성향의 다양한 시 작품을 모의하였으며, 작품의 곳곳에서 두보(杜甫)와 한유(韓愈), 소식(蘇軾) 등 주요 문인들의 구법을 차용하였다.

특히 문학적인 경험과 작가의식이 변모할 때마다 각기 다른 시 양식을 활용하고 있는 점이 돋보인다. 이학규는 유배전기[3]의 모색기에는 다양한 잡체시를 통해 형식을 실험하였고, 수시로 장편서술구조를 통해 회한을 표출하였다. 유배후기와 해배이후의 난숙기에는 칠언율시에 집중하여 개인의 정서와 자의식을 정제된 형식으로 형상화하였다. 그리고 현실주의적인 제재를 표현하고자 할 때에는 악부시(樂府詩), 기사시(紀事詩), 기속시(紀俗詩), 민요시(民謠詩), 배해체(俳諧體) 등의 시 양식을

3) 본고는 이학규의 내면의식과 시세계에 중요한 변모를 보인다고 판단되는 1815년 아내의 죽음을 기준으로, 유배전기와 유배후기로 시기를 구분하였다. (이국진, 「이학규의 현실인식과 시세계」, 고려대학교 석사학위논문, 2005.)

적극적으로 활용하였다. 또한 100여 수에 이르는 영물시를 통해 비유적·묘사적 표현기법을 유감없이 발휘하였으며, 고시와 절구·칠언율시·죽지사 등의 형식미에 대한 분명한 주관을 지니고 있었다.

그러므로 이학규 한시의 표현기법과 미적 특질을 온전하게 고찰하기 위해서는 그가 문학적 계기에 따라 확고한 작가의식을 바탕으로 각종 시 양식을 선택하였으며, 다양한 표현기법을 끊임없이 습득하고 자기화했다는 점을 인식해야 한다. 본고가 이학규 한시를 양식별 특징에 따라 구분하여 그 표현기법과 미적 특질을 고찰하려는 이유는 바로 여기에 있다.

2. 연구사 검토와 서술 구도

지금까지 이학규 한시에 대한 논의는 현실주의 경향의 작품에 집중되었다. 연구초기부터 이학규의 『영남악부(嶺南樂府)』가 주목을 받았으며[4], 임형택[5]이 이학규의 현실주의 시에 주목하여 사회 현실의 풍부한 내용과 생동한 민중의 정감을 담았다고 평가한 뒤, 백원철[6]에 의해 이학규의 생애와 문학론, 교유관계에서부터 악부시, 기사시, 기속시, 민요시에 이르기까지 체계적이고 종합적인 연구가 이루어졌다. 아울러 정우봉[7]은 그의 현실주의 시론(詩論)과 심미적 특징을 담은 시론을 함께 분

4) 김영숙, 「영남악부 연구」, 『영남어문학』 10, 1983; 이은희, 「「嶺南樂府」에 나타난 李學逵의 作家意識」, 『연구논집』 11, 이화여자대학교 대학원, 1983.

5) 임형택, 「낙하생전집 해제」, 『낙하생전집』 상, 아세아문화사, 1985, 20면.

6) 백원철, 「洛下生 李學逵의 詩研究」, 성균관대학교 박사학위논문, 1991. 이후 백원철은 이 논문을 다듬고, 부록도 붙여 『낙하생 이학규 문학연구』(보고사, 2005.)를 간행하였다.

석하였다. 이후 이학규의 현실주의 시는 다수의 후속 논문을 통해 지속적으로 연구되었다.[8] 최근에는 이학규의 현실주의 시 작품을 다른 장르 또는 문인들과의 비교 속에서 분석한 연구도 진행되었다.[9]

이와 함께 이학규의 개성적인 산문세계를 분석한 연구도 시행되었으며[10], 이학규 문학의 변모 양상을 삶의 궤적에 따라 고찰한 연구가 이뤄졌다.[11] 또한 이학규의 학문과 문예성향에 대한 검토[12], 문학적 교유

---

7) 정우봉, 「李學逵의 文學論 硏究」, 『한국한문학연구』 12, 한국한문학연구회, 1989; 정우봉, 「19세기 詩論 硏究」, 고려대학교 박사학위논문, 1992, 70~82면.

8) 김성진, 「李學逵의 〈金官竹枝詞〉 연구」, 『국어국문학』 26, 부산대학교 국어국문학과, 1989; 金惠實, 「李學逵의 嶺南·海東樂府 硏究」, 한남대학교 석사학위논문, 1990; 김철범, 「李學逵의 〈金官紀俗詩〉」, 『문화전통논집』 2, 경성대학교 부설 한국학연구소, 1994; 金洙天, 「洛下生 李學逵의 嶺南樂府 硏究 : 作家意識의 變貌樣相을 中心으로」, 영남대학교 석사학위논문, 1997; 박혜숙, 「이학규의 악부시와 金海」, 『한국시가연구』 6, 한국시가학회, 2000; 許連球, 「洛下生 李學逵의 海東樂府 硏究 : 作家意識을 中心으로」, 공주대학교 석사학위논문, 2003; 石珍珠, 「李學逵의 「嶺南樂府」·「海東樂府」 硏究」, 고려대학교 석사학위논문, 2004; 崔範, 「洛下生 李學逵의 芃亭紀事詩 硏究」, 공주대학교 석사학위논문, 2005; 이봉원, 「洛下生 李學逵의 「金官竹枝詞」 硏究」, 동아대학교 석사학위논문, 2009; 손혜리, 「洛下生 李學逵의 『嶺南樂府』 再論」, 『영남학』 24, 경북대학교 영남문화연구원, 2013; 곽미선, 「이학규의 『金官紀俗詩』에 나타난 작가의식 연구」, 『연민학지』 21, 연민학회, 2014.

9) 정한기, 「영남 지역 〈모심는소리〉의 愛情 노랫말에 나타난 情緖와 그 의미」, 『한국민요학』 31, 한국민요학회, 2011; 노요한, 「조선 후기 영사악부의 협운 활용 양상에 대하여」, 『한국한문학연구』 57, 한국한문학회, 2015; 석진주, 「典故 사용을 통해 본 星湖家門 『海東樂府』의 3人3色 : 李瀷·李福休·李學逵의 작품을 중심으로」, 『동양한문학연구』 42, 동양한문학회, 2015.

10) 정우봉, 「洛下生 李學逵의 散文 世界」, 『한국실학연구』 6집, 한국실학학회, 2004; 김하라, 「낙하생 이학규 서간문의 自己敍事的 특성」, 『민족문학사연구』 27권, 2005; 정은주, 「洛下生 李學逵의 散文에 관한 연구」, 성균관대학교 석사학위논문, 2006; 심지인, 「이학규 산문 연구 : 사적 고통의 문학적 형상화」, 연세대학교 석사학위논문, 2012.

11) 정은주, 「洛下生 李學逵 文學의 變貌 樣相 硏究」, 성균관대학교 박사학위논문, 2011.

12) 류화송, 「李學逵의 「聲韻說」 小考」, 『우리말 글』 34, 우리말글학회, 2005; 정승혜, 「낙하생 이학규와 『物名類解』」, 『문헌과 해석』 38, 문헌과 해석사, 2007; 정은주, 「실

관계에 대한 고찰[13], 이학규 한시의 일면에 대한 분석이 세밀하게 진행되었다.[14]

그에 비해서 이학규의 개인적인 서정시는 많은 연구가 이루어지지 못했다. 심경호[15]는 이학규의 시세계에서 자아의 물화와 그 거부·형식언어의 주관화와 객관화·자율성의 확보와 지양에 대해 주목하고, 근대성의 측면에서 봤을 때 개인적인 '나'를 넘어서지 못한 서정자아의 한계를 지적하였다. 이국진[16]은 이학규의 개인적인 서정시를 생애순으로 고찰함으로써 불우한 삶 속에서 현실을 인식하는 태도와 의식이 변모하는 양상을 추적하고, 작품의 미적 특질을 부분적으로 언급하였다.

이처럼 지금까지 많은 연구자들에 의해 이학규의 현실주의적 시세계와 개인적인 서정시, 시론 등에 담긴 특징과 의미들이 다양하게 검토되

학파 지식인의 물명에 대한 관심과 『物名類解』」, 『한국실학연구』 17, 한국실학학회 2009; 정은주, 「조선 후기 家蔘 재배와 『蔘書』」, 『한국실학연구』 24, 한국실학학회, 2012; 정은주, 「이학규의 書畵 인식과 鑑評」, 『대동한문학』 43, 대동한문학회, 2015; 정은주, 「19세기 성호학파 문인의 문물 고증과 기록, 『東事日知』」, 『한문고전연구』 31, 한국한문고전학회, 2015.

13) 정은주, 「이학규와 한재렴의 문학적 교유 탐색」, 『인문과학』 51, 성균관대학교 인문과학연구소, 2013; 김영진, 「酉山 丁學淵의 회인시 연구 -『秋日懷人絶句十一首』를 중심으로-」, 『한국시가연구』 40, 한국시가학회, 2016.

14) 이강옥, 「낙하생 이학규의 문학과 조선후기 김해」, 『지역문학연구』 10, 경남부산지역문학회, 2004; 洪貴香, 「洛下生 李學逵의 농촌시에 대하여」, 『동양한문학연구』 19, 동양한문학회, 2004; 이강옥, 「김해 여성과 이학규의 시세계」, 『한국고전여성문학연구』 12, 한국고전여성문학회, 2006; 한창훈, 「朝鮮後期 漢詩에 나타난 事實性에 대한 一考察 -〈田間紀事〉와 〈己庚紀事〉를 대상으로」, 『국어문학』 44집, 국어문학회, 2008; 정은주, 「이학규의 화훼 취미와 菊影詩 창작」, 『인문과학』 49, 성균관대학교 인문과학연구소, 2012; 한영규·정은주, 「이학규의 「城市全圖詩」 창작 배경과 그 특성」, 『한자한문교육』 29, 한국한자한문교육학회, 2012.

15) 沈慶昊, 「서정자아의 근대적 변모와 그 한계 -洛下生 李學逵의 漢詩를 중심으로」, 『한국한시의 이해』, 태학사, 2000.

16) 이국진, 「李學逵의 現實認識과 詩世界」, 고려대학교 석사학위논문, 2005.

었다. 하지만 이들 선행연구는 상대적으로 현실주의적인 제재의 고찰에 집중되었으며, 이학규의 한시를 '근대성'의 잣대로 평가하거나, 생애를 추적하는 작가론에 머무르는 등 한국 한시 연구가 지니고 있는 방법론적인 한계를 드러내었다. 그리하여 이러한 연구 성과들은 이학규 한시가 지니고 있는 표현기법과 미적 특질들을 제한적으로 다룰 수밖에 없었으며, 심도 있고 본질적인 논의를 펼치기에는 부족하였다.

따라서 이제는 이상의 연구 성과를 충분히 수용하는 가운데, 이학규 한시의 전모를 대상으로 하여 내용과 형식의 유기적인 관계망 속에서 표현기법과 미적 특질을 구명하고, 그 시사적인 의미와 위상을 정립하는 종합적인 연구가 필요하다.

이를 위해 먼저 제1장 3절에서는 이학규와 관련된 문집과 선집 중에서 최근에 새로 발굴된 자료를 검토하려 한다. 그리하여 이학규 한시 연구의 자료적 토대를 더욱 충실히 하고, 이학규의 작가적 위상과 당시에 선호되었던 이학규 한시의 작품 경향을 살펴볼 것이다. 다음으로 제2장에서는 유배 이전과 유배 이후로 나누어 이학규 한시의 문학적 배경을 살펴볼 것이다.

이상의 예비적 검토를 바탕으로, 본격적으로 이학규 한시를 시 양식별로 나누어 그 표현기법과 미적 특질을 고찰할 것이다. 이에 제3, 4, 5장에서는 이학규의 형식적 시 양식 중에서 잡체시(雜體詩), 장편고시(長篇古詩), 칠언율시(七言律詩)를 순차적으로 고찰할 것이다. 이 세 가지 시 양식은 이학규가 각각 유배초기, 유배전기, 유배후기와 해배이후에 집중적인 관심을 보였던 것들이다. 따라서 각 장의 1절에서는 이학규가 적극적으로 시 양식을 선택하여 각 시기마다 변모하는 자신의 정서와 의식을 형상화하는 방식과 미적 특질을 고찰할 것이다. 다음으로 각 장의 2절에서는 이러한 시 양식의 표현기법과 미적 특질에 대해서 더욱 구체적인 분석을 진행할 것이다.

그리고 제6, 7, 8장에서는 이학규의 내용적 시 양식 중에서 영물시(詠物詩), 기속시(紀俗詩), 영사악부(詠史樂府)를 순차적으로 고찰할 것이다. 100여 수에 이르는 영물시는 이학규가 자신의 개인적인 서정을 표출하기 위해 심혈을 기울인 시 양식인 만큼, 그 속에서 두드러지는 이학규의 섬세한 감성과 개성적인 표현기법을 고찰할 것이다. 기속시는 이학규가 민풍토속에 대한 관심을 집중적으로 표현한 시 양식이다. 본고는 정약용의 기속시와 비교함으로써 이학규만의 표현기법과 미적 특질을 살펴보고, 남들과 달리 배해체(俳諧體)를 활용하는 양상과 그 의미를 고찰할 것이다. 영사악부는 지금까지 다방면에 걸쳐 집중적인 연구가 진행된 시 양식이다. 따라서 본고는 기존의 연구 성과를 충분히 수용하는 가운데, 이학규가 강조했던 진정(眞情)의 표현방식을 보다 세밀하게 살펴볼 것이다. 이때에 해당 작품을 기존 문인이 창작한 유사 또는 동일제재의 작품과 비교고찰 함으로써 이학규만의 개성적인 표현기법과 작가적인 성향을 입체적으로 조망할 것이다.

제9장에서는 이학규의 시론과 시세계를 당시 국내외 문인들과의 영향관계 및 시사적 맥락 속에서 조망함으로써 그 의미를 탐색할 것이다. 마지막으로 제10장에서는 이상의 논의를 정리하고, 이학규 한시의 시사적 위상을 가늠해 봄으로써 결론을 맺을 것이다.

3. 문집과 선집의 현황

현재까지 이학규의 문집은 필사본(筆寫本) 여러 종이 국내외에 흩어져 있는 실정이다. 이런 상황에서 1985년 이학규 서거 150주년을 맞아 한국한문학연구회가 국내외의 유고(遺稿)를 수집하여 영인(影印)하고, 『낙하생전집(洛下生全集)』 3책(아세아문화사)을 공간(公刊)하였다. 여기에는 일본 동양문고장본(東洋文庫藏本), 일본 천리대 도서관장본(天理大圖書館藏本), 서울대 가람문고본, 서울대 규장각장본(奎章閣藏本), 횡성 방손가본(橫城 傍孫家本)의 유고가 사용되었다.[17)]

이후 한국고전번역원에서는 저술 연대순으로 유고를 다시 편집하여 『낙하생집(洛下生集)』(한국문집총간 290)을 간행하였다. 이 과정에서 국립중앙도서관에 소장된 『낙하생집(洛下生集)』, 서울대 규장각에 소장된 『인수옥집(因樹屋集)』과 『낙하생고(洛下生稿)』, 연세대 중앙도서관에 소장된 『낙하생고(洛下生稿)』와의 이본(異本) 대조가 시행되었다.[18)]

그런데 주의할 점은 『낙하생전집(洛下生全集)』 3책(아세아문화사) 중에서 중권의 『인수옥집』(3~9면)과 하권의 『추수근재집(秋樹根齋集)』(187~261면)이 『낙하생집』(한국문집총간 290)에는 빠져 있다는 것이다. 이는 이상의 두 책에 수록된 작품들이 여타 소장본의 작품들과 중복되기 때문에 『낙하생집』(한국문집총간 290)을 간행할 때 제외된 듯하다. 하지만 그 중 『낙하생전집』 하권의 『추수근재집』(187~261면)에는 중복되지 않는 작품들도 다수 수록되어 있어 주의할 필요가 있다.

---

17) 『洛下生全集』에 수록된 유고들의 구체적인 편명·저술연대·원본의 현소장처·수집 경위·正本의 선정 과정 등에 대해서는 백원철, 앞의 책, 292~295면 참고.

18) 이에 대한 자세한 경위는 『洛下生集』(한국문집총간 290)의 해제 참고.
그런데 『洛下生集』(한국문집총간 290)의 해제에는 연세대학교 중앙도서관에 소장된 『洛下生稿』와의 비교 내용이 빠져있다. 이에 필자가 확인해 본 결과, 연세대학교 중앙도서관에 소장된 『洛下生稿』는 '洛下生稿 上'이라는 제목 아래에 『觚不觚詩集』·『卻是齋再集』·『菊半齋集』·『拾遺』가 수록되어 있고, '洛下生稿 下'라는 제목 아래에 『卻是齋集』이 수록되어 있었다. 세부 작품의 목차와 내용은 모두 기존의 두 간행본과 동일했다. 또한 국립중앙도서관장본 『洛下生集』에서 기존의 두 간행본에 없는 새로운 작품은 「騶景圖」, 「江峴」, 「玉秫」, 「三桂洞餞春詩席」 등 4수이다.

이 후 2000년대에 들어 각 대학 및 개인 소장도서와 해외전적의 발굴조사가 이뤄지면서 이학규의 새로운 유고(遺稿)가 상당수 발견되었다. 이를 문집본과 선집본으로 나누어 주요 사항을 정리하고, 기존의 두 간행본과 비교했을 때의 차이점을 살펴보면 다음과 같다.[19)]

1) 문집본(文集本)[20)]

① 『포화옥집(匏華屋集)』(계명대 동산도서관본)

필사본(27.5×17.0cm) 1책으로서 58제의 시와 2편의 산문이 수록되어 있다. 모두 기존의 간행본에 수록되어 있는 작품들이다. 기존의 두 간행본과 비교했을 때 제목과 내용의 글자에 차이가 있으며, 내용의 일부분이 누락된 곳도 있다.[21)]

② 『포화옥집(匏華屋集)』(단국대 퇴계기념중앙도서관본)

필사본(24.3×16.4cm) 1책(76장)으로서 모두 기존의 두 간행본에 수록되어 있는 작품들이다. 근체시를 시체별로 구분해서 수록하고 있는데, 각 시체별로 작품의 후반부에는 '차이하기연행(此以下紀燕行)'이라는 주석이 부기되어 있다. 하지만 여기에 해당하는 시들은 모두 『정유각집(貞蕤閣集)』(한국문집총간 261)에 수록되어 있는 박제가의 작품들이다.

19) 정은주는 본고에서 소개한 자료 이외에 이학규의 文集 異本 4종(『洛下詩』, 『文漪堂稿』, 『新腔』, 『逸名稿』)과 이학규의 시문이 수록된 選集 2종(『申紫霞詩抄』, 『雜詩』)에 대한 자료를 추가로 검토하였다. (정은주, 「洛下生 李學逵 文學의 變貌 様相 硏究」, 성균관대학교 박사학위논문, 2011, 7~10면 및 206~210면 참고.)

20) 성균관대학교의 김영진 선생님과 고려대학교 민족문화연구원의 백진우 학형의 배려로 여섯 종의 서적 모두를 해제하며 열람할 수 있었다. 이 자리를 빌려 감사드린다.

21) 자세한 해제는 계명대학교 한국학연구원 편, 『善本 古書 해제집 1』, 계명대학교 출판부, 2008, 362~370면 참고.

이에 「포화옥집칠율초(匏花屋集七律抄)」에는 이학규 작품 59제 79수, 박제가 작품 25제 26수가 실려 있다. 「포화옥집칠절초(匏花屋集七絶抄)」에는 이학규 작품 39제 107수, 박제가 작품 23제 52수가 실려 있다. 「포화옥집오율초(匏花屋集五律抄)」에는 이학규 작품 57제 63수, 박제가 작품 16제 19수가 실려 있다. 「포화옥집오절초(匏花屋集五絶抄)」에는 이학규 작품 5제 37수, 박제가 작품 1제 110수가 실려 있다.

주석과 원문교정 표시도 착실하게 되어 있고, 기존의 두 간행본에서 마멸되어 보이지 않는 글자를 판독할 수 있으며, 때로는 새로운 주석도 확인할 수 있다.

③ 『낙하시화(洛下詩話)』(단국대 퇴계기념중앙도서관본)

필사본(21.7×18.9cm) 1책(36장)으로서 시가 88제 156수이고, 산문이 6편이다. 기존의 두 간행본과 비교했을 때, 「증김생덕하(贈金生德河)」, 「증배생행렴(贈裵生行濂)」, 「장열(瘴熱)」, 「증정필권(贈鄭弼權)」 사수(四首) 중 둘째 수와 넷째 수, 「추일억혜원구유(秋日憶蕙園舊遊)」, 「내숙강현증우촌(來宿康峴贈雨村)」 등 6제 7수는 새로운 시 작품이다. 또한 「민극질서(悶極疾書)」, 「시평(詩評)」 등 두 편은 새로운 시론이며, 「여인(與人)」과 「동지구언(冬至九言)」의 후반부에는 새로운 내용이 첨가되어 있다. 작품의 주요 구절에 방점이 찍혀 있으며, 새로운 주석도 확인할 수 있다. 그러나 제목과 내용의 글자에 차이가 있으며, 주석이 누락된 곳도 있다.

④ 『추수근재초고선(秋樹根齋初稿選)』(버클리대 동아시아도서관본)

필사본(21.2×12.2cm) 1책(26장)으로서 표제 옆에 부다산시(附茶山詩)라는 부제가 있다. 이학규의 시 59제 130수와 정약용의 시 1제 24수가 수록되어 있다. 기존의 두 간행본과 비교했을 때, 「장열(瘴熱)」, 「증정필권(贈鄭弼權)」 사수(四首) 중 둘째 수와 넷째 수, 「초추(初秋)」, 「증김생덕하(贈金生悳河)」 등 5수는 새로운 작품이다. 또한 「가락회고(駕洛懷古)」에는 기존의 두 간행본에 없는 서문이 붙어 있다. 작품의 주요 구절에 권점과 방점이 찍혀 있으며, 새로운 주석도 확인할 수 있다. 하지만 제목과 내용의 글자에 차이가 있으며, 내용의 일부분이 누락된 곳도 있다.

⑤ 『낙하생권집(洛下生卷集)』(버클리대 동아시아도서관본)

표제(表題)는 '추수근재집(秋樹根齋集)'으로 되어 있다. 필사본(22.4×15.6cm) 1책(35장)으로서 97제 218수의 시가 수록되어 있다. 기존의 두 간행본과 비교했을 때, 「범경도(颿景圖)」, 「강현(江峴)」, 「옥출(玉秫)」 등 3수는 새로운 작품이다. 작품의 주요 구절에 권점과 방점이 찍혀 있으며, 기존의 두 간행본에서는 마멸되어 보이지 않는 글자를 판독할 수 있다. 하지만 제목과 내용의 글자에 차이가 있으며, 주석이 누락된 곳도 있다.

⑥ 『낙하생집(洛下生集)』(버클리대 동아시아도서관본)

표제(表題)는 '추수근재집(秋樹根齋集)'으로 되어 있다. 필사본(21×16.8cm) 1책(29장)으로서 97제 212수의 시가 수록되어 있다. 기존의 두 간행본과 비교했을 때, 「범경도(颿景圖)」, 「목정언(태석)위개성경력시소영제왕참봉(사헌)산정(睦正言(台錫)爲開城經歷時所咏題王參奉(師憲)山亭)」, 「만월대회고(滿月臺懷古)」, 「입추부성남문루(立秋府城南門樓)」, 「신량등청향각(新凉登淸香閣)」, 「연사출왕강촌(緣事出往江村)」, 「만영(漫咏)」, 「과왕참봉산정(過王參奉山亭)」, 「칠월육일고열차두운(七月六日苦熱次杜韻)」 등 9수는 새로운 작품이다. 또한 기존의 두 간행본에서는 마멸되어 보이지 않는 글자를 판독할 수 있다. 하지만 제목과 내용의 글자에 차이가 있으며, 주석이 누락된 곳도 있다.

2) 선집본(選集本)[22]

① 『오가시적구(五家詩摘句)』(버클리대 아사미문고본)

필사본(23.3×13cm) 1첩(20장)으로서 정약용(丁若鏞)·이서구(李書九)·박제가(朴齊家)·유득공(柳得恭)·이학규(李學逵) 5인의 칠언율시 가운데 함련(頷聯) 또는 경련(頸聯)을 뽑았다. 그 중 이학규의 작품은 「삼산초각(三山草閣)」(「허경첨삼산초각(許景瞻三山草閣)」), 「허산인초당(許山人草堂)」(「종허산인초각보지곽노서옥(從許山人草閣步至郭老書屋), 희증권자상(戲贈權子相)」), 「태정조추(台亭早秋)」 이련(二聯)(「차운권처일태정조추(次韻權處一台亭早秋)」), 「서성문우(西城聞雨)」(「희간이석선희길갱(戲柬李石扇希吉鏗)」), 「김해관지(金海官池)」(「함허정(涵虛亭), 증정일여사군(贈鄭日汝使君)」) 등 5수의 시에서 뽑은 것들이다.[23]

② 『추운다집(秋雲茶集)』(안성이씨 소장본)

필사본(13.4×20.5㎝) 1책(88장)으로서 이학규(李學逵)·정약용(丁若鏞)·이양연(李亮淵)의 시를 초록한 시선집(詩選集)이다. 편자는 남인학자인 소하(蘇下) 이재정(李在貞)(1846~1896)으로 추정되며, 총 184제 357수가 실려 있다. 그 중에서 이학규의 시는 120제 235수이다. 기존의 두 간행본과 비교했을 때, 「상열(瘴熱)」, 「추야(秋夜)」, 「모추야불매(暮秋夜不

---

22) 『今古詩選』은 성균관대학교의 김영진 선생님께서 제공해 주셨고, 『秋雲茶集』은 단국대학교의 윤승준 선생님께서 제공해 주셨다. 이 자리를 빌려 감사드린다.

23) 『五家詩摘句』에 대한 자세한 설명은 김영진, 「버클리대 아사미문고 소장 『五家詩摘句』」, 『고전과 해석』 창간호, 고전문학한문학연구학회, 2006, 285~302면 참고.

寐)」, 「강창어가(江倉漁家)」, 「대월(待月)」, 「유감(有感)」, 「사고성사군서기수혜기열하(謝固城使君徐淇修惠寄熱芐)」 등 7제 9수는 새로운 작품이다. 작품 내용의 글자가 다른 곳도 있고, 표기상 오자가 분명한 곳도 있다.[24)]

③ 『팔가정화(八家精華)』(고려대 중앙도서관본 외 다수)

석인본(25.4×17.8cm) 2권2책으로서 1923년에 유백영(柳栢榮)이 편찬하였다. 조수삼(趙秀三)·신위(申緯)·김정희(金正喜)·이학규(李學逵)·강위(姜瑋)·김택영(金澤榮)·이건창(李建昌)·황현(黃玹)의 칠언율시 1,057수가 수록되어 있다. 그 중에서 이학규의 작품은 50수인데, 모두 기존의 두 간행본에 실려 있는 작품들이다.

④ 『다산시령(茶山詩零)』(고려대 중앙도서관본)

필사본(26.7×19.5cm) 1책으로서 정약용(丁若鏞)·정이재(鄭彛載)·박제가(朴齊家)·이학규(李學逵)의 작품이 수록되어 있다. 이학규의 작품은 『인수옥집(因樹屋集)』과 『추수근재집(秋樹根齋集)』이라는 책명 아래에 실려 있다. 모두 기존의 두 간행본에 있는 작품들인데, 제목과 내용의 글자에 큰 차이가 있으며, 제목 또는 내용이 누락된 경우도 있다.

⑤ 『동유시(東遊詩)』(고려대 중앙도서관본)

필사본(21.6×19.4cm) 1책으로서 곽종석(郭鍾錫)·이건창(李建昌)·이학규(李學逵)·신광수(申光洙)·이희성(李羲性)·정지윤(鄭之[芝]潤)의 작

24) 『秋雲茶集』에 대한 자세한 설명은 윤승준, 「筆寫本 『秋雲茶集』의 資料的 價値」, 『동양학』 47집, 단국대학교 동양학연구소, 2010, 69~89면 참고.

품이 수록되어 있다. 그 중 이학규의 작품은 칠언절구 35제 134수, 칠언율시 53제 69수가 실려 있는데, 모두 기존의 두 간행본에 있는 것들이다.

⑥ 『근체시선(近體詩選)』(고려대 중앙도서관본)

필사본(23.9×18.5cm) 1책으로서 미초(渼樵)라는 호를 쓰는 이가 정축년(1877)에 정학연(丁學淵)과 이학규(李學逵)의 시를 상·하권으로 필사한 듯하다. 그러나 정학연 시의 후반부부터 낙장이 되어, 현재 이학규의 작품은 없고 정학연의 칠언율시 일부만 남아있다. 『다산학단 문헌집성』 1(성균관대학교 대동문화연구원, 2008.)에 수록되었다.

⑦ 『금고시선(今古詩選)』(동국대 경주캠퍼스 도서관본)

필사본(25.0×18.2cm) 1책(32장)으로서 정약용(丁若鏞)·정학연(丁學淵)·정학유(丁學游)·이학규(李學逵)·정초부(鄭蕉夫)·이양연(李亮淵)·이만용(李晩用)의 시가 수록되어 있다. 그 중에서 이학규의 시는 「하일산거(夏日山居)」(「봉화열상하일전원잡흥(奉和洌上夏日田園雜興), 희효양성재체(戲效楊誠齋體)」) 24수가 방점이 찍힌 채로 실려 있다.

이상에서 살펴본 문집(文集)과 선집(選集)들은 다음과 같은 의의를 지닌다.

첫째, 서지적 방면에서 기존의 두 간행본을 보완할 수 있다. 앞서 살펴본 바와 같이, 이상의 문집과 선집들 속에는 기존의 두 간행본에 없는 새로운 작품들이 다수 있다. 또한 기존의 두 간행본에서는 마멸되어 보이지 않는 글자를 판독할 수 있는 경우도 있으며, 새로운 주석을 살펴볼 수도 있다.

둘째, 이학규의 문학적 위상을 살펴볼 수 있다. 이상의 문집과 선집들은 무엇보다도 이학규의 작품들이 당대와 후대에 걸쳐 활발하게 유통된 사실을 말해준다. 아울러 선집에 나란히 수록된 작가들의 면면이 조선 후기 한시사에서 중요한 지위를 점했던 인물들이라는 점에서 이학규의 문학적 위상을 엿볼 수 있다.

셋째, 이학규 한시의 시적 성취를 가늠하는 데 참고할 수 있다. 이상의 문집과 선집들에는 작품의 주요 구절에 권점과 방점이 찍혀있어서 작품 감상에 참고가 된다. 또한 선집의 대부분이 이학규의 칠언율시 또는 칠언율시를 포함한 근체시를 집중적으로 수록하고 있다는 점은 이학규 한시의 시적 성취를 평가하는데 참고가 된다.

하지만 기존의 두 간행본과 비교할 때, 이상의 문집과 선집에 수록된 작품들은 그 제목과 내용의 글자에 차이가 있다. 여기에는 제목과 내용, 주석이 누락된 경우도 있으며, 확실한 오자도 있다. 또한 문집본 같은 경우는 기존의 두 간행본에서는 다른 문집명 속에 작품이 수록되어 있는 경우가 많다. 따라서 이상의 문집과 선집들을 학술자료로 활용할 때에는 반드시 기존의 두 간행본과 비교해서 이와 같은 부분들을 대조·교감할 필요가 있다.

제2장. 이학규 한시의 문학적 배경

1. 유배 이전

유배 이전 이학규 한시의 문학적 배경은 그의 가계(家系)와 유상공간(遊賞空間)을 통해서 살펴볼 수 있다. 이학규(1770~1835)는 부친 응훈(應薰, 1749~1770)이 세상을 떠난 지 다섯 달 되던 1770년 12월에 외가인 황화방(皇華坊)(서울 정동)에서 유복자로 태어나 10살 때까지 그곳에서 자랐다. 그의 외가는 여주(驪州) 이씨(李氏) 집안으로서 외할아버지는 이익(李瀷, 1681~1763)의 조카인 이용휴(李用休, 1708~1782)이며, 외삼촌은 이가환(李家煥, 1742~1801)과 이삼환(李森煥, 1729~1813)이다. 이후 본가인 반송방(盤松坊)(서울 서대문 밖)으로 돌아와서는 15세에 다산(茶山)의 일족인 나주(羅州) 정씨(丁氏)를 아내로 맞이했다.[1]

이 때문에 이학규는 어린 시절부터 성호가문(星湖家門)의 학자와 문인들의 영향 속에서 문학과 학문의 기초를 닦았다. 이용휴로부터 초학서와 당시절구를 배운 정황[2]과 이삼환으로부터 약관(弱冠)의 나이가 되도

---

1) 이학규의 자세한 生平은 백원철, 앞의 책, 21~42면 참고.

2) 李學逵, 「詠懷奉寄伯津」, 『총간』 290집, 271면.(1806), "驪李我自出, 古家西郭鄰. 學書惠寶翁, 詰屈語音艱. 錦公但坐笑, 負我起盤桓.": 李學逵, 「權耇配驪州李氏墓誌

록 사성팔병설(四聲八病說)도 모른다며 꾸지람을 듣고 분발하는 정황[3]은 이러한 양상을 잘 보여준다. 또한 이가환은 문학과 학문의 가르침을 주었을 뿐만 아니라, 당대 명문가 문인들과 친분을 맺을 수 있는 계기도 마련해주었다.[4]

당시 이용휴는 시의 혁신을 주창하며 18세기 중후반의 시단을 주도한 인물이었다. 27살에 요절한 천재 시인 이언진(李彦瑱, 1740~1766)이 그가 총애한 제자였다는 사실과, 이덕무와 박제가가 그의 시문을 극도로 예찬하며 감발 받은 정황[5]은 그 영향력을 잘 말해준다. 또한 이가환은 성호 이익의 가학을 계승하여 박학다식함으로 명성을 날렸으며, 벼슬길에 나아가서는 채제공·정약용과 함께 남인(南人) 신서파(信西派)를 주도한 인물이었다. 이삼환 또한 성호 이익에게 직접 교육을 받았으며,

---

銘」, 『총간』 290집, 473면.(1820), "嗚呼! 予不祿于天, 先考棄世五閱月, 而先妣始娩余于予外家皇華里第. 維時予外王考惠寰公臨老, 擧姓孫, 屢夭不育, 晩得一女孫, 先予若干月而生. 自生至十許歲, 與予哺同乳食同案, 嬉戲馳走, 無不與予同焉. 惠寰公朝晡, 持餌餳蓏果之類, 頷之使來, 掖之使去, 以爲笑樂, 亦莫不與予同焉. … 時惠寰公方敎予學跽坐, 口授唐人詩絶句若干篇, 姊氏在傍, 若不聞者, 已而叩之, 悉能暗誦, 兼能道其義甚詳也."

3) 李學逵, 「答權處一」, 『총간』 290집, 475면.(1820), "承問聲病二字之義, 間已數月矣. 今値快凉, 眼眚少差, 纔能把筆爲報, 孤負問益之意多矣. 昔予季弱冠, 問聲病之義於李木齋先生, 先生笑曰 : '君季已弱冠, 尙不知聲病爲四聲八病邪?' 予大慙赧, 不敢再問其詳, 退而自咎, 竆搜唐宋以來諸家言詩聲病者, 領略無餘, 頗能暗誦."

4) 李學逵, 「病起値早晴, 至西家酒壚, 觸目書事遣懷」, 『총간』 290집, 337면.(1810), "…維昔値佳辰, 良會參羣彦. 靑天露冠巾, 綠莎藉殽饌. 舅氏苦念我, 鞍馬追求徧. 落景傍行廚, 新詩不可選.…" 이학규가 유배 이전에 지은 작품 중에는 자신보다 연배가 높은 申奭相(號 大鹵)과 申履相(號 蕉石)에게 직접 보내거나 和韻한 작품이 있다. (李學逵, 「寄呈申大鹵先生」, 『총간』 290집, 217면.(1799); 李學逵, 「奉和申蕉石先生見懷之作」, 『총간』 290집, 218면.(1799); 李學逵, 「奉和錦帶翁同申大鹵先生春日騎省小吏家後園」, 『총간』 290집, 221면.(1800)). 그런데 이 두 사람은 모두 石北 申光洙(1712~1775)의 아들로서 당시 李家煥과 친분이 두터웠다.

5) 안대회, 『18세기 한국한시사 연구』, 소명출판, 1999, 234면 참고.

성호학통을 계승하기 위해 노력한 학자였다. 따라서 이러한 성호가문의 학풍과 문풍은 자연스럽게 이학규의 문학적인 연원이 되었다.

한편 76수에 불과한 이학규의 유배 이전 작품들을 살펴보면, 그가 20대의 청년기시절을 보낸 서울의 주요 유상지(遊賞地)가 자주 등장한다.[6] 서대문밖 모화관 근처에 있었던 서지(西池)는 반송지(盤松池)로도 불렸는데, 여기에서 여름 달밤에 연꽃을 구경하는 일은 멋지고 즐거운 놀이로 유명했다. 또한, 정릉(현재의 정동)의 서원(西園), 숭례문 밖 용산의 읍청루(挹淸樓), 돈의문 밖의 천연정(天然亭)도 모두 당시 이름난 유상지(遊賞地)였다. 이 외에도 유배 이전 이학규의 작품에 자주 등장하는 시안정(是岸亭)은 이가환이 용산에 세운 것으로서 체재공을 비롯한 유명 인사들의 왕래가 잦은 곳이었다.[7]

그 중에서 특히 이학규가 유배지에서도 추억한 송석원(松石園[8])은 송석원시사(松石園詩社)가 열리던 유명한 곳이었다. 송석원시사는 18세기 말~19세기 초 인왕산 기슭에 거주했던 경아전(京衙前)들이 주동하여 결

---

6) 李學逵, 「晩晴懷西池夕雨」, 『총간』 290집, 207면.(1794); 李學逵, 「同韓時中(永益)韓聖好(德生)遊龍山挹淸樓舟行至喚月亭絶句四首」『총간』 290집, 209면.(1794); 李學逵, 「天然亭賞敗荷衰柳同伯津賦」『총간』 290집, 209면.(1794); 李學逵, 「西園小集得陰字明日賦示同遊」『총간』 290집, 210면.(1794); 李學逵, 「約藕塘霽園遊龍山挹淸樓不果行戲柬一絶」, 『총간』 290집, 215면.(1799); 李學逵, 「同伯津聖在聖予是岸亭得亭字」, 『총간』 290집, 216면.(1799); 李學逵, 「寄呈內舅錦帶翁是岸亭寓居」, 『총간』 290집, 216면.(1799); 李學逵, 「是岸亭四絶句追呈錦帶翁」, 『총간』 290집, 216면.(1799); 李學逵, 「秋日約伯津霽園遊西園栗林」, 『총간』 290집, 217면.(1799)

7) 서울의 遊賞空間과 동호인 활동에 관해서는 다음의 논문들을 참고했다. (심경호, 「조선후기 시사와 동호인 집단의 문화활동」, 『민족문화연구』 31집, 고려대학교 민족문화연구원, 1998; 심경호, 「조선후기 서울의 遊賞空間과 詩文學」, 『한국한시연구』 8집, 한국한시학회, 2000.)

8) 李學逵, 「秋日懷松石園」, 『총간』 290집, 246면.(1802), "磊硌古松園, 高磴向嵒閣. 誰知倚樹吟, 適對巖景落."

성한 시사(詩社)로서 당시 많은 문인들이 참여하는 성대한 모임이었다.[9] 이에 이가환이 송석원시사의 시화권(詩畵卷)에 「옥계청유권서(玉溪淸遊卷序)」[10]를 써준 사실과 이학규가 신위를 이곳에서 만난 정황[11]에서도 알 수 있듯이, 송석원시사는 이학규와도 매우 가까운 시사였다. 바로 이러한 유상공간에서 이학규는 당시 서울지역 문인들과 교유관계를 맺으며 문학적인 활동을 활발히 펼칠 수 있었던 것이다.

즉, 이학규는 이와 같은 가계적 특성과 유상공간을 배경으로 하여, 18세기 후반 한국한시사의 개성적인 흐름을 누구보다 가까이서 접할 수 있었다.[12] 그가 20대 초반부터 후사가(後四家)의 개성적인 작품에 남다른 애착을 드러내고[13], 20대 후반에 벌써 전겸익과 왕사정의 문학에 깊은 관심과 이해력을 보이는 면모[14]는 이러한 양상을 잘 말해준다.

---

9) 趙熙龍, 「壬壽慶傳」, 『壺山外記』, "石壁上'松石園'擘窠隸字, 阮堂學士所書也. 聚同人, 分曺賦詩, 無虛日. 世之解詩者, 無少長, 未與松石會者, 人爲之恥."

10) 李家煥, 「玉溪淸遊卷序」, 『錦帶詩文草』 권2, 『근기실학연원제현집』 2, 성균관대학교 대동문화연구원, 2002, 469면.

11) 申緯, 「步前韻, 再寄洛下」, 『총간』 290집, 552면.(1824), "蓉佩飄零限日邊, 名園幾處負觥船. 重來剩作存亡恨, 松石無人證夙緣." 이 작품은 申緯의 문집에는 보이지 않고, 이학규의 「再次申紫霞又步前韻見寄」에 附記되어 있는 것이다.

12) 여기에는 이용휴의 집안에 명말청초 문인들의 문집이 상당수 收藏되어 있었다는 점도 고려할 만하다. 김영진의 「朝鮮後期 明淸小品 수용과 小品文의 전개 양상」, 고려대학교 박사학위논문, 2003, 28~29면에서 이용휴가 소장하고 있던 明人 문집 목록의 실상을 일부 확인할 수 있다.

13) 이학규는 24세(1793) 때에 어떤 이가 韓在濂의 詩를 소개하며 "今世에 朴在先(朴齊家)·柳惠風(柳得恭) 이외에 이러한 詩를 쓰는 이가 또 있단 말인가!"라고 찬상하는 말을 듣고, 그를 직접 찾아가서 절친한 벗으로 사귀었다. 李學逵, 「韓霽元墓誌銘」, 『총간』 290집, 583면.(1825), "健陵癸丑歲, 蔔林金醒維過余缾花齋中, 手白沙涼箑, 上題七言詩二聯. 詫余曰 : '今世朴在先·柳惠風以外, 而有能道此者乎? 今而後, 知珠玉在前之媿爾.' 急問其爲誰, 故持久乃言曰 : '松京人韓在濂. …" * 이학규와 한재렴의 문학적 교유 양상에 대해서는 다음의 연구 성과가 있다. (정은주, 「이학규와 한재렴의 문학적 교유 탐색」, 『인문과학』 51, 성균관대학교 인문과학연구소, 2013.)

하지만 아직까지 작가적 역량과 시 창작을 촉발하는 동기부여가 전반적으로 부족했기 때문에 이러한 문학적인 소양들을 구체적인 작품을 통해 내재화하지는 못하였다. 이 때문에 유배 이전 이학규의 시 작품들은 '정(亭)'·'원(園)'·'유람(遊覽)' 등의 공간적 배경을 바탕으로, 풍경을 감상하고 시절을 즐기는 과정에서 비롯된 감각적인 사물인식과 마음 맞는 벗이나 친지들 간에 주고받는 개인적·일회적인 창작이 주를 이루었다. 그리하여 이러한 문학적인 소양들은 이학규가 유배 이후 본격적으로 자신의 시론과 시세계를 모색하게 될 때, 비로소 큰 영향력을 발휘하게 된다.

2. 유배 이후

유배 이후 이학규의 문학적인 배경은 무엇보다도 이전과는 달라진 처지와 그로 인해 변모된 시의식에서 찾을 수 있다. 앞서 살펴보았듯이 유배 이전까지 이학규는 명문 외가의 보살핌 속에서 서울의 주요 문인들과 관계를 맺으며 순탄한 청년기를 보내었다. 그리하여 26세(1796) 때에는 포의(布衣)의 신분으로 『규장전운(奎章全韻)』의 편찬에 참여하는 등, 일찍이 정조(正祖)를 비롯한 기성문인들로부터 주목을 받았다.[15] 하

14) 李學逵, 「春日讀錢受之詩絶句九首」, 『총간』 290집, 212면.(1799); 李學逵, 「西園小集次王阮亭嶽下韻」, 『총간』 290집, 215면.(1799)

15) 정조에게 각별한 호의와 관심을 받은 실상은 백원철, 앞의 책, 26~27면 참고. 또한, 당시 남인세력의 영수인 채제공이 이학규와 황사영을 가는 곳마다 추켜세웠다는 기록이 있다. (『朝鮮王朝實錄』, 「純祖」 3권, 1年(1801 辛酉) 12月 18日(庚申), "追奪故領府事蔡濟恭職. 備局啓言, '取見兩司聯箚, 則以爲蔡濟恭, 邪逆之根柢也. 以若鍾之妹爲子婦, 以孼孫受學於翼萬, 家煥·若鍾, 引爲心腹, 嗣永·學逵, 到處吹噓.'")

지만 신서파(信西派) 남인계 문인들과의 긴밀한 관계로 인해, 그는 신유옥사(辛酉獄事)(1801) 때에 능주(綾州 : 전남 화순군)로 유배 갔다가 황사영 백서에 연루됨으로써 금주(金州 : 김해)로 정배(定配)되어 24년이라는 기나긴 유배생활을 보내게 된다.[16)]

순식간에 이학규는 풍비박산이 난 가문을 뒤로 하고, 몰락한 신세가 되어 궁벽한 현실을 맞게 된 것이다. 하지만 뜻하지 않은 삶의 몰락과 불우함은 한편으로는 그가 지닌 시인으로서의 잠재력을 일깨우는 계기가 되었다.

> 우리들이 어찌 하루라도 시를 짓지 않을 수 있으리오? 만약 시라도 짓지 않는다면, 이 수많은 긴긴 날을 무슨 수로 견디며 보내리오?
>
> 내가 예전에 서울 살 때 좋은 계절에 아름다운 날, 날씨는 맑고 새들이 나무에서 지저귀면, 나도 모르게 마음이 움직이어 감정은 경물과 어울려 종이를 펼쳐놓고 붓을 쥐고서 필히 눈앞의 광경을 묘사해보고자 하였지요. 그러다가 때로는 글자 하나가 적당하지 않거나 대구 하나가 맞추어지지 않아 결국에는 자신을 탓하고 괴롭히게 되어 도리어 재미가 없어지기도 하였네. 이 때문에 시구를 다 완성하지도 못하고 한 편을 다 짓지도 못한 채 곧잘 상자에다가 던져버리곤 하였지. 종이에다 옮겨 쓴 작품들이 점차 많아져서 이따금 꺼내어 펼쳐보며 크게 탄식을 하였었네.
>
> 남쪽으로 유배 온 뒤로는 10년 동안 눈앞에는 마음에 맞는 사람 하나 없고, 가슴 속엔 마음에 드는 일 하나 없었다네. 가슴과 눈이 머무는 곳마다 마음에 드는 것이 하나도 없고 보니, 어떻게 마음에 드는 시를 쓸 수 있겠는가? …… 근래에 집에서 보내 온 편지를 받아 보았네. 백진(伯津)이 때때로 시를 보내오고, 다른 몇몇 사람도 이따금 시를 보내온다네. 그러면 나도 모르게 감정이 움직이고 마음이 달려가서 하루에도 수십 수의 시를 짓기도 하고, 때로는 시 한 수에 매달려 몇 번이나 원고를 바꾸면서도 그칠 줄을

---

16) 이학규와 辛酉獄事와의 관련내막은 백원철, 앞의 책, 28~31면 참고.

> 모른다네. 이것은 마치 굶주린 사람이 밥을 눈앞에 둔 것이나 목마른 사람이 마실 것을 눈앞에 둔 것처럼, 양이 넘치는 줄을 자신도 모르는 꼴이라네. 이러한 때를 지나면 적막하고 무료해져서 자리에 쓰러져 눕는다네.[17)]

김해로 유배 온 지 10여 년이 지난 즈음에 쓴 이 편지는 유배 이후 변화된 이학규의 시의식을 잘 말해준다. 어느덧 이학규에게 시 창작 행위는 무료한 일상을 달래며 자신의 불우한 내면의식을 표출하는 유일한 방법이 되어 있었던 것이다. 또한, 시 창작의 기본요소인 객관적 세계와 주관적 정감에도 큰 변화가 일어났다. 유배 이전에는 아름다운 경치와 맑은 하늘, 고운 새소리와 같은 화락한 자연이 객관적 세계의 주요대상이었다. 그리고 주관적 정감을 좌우하는 시인의 심리적 상태도 안온함에 기반하고 있었다. 이 때문에 시인으로서의 고뇌는 자구(字句)와 대구(對句) 등을 다듬는 수식과 조탁의 차원에 이르러서야 발생하였다.

하지만 유배 이후에는 이와 같은 여유롭고 유미적인 창작태도를 더 이상 지닐 수 없게 되었다. 어느새 객관적 세계는 낯설고 고통스러운 것들로 바뀌고, 주관적 정감은 상념과 비애로 채워졌다. 이제 시인으로서의 고뇌는 시 창작의 근간에서부터 시작되었으며, 예전에는 결코 느낄 수 없었던 '감정이 움직이고 마음이 달려가는[情動神往]' 강렬한 창작 욕구가 발휘되었다.

---

17) 李學逵, 「與」, 『총간』 290집, 361면, "吾曹何可一日不作詩? 若不作詩, 何以捱過此許多長日耶? 僕向在京洛, 每遇良辰美景, 雲物澄鮮, 鳴禽在樹, 則不覺欣然意動, 情與境會, 攤紙把筆, 必欲摹寫一番. 間遇一字未妥, 一對未屬, 則竟是自詒伊苦, 反覺沒趣. 是以或未完句, 或未終篇, 輒復委棄巾衍, 紙墨漸多, 時時披閱, 惟自浩歎而已. 落南以後, 十年之間, 目前無可心人, 心中無可心事, 心目所在, 自無可心境界, 則何能作可心詩乎? …… 近日見家書, 伯津時時寄詩, 數人者亦時時寄詩, 不覺情動神往, 或一日作數十詩, 或一詩易數三藁而不知止. 是猶飢者當食, 渴者當飮, 每每自不知其過量也. 過此以往, 則索然無聊, 廢然僵臥." (정우봉 역, 『아침은 언제 오는가』, 태학사, 2007, 175~176면 인용.)

이렇게 구체적인 경험에서 비롯된 강렬한 창작 욕구는 이학규가 시에 대해 치열하게 고민하는 토대가 되었다. 그리하여 이학규는 24년간의 유배를 겪고, 해배 이후 고향에 안착하지 못하고 충주와 김해지역을 떠돌다가 세상을 떠날 때까지 한 없이 무너져가는 삶을 시 창작을 통해 지탱해 나갔다. 그는 지속적으로 '시란 무엇인가?', '사회현실에 대한 시인의 의무는 무엇인가?'라는 본질적인 문제에서부터, '좋은 시란 무엇인가?'라는 심미적 사유와 '좋은 시는 어떻게 짓는가?'라는 표현론에 이르기까지 시에 관한 총체적인 안목과 이론을 구축해 나갔다.[18] 그리고 실제 창작과정에서는 끊임없이 기존의 시체를 모의하고 실험하였으며, 다양한 표현기법을 모색하고 능동적으로 각종 시 양식을 활용하였다. 또한 시간이 지날수록 넓어지고 깊어지는 시적 사유를 통해 수사적 차원과는 또 다른 층위에서 작품세계의 질적 수준을 높여갔다.

이 과정에서 이학규는 18세기 후반~19세기 초반 한시사의 개성적인 흐름에 적극적으로 반응하며, 새롭고 심화된 시론과 기왕의 전범과는 다른 창작 경향을 주체적으로 받아들였다. 그 중에서도 특히 유배 이전부터 이용휴와 후사가의 작품을 가까이에서 접하며 익힌 참신하고 개성적인 시적 감각, 유배 전기에 정약용으로부터 받은 현실주의적인 시에 대한 감발, 유배 후기 신위로부터 받은 시의 심미성에 대한 계발, 명말청초 문인들에 대한 성숙한 이해 등은 이학규의 시의식과 창작에 많은 영향을 미쳤다. 이에 대해서는 '제9장 이학규 한시의 시사적 의미'에서 본격적으로 검토할 것이다.

---

18) 이학규의 시론에 대해서는 다음의 논문에서 세밀한 검토가 이루어졌다. (정우봉, 「李學逵의 文學論 硏究」, 『한국한문학연구』 12, 한국한문학연구회, 1989; 백원철, 앞의 책, 99~126면.)

제3장. 잡체시(雜體詩)의 표현기법과 미적 특질

잡체시(雜體詩)는 정격의 형식을 제외한 각종 시체(詩體)의 총칭이다. 이러한 잡체시는 그 종류를 다 합치면 300여 종에 이르는데[1], 주로 자형(字形)·구법(句法)·성률(聲律)·압운(押韻) 등에 특별한 제한을 둔 독특한 구상과 표현기법이 동반된다. 따라서 다른 시체에 비해 언어문자 상의 유희적인 성격이 강하기 때문에, 예로부터 국내외의 많은 문인들로부터 부정적으로 인식되었다.[2] 그럼에도 불구하고 잡체시는 그 자체로 정치한 형식미를 발산하고 있으며, 언어문자를 구사하는 작가적인 역량을 최대한 발휘할 수 있기 때문에, 지속적으로 일부 문인들의 관심을 받아 왔다.[3]

---

1) 鄔化志는 『中國古代雜體詩通論』의 附錄에서 잡체시의 종류를 300여 가지로 상정하고, 이를 크게 일곱 가지 부류(形體類·音韻類·意趣類·次序類·修辭類·篇章類·程式類)로 나누어 정리하였다. (鄔化志, 『中國古代雜體詩通論』, 北京大學出版社, 2001, 398~403면 참고.)

2) 역대 문인들의 잡체시에 대한 인식에 관해서는 정 민, 「석주의 잡체시에 대하여」, 『목릉문단과 석주 권필』, 태학사, 1999, 401~404면 참고. 한편, 鄔化志는 잡체시가 폄하되고 배격된 이유로, 격식이 지나치게 정교하고 체재가 번잡한 점과 격률시가 형성된 뒤에도 계속해서 산생된 잡체시가 대부분 농담과 장난스러운 용도로 지어진 점을 들었다. (鄔化志, 위의 책, 7~8면.)

3) 특히 우리나라에서는 조선 중기에 들어서면서부터 申欽·趙緯韓·權韠·張維 등을

이학규는 유배초기에 33제 64수에 이르는 많은 양의 잡체시를 창작하였다. 이를 통해 유배 초기의 짙은 고립감과 외로움, 격정적인 심리상태 등을 잡체시의 여러 형식을 활용하여 작품화하였다. 아울러 다양한 시체(詩體)가 지닌 표현기법들을 성공적으로 구현하였다. 따라서 본 장에서는 이학규의 잡체시를 '진지한 내면의식의 공교로운 표현'과 '다양한 시체의 능숙한 구사'라는 두 절로 나누어 분석하려 한다. 그리하여 전자에서는 유배초기의 짙은 고립감과 외로움, 격정적인 심리상태 등을 잡체시의 여러 형식을 활용하여 작품화하는 양상을 고찰할 것이다. 그리고 후자에서는 그 외의 잡체시를 분석함으로써 이학규가 지닌 언어적 감각과 다채로운 시 형식의 실험양상을 추가적으로 살펴볼 것이다.[4)]

그런데 본격적인 논의에 앞서 이학규 잡체시의 범주를 설정할 필요가 있다. 왜냐하면 잡체시는 한시사의 변천과정 속에서 그 종류에 변동이 있었으며, 『문선(文選)』, 『창랑시화(滄浪詩話)』, 『문체명변(文體明辨)』 등에서 규정한 잡체시의 범주들도 차이가 있기 때문이다. 이 때문에 현대 학자들 간에도 잡체시의 범주에 대해서는 이견(異見)을 보이고 있다.

본고는 자형·구법·성률·압운 방면에서 정격의 형식을 제외한 각종 시체를 일컫는다는 잡체시의 기본적인 정의를 따르면서 『중국고대잡체시통론』의 잡체시 범주를 참고하여 이학규의 잡체시를 분류하였다. 이때 삼언시(三言詩)와 구언시(九言詩)는 고시와 혼동될 수도 있겠지만, 이학규가 1802년에 창작한 연작형의 잡체시 속에 포함되어 있다는 점을

중심으로 그 창작 수요가 늘어났다. 이에 대해서는 잡체시 43수를 별도로 수록한 王世貞의 문집을 열독한 영향이 컸다고 평가된다. (김은정, 「張維의 雜體詩 연구-復古主義와의 상관성을 중심으로」, 『한국한시연구』 11, 태학사, 2003, 209~211면 참고.)

4) 이 장의 내용은 이국진, 「이학규 잡체시 연구」, 『고전과 해석』 9, 고전문학한문학연구학회, 2010을 수정·보완한 것이다.

감안하여 잡체시로 간주하였다. 또한 투춘격(偸春格)은 함련(頷聯)의 대우(對偶)를 수련(首聯)에 미리 당겨놓은 율시의 체식으로만 한정해서 볼 수도 있다. 하지만 현대 연구 성과에서 함련(頷聯)의 대우를 아예 생략해 버린 봉요체(蜂腰體), 한 연 내에서 구사해야 할 대우를 한 행씩 건너뛰어 설정한 격구체(隔句體) 등과 함께 투춘격(偸春格) 또한 대우를 과감하게 실험한 잡체시로 간주하는 경향을 따라[5] 본고에서도 잡체시의 범주 속에 넣어 놓았다. 이를 표로 제시하면 다음과 같다.

연도	작품제목	연도	작품제목
1801	辛酉初度 (歇後體)	1802	演雅
1802	元日 (離合)	1802	兩頭纖纖 六首
1802	龜雖壽 (三言)	1802	歲暮言懷 (歇前)
1802	萬石渠春望 (回文)	1802	羽兒壬戌初度寄懷 (歇後)
1802	幽居 (謎語人名)	1802	歲暮言懷 (集句)
1802	春遊 (集古美人名)	1802	冬至 (九言)
1802	三五七言	1807	禽言十章
1802	夏夜 (藥名)	1808	褋事口號排悶 藥名 九首
1802	早秋裒人 (三句詩)	1808	征婦怨 (五音)
1802	秋日湖亭 (玉連環)	1808	少年行 (六府)
1802	蟬 (一言至十言)	1808	酬人信宿西林寺寄示 (衲子名)
1802	戲贈姜泰振 (吃語)	1809	至日戲爲偸春格
1802	閨怨 (八音)	1800	金生復惠如意丹, 座間, 戲作謎語爲謝
1802	寄內 (謎語)	1813	卽事, 用偸春格
1802	卽事 (藥名)	1813	感事集句 十首
1802	秋日言裒 (人名)	1815	晩泊江倉酒壚 (回文)
1802	月 (回文)		

5) 배규범, 「잡체시의 범주와 현황-佛家漢詩를 중심으로」, 『대동문화연구』, 53집, 대동문화연구원, 2006, 218~219면; 황위주, 「한시이야기 : 몇 가지 홍미로운 잡체시 2」, 『선비문화』 8호, 남명학연구원, 2005, 51~53면.

1. 진지한 내면의식의 공교로운 표현

이학규의 잡체시를 일별해보면, 공교로운 표현기법을 능숙하게 구사하면서 자신의 진지한 내면의식을 형상화하는 경우가 있다. 이는 그가 잡체시를 단순히 유희적인 차원에서만 활용하지 않았다는 점을 잘 보여준다. 그리하여 이러한 작품들은 작품의 표현기법과 형식미는 물론, 유배초기 이학규의 정서와 의식을 살펴볼 수 있다는 점에서도 주목을 요한다.

「元日」離合
「정월 초하루」이합(離合)

宿河明黯客情
燈不寐臥桃笙
憎鬱壘須人詠
憶屠蘇作酒名
帶字香淹瘴霧
登飛閣望京城
江流水春來漲
向芳洲聽早鶯[6]

鳥宿河明黯客情　새는 잠들고 은하수는 밝은데 나그네의 마음 구슬퍼
靑燈不寐臥桃笙　푸른 등불 아래 잠 못 이루며 도죽(桃竹) 돗자리에 누웠네
生憎鬱壘須人詠　울루(鬱壘)를 사람들이 노래하는 모습이 얄미운데
永憶屠蘇作酒名　도소(屠蘇)로 술 이름 삼은 것을 오래도록 추억하네
口帶字香淹瘴霧　입에서 글자 향기 맴도는데 장기(瘴氣) 서린 안개가 엄습하니
務登飛閣望京城　힘껏 높은 누각에 올라 경성(京城)쪽을 바라본다

---

6) 李學逵, 『총간』, 290집, 245면.(1802)

成江流水春來漲　　강을 이루며 흐르는 물이 봄이 와 불었으니
張向芳洲聽早鶯　　방초 핀 강둑에 나아가 아침 꾀꼬리 소리 들으리

이합체(離合體)는 일반적으로 특정 행에서 한 글자 혹은 그 글자의 일부를 분리하고, 분리된 것들을 다시 2개 혹은 3개씩 결합하면, 작자의 이름이나 자호(字號)·시의 제목·주지 등이 도출되도록 고안된 잡체시를 가리킨다. 그런데 이 작품은 각 행의 머리글자를 명시하지 않고 그 앞의 행 끝 글자 속에 숨겨 놓음으로써 실제로는 장두(藏頭) 옥련환(玉連環)의 형태를 취하고 있다.

시인은 수련에서 정월 초하루를 맞아 잠들지 못하는 애잔함으로 시상을 연다. 그리고 함련에서 복숭아나무 판자 두 개에다 신도(神荼)와 울루(鬱壘)라는 두 신의 이름을 써서 문 양쪽 옆에 걸어 사귀(邪鬼)를 물리치고, 도소주(屠蘇酒)라는 약술을 마셔 무병장수를 기원하는 풍속을 묘사한다. 하지만 3구의 '생증(生憎)'이라는 표현에서 알 수 있듯이, 시인은 정월 초하루의 풍속을 즐기는 사람들로부터 정서적 이질감을 느끼고 있다. 이러한 심리적 상태는 경련에서 홀로 안개가 자욱한 누각에 올라 서울을 바라보는 정황으로 이어진다. 그리하여 미련에서 새벽의 홍취를 만끽하려는 의지 또한 외롭고 쓸쓸한 시인이 애써 자신의 마음을 달래는 모습으로 여겨지는 것이다.

「龜雖壽」三言
「거북이 비록 장수한다지만」 삼언(三言)

鵰鳥羽　　솔개의 깃이
戾天擧　　하늘에 이를 듯 펼쳐지네
龜雖壽　　거북이 장수한다지만

04	久爲土	오래전에 흙이 되었네
	東方日	동방의 해를
	不可侮	업신여길 수 없네
	民匪兕	백성들은 외뿔소가 아니니
08	惴匪處	살 곳이 아닌 곳을 두려워하네
	冬之夜	겨울밤은
	何凄苦	어찌나 쓸쓸하고 괴로운지
	心激烈	마음이 격렬하여
12	歌猛虎	「맹호행(猛虎行)」을 노래한다
	雲霏霏	구름만 자욱하고
	不成雨	비는 오질 않는데
	升邱樊	언덕에 올라
16	視枉渚	굽이진 물가를 바라보네
	魚徙徙	물고기 팔팔하게 뛰어오르니
	猶可罟	여전히 그물질할 수 있지만
	傷葵根	아욱뿌리는 이지러져
20	不可茹	먹을 수 없도다
	君之門	군왕이 계신 곳은
	夐脩阻	멀고도 험하구나
	訇龍狗	시끄럽게 동룡(董龍)과 같은 개들은
24	紛笑怒	웃음과 성냄이 분분하네
	噫獨行	아, 홀로 가는 길이
	何踽踽	어찌 이다지도 외로운가
	已焉哉	모든 게 끝이로다
28	端憂瘨[7]	우울하기만 하여라

「구수수(龜雖壽)」는 원래 조조(曹操)가 지은 「보출하문행(步出夏門行)」

7) 李學逵, 『총간』, 290집, 246면.(1802)

의 4장이다. 「보출하문행(步出夏門行)」은 당시 53세였던 조조가 북방의 오환족(烏桓族)과 그곳에 합류했던 원소(袁紹)의 잔여 세력을 평정한 뒤에 남쪽으로 돌아오면서 느낀 바를 기록한 작품이다. 그 중의 4장인 「구수수(龜雖壽)」는 비록 장수하는 거북이나 하늘을 호령하는 이무기라도 결국은 죽음을 맞이한다는 구절로 시작하여, 나이가 들었어도 여전히 웅대한 뜻과 포부를 간직하고 있는 자신을 묘사한 뒤, 유한한 인생의 섭리를 오히려 낙관적이고 진취적인 태도로 받아들이면서 시상을 끝맺는 작품이다.[8)]

하지만 이학규는 「구수수(龜雖壽)」에서 작품의 제목과 시상의 도입부를 인용하면서도, 이어지는 시상은 사뭇 다르게 진행시킨다. 전체적으로 이 작품은 4구씩 7개의 단락으로 나누어 볼 수 있는데, 첫 번째 단락에서 시인은 자연의 조화로운 질서를 상징하는 솔개가 유유히 하늘 위로 비상하는 풍경[9)]으로 시상을 연다. 그리고 시의 제목을 인용하여 유한할 수밖에 없는 인생의 섭리를 환기시킨다. 그런데 두 번째 단락에 이르면, 이내 유배지에 있는 자신의 처지를 부각시키는 쪽으로 시상을 전환한다. 그리하여 궁벽한 곳에서 살고 있는 신세를 『시경(詩經)』, 「하초불황(何草不黃)」의 "외뿔소가 아니며 범이 아니거늘, 저 넓은 들판을 따르게 한단 말인가(匪兕匪虎, 率彼曠野)"라는 구절을 인용하여 표현한다.[10)] 아울러 세 번째 단락에서는 험난한 현실에서도 절조를 지키면서

---

8) 「龜雖壽」, "神龜雖壽, 猶有竟時. 騰蛇乘霧, 終爲土灰. 老驥伏櫪, 志在千里. 烈士暮年, 壯心不已. 盈縮之期, 不但在天. 養怡之福, 可得永年. 幸甚至哉, 歌以詠志."

9) 『詩經』, 「大雅 · 旱麓」의 "鳶飛戾天, 魚躍于淵"이라는 구절은 『中庸』에 수록되면서 자연의 조화로운 질서가 천지에서 발현되는 상징적 표현으로 자리 잡는다.

10) 『詩經』, 「小雅 · 何草不黃」, "……**匪兕匪虎, 率彼曠野**. 哀我征夫, 朝夕不暇.……" 한편, 『史記』, 「孔子世家」에는 孔子가 이 시를 인용하며, 자신이 곤란을 당하는 이유를 제자들에게 물어보는 일화가 등장한다. (『史記』, 「孔子世家」, "孔子知弟子有慍心, 乃

자중하는 내용의 악부시인 「맹호행(猛虎行)」[11]을 노래하며, 쓸쓸하고 괴로운 겨울밤을 버티는 자신의 모습을 드러낸다. 이 후 네 번째와 다섯 번째 단락에서 궁핍하고 여의치 않은 일상을 묘사한 뒤, 여섯 번째 단락에서는 동룡(董龍)의 고사를 인용하여[12] 간신배들로 가득 찬 정치현실을 비판한다. 그 뒤 마지막 단락에서 비관적이고 음울한 내면의식을 드러내며 시를 끝맺는다.

이처럼 이 작품은 조조(曹操)의 「구수수(龜雖壽)」로부터 영감을 받았으면서도[13], 시의 내용은 조조의 호방하고 진취적인 기개와는 달리 유배지에 처한 쓸쓸하고 비관적인 애상으로 구성되어 있다. 여기에 표현기법에서는 각 구의 자수가 적어서 풍부한 내용을 담기 어려운 점을 용사(用事)를 통해 보완하였고, 마지막 단락에서 감탄사를 적극 활용하여 자신의 내면을 함축적으로 담아내었다. 이를 통해 '유한한 삶에 대한 비감' → '누추하고 불우한 처지에서 비롯된 격정' → '부조리한 정치현실에 대한 분개' → '외롭고 절망적인 심경'으로 이어지는 심리적인 동요과정을 효

召子路而問曰 : 詩云'匪兕匪虎, 率彼曠野.' 吾道非耶? 吾何爲於此?……")

11) 「猛虎行」, "飢不從猛虎食, 暮不從野雀棲. 野雀安無巢? 遊子爲誰驕?" 『樂府詩集』, 「相和歌辭」에는 曹丕와 陸機를 비롯한 후대인들의 「猛虎行」이 수록되어 있다. 그 중에서 인용한 작품은 이러한 「猛虎行」의 古辭로 일컬어지는 것인데, 여러 「猛虎行」에 모티프를 제공한 가장 오래된 작품이기에 소개하였다. (郭茂倩, 『樂府詩集』, 中華書局, 2003, 462면 참고.)

12) 「晉紀二十二·孝宗穆皇帝中之下」, 『資治通鑑』 권100, "秦司空王墮性剛峻, 右僕射董榮, 侍中强國皆以佞幸進, 墮疾之如讐. 每朝見, 榮未嘗與之言, 或謂墮曰 : '董君貴幸無比, 公宜小降意接之.' 墮曰 : '董龍是何雞狗(龍, 董榮小字), 而令國士與之言乎?' 會有天變, 榮與强國言於秦主生曰 : '今天譴甚重, 宜以貴臣應之.' 生曰 : '貴臣惟有大司馬及司空耳.' 榮曰 : '大司馬國之懿親, 不可殺也.' 乃殺王墮."

13) 이학규는 1814년에도 曹操의 「龜雖壽」에 대한 감상을 언급하였다. (李學逵, 「書龜雖壽詩後」, 『총간』, 290집, 403면, "……偶讀曹孟德龜雖壽詩, 其曰 : '神龜雖壽, 猶有竟時. 螣蛇乘霧, 終爲土灰.' 味其旨, 有若達士之大觀, 齊死生禍福者也.……")

과적으로 전달하고 있다.

「寄內」謎語
「아내에게」 미어(謎語)

染盡黃絲坐未治	누렇게 실을 다 물들이고도 괜스레 정리하질 못할 텐데
藁砧長是隔天涯	고침(藁砧)은 오랫동안 하늘 끝 멀리 떨어져 있네
破衫會有重縫日	찢어진 적삼은 반드시 다시 기울 날 있으리니
小草終思未出時	애기풀은 끝내 산을 떠나오기 전을 그리워하네
石闕口啣書正到	석궐(石闕)이 입에 물렸는데 편지가 때마침 이르렀건만
河魚腹疾夢然疑	물고기 배가 상해서 꿈인 듯 생시인 듯
居人也說刀環望	집안사람들 또한 칼 고리를 희망한다고
錦字空傳幼婦辭[14]	비단에 짜 넣은 글자는 부질없이 어린 부인의 말을 전하네

뒤엉킨 마음을 괜스레 정리하질 못할 텐데
남편은 오랫동안 하늘 끝 멀리 떨어져 있구려
헤어진 우리가 반드시 재회할 날 있으리니
먼 곳에서 끝내 떠나오기 전을 그리워한다오
슬픔에 겨워 말문마저 막혔는데 편지가 때마침 이르렀건만
배앓이를 하느라 꿈인 듯 생시인 듯
집안사람들 또한 고향에 돌아오길 바란다고
당신의 편지는 부질없이 묘한 말을 전하는구려

미어체(謎語體)는 수수께끼 시를 말하는 것으로서 표면적인 해석에 담긴 이면의 의미를 알아야지만 제대로 뜻을 이해할 수 있다. 따라서

14) 李學逵, 『총간』, 290집, 247면.(1802)

이 작품도 본문의 시어나 시구가 가리키는 전고를 알아서 의미를 풀이할 때, 아내를 향한 시인의 애절한 심경을 느낄 수 있다.

여기서 1구는 포조(鮑照)가 지은 「의행로난(擬行路難)」 기구(其九)의 "베어낸 황벽나무로 실을 누렇게 물들이는데, 누런 실 얽혀서 정리할 수가 없네(剉蘗染黃絲, 黃絲歷亂不可治)"[15]라는 구절을 인용한 것이다. 2구에서 '고침(藁砧)'은 남편을 뜻하는 은어이다. 옛날에는 사형을 집행할 때, 볏짚을 깐 자리에 다듬잇돌을 두고 그 위에 죄인을 엎드리게 한 뒤 도끼[鈇]로 베었다. 따라서 '고침(藁砧)'은 '부(鈇)'자를 연상케 하며, 이는 발음이 같은 글자 '夫'자를 의미하게 되었다.[16]

3구는 소식(蘇軾)이 지은 「석상대인증별(席上代人贈別)」 기삼(其三)의 한 구절을 그대로 가져온 것이다.[17] 이는 찢어진 적삼을 꿰매야[縫] 하는 것처럼 헤어진 사람끼리 만나야[逢]한다는 의미를 담은 것이다. 4구의 '소초(小草)'는 원지(遠志)라고도 불리는 약초이다. 이는 진(晉)나라 학륭(郝隆)이 산중에서 세속으로 나온 사안(謝安)을 조롱하며 "산에 있을 때에는 원지(遠志)이나 세속으로 나오면 소초(小草)가 된다."라고 말한 데서 유래한 것이다.[18]

---

15) 鮑照, 「擬行路難」 十八首 중에서 其九, "**剉蘗染黃絲, 黃絲歷亂不可治**. 我昔與君始相値, 爾時自謂可君意. 結帶與君言, 死生好惡不相置. 今日見我顏色衰, 意中索寞與先異. 還君金釵玳瑁簪, 不忍見之益愁思."

16) 『玉臺新詠』, 「古絶句」 四首 중에서 其一, "**藁砧**今何在, 山上復有山. 何當大刀頭, 破鏡飛上天."

17) 蘇軾, 「席上代人贈別」 三首 중에서 其三, "蓮子擘開須見臆, 楸枰著盡更無期. **破衫却有重縫日**, 一飯何曾忘却匙."

18) 『世說新語』, 「排調」, "謝公始有東山之志, 後嚴命屢臻, 勢不獲已, 始就桓公司馬. 于時人有餉桓公藥草, 中有遠志. 公取以問謝, '此藥又名小草, 何一物而有二稱?' 謝未卽答. 時郝隆在坐, 應聲答曰 : '此甚易解. 處則爲遠志, 出則爲小草.' 謝甚有愧色. 桓公目謝而笑曰 : '郝參軍此過乃不惡, 亦極有會.'"

5구의 '석궐구함(石闕口啣)'은 「고악부(古樂府)」의 "석궐이 입안에 생기니, 빗돌을(슬픔을) 머금어 말을 할 수 없네.(石闕生口中, 銜碑不得語)" 라는 구절을 인용한 것이다. 여기에서 '비(碑)'는 같은 음의 '비(悲)'를 가리킨다. 따라서 석궐을 입에 물었다는 것은 너무 슬퍼 말을 할 수 없다는 뜻을 나타내는 것이다. 6구의 '하어복질(河魚腹疾)'은 물고기는 뱃속부터 부패한다는 데서 이름하여 배앓이를 가리킨다.[19)]

7구의 '도환(刀環)'은 칼자루 끝의 고리를 말하는데, '환(環)'과 '환(還)'의 음이 같은 데서 기인하여, 고향으로 돌아감을 가리키는 은어가 되었다.[20)] 8구의 '금자(錦字)'는 아내가 남편에게 보내는 편지를 이르고,[21)] '유부사(幼婦辭)'는 묘(妙)한 말을 의미한다.[22)] 이를 통해 이 작품은 기발한 시작(詩作)의 기지를 보여주면서도 아내에 대한 그리움과 미안함, 자신의 곤궁한 처지와 안타까운 마음을 잘 담아내고 있다.

한편, 이학규는 집구시(集句詩)를 통해서도 자신의 진지한 정서와 의식을 형상화하였다. 진(晉)나라 부함(傅咸)으로부터 비롯된 집구시는 옛

---

19) 『春秋左氏傳』, 「宣公 12」, "叔展曰 : '有麥麴乎?' 曰 : '無.' '有山鞠窮乎?' 曰 : '無.' '**河魚腹疾**奈何?' 曰 : '目於眢井而拯之.' '若爲茅絰, 哭井則己.' 明日, 蕭潰. 申叔視其井, 則茅絰存焉, 號而出之."

20) 『漢書』, 「李陵傳」, "立政等至, 單于置酒賜漢使者. 李陵衛律皆侍坐. 立政等見陵, 未得私語, 卽目視陵, 而數數自循其刀環, 握其足, 陰諭之, 言可還歸漢也."

21) 竇滔의 아내 蘇蕙가 流沙로 쫓겨난 남편을 그리워하며, 비단 옷감 위에 廻文詩를 지어 보낸 고사에서 유래한 것이다. (『晉書』, 「烈女」, "竇滔妻蘇氏, 始平人也. 名蕙, 字若蘭, 善屬文, 滔, 苻堅時爲秦州刺史, 被徙流沙, 蘇氏思之, 織錦爲廻文旋圖詩以贈滔. 宛轉循環以讀之, 詞甚悽惋, 凡八百四十字, 文多不錄.")

22) 『世說新語』, 「捷悟」, "魏武嘗過曹娥碑下, 楊脩從. 碑背上見題作黃絹·幼婦·外孫·齏臼八字, 魏武謂脩曰 : '解不?' 答曰 : '解.' 魏武曰 : '卿未可言, 待我思之.' 行三十里, 魏武乃曰 : '吾已得.' 令脩別記所知. 脩曰 : '黃絹, 色絲也, 於字爲絶. 幼婦, 少女也, 於字爲妙. 外孫, 女子也, 於字爲好. 齏臼, 受辛也, 於字爲辭. 所謂絶妙好辭也.' 魏武亦記之, 與脩同. 乃歎曰 : '我才不及卿, 乃覺三十里.'"

문인들의 시구(詩句)를 모아 한 편의 시를 만드는 것으로서 황정견(黃庭堅)은 이를 백가의체(百家衣體)라고 불렀다. 이학규의 집구시는 그의 시적 기지 및 역량과 함께 그가 평소에 관심을 보인 작가와 작품도 함께 엿볼 수 있어 더욱 흥미롭다.

「歲暮言懷」 集句
「세밑에 속내를 말하다」 집구(集句)

瘴江南去入雲烟(柳宗元)	장기서린 강은 남쪽으로 흘러 구름 속으로 들어가는데[23)]
時候頻過小雪天(陸龜蒙)	계절은 작은 눈발이 자주 지나는 때로구나[24)]
城外青山如屋裏(王維)	성 밖의 푸른 산은 집에 들어와 있는 듯한데[25)]
渡頭荒草憶前季(崔魯)	나루터의 황폐한 풀을 보며 지난해를 추억하네[26)]
壯心暗逐高歌盡(韓偓)	장대한 포부는 슬며시 고가(高歌)를 따라 사라져버렸거늘[27)]
久住還應太守憐(賈島)	오랫동안 머물렀더니 도리어 태수가 가련하게 여기네[28)]

23) 「嶺南江行」, "**瘴江南去入雲煙**, 望盡黃茅是海邊. 山腹雨晴添象跡, 潭心日暖長蛟涎. 射工巧伺遊人影, 颶母偏驚旅客船. 從此憂來非一事, 豈容華髮待流年."

24) 「小雪後書事」, "**時候頻過小雪天**, 江南寒色未曾偏. 楓汀尙憶逢人別, 麥隴唯應欠雉眠. 更擬結茅臨水次, 偶因行藥到村前. 鄰翁意緖相安慰, 多說明年是稔年."

25) 「春日與裴迪過新昌里訪呂逸人不遇」, "桃源面面少風塵, 柳市南頭訪隱淪. 到門不敢題凡鳥, 看竹何須問主人. **城外青山如屋裏**, 東家流水入西隣. 閉戶著書多歲月, 種松皆作老龍鱗."

26) 「過蠻溪渡」, "綠楊如髮雨如煙, 立馬危橋獨喚船. 山口斷雲迷舊路, **渡頭芳草憶前年**. 身隨遠道徒悲梗, 詩賣明時不直錢. 歸去楚臺還有計, 釣船春雨日高眠."

27) 「半醉」, "水向東流竟不迴, 紅顏白髮遞相催. **壯心暗逐高歌盡**, 往事空因半醉來. 雲護雁霜籠澹月, 雨連鶯曉落殘梅. 西樓悵望芳菲節, 處處斜陽草似苔."

28) 「酬張籍王建」, "疎林荒宅古坡前, **久住還應太守憐**. 漸老更思深處隱, 多閑數得上方眠. 鼠抛貧屋收田日, 雁度寒江擬雪天. 身事龍鍾應是分, 水曹芸閣往來篇."

一度相思一惆悵(譚用之) 한 편으로는 그리워하고 한 편으로는 슬퍼하며[29)]
人間空歎茂陵阡(劉禹錫)[30)] 인간세계에서 부질없이 무덤길을 향해 탄식하네[31)]

이 시에서 이학규는 칠언율시의 기본적인 장법(章法)인 기승전합(起承轉合)에 맞춰, 기존 시인들의 시구를 모아 한 해를 보내는 심사를 표현하였다. 먼저 수련에서는 남쪽으로 유배된 정황과 세모(歲暮)의 찬 겨울을 형상화한다. 그리고 함련에서 주변의 풍경을 묘사하고, 경련에서 외롭고 쓸쓸한 심사를 보다 직접적으로 드러낸다. 이 후 미련에 이르러 2년 전 신유옥사(辛酉獄事)에 연루되어 세상을 떠난 친인척과 지인들에 대한 그리움과 탄식을 표출한다.

흥미로운 것은 이 작품의 모든 시구가 공통적으로 당나라의 칠언율시를 선집한 『당시고취(唐詩鼓吹)』에 수록되어 있다는 점이다. 즉, 이학규는 『당시고취』 속에서 자신의 처지와 심사에 부합하는 시구를 선별했던 것이다. 그러다보니 3구처럼 왕유의 원제목과는 계절적 배경이 다름에도 불구하고, 그 표현이 마음에 들어 차용한 경우도 있었다. 또한 경련에서 미련으로 넘어가는 시상의 흐름이 매끄럽지 못한 인상도 주게 되었다. 그럼에도 불구하고 이 작품은 스산한 겨울날의 풍경을 배경으로 제시한 뒤, 낙척한 현실 속에서 모든 것을 체념한 시인의 모습을 묘사하고, 작년 신유옥사(1801) 때에 죽어간 지인들에 대한 안타까움을 담아냄

---

29) 「贈索處士」, "不將桂子種諸天, 長得尋君水石邊. 玄豹夜寒和霧隱, 驪龍春暖抱珠眠. 山中宰相陶弘景, 洞裏眞人葛稚川. **一度相思一惆悵**, 水寒煙澹落花前."

30) 李學逵, 『총간』, 290집, 248면.(1802)

31) 「哭龐京兆」, "俊骨英才氣褎然, 策名飛步冠群賢. 逢時已自致高位, 得疾還因倚少年. 天上別歸京兆府, **人間空歎茂陵阡**. 今朝繐帳哭君處, 前日見鋪歌舞筵."

으로써 유배 초기 시인의 음울한 서정을 효과적으로 전달한다.

그에 비해서 10여년 뒤에 지은 다음의 집구시들은 내용과 형식의 조직력이라는 측면에서 보다 높아진 수준을 보여준다.

「感事」 集句
「느낀 바가 있어」 집구(集句)

其八

無計忘憂只杜康(清 王士禛)	근심을 잊을 계책이 없어 그저 술만 마시니
離人到此倍堪傷(唐 羅鄴)	떠나온 사람 여기에 이르러 곱절로 마음이 아프네[32]
此情不語何人會(唐 白居易)	말 못하는 이 심정을 누가 이해하랴?[33]
只有醒時覺異鄉(宋 李覯)[34]	단지 술이 깼을 때만 타향임을 깨닫네[35]

其九

人正忙時我正閑(宋 楊萬里)	사람들이 진정 바쁠 때 나는 참으로 한가하니[36]
老懷多感自無懽(宋 陸游)	늙은이의 마음은 감개가 무량해서 절로 기쁠 것이 없네[37]
柴門盡日支頤坐(清 邵長衡)	사립문에서 하루 종일 턱을 괴고 앉았는데

---

32) 「僕射陂晩望」, "**離人到此倍堪傷**, 陂水蘆花似故鄕. 身事未知何日了, 馬蹄唯覺到秋忙. 田園牢落東歸晩, 道路辛勤北去長. 却羨無愁是沙鳥, 雙雙相趁下斜陽."

33) 「夜坐」, "庭前盡日立到夜, 燈下有時坐徹明. **此情不語何人會**, 時復長吁一兩聲."

34) 李學逵, 『총간』, 290집, 393면.(1813)

35) 「東湖」, "古郡城池已瞰江, 重湖更在郡東方. 水仙坐下魚鱗赤, 龍女門前橘樹香. 路絶塵埃非灑掃, 地無風雨亦淸凉. 使君待客多娛樂, **只有醒時覺異鄕**."

36) 「靜坐池亭」, "胡牀倦坐起凭欄, **人正忙時我正閒**. 却是閒中有忙處, 看書纔了又看山."

37) 「小園獨酌」, "橫林搖落弄微丹, 深巷蕭條作小寒. 秋氣已高殊可喜, **老懷多感自無歡**. 鹿初離母斑猶淺, 橘乍經霜味尙酸. 小酌一卮幽興足, 豈須落佩與頹冠."

作意西風打面寒(清 錢謙益)[38] 짐짓 서풍이 얼굴을 차갑게 때리네[39]

이 작품들은 서문에서 언급하였듯이[40], 비바람이 몰아치는 깊은 가을 밤에 옛 사람들의 시구를 아무렇게나 외우다가 문득 마음속에 회포가 일어 지은 집구시이다. 인용된 시구를 통해 알 수 있듯이, 이학규가 관심을 기울인 시인의 폭이 당대(唐代)부터 청대(淸代)에 이르기까지 상당히 넓어졌음을 알 수 있다.

아울러 집구시를 조직하는 수준도 보다 높아졌다. 집구시는 엄우(嚴羽)가 『창랑시화(滄浪詩話)』에서 말했듯이 혼연천성(渾然天成)한 경지가 매우 중요하다.[41] 이에 위의 두 작품은 시구를 모아 놓은 흔적이 크게 드러나지 않는다. 그 원인으로는 우선 시적 제재의 일관성을 적절하게 유지했다는 점을 들 수 있다. 즉, 「감사집구(感事集句)」 기팔(其八)에서는 술을, 「감사집구(感事集句)」 기구(其九)에서는 한가로움[閑]을 시적 제재로 하여 시상의 통일감을 발휘하고 있는 것이다.

또한 여기에는 칠언절구의 형식미를 감안한 성공적인 시상의 전개도 주목할 필요가 있다. 칠언절구는 편폭이 짧아서 율시와 같이 표면에서 심리활동을 그려내는 경우는 드물다. 대신에 절구는 흔히 '사실(寫實)을 피하여 허상을 그리는[避實就虛]' 수법을 통해 측면적인 부각을 중시한다.[42] 이학규 또한 칠언절구의 형식미에서는 여운이 중요하다는 것을

---

38) 李學逵, 『총간』, 290집, 393면.(1813)

39) 「秦淮水亭逢舊挍書賦贈十二首」 其一, "不裝宮粧不女冠, 相逢只作道人看. 水亭十月秦淮上, 作意西風打面寒."

40) "八月十四夜, 寓宿秋樹根齋. 風雨驟至, 燈燭已灺, 漫誦前人詩句, 適肰有感於懷, 乃輯爲十章, 命之曰 : '感事集句.' 竢明日, 以寄穉箕仁田諸同志."

41) 『滄浪詩話』, 「詩辯」, "集句惟荊公最長, 胡笳十八拍混然天成, 絶無痕迹, 如蔡文姬肝肺間流出."

인식하고 있었다.[43]

이러한 점에서 위의 작품을 살펴보면, 두 작품이 모두 우수(憂愁)의 정서를 표현하고 있으면서도, 그 정서를 직접적으로 언급하지 않고 술과 한가로움이라는 각각의 시적 제재를 통해 짙은 여운으로 형상화하였다. 그리하여 「감사집구(感事集句)」 기팔(其八)에서는 근심을 술로 달래는 시인의 일상과 심사를 반영하였다. 아울러 「감사집구(感事集句)」 기구(其九)에서는 전체적인 시상의 전개가 무료한 일상과 쓸쓸한 심사를 드러내는 데 성공하고 있으며, 특히 4구에서는 실제로 비바람이 몰아치는 가을밤의 계절적 배경을 고려하여 실감을 더했다.

지금까지 살펴본 바와 같이, 이상의 잡체시들은 모두 정격의 작품에 못지않은 진지한 주제를 담고 있다. 그리하여 각각의 시체가 지닌 공교로운 형식미와 함께 희망을 찾지 못한 채 부정적인 현실인식에 사로잡힌 유배초기 이학규의 내면의식을 잘 보여준다.

2. 다양한 시체(詩體)의 능숙한 구사

잡체시의 성취 여부는 각각의 시체(詩體)가 지닌 형식적인 제약을 잘 활용하면서도 전체적인 시상의 짜임새를 성공적으로 구현하는 데에 달려 있다. 이러한 관점에서 이학규가 유배초기에 지은 잡체시를 분석하는 일은 시작(詩作)의 기지와 언어적 감각, 시상(詩想)의 조직력 등을 비

42) 陳伯海 지음, 이종진 옮김, 『당시학의 이해』, 사람과 책, 2001, 258면 참고.

43) 李學逵, 「與」, 『총간』, 290집, 361면.(1811), "近日柳惠風, 人皆謂七絶能手, 吾獨以爲不然. 蓋七絶不過四句耳, 知其優劣, 亦甚難. 但須誦過一遍, 胸中悠然有餘味者, 佳作也. 索然一聲, 如用石擊石, 更無餘韻者, 拙手也."

롯한 그의 젊은 시절 작가적인 역량을 살펴볼 수 있는 유용한 방법이다. 이 점에서 다음에 살펴볼 잡체시들은 비록 개인적인 주제의식은 약하지만 각각의 제재에 따른 다양한 표현기법과 구성력이 돋보인다.

「春遊」集古美人名
「봄놀이」 집고미인명(集古美人名)

飛燕春城暮(飛燕)	제비는 날고 봄날 성엔 해 저무는데
東阿嬌綺羅(阿嬌)	동쪽 언덕이 비단처럼 아름답네
綠珠新杏子(綠珠)	풋살구는 초록빛 구슬같고
碧玉舊池波(碧玉)	오래된 못의 물결은 푸른 옥 같네
顮雪兒顔悅(雪兒)	눈으로 세수를 시키니 아이들 얼굴 기뻐하고
投瓊樹底多(瓊樹)	주사위 놀이하는 사람들 나무 밑에 많네
莫愁明月盡(莫愁)	밝은 달이 다한다고 시름하지 말라
雲雨夜來和(夜來)[44]	비구름이 밀려와도 밤새 화목하다네

이 작품은 역사 속 미인들의 이름을 매 구 마다 설정해놓고, 나머지 빈 칸을 메워 시를 완성하는 방식이다. 여기서 매 구 마다 설정한 미인들을 차례대로 소개하면, 한(漢)나라 성제(成帝)에게 총애 받던 조비연(趙飛燕)·한(漢)나라 무제(武帝) 때의 진황후(陳皇后)를 가리키는 아교(阿嬌)·진(晉)나라 석숭(石崇)의 기생첩인 록주(綠珠)·남조(南朝) 송(宋)나라 여남왕(汝南王)의 첩이었던 벽옥(碧玉)·당(唐)나라 이밀(李密)의 애첩이었던 설아(雪兒)·미인을 비유하는 경수(瓊樹)·남조(南朝) 양(梁)나라 낙양(洛陽)의 예쁜 소녀였던 막수(莫愁)·위(魏)나라 문제(文帝)의 애첩이었던 설영운(薛靈芸)의 별명인 야래(夜來)이다.

---

44) 李學逵, 『총간』, 290집, 246면.(1802)

시인은 이러한 미녀들의 이름 앞뒤에 글자를 메워 한 구를 완성하면서 아울러 전체적인 시상을 고려한 작품전개까지 신경을 쓰고 있다. 그리하여 작품의 전반(前半)에서는 저물녘 봄날의 풍경을 형상화하였다. 이어서 5구에서는 봄날에 꽃과 눈을 섞어 아이들의 얼굴을 씻겨주던 풍속을 묘사하고[45], 6구에서는 나무 밑에서 주사위 놀이를 하는 사람들을 묘사한 뒤, 7·8구에서 이러한 즐거운 봄놀이가 날이 흐린 밤이 되어도 계속될 것임을 언급하였다.

이처럼 시인은 작품의 형식적인 제약을 적극 활용하여 봄날의 화창한 풍경과 화락한 사람들의 모습으로 전체적인 시상을 구성하였다. 이때에 그 시상이 매 구마다 삽입된 미인들의 이름과 어우러져 봄날의 화사한 분위기를 북돋움으로써 작품의 홍취가 더욱 높아질 수 있었다.

「萬石渠春望」 回文
「만석거(萬石渠)에서의 춘망(春望)」 회문(回文)

陰寒晝日每酣眠	음침하고 싸늘한 한 낮에 늘 잠만 즐기다
好伴遊人見上阡	노니는 사람과 다정히 함께 위쪽 두렁길을 보러가네
沈樹暮雲疏對岸	나무에 잠긴 저녁 구름은 성글게 언덕을 마주하고
映江春月澹浮天	강에 비치는 봄 달은 담박하게 하늘에 떠 있네
深花隱席移垂釣	활짝 핀 꽃이 자리에 무성하여 낚시를 옮겨 드리우고
細草熏衣近泊船	가는 풀 옷을 적시는데 배를 가까이 대네
吟望徧城新雨過	온 성에 막 비가 지나는 것을 바라보며 읊조리니
林園踏盡管芳年[46]	동산 숲을 다 밟으며 꽃다운 나이를 보살피리

45) 『太平御覽』 권 20, "虞世南 『史略』曰 : '北齊盧士深妻, 崔林義之女, 有才學, 春日以桃花靧兒面. 呪曰 : '取紅花, 取白雪, 與兒洗面作光悅; 取白雪, 取紅花, 與兒洗面作光澤, 取雪白, 取花紅, 與兒洗面作華容.'"

46) 李學逵, 『총간』, 290집, 246면.(1802)

年芳管盡踏園林	꽃다운 나이 보살피며 동산 숲을 거닐다
過雨新城偏望吟	지나는 비가 성을 깨끗하게 해 두루 바라보며 읊조리네
船泊近衣熏草細	배가 가까이 머무니 옷이 가는 풀에 물들고
釣垂移席隱花深	낚싯대 옮겨 드리우니 자리가 활짝 핀 꽃 속에 숨네
天浮澹月春江映	하늘에 떠 있는 담박한 달은 봄 강물에 비치고
岸對疏雲暮樹沈	언덕을 마주한 성긴 구름은 저물녘 나무에 내려앉네
阡上見人遊伴好	둑 가에서 사람들을 바라보니 노니는 짝이 좋건만
眠酣每日晝寒陰	잠만 즐기는 하루하루 낮에는 차고 음침하네

회문시는 바로 읽거나 거꾸로 읽거나 뜻이 통하면서 평측과 운이 맞는 시를 가리킨다. 먼저 바로 읽어 내려간 첫 번째 작품은 수련에서 파제(破題)를 통해 시상을 일으킨 뒤, 함련과 경련에서 각각 봄의 경치와 그 경치를 즐기는 시인의 모습을 담아낸다. 그리고 미련에 이르러 춘망(春望)의 흥취를 부각시킨다.

또한 거꾸로 읽어 올라간 두 번째 작품도 수련에서 파제의 역할을 충실하게 수행한 뒤, 함련과 경련에서 첫 번째 작품과 같은 의경(意境)을 표현만 반대로 해서 묘사한다. 그러나 미련에서는 첫 번째 작품과 달리 외롭고 쓸쓸한 여운을 드리운다.

이처럼 위의 두 작품은 회문시의 까다로운 조건을 지키면서도 모두 수련의 파제로부터 시작하여 정(情)과 경(景)의 교직에 성공하고 있으며, 반면에 미련에서는 서로 상반되는 여운미를 발산하여 공교로움을 더하였다.

「秋日湖亭」 王連環
「가을날 호숫가 정자에서」 옥련환(玉連環)

亭古臨湖碧	정자는 의구하게 푸른 호숫가에 자리했고
松高据石蒼	소나무는 높이 솟아 돌이끼에 기대었네
蟬吟知露滴	매미의 울음소리에 이슬 내리는 가을임을 알고
鷺浴識谿凉[47]	해오라기의 목욕으로 시내가 서늘함을 아네
凉亭古臨湖	서늘한 정자는 오래전부터 호숫가에 자리했고
碧松高据石	푸른 소나무는 높이 솟아 돌에 기대었네
蒼蟬吟知露	매미의 울음소리로 이슬 내리는 계절임을 알고
滴鷺浴識谿	물에 젖은 해오라기가 목욕함에 시내 있는 곳을 아네

옥련환(玉連環)이란 '옥을 이어 만든 고리'처럼 시행의 전편을 정교하게 맞물리도록 한 작품을 가리킨다. 오언절구인 이 시는 '양(凉)'자에서 작품이 끝난 뒤 다시 처음의 글자와 이어져 또 하나의 오언절구를 이루고 있다는 점에서 일견 장두(藏頭) 회문시(回文詩)로도 볼 수 있다. 이를 통해 시인은 첫 번째 작품과 함께 두 번째 작품에서도 가을날 호숫가의 정자에서 바라보는 풍경을 성공적으로 묘사하였다. 이 또한 짧은 오언절구의 형식이지만 옥련환(玉連環)을 통해 동일한 제재의 시상을 성공적으로 형상화하는 역량을 보여준다.

47) 李學逵, 『총간』, 290집, 246면.(1802)

「蟬」一言至十言

蟬
蟬
秋日
暮天
古寺裏
荒臺顚
因風迅蛻
仰露翩翾
不逐貂金貴
那須螓首憐
紅香穲稏催熟
黃雀螳螂未前
幾日斷雲殘雨後
數聲疏柳古槐邊
詩腸復值雙梅雅客
嘯旨仍隨古木淸鳶
此時厭聽淸宵鼓吹部
何事初回白日希夷眠
箏篴耳邊不待花奴解穢
柴門杖外會從摩詰驚禪[48)]

48) 李學逵, 『총간』, 290집, 246면.(1802)

「매미」 일언지십언(一言至十言)

蟬
매미
가을 날
해 저무는 하늘
오래된 절 안에 있는
황량한 누대 꼭대기에서
바람결에 재빨리 허물을 벗고
이슬 먹으려 머리 들고 날아가네
貂尾와 金蟬을 단 귀인도 좇지 않거늘
매미 이마 닮은 미인의 사랑을 어찌 원하랴
붉은 향기 풍기는 벼들에게 빨리 익길 재촉하니
누런 참새와 사마귀는 앞으로 다가가려 하지를 않네
며칠간 줄곧 내리던 옅은 구름의 가랑비가 그치고 나자
몇 마디 울음소리 성긴 버들과 늙은 홰나무 가에서 들리네
詩思는 다시 한 쌍의 매화를 사랑하는 고아한 나그네와 걸맞고
휘파람 소리에 담긴 뜻은 고목 위를 나는 솔개를 그대로 따르는데
이때에는 맑고 조용한 밤마다 鼓吹部와 같은 소리를 지겹도록 듣거늘
무슨 까닭이 있어 대낮에도 한가로이 즐기는 고요한 낮잠을 깨운단 말인가
箏과 篴의 소리가 귓가에 들려오니 花奴가 시름을 풀어주길 기다릴 것 없는데
사립문 밖으로 지팡이 짚고 나가자 때마침 王摩詰이 禪定에서 깨어나는 듯하여라

'일언지십언(一言至十言)'은 글자 수가 층층이 늘어난다고 하여 층시(層詩)라고도 하며, 시가 탑 모양을 닮았다고 하여 보탑시(寶塔詩)라고도 한다. 위 시에서 시인은 매미의 외형 및 움직임과 함께 궂은비가 그친 뒤 오랜만에 시끄러운 매미 울음을 듣는 정경을 다양하게 묘사한다. 여기에 곳곳에서 매미와 관련된 고사를 인용하여, 매미를 향한 시상의 함축미를 극대화한다.

그리하여 9구에서는 높은 벼슬아치가 담비의 꼬리를 꽂고 황금으로 만든 매미형상의 장신구를 부착했던 전고를 인용한다.[49] 아울러 10구에서는 넓고 방정한 매미 이마로 미인을 상징하는 전고를 인용한다.[50] 또한 12구에서는 매미를 사마귀가 노리고 참새가 또 그 뒤에서 사마귀를 노리는 우화를 인용한다.[51] 나아가서 마지막 두 구에서는 당(唐) 현종(玄宗)이 화노(花奴)가 치는 갈고(羯鼓)소리를 들으며 시름을 풀던 일화[52]와 "사립문 밖에서 지팡이 짚고 서서, 불어오는 바람 맞으며 저녁 매미소리를 듣네"라는 왕유(王維)의 시구[53]를 통해 매미 소리를 즐기는 흥취를 표현한다. 이렇게 이 시는 의식적으로 매미와 관련된 전고를 지속적으로 사용하여 '일언지십언(一言至十言)'의 형식을 공교롭게 구성하면서도, 당시 무료한 일상 속에서 매미소리에 취해 가을날의 한때를 보내는 시인의 쓸쓸한 처지를 적절하게 반영하였다.

「戲贈姜泰振」吃語
「강태진(姜泰振)에게 장난삼아 주다」 흘어(吃語)

郊居孤館寄溪干	교외에 있는 외딴 집에서 시내로 부치니
高堦錦葵交窺闕	높은 섬돌의 당아욱이 서로 잠긴 문 쪽을 엿보네

---

49) 『後漢書』, 「輿服志 下」, "侍中中常侍, 加黃金璫, 附蟬爲文, 貂尾爲飾, 謂之趙惠文冠. 胡廣說曰 : '趙武靈王效胡服, 以金璫飾首, 前插貂尾, 爲貴職. 秦滅趙, 以其君冠, 賜近臣.'"

50) 『詩經』, 「衛風·碩人」, "……螓首蛾眉, 巧笑倩兮, 美目盼兮.……"

51) 『韓詩外傳』 권10, "臣園中有楡, 其上有蟬, 蟬方奮翼悲鳴, 欲飲淸露, 不知螳蜋之在後, 曲其頸, 欲攫而食之也. 螳蜋方欲食蟬, 而不知黃雀在後, 其頸欲啄, 而食之也. 黃雀方欲食螳蜋, 不知童挾彈丸在下, 迎而欲彈之."

52) 南卓, 『羯鼓錄』, "上性俊邁, 酷不好琴, 曾聽彈琴, 正弄未及畢, 叱琴者曰 : '待詔出去.' 謂內官曰 : '速召花奴, 將羯鼓來, 爲我解穢.'"

53) 王維, 「輞川閒居贈裴秀才迪」, "寒山轉蒼翠, 秋水日潺湲. **倚杖柴門外, 臨風聽暮蟬.** 渡頭餘落日, 墟里上孤烟. 復値接輿醉, 狂歌五柳前."

空磯繫舸敎妓俱　텅 빈 물가에 배를 매고 기녀와 함께 있으면서
枯碁蓋局起客觀　바둑 두다 판세를 장악할 때면 길손들이 일어나 구경하겠지
京口舊家幾求見　서울 입구 옛 집을 얼마나 보고파 했던가?
角巾故欹過江間　각진 두건을 짐짓 기울이고 강 사이를 지났으리라
豈其歸去救飢渴　어찌 돌아간 이유가 기갈(飢渴)을 구제하기 위함이겠는가?
蓏畦茄區期渠看[54)]　오이 심겨진 밭두둑과 가지 심겨진 밭고랑에서 그댈 보길 기약하네

흘어시(吃語詩)는 작품에 사용되는 모든 글자의 자모(聲母)가 동일한 것을 말한다. 이 시는 8구의 첫 번째 글자인 '라(蓏)'만 제외하고[55)] 모든 글자의 초성이 'ㄱ'으로 시작되고 있다. 이를 통해 말을 더듬는[吃語] 것처럼 매끄럽지 못해서 오히려 인상적인 발음의 효과를 내는 것이다.

이 시의 내용은 얼마 전에 부모님을 뵈러 서울로 떠난 강태진(姜泰振)[56)]에 대한 그리움을 가벼운 농담 속에 담은 것이다. 시인은 강태진이 서울로 가는 길에 기생을 끼고 바둑을 두며 즐거운 한 때를 보냈을 것과 은자(隱者)들이 쓴다는 각건(角巾)을 쓰고서 배를 타고 서울로 들어가는 그의 고상하고 호탕한 모습을 상상한다. 그리고 그가 한갓 굶주림을 해결하기 위해 돌아간 것은 아닐 것이라고 말하며, 은일자적한 삶의 터전

---

54) 李學逵, 『총간』, 290집, 247면.(1802)

55) '蓏(라)'는 정황으로 봐서는 '苽(고)'가 된다면 별 무리가 없을 듯한데, 발음상 어떤 의도로 썼는지 분명치 않다. 한편, 8구 두 번째 글자인 '畦(휴)'는 『奎章全韻』에는 '휴'로 되어 있으나 『孟子諺解』와 『訓蒙字會』 등에서 모두 '규'로 발음하고 있다. (權仁瀚, 『中世韓國漢字音訓集成』, 도서출판 제이앤씨, 2009, 60면 참고.)

56) 李學逵, 「贈姜泰振漢山覲親之行」, 『총간』, 290집, 241면.(1802), "聞君京口去, 何日訪親闈. 慈竹霧中長, 鶬鴰沙上飛. 來鞍經麥秀, 歸檝見花稀. 惟有湓城客, 回頭涕滿衣."

에서 다시 만나기를 기약한다.

이와 같은 흘어시는 잡체시 중에서도 작품이 드문 경우에 속한다. 중국에서도 일부 문인들에게서만 작품이 확인되며[57], 우리나라 문인 중에서도 흘어시를 남긴 사람이 거의 없다.[58] 이는 그 만큼 흘어시가 짓기 까다로운 시체였음을 방증하는 것이라고 생각되는데, 이런 점에서 위의 작품은 이학규의 시적 기지를 잘 보여준다.

「閨怨」 八音
「규방의 원망」 팔음(八音)

金縷歌殘悵落紅	「금루의(金縷衣)」 노래 잦아듦에 떨어지는 붉은 꽃잎이 슬픈데
石城煙樹阻來鴻	석성(石城)의 안개 낀 나무엔 날아드는 기러기가 막혔네
絲從園客思何極	원객(園客)을 따르던 실처럼 그리움에 어찌 끝이 있으랴
竹出湘妃淚未窮	상비(湘妃)를 통해 알려진 대나무처럼 눈물이 마르지 않네

57) 중국에서는 蘇軾과 李東陽 등의 몇몇 문인에게서만 보인다. (蘇軾, 「西山戲題武昌王居士」, "江干高居堅關扃, 犍耕躬稼角掛經. 篙竿繫舸菰茭隔, 笳鼓過軍鷄狗驚. 解襟顧景各箕踞, 擊劍賡歌幾擧觥. 荊笄供膾愧攬聒, 乾鍋更戛甘瓜羹."; 蘇軾, 「戲和正甫一字韻」, "故居劍閣隔錦官, 柑果薑蕨交荊菅. 奇孤甘掛汲古綆, 僥覬敢揭鉤金竿. 已歸耕稼供藁秸, 公貴幹蠱高巾冠. 改更句格各蹇吃, 姑因狡獪加間關."; 李東陽, 「郊行戲效東坡吃語」, "荊扃棘徑俱交加, 澗葛膠結兼菰葭. 劍歌擊角叫急景, 車轂過岡經幾家. 郊居近稼價減穀, 江館隔碁歸及瓜. 感今激舊更矯顧, 關騎警劫驚孤笳.")

58) 『餛飩錄』에 茶山 丁若鏞이 吃語詩를 지은 사례가 보인다. (「餛飩錄」, 『與猶堂全書補遺』 2책, "蘇東坡作吃語體, 然中國見溪羣, 分爲三聲. 我國語音, 亦分三聲, 而文字則合爲一聲, 吃語更易也. 嘉慶丙辰夏, 余在明禮坊, 蔡邇叔要作雜體諸詩, 余作吃語體曰 : '僑居京國久, 奇傑見羣公. 客去枯琴掛, 禽歸古澗空. 舊交皆結契, 佳句豈求工. 旗鼓誇勍建, 孤軍敢建功.'")

匏葉有霜深暮院	박 잎은 서리를 맞은 채 저물녘 정원에 그윽하고
土花無雨冷春宮	이끼는 비도 없이 봄날 궁궐에서 차가운데
革蕚皺面毛君禿	꽃 같던 얼굴 주름지고 붓끝이 닳았건만
木芍香銷信不通[59]	모란꽃 향기 다하도록 소식은 오질 않네

팔음(八音)이란 금(金)[鐘]·석(石)[磬]·사(絲)[絃]·죽(竹)[管]·포(匏)[笙]·토(土)[壎]·혁(革)[鼓]·목(木)[柷敔]의 여덟 가지 악기 재료를 가리킨다. 이 작품은 이러한 팔음(八音)을 매 구의 첫머리에 두고 나머지 글자를 맞춰 완성한 칠언율시이다. 그리하여 버림받은 궁녀의 원망을 제재로 한 이 작품은 임을 애타게 그리워하다가 기다림에 지친 정한을 형상화하였다.

시인은 이러한 시상을 연출하기 위해 수련에서 쓸쓸한 분위기로 주위를 환기시킨다. 당나라 때 두추낭(杜秋娘)이 15세에 이기(李錡)에게 불러주어 그의 마음을 사로잡았다는 「금루의(金縷衣)」[60]도 임이 없으니 그 곡조가 이내 잦아들고, 여인은 그저 슬픔 속에서 낙화만 바라볼 뿐이다. 아울러 나무에 안개가 끼어 기러기가 날아들지 못하는 풍경은 임과의 간절한 만남이 성사되지 못하는 여인의 처지를 대변한다.

이어서 함련에서는 두 편의 전고를 인용하여 여인의 그리움과 슬픔의 정도를 표현한다. 『열선전(列仙傳)』에 따르면, 원객(園客)이라는 미남에게 어느 날 오색나방이 날아와 누에가 부화되었는데, 때마침 한 여인이 나타나 양잠을 도와 누에고치 1백 20개를 따자 크기가 모두 항아리 만하였다고 한다. 그리하여 고치 하나의 실을 다 뽑는데 60일이 걸렸다고 한다.[61] 시인은 3구에서 이 전고를 인용하여, 버림받은 궁녀의 그리움

---

59) 李學逵, 『총간』, 290집, 247면.(1802)

60) 「金縷衣」, "勸君莫惜金縷衣, 勸君須惜少年時. 花開堪折直須折, 莫待無花空折枝."

61) 『列仙傳』, "園客者, 濟陰人也. 姿貌好而性良, 邑人多以女妻之, 客終不取. 常種五

도 이 고치실처럼 끝이 없다고 비유한다. 한편 순(舜)임금의 두 비(妃)인 아황(娥皇)과 여영(女英)은 순임금이 죽자 상수(湘水)에 몸을 던져 죽었다고 하여 상비(湘妃)라고 불린다. 그런데 순(舜)임금이 죽었을 때 두 비(妃)가 흘린 눈물이 대나무에 떨어지자 전부 반점이 생겼다는 이야기가 전한다.[62] 시인은 4구에서 이 전고를 인용하여, 여인의 눈물에 담긴 애절함의 크기를 비유한다. 그 뒤 경련의 쓸쓸한 풍경묘사를 거쳐 미련에서 애타는 그리움의 정서를 발산하여 여운을 드리운다.

이처럼 이 작품은 매 구의 첫 글자를 임의로 설정하고서도 그 글자에 맞춘 풍경과 전고를 절묘하게 인용하여 '규원(閨怨)'이라는 시상을 효과적으로 형상화하였다. 아울러 함련과 경련에서 대우(對偶)를 지키고, 전체적으로 기승전합(起承轉合)의 흐름을 시킴으로써 잡체시의 형식미와 함께 칠연율시의 형식미도 성공적으로 구현하였다.

「禽言 十章」
「금언 십장(十章)」

其四

葫蘆綠	호로록
莫煮熟	끓여서 익히지 말아라
去季米貴食蔬茹	작년엔 쌀이 귀해 나물만 먹었는데
今季得米不作粥	올해는 쌀을 얻었으니 죽을 쑬 필요없네
嚴霜夜夜墜爾屋	된서리 밤새 너희 집에 떨어질 때
枵其腹貯醽醁[63]	굶주린 이 배에 좋은 술을 채우네

色香草, 積數十年, 食其實. 一旦, 有五色蛾止其香樹末, 客收而薦之以布, 生桑蠶焉. 至蠶時, 有好女夜至, 自稱客妻, 道蠶狀. 客與俱收蠶, 得百二十頭繭, 皆如甕大. 繅一繭, 六十日始盡. 訖則俱去, 莫知所在. 故濟陰人世祠桑蠶, 設祠室焉. 或云陳留濟陽氏."

62)『博物志』, "堯之二女, 舜之二妃, 曰 : '湘夫人.' 舜崩, 二妃啼, 以涕揮竹, 竹盡斑."

其五

速摘茶	속적다
春將賒	봄날이 멀어져간다
前山昨夜雨	앞산에 어젯밤 비 내리더니
灌樹齊生芽	물 젖은 나무에 가지런히 싹이 돋았네
新芽作葉農事急	새싹이 잎이 될 때면 농사일 바빠지니
恐爾明朝不在家[64]	너는 내일 아침이면 집에 있지 않겠구나

其十

孰得孰得	숙득 숙득
雄雌逐逐	암수 서로 쫓아 나네
高巢饒風雨	높은 둥지엔 비바람이 거세고
卑枝斧斤逼	낮은 가지엔 도끼질이 위협하네
人家不可依	인가(人家)에도 의지할 수가 없으니
常令親炮炙[65]	언제나 직접 구워 먹으려 든다네

「금언십장(禽言十章)」 기사(其四)의 '호로록(葫蘆綠)'은 직죽(稷粥), 제호로(提葫蘆) 등의 이름으로도 불리는 직박구리 새를 가리킨다. 여기서 직죽(稷粥)은 피죽을 가리키며, 호로록(葫蘆綠)은 피죽을 '후루룩' 마시는 소리를 나타낸다. 즉, 춘궁기에 주로 우는 직박구리의 속성에 의거하여 이 새의 소리를 피죽을 마시는 소리로 표현한 것이다. 이 때문에 이 새와 관련된 금언체시는 배고픈 농촌의 현실을 반영하는 시상으로 많이 쓰였다. 그런데 이 작품은 시인이 개인적인 서정으로 시상을 구성하여, 술을 마시며 밤을 지새우는 자신의 궁핍하고 쓸쓸한 일상을 환기시킨다.

63) 李學逵, 『총간』, 290집, 275면.(1807)

64) 李學逵, 『총간』, 290집, 275면.(1807)

65) 李學逵, 『총간』, 290집, 275면.(1807)

「금언십장(禽言十章)」 기오(其五)의 '속적다(速摘茶)'는 소쩍새의 울음소리를 표현한 것이다. 일반적으로 금언체 한시에서 소쩍새의 울음소리를 노래할 때는 '정소(鼎小)(솥 적다)'로 표현하는 것에 비해, 여기에서 시인은 '어서 빨리 찻잎 따라'는 속적다(速摘茶)의 풀이를 내세워 깊어가는 봄날의 바쁜 농촌풍경을 묘사한 것이 흥미롭다. 또한 「금언십장(禽言十章)」 기십(其十)의 '숙득숙득(孰得孰得)'은 쑥독새의 울음소리를 표현한 것이다. 여기에 시인은 암수가 정답게 노니는 쑥독새의 정경에 주목하여, 쑥독새 한 쌍의 단란함을 걱정하는 시상을 전개한다. 이처럼 이학규는 농촌에서 맞이하는 여러 새들의 울음소리와 풍경에 주목하여 그것을 금언체시로 표현하였다.

이상에서 살펴본 바와 같이 이학규의 잡체시는 다양한 표현기법과 내용의 구성력이 돋보인다. 사실 유배된 지 얼마 되지도 않은 심각한 상황에서 유희성이 다분한 다수의 잡체시를 짓는 모습은 다소 의외로 여겨지기도 한다. 그러나 바로 이러한 모습은 이학규가 시에 대한 애착이 강한 문인적인 기질을 지닌 인물임을 말해준다.

즉, 유배초기 이학규의 잡체시 창작은 유배지의 무료한 일상을 달래려는 유희적인 수단, 자신의 존재감을 표출하고자 하는 시재(詩才)의 과시, 다양한 시 형식의 실험을 통한 시작(詩作)의 능력 함양 등과 같은 젊은 시절의 작가의식이 중층적으로 집약된 결과물로 이해할 수 있다. 이학규는 능숙한 솜씨로 다양한 잡체시를 실험하는 가운데, 격앙되고 부정적인 유배초기의 내면의식을 적극적으로 투영하였던 것이다.

제4장. 장편고시(長篇古詩)의 표현기법과 미적 특질

이학규의 장편고시는 표현기법에 따라 크게 내면의 소회를 거침없이 서술하는 경우와 시적 대상을 자세히 묘사하는 경우로 나눌 수 있다. 그중에서 먼저 내면의 소회를 거침없이 서술하는 표현기법은 이학규가 유배전기에 개인적인 서정을 표출하던 주요한 방식이었다. 이학규는 외롭고 고통스러운 현실에서 비롯된 격정적인 정서를 표출하거나, 침잠된 정서를 진술하기 위해 장편고시를 적극적으로 활용하였다. 다음으로 시적 대상을 자세히 묘사하는 표현기법은 이학규의 전 생애에 걸쳐 일상의 농촌식물과 수산생물, 개인적인 생활상과 지역민들의 모습 등을 핍진하게 묘사하는 데에 집중적으로 활용되었다. 이에 본 장에서는 이학규의 장편고시를 이상의 두 가지 유형으로 구분하여 살펴볼 것이다.

1. 서술구조를 통한 회한의 표출

유배전기 이학규의 시세계는 외롭고 고통스러운 현실에서 비롯된 격정적인 정서가 주를 이루었다. 그는 낯선 환경에 대한 거부감, 지기(知

己)의 부재(不在)에 대한 아쉬움, 고향과 가족에 대한 그리움 및 망연자실한 심경을 노골적으로 표현하였다. 아울러 부정적인 현실 인식과 고립 의식을 수시로 드러내었다. 이는 앞서 살펴본 바와 같이 이학규의 잡체시에서도 드러났던 점이다.

즉, 이 당시 이학규는 정서적 과잉상태를 벗어나지 못하고 있었던 것이다. 이 때문에 외부로부터의 자극에 과잉되어 있는 내면의 정서가 쉽게 촉발되었는데, 아래의 작품은 이러한 양상을 잘 보여준다.

「病起值早晴, 至西家酒壚, 觸目書事遣懷」
「병석에서 일어나 맑게 갠 아침을 맞이하여, 서쪽 이웃 술집에 이르러 눈길 닿는 대로 심사를 적어 감회를 풀다」

	我廬苦餘寒	내 사는 오두막에서 남은 추위에 괴로운데
	陽暉在南院	햇볕은 남쪽 담에 빛나네
	百鳥摠饒舌	온갖 새들 다투어 지저귐에
	晨起力已倦	새벽에 일어나니 몸이 나른하구나
	出門視天宇	문을 나서 하늘을 바라보니
	細雲餘片片	가는 구름이 조각조각 흘러가네
	鄰人喜我來	이웃 사람 내가 오는 것을 기뻐하며
08	一杯聊蹔薦	한잔 술을 그저 잠시 올리네
	醉餘失天性	취하고 나니 천성(天性)을 잃어버려
	佳景忻相睠	기뻐하며 좋은 경치 돌아본다
	林風灑初暄	숲의 바람 시원한데 막 따뜻해지고
	墟日視屢眩	언덕의 해는 바라보기에 눈이 부시네
	暎籬半天桃	햇빛 비치는 울타리에는 반쯤 천도복숭아 심겼고
	曬屋皆美箭	햇볕 쬐는 집은 모두 아름다운 대나무 둘렀네
	飛蟲到半天	날벌레들 하늘 가운데 이르러
16	成團互旋轉	무리를 이뤄 서로 돌아다니네

維昔値佳辰　옛적에 아름다운 철을 만났을 때는
良會參羣彦　좋은 모임에 여러 선비들 참여했었지
靑天露冠巾　푸른 하늘에 갓과 두건이 드러나고
綠莎霑殽饌　녹색의 풀밭에는 술과 안주 가득했네
舅氏苦念我　외삼촌 각별히 나를 생각해서
鞍馬追求徧　말에 태워 좋은 경치를 두루 돌아다니셨지
落景傍行廚　행주(行廚) 곁으로 해가 질 무렵
新詩不可選　지은 시는 우열을 가릴 수 없었네
萬事已回腸　만사가 이미 뒤틀렸으니
十年猶轉眄　십년 세월도 오히려 순식간이구나
追惟寢門哭　그 옛날 집안에서의 통곡을 떠올리고
悄悵江舘餞　강 가 집에서의 전별을 슬퍼하네
長安非日下　서울은 한 달음에 닿을 수 없으니
目斷誰能見　아득히 바라봐도 뉘를 볼 수 있으랴
時序有回復　계절은 다시 돌아오지만
人事苦嬗變[1)]　사람일은 괴롭게도 바뀌어버렸네

거성(去聲) 산운(霰韻)으로 도저(到底)하여 총 32구로 구성되어 있는 이 작품은 전반(前半)과 후반(後半)으로 시상이 선명하게 나뉜다. 우선 작품의 전반은 병석에서 일어나 이른 새벽부터 인근 술집을 찾는 시인이 맑고 따뜻한 풍경을 만끽하는 정황을 그리고 있다. 그리하여 후반부터는 이러한 풍경에 촉발된 묵은 상념을 풀어낸다. 후반 중에서도 앞의 8구(17~24)에서는 오늘 같이 좋은 날씨를 맞아 성대한 나들이를 즐기던 선비들의 모임에 외삼촌(이가환)의 총애를 받으며 참여했던 시절을 추억한다. 그리고 뒤의 8구(25~32)에 이르러서 그러한 추억에 안타까움을 표시하며, 비애감을 표현한다. 여기에 25구의 "만사가 이미 뒤틀렸건만

---

1) 李學逵, 『총간』 290집, 337면.(1810)

(萬事已回腸)"이라는 표현이나 31·32구의 "계절은 다시 돌아오지만, 사람일은 괴롭게도 바뀌어버렸네(時序有回復, 人事苦嬗變)"라는 표현은 극단적인 심리상태로 치닫는 시인의 정서를 잘 보여준다.[2)]

즉, 아름다운 풍경에 대한 애상적인 반응, 직접적인 눈물의 표출, 비관적인 전망을 담은 자포자기의 심경 등은 당시 시인의 정서적 과잉상태를 잘 보여준다. 이학규는 이러한 내면의식을 가감 없이 시로 표현하기 위해 비교적 형식적인 구속이 덜한 장편고시를 선택했던 것이다. 그러면서도 단락을 엄격히 구분하여 '현재의 사경(寫景)' → '지난날의 추억' → '현재의 심경'으로 시상을 전환하는 장법을 발휘하였다.

한편, 이러한 유배전기의 정서적 과잉상태에서 비롯된 장편고시의 창작은 이학규가 지인들에게 보낸 장편시에서 더욱 극명하게 드러난다. 그 대표적인 인물로는 사촌형인 백진(伯津, 명규(明逵))을 들 수 있다. 이학규와 젊은 시절부터 절친한 사이였던 백진(伯津)은 유배기간에도 수시로 이학규의 마음을 헤아려주면서 누구보다 애틋한 관계를 유지했다. 또한 백진(伯津)은 고향의 소식을 전해주거나 다산(茶山)을 비롯한 지인들과의 교류를 이어주는 역할도 맡았다. 이 때문에 이학규는 유배기간 내내 백진(伯津)에게 자신의 속내를 허심탄회하게 드러내었다.

그 중에서도 특히 유배 전기에 백진(伯津)에게 부친 일련의 장편시들은 이학규가 격앙된 자신의 감정을 자제하지 않고 모두 쏟아내는 면모를 잘 보여준다. 예를 들어 자전적 고백으로 구성된 「영회봉기백진(詠懷奉寄伯津」)[3)]에서는 어릴 적 아버지가 일찍 돌아가셔서 외가에서 외할아

2) 이러한 극단적인 심리상태는 이 당시 이학규의 주요한 내면의식이었다. 이는 「和丁學圃茲山紀行詩」 其十一에서 "이 생에서 반드시 돌아간다는 보장도 없지만, 설령 돌아간다 해도 다 늙어 무엇하리. 내 이미 새 봄을 맞아 더욱 의지할 곳이 없으니, 속세나 산수나 둘 다 어긋났구나.(此生未必眞歸去, 縱得歸時奈老何. 我已新春益無賴, 風塵泉石兩蹉跎.)"라고 읊은 부분에서도 잘 드러난다. (李學逵, 『총간』 290집, 337면.(1810))

버지(이용휴)・외삼촌(이가환)의 보살핌을 받으며 지낸 정황, 10살 때 집으로 돌아와 할머니의 기대를 한 몸에 받던 모습, 젊은 시절 정조(正祖)의 총애를 받았던 일과 신유옥사에 대한 안타까움, 당시 정치세력에 대한 적개심, 첫 번째 유배지였던 능주(綾州 : 전라남도 화순)로 떠나던 과정과 능주에서의 정황, 서울로 압송되었다가 다시 김해로 유배되는 과정, 가족 간의 애틋한 이별장면과 김해에서의 생활상, 아버지이자 남편으로서의 미안함, 가문을 망쳤다는 죄책감, 내면의 괴로움과 고뇌를 시 창작으로 해소할 수밖에 없는 처지 등이 긴 호흡 속에 절절하게 펼쳐진다.

이렇게 속내를 진솔하게 고백하는 양상은 「장기백진서염구회신질서차시용대정화(將寄伯津書念舊懷新疾書此詩用代情話)」[4]에서도 다시 한 번 나타나고, 한 해가 저무는 시절의 회한을 담은 다음 작품에서도 잘 드러난다.

「歲暮言懷寄呈伯津」
「세밑에 속내를 말해 백진(伯津)께 부쳐 드리다」

去日苦昏蒸	지난 날 몹시 흐리고 무더워
不謂休炎熱 입屑	더위가 그칠 줄 생각지도 못했건만
即事試追思	즉석에서 잠시 추억해보니
欻已過數月 입月	불현듯 몇 개월이 지났구나
鴻鴈晝夜來	기러기는 밤낮으로 찾아오는데
歲暮風霜冽 입屑	세모에 풍상이 치가워라
陽光照短軒	햇빛은 짧은 처마에 비치는데
生意轉愁絶 입屑	일어나는 마음은 더욱 근심스럽네
朝飯已謾呑	아침밥은 이미 대충 먹고서
暮簟亦屢設 입屑	저녁 대자리를 또한 귀찮게 설치하네

3) 『총간』 290집, 271면.(1806)

4) 『총간』 290집, 336면.(1810)

久臥骨盡痛　　오랫동안 누웠더니 뼈가 한없이 아픈데
夜長何由徹 입屑　　긴긴 밤을 어떻게 시새울까?
舊遊半鬼錄　　옛날 노닐던 이들 반은 귀신이 되었고
存者幾華髮 입月　　살아남은 자들은 거의 백발이 되었네
尙想少年時　　아직도 젊은 시절이 생각나건만
不意便衰歇 입月　　뜻밖에도 어느덧 쇠락해졌구나
老親心力廢　　늙은 어머니는 심력(心力)이 쇠미해져
書字闕瑣屑 입屑　　문자가 이지러지고 자질구레하네
伯兮百不理　　맏아들은 도통 진정을 하지 못해
詩句見心血 입屑　　시구에 심혈을 쏟은 흔적이 보이네
有妻祟憂勤　　아내는 근심과 수고로움으로 인하여
三載臥嘔泄 입屑　　삼년 동안 누워서 토하고 설사를 하건만
尙謂我詒慼　　오히려 나에게 걱정을 끼칠까봐
書至一不說 입屑　　편지에선 한 마디도 하지 않네
有兒不記面　　자식이 있으나 얼굴을 기억 못하니
襁褓旋離別 입屑　　포대기에 싸였을 때 돌연 이별했었지
中夜夢見之　　한 밤중 꿈에라도 볼라치면
顔色略如鐵 입屑　　안색은 쇠처럼 굳어있네
百蟲久已蟄　　온갖 벌레 오래 전에 이미 숨었는데
孤蛩自切切 입屑　　외로운 귀뚜라미만 절로 애절하다
西牕尙熹微　　서쪽 창은 아직도 희미한데
几格知羅列 입屑　　시렁에 늘어선 책이 보이네
得句留胸臆　　시구를 얻어도 가슴 속에 머무를 뿐
擧筆力已竭 입月　　붓을 들 힘마저 이미 고갈되었네
斯意竟誰識　　이 뜻을 끝내 누가 알아주랴
傳示及子姪[5] 입質　　아들과 조카들에게도 전하여 보이노라

---

5) 李學逵, 『총간』 290집, 350면.(1810)

입성운(入聲韻)으로 통압(通押)하고 있는 이 작품의 시상은 '춥고 궁핍한 현실의 환기' → '안타까움과 애틋함이 묻어나는 가족애' → '외롭고 쇠락한 처지의 호소'로 이어지고 있다. 누추한 유배지에서 우울하고 무료한 나날을 보내는 시인이 고향에서 온 편지에서 가족들 한명 한명의 안부를 더듬는 모습은 애잔함을 자아낸다. 그리고 마지막 두 구에서 자신의 마음을 누군가 알아주길 간절히 바라는 모습은 하소연할 곳 없는 억울하고 애절한 심경을 말해준다.

이처럼 이학규는 사촌형 백진(伯津)에게 소식을 전할 때마다 그 동안 응축되어 있던 불평한 내면을 거침없이 토로하였다. 그리고 이렇게 격앙된 어조는 비슷한 시기에 다산(茶山)과 그의 자질들에게 보낸 일련의 장편시에서도 그대로 드러난다.[6)]

이러한 시세계의 원인은 무엇보다도 이학규의 작가적인 성향에서 찾을 수 있다. 매우 예민한 감성을 소유했던 이학규는 이때까지 불우한 삶에 대응할만한 확고한 자기극복의 방안을 찾지 못했던 것이다. 비록 그가 스스로 자기성찰적인 선비의식을 견지했다고 언급하기도 했지만,[7)] 이러한 의식들이 실제 작품에서 뚜렷한 시적 형상화로 표출되거나 생활 속에서 응집력을 발휘하지는 못했다. 이는 같은 처지에 놓인 정약용이 유배 초기의 불안과 고통에 매몰되지 않고, 토담집 노파의 주막을 오히려 자기성찰의 뜻이 담긴 시재로 삼으며[8)] 학문에 매진했던 모습과

---

6) 李學逵, 「次韻丁穉箕春日過伯津山樓留贈之作」(『총간』 290집, 288면.(1809)); 李學逵, 「奉酬丁𢸋翁秋日見懷之作」(『총간』 290집, 331면.(1810)); 李學逵, 「追寄丁𢸋翁茶山寓居四十二韻」(『총간』 290집, 332면.(1810))

7) 李學逵, 「夢歸」, 『총간』 290집, 408면.(1814), "… 端居三十載, 經濟此西園. 綿綿詩禮業, 忠恕亦所敦. …"

8) 丁若鏞, 「四宜齋記」, 『총간』 281집, 294면, "四宜齋者, 余康津謫居之室也. 思宜澹, 其有不澹, 尙亟澄之. 貌宜莊, 其有不莊, 尙亟凝之. 言宜訒, 其有不訒, 尙亟止之. 動

도 대비된다.[9)]

그러나 이렇게 격앙된 정서도 시간이 지나면서 조금씩 잦아들기 시작하였다. 그리하여 다음과 같이 슬픔과 한탄이 침잠되어 있는 내면을 표현하게 된다.

「山杏齋秋夜書懷」
「산행재(山杏齋)에서 가을밤에 회포를 적다」

今夕不可度	오늘 저녁을 보내기 어려우리니
憂思方如焚	근심스런 생각이 바야흐로 불타는 듯하네
披衣據前楹	옷을 헤치고 앞 기둥에 기대어
矯首眺星文	머리를 들고 별을 바라본다
豈不感端居	어찌하여 단정히 앉아서
耳目去紛紜	귀와 눈에서 어지러운 것들을 제거하지 않는가?
居人盡睡臥	이웃 주민이 모두 누워 자는데
寤歌非所忻	깨어서 부르는 노래는 기쁜 것이 아니어라
依依念遒序	아련하게 다해가는 계절을 생각하며
脈脈懷同羣	하염없이 함께 했던 무리를 그리워하네
飛雨乍落落	흩날리는 비 잠시 추적추적 내리더니
緖風旋薰薰	잔바람이 문득 훈훈하게 불어온다
微月出未高	초승달은 나직이 떠 있고
墟里浩不分	마을은 드넓어 분간이 안 되니
大屋若連堵	큰 집들은 담이 잇닿은 듯

宜重, 其有不重, 尙亟遲之. 於是乎名其室曰四宜之齋. 宜也者義也, 義以制之也. 念年齡之遒邁, 悼志業之頹廢, 冀以自省也. 時嘉慶八年冬十一月辛丑初十日日南至之日, 寔唯甲子歲之攸起也. 是日讀乾卦."

9) 백원철은 이학규와 정약용이 유배당한 현실에 대하여 각기 그 수용자세가 달랐다고 지적하였다. 이학규가 비교적 체념적이 되어서 과거에의 미온적인 반추에 그치고 있는 반면, 정약용은 절망에 가까운 위기 속에서 살아남아야 한다는 치열한 생존의식을 보여준다고 언급하였다. (백원철, 앞의 책, 86면.)

雜樹如屯雲　　잡목들은 구름이 뭉쳐있는 듯
煅窯在前山　　앞산엔 쇠를 불리는 가마터가 있어
中天見燎熏　　하늘 한 가운데 불 때는 연기가 보이는데
有鳥倏然逝　　새가 갑자기 날아가니
羽聲猶可聞　　날개 치는 소리가 들려오네
鄕書隔數月　　고향편지는 수개월째 끊겼고
潦水汨無垠　　큰 비에 잠긴 강물은 끝이 없어라
酒家久閉闗　　술집은 오랫동안 문을 닫았으니
何由覓一醺　　어디에서 한 번 취할 수 있으려나
籠鳥念舊巢　　우리 속의 새는 옛 둥지를 생각하고
池魚懷故濆　　못의 물고기는 옛 물가를 그리워하네
譻訧諒自嗟　　나의 허물을 진실로 스스로 탄식하니
誊訴將何云　　이 하소연을 장차 어찌 다 말할까?
前修有烱戒　　이전의 현인들에게 밝은 경계(警戒) 있으니
沈思至昒昕[10)]　　먼동이 틀 때까지 생각에 잠기네

평성(平聲) 문운(文韻)으로 도저(到底)한 이 시는 내면의 정서에 즉각적으로만 반응하던 시인이 성찰적인 반응을 담아내기 시작하는 작품이다. 시의 도입부에서 알 수 있듯이 시인은 여느 때와 마찬가지로 '근심스런 생각[憂思]' 속에서 밤을 지새운다. 그리하여 또 다시 무심히 흘러가는 세월을 아쉬워하고, 고향의 가족과 지기(知己)들을 그리워하면서 물끄러미 마을의 밤풍경을 묘사한다. 아울러 예전처럼 고향소식과 술에 대한 갈증을 보이면서 자유롭지 못한 자신의 신세를 한탄한다.

하지만 마지막 네 구에서 보이는 바와 같이 시인은 더 이상 이러한 시상으로 작품을 끝맺지 않고, 자신의 처지와 심경을 현인들의 삶과 경계(警戒)에 비춰 보려는 노력을 드러낸다. 즉, 여전히 시인은 쉽게 애상

---

10) 李學逵, 『총간』 290집, 393면.(1813)

에 젖어드는 존재이며 억울함을 하소연할 곳이 없어 답답해하지만, 시의 결말에서 보여준 것처럼 한편으로는 반성적이고 성찰적인 자의식을 추구하고 있는 것이다.

이와 같은 정서적 변모는 비록 뚜렷한 의식의 각성이 동반되지는 않았지만, 점차 외부로 발산하던 감정을 내부로 수렴하려는 자세를 보여준다. 그리하여 다음의 작품처럼 더 이상 격앙된 어조로 자신의 심경을 낱낱이 언급하지 않고, 담담하게 한 밤의 일상을 묘사함으로써 자신의 회한을 형상화하는 표현기법이 등장하게 된다.

「中夜苦熱, 走尋沿街酒壚」計口占三十八韻, 遂不次第.
「한밤중 무더위에 길가 주막을 찾고 나서」 즉석에서 읊조린 것을 계산해 보니 38운(韻)인데, 끝내 조리 있게 완성하지 못했다.

六月月旣朓　유월의 달은 어느덧 그믐인데
煩暑夜乃增　무더위는 밤이 되자 더욱 기승을 부리네
仰天一雲無　하늘을 우러러보니 구름 한 점 없고
立地如炊烝　땅에 섰자니 찌는 듯하네
牆東大柳樹　담장 동쪽 큰 버드나무엔
淸露弗珠凝　맑은 이슬이 구슬을 꿴 듯 맺혔는데
一葉不動搖　잎사귀 하나 흔들리지 않고
鬱若堆薪蒸　울창한 모양은 장작을 쌓은 듯하네
飛蚊擾上下　모기는 이리저리 어지럽게 날아다니며
鐘鼓紛呟噌　풍악소리처럼 시끄럽게 앵앵거리는데
其喙一毫耳　그 부리는 터럭처럼 가늘어도
利可穿鞹鞃　가죽을 뚫을 만큼 날카롭구나
我室蟲所窟　내 집은 벌레들의 소굴이라서
壁蝨與棚蠅　벽에는 이가 서려있고, 시렁엔 파리가 들끓네
開戶試納頭　방문을 열고 머리를 숙일라치면

16 觸手聲翁翁　손에 부딪치며 웽웽거리지
我時困痎瘧　내 마침 학질에 시달려
腰腿不自勝　허리와 다리를 가누지 못하니
單衣汗如沐　홑옷은 땀으로 목욕을 한 듯하고
爬膚五指疼　다섯 손가락이 아플 정도로 살갗을 긁는데
所不卽裸裎　당장에라도 옷을 벗지 않는 이유는
先夜有遠朋　전날 밤 멀리서 온 벗이 있어서라네
聞其旅遊者　듣자하니 이 나그네는
卜夜以爲恒　밤낮으로 술만 마신다고 하네
嚶嚶壁間蟲　찌르르, 벽 틈에서 나는 벌레 소리
爾生良可憎　네 삶이 참으로 얄미워라
人今但坐喟　사람은 그저 앉아서 한숨만 쉬는데
有若鳴自矜　너는 뽐내듯이 울어대네
病暍卽痛飮　더위를 먹고서 그대로 통음을 하고
執熱思層冰　너무 더워 얼음장을 생각하네
層冰理所無　얼음장은 있을 수 없지만
32 暍飮猶可能　더위에 술 마시는 일이야 여전히 가능하지
踡跼出門外　몸을 숙여 문 밖을 나서
仰視殘月昇　우러러 보니 그믐달이 올라오네
織女已中天　직녀성(織女星)은 이미 중천에 떠 있는데
殘月猶一稜　그믐달은 아직도 한 모퉁이에 머물렀네
城南數畝地　성 남쪽 몇 이랑의 땅에는
有爝如深燈　가물거리는 등불처럼 횃불이 서 있네
想此魚市墟　이곳이 어시장터인 듯
敗鱗光澄澄　떨어진 비늘이 반짝반짝 빛나네
其傍香逆鼻　그 곁엔 향기가 코를 찌르니
市瓜堆如陵　참외가 언덕을 이룰 만큼 쌓였는데
瓜婆久熟寐　참외가게 노파는 아주 깊이 잠들어
百嘑無一應　아무리 불러도 응답이 없네

	縱橫大道中	사람들은 거리낌 없이 큰 길에서
	赤體交股肱	알몸으로 팔다리를 뒤섞고 있네
	或鼾睡動地	어떤 이는 땅이 울릴 듯이 코를 골고
	或夢魘蹶興	어떤 이는 가위에 눌려 다급히 일어나네
	揮扇聲撲撲	부채질 소리 살랑이고
	爇草煙騰騰	모깃불 지핀 연기가 피어오르네
	群犬亦同臥	뭇 개들은 또한 함께 누워서
52	狺怒敢相夌	으르렁거리며 함부로 대드네
	街南小酒罏	길거리 남쪽에 작은 주막이 있으니
	摸索亦可徵	더듬거리면서도 찾아갈 수 있네
	張燈耿餘燼	켜 놓은 등불엔 타고 남은 잿불이 환하고
	簾箔疊依憑	발은 서로 기대어 겹겹이 드리웠네
	有如倮壤人	마치 벌거벗고 다니는 세상의 사람처럼
	寒至但垂繒	추위가 와도 비단옷만 드리우니
	褰裙稍綷縩	치마를 추어올릴 때면 나직이 사각사각 거리는데
	斂髫猶鬅鬙	머리를 묶어도 여전히 부스스하네
	曾聞此善釀	일찍이 들으니, 이 사람이 술을 잘 빚는다고
	酒徒之所稱	술꾼들이 칭찬을 하던데
	況今麴米賤	게다가 지금은 술 빚을 쌀값이 싸서
	清濁釅相仍	진한 맛의 청주와 탁주가 잇따르네
	滌桮使我看	술잔을 씻어 내게 보이고
	注壺令我承	술을 따라 나보고 받게 하면서
	言我出不易	내 지출이 쉽지 않으니
	不必問斗升	가격은 물을 필요 없다고 하네
	感玆邨俗淳	이 시골 풍속의 순박함을 감사하니
	款曲見未曾	이처럼 정답고 친절한 곳 보지 못했네
	久坐稍噫欠	오랫동안 앉았더니 점점 하품이 나고
	劇醉但摩膺	잔뜩 취해 그저 가슴만 쓰다듬으니
	引我起納屨	나를 일으켜 신을 신기고

	掖我越溝塍	나를 부축해서 도랑과 밭두둑을 넘어오네
	歸來睡一覺	돌아와서 잠들었다 문득 깨어보니
76	城上鼓鼕鼕[11]	성위에서 둥둥 북소리 들려오네

평성(平聲) 증운(蒸韻)으로 도저(到底)하고 있는 이 시는 무더운 한여름 밤을 보낸 시인의 체험을 재생한 것이다. 여전히 취기가 남은 상태에서 즉흥적으로 써 나갔기 때문에 시인은 제목에서 두서가 없이 써 나갔다고 밝힌다. 하지만 큰 장면전환을 중심으로 보면, 이 작품은 몇 개의 단락으로 내용을 구분할 수 있다.

먼저 16구까지의 첫 번째 단락은 작품의 도입부로서 한여름 밤 시인의 누추한 집 풍경을 제시한다. 다음으로 32구까지는 그렇게 누추한 집에서 무더위를 견디는 시인의 고통과 번민이 드러난다. 학질에 시달리면서 목욕을 한 듯이 땀에 젖고, 벌레에 물린 몸을 손가락이 아플 정도로 긁고 있는 것이다. 여기에다가 더위에 지친 사람의 한숨소리와 벌레의 고운 울음소리를 대비시켜 불편한 정서를 부각시킨다. 이렇게 일상의 고통에 과민반응을 보이며 자신의 아픔을 호소하는 시인의 모습은 다른 작품에서도 쉽게 확인할 수 있는[12] 그만의 주요한 표현기법이다. 그런데 이 작품에서는 시인이 고통과 번민에서 벗어나기 위해 한밤중에 술집을 찾아나서는 장면으로까지 시상이 확장된다.

이에 52구까지는 집 밖을 나와 어시장을 가로질러 주막으로 가는 길의 풍경이 그려진다. 여기서는 특히 여름밤 시골저자의 모습이 생생하

11) 李學逵, 『총간』 290집, 421면.(1816)

12) 시 중에서는 빈대로 인해 육체적·정신적 고통에 시달리는 자신을 장편고시로 표현한 「鼈蝨」(李學逵, 『총간』 290집, 259면.)을 들 수 있고, 산문 중에서는 여덟 가지의 육체적·정신적 고통을 다른 상황에 빗대어 표현한 「譬解八則」(李學逵, 『총간』 290집, 267면.)이 대표적이다.

게 펼쳐진다. 해안가의 활기찬 시장터를 말해주는 물고기비늘의 반짝거림·높다랗게 참외를 쌓아 놓은 가게에서 풍겨져 나오는 달콤한 향기·열대야를 피해 알몸으로 밖에서 잠을 자는 사람들의 자유분방한 모습·잠결에 인기척을 듣고 서로 대드는 개들의 으르렁거림 등은 마치 한 편의 풍속화처럼 정답고 사실적이다.

이후 마지막 구절까지는 주막에 이르러서 술을 먹고 다시 집으로 돌아오는 정황으로 이루어진다. 주모는 한 밤중에 찾아온 뜻밖의 손님을 부스스한 머리를 한 채로 정성스럽게 시중든다. 또한 딱한 신세를 감안해서 그 주머니사정까지 헤아려주고, 나아가서 술에 잔뜩 취한 시인을 부축해서 집까지 데려다 준다.

이와 같이 이 작품은 무더운 한여름 밤을 보내는 시인의 일상을 여실하게 보여준다. 그러면서도 이 작품의 서술구도는 시인의 내면의식을 효과적으로 전달한다. 여기서 먼저 주목할 부분은 서술구도의 측면에서 '집 → 주막 → 집'으로 형성되어 있는 행동반경이다. 이것은 시인에게 매우 익숙한 행동반경일 텐데, 이는 결국은 고통과 번민의 현실로 다시 돌아올 수밖에 없는 다람쥐 쳇바퀴 같은 일상을 은연중에 말해준다.

다음으로 '번민 → 취기 → 술이 깸'으로 이어지는 정서적 변환이 주목된다. 마지막 두 구에서처럼 시인은 인사불성으로 집에 돌아와서는 새벽 북소리에 문득 잠이 깬다. 그런데 시인을 둘러싼 적막감을 환기시키는 새벽 북소리의 여운은 번민에 시달리는 고통스러움이나 취기에 몸과 마음을 맡기는 자기방기의 모습을 거쳐, 술이 깨면서부터 다시 무료하고 궁핍한 일상을 마주해야하는 시인의 무기력함을 강하게 환기시킨다. 즉, 이 작품은 주변 풍경과 자신의 일상을 담담하게 묘사하는 가운데, 쓸쓸함과 무력감에 젖은 초라한 자아상을 부각하고 있는 것이다.

이상으로 이학규가 유배 전기에 자신의 심경을 장편고시로 표출하는 양상을 살펴보았다. 이러한 표현기법에서 우선 생각해볼 것은 모든 작품이 오언고시의 시 양식을 선택하고 있다는 점이다. 오언고시는 7언에 비해 간결하면서도 충분한 의미를 담을 수 있으며, 평측과 운의 속박이 적어 예로부터 서정(抒情)에 가장 적합한 양식으로 활용되었다. 이는 완적(阮籍)의 「영회시(詠懷詩)」를 필두로 하여 진자앙(陳子昂)의 「감우시(感遇詩)」, 이백(李白)의 「고풍(古風)」, 주희(朱熹)의 「재거감흥(齋居感興)」 등과 같이 영회시의 전통이 오언고시라는 양식을 통해 계승되는 점에서 잘 드러난다.[13] 따라서 이학규가 술회(述懷)의 내용을 담기 위해 오언고시를 선택하는 현상도 이와 같은 양식적인 특징 속에서 이해할 수 있다.

다음으로 음향적 효과를 고려한 운자(韻字)의 선택을 주목할 필요가 있다. 이학규는 26세 때에 포의(布衣)의 신분임에도 불구하고 『규장전운(奎章全韻)』의 편찬에 참여했으며, 유배초기에 이미 용운(用韻)의 방법과 중요성을 강조하였다.[14] 나아가서 용운법(用韻法)의 내력과 그 형식에 대한 해박한 지식을 구축하였다.[15] 이러한 면모는 이학규가 한시를 창작할 때에 용운에 각별한 주의를 기울였을 것이라는 점을 짐작케 한다.

이러한 관점에서 이상 네 편의 작품을 살펴보면, 격정적인 어조가 두드러지는 앞의 두 작품이 각각 거성운(去聲韻)과 입성운(入聲韻)을 사용하고 있는 반면에,[16] 차분한 어조로 구성되어 있는 뒤의 두 작품은 평성

---

13) 장유승, 「17세기 古詩 硏究」, 한국정신문화연구원 석사학위논문, 2002, 31면 참고.

14) 李學逵, 「與」, 『총간』 290집, 253면.(1803), "作詩用韻, 須令有不得不肰之勢, 非此不可. 更無第二字可以代換, 肰後纔說好詩. 譬如鑽鍼眼, 須用金剛鑽, 塗簧脣, 須用烏金石. 不爾, 雖公輸之巧, 措手不能矣. 今詩或不肰, 如起句用韻, 旣妥帖矣, 因第二句失穩, 回向第一句, 苟換他韻, 牽强依違, 頓失前意. 是猶因無繭栗羹獻, 以充飣餖, 爲乏人葠, 煎薺苨, 用備內托, 於是乎宴爲不腆, 病永不痊矣. 作詩者若起句有韻, 第二句無韻, 不去換起句韻, 旋換第二句意致. 不爾, 不惟換起句韻復全, 換起句意致, 用法千變, 變態百出, 深于詩者, 自理會得耳."

15) 李學逵, 「聲韻說二」, 『총간』 290집, 408면.(1814)

운(平聲韻)을 사용하고 있는 점이 눈에 띈다. 여기에 대해서는 압운에서 사성(四聲)의 음향적 효과를 강조했던 기존의 논의들을 참고해서 이해할 필요가 있다.

원(元)나라 때의 서천민(舒天民)은 『육예강목(六藝綱目)』에서 "한자(漢字)에는 사성(四聲)이 있으니, 평성은 애절하면서 편안하고, 상성은 힘들여 높이 들어올리며, 거성은 맑으면서 멀리 퍼지고, 입성은 곧고 빠르다.(字有四聲, 平聲哀而安, 上聲厲而擧, 去聲淸而遠, 入聲直而促)."라고 하였다. 또한, 『강희자전(康熙字典)』의 「분사성법(分四聲法)」에는 "평성은 평탄하게 말해 내려가거나 올라가지 않고, 상성은 크게 소리 지르며 맹렬하고 굳세네. 거성은 분명하며 애절하면서 멀리 퍼지도록 말함이요, 입성은 짧고 촉급하며 거두어 감춘 소리이나(平聲平道莫低昂, 上聲高呼猛烈强. 去聲分明哀遠道, 入聲短促急收藏)."라고 하였다. 아울러 현대 연구자인 주생아(周生亞)는 압운(押韻)의 음악미를 설명하면서 특히 입성(入聲)은 단촉(短促)하여 길게 늘여 읊조릴 수 없기 때문에 과거 시인들은 입성(入聲)을 통해 침울(沈郁)·애원(哀怨)·고적(孤寂)·험준(險峻)·엄려(嚴厲) 등과 같이 복잡한 정감과 내용을 표현하였다고 설명했다.[17]

물론 추상적이고 도식적인 이와 같은 설명을 모든 작품에 일률적으로 적용할 수는 없다.[18] 그럼에도 불구하고 용운을 중시하면서 그에 대한 해박한 지식을 지니고 있었던 이학규가 자신의 내면을 장편고시로 표현

---

16) 이러한 양상은 「次韻丁穉箕春日過伯津山樓留贈之作」가 入聲 陌韻으로 到底하면서 격앙된 어조로 이루어진 것에서도 느낄 수 있다.

17) 周生亞, 『古代詩歌修辭』, 語文出版社, 1995, 201~206면 참고.

18) 黃永武는 "四聲의 음향효과는 서로 달라서 각각 그에 적합한 표현정서가 있다."라고 하면서 韻字의 성조에 따른 표현미를 설명하였다. 그러나 舒天民의 『六藝綱目』에 실린 구절의 사분법은 추상적이며 도식적이라고 경계하였다. (黃永武 『中國詩學』, 「設計篇」, 巨流圖書公司, 1981, 180~185면 참고.)

하면서 애절하고 유장한 시상을 전개할 때는 거성운(去聲韻)을 사용하고, 격앙되고 절박한 시상을 전개할 때는 입성운(入聲韻)을 사용하며, 애잔한 정서를 담담하게 서술할 때는 평성운(平聲韻)을 사용하는 면모는 그 운자의 성조에 따른 표현미를 고려한 것이라고 볼 수 있다.

하지만 자아와 세계를 이해하는 근본적인 가치관이 변모하고, 그로 인해 더욱 심화된 서정을 표현할 필요성을 느끼게 되자, 마침내 이학규는 새로운 시 양식을 모색하게 되었다. 그리하여 아내의 죽음을 경험한 뒤 삶의 무상성을 자각하고, 그로 인해 응시와 성찰의 서정적 자세가 본격화되면서부터 장편의 서술구조를 통한 회한의 표출방식은 사라지고, 대신에 칠언율시의 정제미와 여운미를 적극 활용하게 된 것이다.

2. 일상적인 제재의 사실적인 표현

이학규가 장편고시를 활용하여 다양한 일상적인 제재를 형상화 한 작품들은 세밀한 묘사와 구체적인 의론의 반영이 돋보인다. 그 중에서도 가장 눈에 띄는 것은 일상적인 사물의 사실적인 묘사이다. 이학규는 유배 전기에 고드름[冰筋]·나뭇가지에 얼어붙은 눈[木稼]·빈대[蠦蝨]·해삼[海蔘]·거미줄[遊絲]·복어[河魨]·죽순[新筍] 등을 장편고시로 표현하였다. 이후 오랜 유배생활을 거친 뒤 해배 이후에는 장승[堠人歎]·펄닭새우[龍鰕]·도요새[鷸雀]·호박[南瓜] 등을 다시 한 번 장편고시로 표현하였다.[19)]

19) 이러한 작품들은 세밀한 관찰력과 묘사력을 공통적인 창작기반으로 공유하면서 각기 다른 시상의 전개방식을 보여준다. 그리하여 「蠦蝨」·「遊絲」·「堠人歎」에서는 자신의 내면의식을 대상의 묘사 속에 적극적으로 투영하였다. 이에 본고는 제6장 2절에서 「蠦蝨」

그 중에서도 「해삼(海蔘)」·「하돈(河魨)」·「용하(龍鰕)」·「휼작(鷸雀)」·「남과(南瓜)」는 일상적인 사물에 대한 사실적인 표현양상을 바탕으로 하면서도 창작시기에 따른 형상화 방식의 차이를 보여주고 있어 흥미롭다. 즉, 유배 초기에 창작한 「해삼(海蔘)」·「하돈(河魨)」과 해배 이후 정착할 곳이 없어서 다시 김해를 찾았을 때 창작한 「용하(龍鰕)」·「휼작(鷸雀)」·「남과(南瓜)」 사이에는 그 표현기법과 미적 특질에서 의미 있는 변모양상이 감지되는 것이다.

먼저 유배초기에 창작한 작품 중에서 「해삼(海蔘)」을 살펴보자.

「海蔘」
「해삼」

	西泠櫻笋罷	서령(西泠)땅 고향에선 앵두와 죽순의 철이 지났을 텐데
	南客緶艖傍	남녘의 나그네는 조각배를 의지하고 있네
	土肉聞江賦	토육(土肉)은 곽박(郭璞)의 「강부(江賦)」에서 들어봤거늘
04	海蔘見嶺鄉	해삼(海蔘)을 영남 땅에서 보는구나
	周身慚骨鯁	온몸의 모양이 뼈대 있는 생선에 부끄러운데
	聚族任炰湯	무리들이 모여 굽고 끓이는 요리에 맡겨지네
	淡味離鮏惡	담박한 맛은 역한 비린내와 거리가 멀고
	奇形屬脆良	기이한 형체는 아주 무른 축에 속하네
	口尻渾不辨	입과 꽁무니를 전혀 구분할 수 없고
	腹背定難詳	배와 등도 진정 자세히 알기 어렵네
	水母矜鰕目	해파리가 새우 눈을 믿고 으스대는 듯

과 「遊絲」를 분석하였다. 그리고 「新筍」에서는 작품의 후반부부터 사치스런 관리에 대한 민심의 이반을 보여줌으로써 사회현실에 대한 권계를 드러내었다. 또한, 「冰筋」와 「木稼」에서는 사물의 탐미적 완상이 돋보인다. 마지막으로 본 장에서 살펴볼 「海蔘」·「河魨」·「龍鰕」·「鷸雀」·「南瓜」에서는 낯선 사물에 대한 호기심에 기반을 두어 대상의 다양한 속성을 묘사하고 개인적인 감상을 피력하였다.

山中憶蟹腸　산 속에서 게의 창자를 추억하는 듯
綠瓜生粟大　오이처럼 돌기가 커다랗게 돋았고
錦荔隊藤長　여지처럼 덩굴이 길게 늘어져 있네
鮎訝留涎滑　메기가 놀랄 정도로 끈끈한 액체가 묻어 있고
16 蜎憐去刺芒　고슴도치가 불쌍히 여길 정도로 가시를 볼 수 없네
甘苔同採掇　김과 더불어 따서 모으고
文蛤與收藏　조개와 함께 거두어 보관하네
弗餽捐孫竹　꼬챙이에 꿰어 보내오면 죽순을 버릴 정도인데
盤餐合子薑　반찬으로 먹을 때는 생강과 어울리네
嘉名殊爾雅　훌륭한 이름은 『이아(爾雅)』와 다르건만
陋俗謾烹湘　비루한 풍속에서는 아무렇게나 삶아버리네
尙慮門生議　그런데도 오히려 문생(門生)들의 의론을 생각하여
先敎軒切嘗　먼저 큼직하게 썰어서 맛보게 하네
鴉頭來近市　머리 땋은 여자 아이 가까운 저자에서 돌아오는
金錯視空囊　빈 주머니엔 해삼을 판 돈이 보이네
北地何曾識　북쪽 땅에서야 어찌 알았으랴
28 分題永未忘[20]　시로 지어서 영원히 잊지 않으리

작품의 도입부는 해삼에 대한 호기심으로부터 시작된다. 일찍이 곽박(郭璞)의 「강부(江賦)」[21]를 통해 이와 같은 동물을 '토육(土肉)'이라고 부른다는 것을 알고 있었던 시인은 김해로 유배된 뒤에 비로소 실물을 접하게 되었다. 그리하여 16구까지는 해삼의 모양과 속성에 대한 핍진한 묘사가 이어진다. 시인은 시각·미각·촉각적인 느낌을 적절한 비유와 전고의 활용을 통해 실감나게 표현한다. 여기서 5구의 '참(慚)'이라는 시어는 '골경지신((骨鯁之臣 : 강직한 신하)'의 의미를 염두에 둔 표현이다.

---

20) 李學逵, 『총간』, 290집, 269면.(1806)

21) 『文選』, 「江賦」 "… 玉珧海月, 土肉石華 …" (蕭統, 『文選』전6책, 上海古籍出版社, 1986, 563면.)

11구는 눈과 귀가 없는 해파리가 늘 새우를 따라다니며 사람들을 피한다는 전고를 용사한 것이고[22], 12구는 창자가 없다는 뜻을 지녀 게의 별명으로 쓰이는 '무장공자(無腸公子)'라는 용어를 떠올리게 한다.[23] 나아가서 17구부터는 해삼을 채취하고 보관하는 방법, 음식의 궁합과 요리방법, 해삼과 관련된 지역민들의 생활상을 상세히 묘사한다.

이처럼 이 작품은 신기한 사물을 관찰하고 그 다양한 속성을 기록으로 남기려는 동기가 강하게 반영되어 있다. 시인은 이 작품의 마지막 두 구에서 이러한 창작의도를 직접적으로 드러내었다. 이러한 양상은 비슷한 시기에 창작한 「하돈(河魨)」에서도 보인다. 이 작품도 복어의 특징적인 형상, 복어를 잡는 광경, 복어의 요리법과 속성, 복어의 독에 대한 경계가 시상의 주를 이루고 있는 것이다.

그에 비해 해배 이후 오갈 곳이 없어 김해를 다시 찾은 시인이 지은 다음 작품은 보다 완숙한 노년의 필치를 보여준다.

「龍鰕」
「펄닭새우(뿔가재)」

海鰕强名蟹	바다 새우를 억지로 게라고 한다면
何異鼠爲璞	쥐를 일러 박옥이라 하는 것과 무엇이 다르랴
巫家以爲神	무당들은 신령스럽게 여기며
用之祀川瀆	하천에 제사지낼 때 쓰네
其形亦詭奇	그 모양이 또한 괴이한데
味重江瑤肉	맛은 꼬막보다 좋으니

22) 『文選』, 「江賦」, "… 璅蛣腹蟹, 水母目蝦. …" 李善注引『南越志』"(水母)無耳目, 故不知避人. 常有蝦依隨之. 蝦見人則驚, 此物亦隨之而沒." 蕭 統, 위의 책, 563면.

23) 『抱朴子』, 「登涉」, "… 稱無腸公子者, 蟹也. …" 葛 洪, 『抱朴子』, 中華書局, 1954, 79면.

羹糝作廚供	국을 끓여 음식을 차려오면
枵然剩空殼	덩그러니 빈 껍질만 남네
島人謹收藏	섬사람들 조심스레 잡아서 보관하고 있으니
價踰十黃犢	값이 송아지 열 마리보다 더 나가네
角雙値萬錢	쌍으로 뿔이 난 것은 값이 만전이요
觖角五千足	뿔이 이지러진 것은 오천족(五千足)이네
漁家驟讙呼	어부의 집에서는 돌연 환호하며
趯趯猶騰躍	마치 날듯이 뛰어오르네
不意至神物	뜻하지 않게 신물(神物)이 되어서
幽閉見蒸熟	가두어진 채로 삶기는구나
我適拾其餘	나는 마침 그 나머지를 주워서
于以代燈燭	이로써 등촉(燈燭)을 대신하네
纖炷安其脣	가는 심지는 그 입술에 꼭 맞으니
淸油注其腹	맑은 기름을 그 뱃속에 채우네
朱火稍舒光	붉은 불이 점점 빛을 내더니
渥然分鬐脚	발그레해지며 등껍질과 다리가 선명해지네
昕朝委牆根	아침이 되어 담장 밑에 버려두자
聊爲衆狗嚼[24]	그저 뭇 개들에게 씹어먹히는구나

이 작품 또한 펄닭새우의 특이한 생김새, 맛, 요리방법, 그와 관련한 지역민들의 생활상 등을 묘사하는 점에서 유배초기에 지은 「해삼(海蔘)」·「하돈(河魨)」과 궤를 같이한다. 하지만 작품의 전체적인 어조는 「해삼」·「하돈」에 비해 차분하다. 「해삼」·「하돈」이 호기심을 내세운 밀착된 시선으로 대상사물과 정황을 객관적으로 묘사하는 데에 치중하였다면, 이 작품은 보다 관조적인 시선으로 주관적인 정서를 적절하게 투영함으로써 시상의 전개를 조절하고 있는 것이다.

---

24) 李學逵, 『총간』, 290집, 559면.(1830)

즉, 시인은 반문의 기세로 시적 소재에 대한 주의를 환기시킨 뒤,[25] 펄닭새우의 속성을 묘사하는 것으로 일관하지 않고 15, 16구에서 "뜻하지 않게 신물(神物)이 되어서, 가두어진 채로 삶기는 구나(不意至神物, 幽閉見蒸熟)"라고 표현한 것처럼 대상사물에 대한 연민을 드러낸다. 나아가서 먹고 남은 펄닭새우의 껍질로 불을 밝히는 자신의 궁핍한 일상을 묘사하고, 아울러 결국에는 빈 껍질마저 개에게 씹어 먹히는 존재로 전락하는 점에 주목하여 시상을 끝맺는다.

이처럼 「용하(龍蝦)」는 낙척한 노년의 신세에서 비롯된 정서를 적절하게 반영하여 작품의 분위기를 형상화했다. 이러한 양상은 1833년에 지은 「남과(南瓜)」에서 보다 구체적으로 드러난다.

「南瓜三十四韻」
「호박 삼십사운(三十四韻)」

… 상략 …

21 田家斗小屋　　전가(田家)의 말[斗]만한 작은 집에
周匝遍縈紿　　주위를 돌며 두루 덩굴져 얽혀있는데
門衡及藩溷　　문 위의 횡목(橫木)과 울타리와 변소에까지
陰密極靉靆　　짙은 그늘을 드리워 몹시 어둑어둑하네
初陽上東籬　　아침해가 동쪽 울타리에서 올라오면
節節放蓓蕾　　조금씩 꽃봉오리가 열리네
齅香近毹氈　　향기를 맡으면 누린내에 가깝고
摹色媿畵采　　빛깔을 본뜨려니 채색하기 부끄러울 정도네
蕚虛摠乾沒　　꽃받침은 텅 빈 채로 모두 말라 없어지고
蔕淹卽需腇　　꼭지는 오래되면 바로 물러지네

25) 2구는 옛날 鄭나라 사람이 마른 쥐[乾鼠]를 박옥[璞]이라면서 周나라 사람에게 팔려고 했다는 전고를 인용한 말이다. (『後漢書』 권78, 「楊終傳」, "昔鄭人以乾鼠爲璞, 鬻之於周; 宋愚夫亦寶燕石, 緹緡十重. 夫覩之者掩口盧胡而笑, 斯文之俗, 無乃類旃.")

子成十中一　열매가 열리면 열 중 하나는
肥大疊磊磊　너무 커서 돌무더기처럼 쌓아놓네
匾或縋磨輪　납작한 것은 혹 닳은 바퀴가 매달려 있는 듯
34 橢或撐臀腿　길쭉한 것은 혹 허벅지가 버티고 있는 듯
方嫩瓜椢知　바야흐로 애호박에 산초를 섞으면
脂結如珠琲　기름이 구슬처럼 맺히니
其利豈不博　그 이로움이 어찌 넓지 않으랴
本末無不逮　여기저기 미치지 않는 곳이 없으니
裹飯葉同炊　밥을 싸먹기 위해 잎은 밥과 함께 찌고
瀹菹莖可採　데쳐서 절일 땐 줄기도 따서 쓸 수 있네
南霜宜晩熟　남쪽 서리에 응당 늦게 익으니
時丁月建亥　때는 10월[建亥]이 되었구나
礦金削郤楞　금덩어리를 깎은 듯 틈과 모가 나 있는데
栗玉切猶璀　단단한 옥을 자르니 오히려 구슬이 주렁주렁
一種不中茹　한 번 심어봤더니 먹기에 마땅치 않아서
大不踰瘻瘣　큰 것도 혹 만한 크기를 넘지 못하니
寧同佛手玩　어찌 귤[佛手柑]은 장난을 쳐도
不以飣坐猥　흠모를 받으며[飣坐梨] 외람되지 않음과 같으랴
性又類鄕愿　성질은 또한 향원(鄕愿)을 닮아서
淸濁無所浼　청탁(淸濁)에도 더럽혀짐이 없네
羹茹聖和同　국을 끓여 먹으면 참으로
豉臭與魚餒　메주 냄새나 생선 비린내와도 살 어울리네
生或糝餠皺　날걸로 혹 쌀가루를 섞어 적황색 떡을 만들고
腊或刻絲皠　말려서 혹 가늘고 희게 채를 써네
餘儲甕罌間　남은 것은 이지러진 모양으로 땅에 붙어 있는
貼地苦窳在　항아리와 단지 속에 쌓아두네
其子裏稀瓤　그 열매 안에 있는 묽은 박속은
作團黏壁每　반죽을 하면 언제나 벽에 붙네
下種在來春　다가오는 봄에 씨를 뿌리려

60 掘科以豫待　구덩이를 파서 미리 대비하네
吾衰役老饕　나는 노쇠하여 식탐 많은 놈에 휘눌리지만
食力未爲罪　몸소 농사지어 먹고살면 죄가 되지 않으리니
巡畦手灌培　밭두둑을 돌면서 손수 물을 대어 북돋우며
自勖戒無怠　스스로 힘써 게을러지지 않도록 경계하네
芻豢豈不悅　고기가 어찌 좋아할 만하지 않겠는가마는
談龍恐自詒　용고기 말하는 자들은 스스로 기만함이라
從今味南瓜　지금부터 호박에 맛을 들여
68 畢世庶靡改[26)]　죽을 때까지 고치지 않으리라

이 작품은 전체 68구로 이루어져 있다. 우선 도입부에서는 호박의 유래·부유층에서 천한 맛을 별미로 즐기는 정황·아무데서나 잘 자라는 성질 등이 거론된다.[27)] 그리고 인용된 부분에서 보이는 바와 같이, 본격적으로 호박에 대한 세부묘사가 이루어진다. 시인은 무엇보다도 집 주변을 휘감고 있는 덩굴·꽃·열매의 모양과 특성을 눈에 보일 듯이 실감나게 그린다. 나아가서 호박의 다양한 요리법과 남은 것을 보관하는 방법 등을 구체적으로 설명한다.

이와 같은 시상의 전개와 그 표현의 세밀함은 시인에게 호박이 굉장히 친숙한 대상이며, 그가 실제로 생활 속에서 호박을 유용하게 사용하고 있음을 말해준다. 이 때문에 호박에 관한 체험을 말하고 있을 뿐이지만, 한층 익숙해진 시인의 농촌생활마저 자연스럽게 보여 주는 것이다.[28)]

---

26) 李學逵, 『총간』 290집, 566면.(1833)

27) "瓜以南爲名, 其來自南海. 瀕湖厪知聞, 氣味不詳載. 嘗聞徐學人, 一畦充其餒. 同調首陽薇, 乾瘍竟靡悔. 先有楓嶽僧, 傳種自嵓嵬. 前人所未嘗, 擯不厠蔬醢. 而後粱肉家, 稍稍嗜之乃. 蜜煎但傳聞, 花豬待烹宰. 生又不擇地, 布濩便蓊藹. 蔓延瓠瓜竝, 葉巨戎葵倍."

28) 이는 시인이 「菜圃十二詠答韓菊老」에서 부추[韭]·파[葱]·아욱[葵]·쑥[茼蒿]·상추[萵苣]·근대[莙薘]·가지[茄子]·마늘[葫子]·고추[番椒]·박[瓠]·무[萊菔]·배추

이렇게 농촌생활에 강한 애착을 보이는 시인의 성향은 비슷한 시기에 호박을 대상으로 시를 창작한 인물들과도 비교가 된다. 이 당시 '호박[南瓜]'을 제재로 장편시를 창작한 인물로는 정약용·유득공·박제가·김려 등이 있다. 우선 이학규를 비롯한 이들의 작품은 모두 호박을 빈궁함의 대명사로 인식하고 있다는 공통점을 지닌다. 그러나 정약용의 작품은 배가 고파 옆집 호박을 훔친 계집종에 대한 연민과 시대적 아픔을 표현하여 현실주의적인 주제를 구현한다는 점에서 차이가 있다.[29] 또한 유득공과 박제가가 주고받은 작품은 호박과의 친숙한 일상을 구체적으로 보여주지만, 시창작을 통해 서로의 우정을 나누려는 정황이 밑바탕에 자리하고 있다.[30] 그에 비해서 김려의 작품은 해배이후 농사를 짓고 사는 현실에 기반 한 것이라는 점에서 이학규의 작품과 창작배경이 비슷하지만,[31] 작품의 전체적인 분위기는 호박을 손수 가꾸고 감상하는 생활 속의 기쁨이 주조를 이룬다.[32] 이러한 작품들과 비교해보면 이학규

[菘] 등 각각의 채소에 대한 맛과 습성 및 가꾸는 방법에 관한 묘사와 설명을 오언절구 속에 담은 작품에서도 잘 드러난다. (李學逵, 「菜圃十二詠答韓菊老」, 『총간』 290집, 554면.(1824))

29) 정약용, 「南瓜歎」, 『與猶堂全書』, 『총간』 281집, 15면.

30) 유득공, 「南瓜二十韻贈次修」, 『泠齋集』, 『총간』 260집, 85면; 박제가, 「次韻泠齋南瓜」, 『貞蕤閣集』, 『총간』 261집, 547면.

31) 김려는 10년의 유배생활 끝에 1811년에 서울 삼청동 셋집에서 원예와 농사의 경험을 담아 『萬蟬窩賸藁』를 엮는다. 그는 여기에서 과일·채소·꽃 등 수많은 일상의 사물들을 읊고 있는데, 호박도 그 중의 하나이다. (김려, 「南苽」, 『藫庭遺藁』, 『총간』 289집, 442면, "田人種南瓜, 蓊薆覆一區. 翠莖香絲輭, 緗跗玉液柔. 結子繁且碩, 磊磊滿壟溝. 大者如銅罌, 小者如磁甌. 圓熟利羹糝, 穉嫩貴燖油. 況復益腸胃, 榮衛尠滯留. 伊勢養胎孀, 黃顆乃珍羞. 滾烹汨荳醬, 甛厚劇蜜毬. 貧家冬著旨, 胡瓠儘其尤. 餘蔓及藩籬, 更賴霜萌抽.")

32) 김려가 일상의 사물들을 통해서 생활의 기쁨을 표출하는 특징은 강혜선이 지적하였다. (강혜선, 「조선후기 한시 속의 일상의 양태와 의미 -김려의 한시를 대상으로-」, 『한국한시연구』 15집, 한국한시학회, 2007, 187면 참고.)

의 「남과삼십사운(南瓜三十四韻)」은 농사일에 대한 애착과 적극성을 강하게 발산하고 있음을 알 수 있다.

하지만 「남과삼십사운(南瓜三十四韻)」에 담긴 시인의 내면의식을 이해하는 데는 일정한 주의가 필요하다. 왜냐하면 시인이 일상의 어느 한 지점에서 어떤 작품을 창작할 때, 그 나머지 일상의 모습과 다른 측면의 정서와 의식이 일시적으로 배제될 수밖에 없기 때문이다. 실제로 이 시기에도 이학규는 "병든 마음은 마치 실에 얽힘이 늘어가는 듯, 시사(詩思)는 온통 붓끝에 날카로움이 퇴색한 듯"[33]이라고 정약용에게 고백하는 등 우수에 젖은 작품을 수시로 창작하였다.

따라서 가난한 사람들만 먹는 하찮은 열매인 호박에 대한 애정과 생계를 위해 직접 농사를 지어야 하는 곤궁한 생활에 대한 시인의 긍정적이고 적극적인 태도는 갈등과 불화로 점철된 삶 속에서 나름대로 화해와 조화를 추구하려 했던 노력으로 여겨진다. 이는 궁경자급(躬耕自給)하는 태도를 통해 자신의 삶의 가치를 확인하고 부조리한 세상과의 차별성을 부각시켰던 도연명의 인간상과 닮아 있다.[34] 따라서 위 작품 마지막의 "종금미남과(從今味南瓜), 필세서미개(畢世庶靡改)"라는 선언적인 언급도 궁핍한 삶 속에서 자신의 존재 가치를 잃지 않으려는 시인의 의지적 표현으로 보다 진지하게 해석할 수 있는 것이다.

---

33) 李學逵, 「寄斗陵」, 『총간』 290집, 573면.(1833) "蘼蕪新綠曉寒添, 山色浮空逈欲霑. 萬點落花風散亂, 一聲布穀雨廉纖. 病情偶似絲增結, 詩思渾如筆退尖. 卻喜滿江紅裏望, 斗南春水暎淸簾."

34) 陶淵明의 田園詩가 「勸農」을 비롯한 여러 작품에서 농사의 가치를 적극적으로 긍정하고, "새벽에 일어나 거친 밭 김매고, 달빛 받으며 호미 메고 돌아오네[晨興理荒穢, 帶月荷鋤歸] (「歸田園居」 3수 중에서)"라는 시구처럼 농사일을 실제로 體化 하는 경향은 田園을 단지 관상의 대상으로만 보는 다른 田園詩와 구별되는 중요한 특징이다. (金昌煥, 「陶淵明詩硏究」, 서울대학교 박사학위논문, 1999, 103~110면; 이치수 역주, 『陶淵明 全集』, 문학과 지성사, 2005, 역자 해설 참고.)

이처럼 이학규는 평생 동안 장편고시를 통해 유배지의 낯선 사물들을 사실적으로 표현하였다. 그리하여 사유의 깊이와 창작역량이 성숙해진 노년에 이르러서는 호기심을 갖고 대상사물을 객관적으로 묘사하는 수준에서 나아가 자신의 일상과 정서를 적극적으로 반영하는 시적 형상화 방식을 구현했던 것이다.

다음으로 이학규가 일상적인 제재를 사실적으로 표현한 것 중에서 주목할 점은 사소한 일상에 대한 즉흥적인 표현이다.

「朝食羹, 有俊味, 卽席口號」得十二韻
「아침에 국을 먹었는데 맛이 좋아서 즉석에서 짓다」

旅食蔬茹懶	객지 음식, 나물과 채소에 물렸는데
初筵肉味饒	잔치 자리에 고기 맛이 넉넉하구나
南烹稀自設	남쪽 요리를 두고 스스로 자리 마련하는 일 드물거늘
北客愧同邀	북에서 온 나그네를 함께 맞아주니 겸연쩍네
市地沿秋浦	가을 포구 가 저자에서
廚人費夕樵	부엌 일 하는 사람이 저녁 땔나무를 지피니
蜩螗吟共沸	매미 울음처럼 국이 끓고[35]
薯蕷糝竝澆	마가 죽처럼 풀어지네
藜飽胸猶浩	명아주로 배 채워도 마음은 오히려 호탕하고[36]
虀吹態敢驕	뜨거운 국에 입을 데어도 두려운 줄 모르네[37]
不知嶄制度	예속에 신경을 쓸 줄 몰라서

35) 『詩經』, 「大雅·蕩」, "文王曰咨, 咨女殷商. **如蜩如螗, 如沸如羹**. 小大近喪, 人尙乎由行. 內奰于中國, 覃及鬼方."

36) 『孔子家語』, 「在厄第二十」, "楚昭王聘孔子, 孔子往拜禮焉, 路出於陳蔡, 陳蔡大夫相與謀曰 : '孔子聖賢, 其所刺譏皆中諸侯之病, 若用於楚, 則陳蔡危矣.' 遂使徒兵距孔子, 孔子不得行. 絶糧七日, 外無所通, **藜羹不充, 從者皆病, 孔子愈慷慨**, 講誦講絃歌不衰."

37) 『楚辭』, 「九章·惜誦」, "**懲於羹者而吹虀兮**, 何不變此志也?"

無絮戒朋僚　　간을 맞추는 것으로 동료들을 권계하는 일도 없으니[38]
錦帶酥香軟　　유락(乳酪)의 향기처럼 부드러운 순채국엔[39]
蒓絲豉粒漂　　순나물에 메주 알갱이가 떠다니네
汙鬚誰得拂　　국물에 더러워진 수염을 누가 털어주랴[40]
煖腹已頻招　　술잔이야 이미 여러 번 받았다네[41]
頡釜非逢季　　국솥이 말랐다고 끝이 난 것은 아니니[42]
馮盤或見饒　　소반에는 간혹 넉넉히 남은 국그릇이 보이네
夢寒思婦美　　아름다운 아내와 만나는 차가운 꿈에서
問熱任妻嘲　　덥냐고 묻는 아내의 비웃음을 들을 수밖에
宋帥可爲政　　송나라 장수는 멋대로 정사를 하였지만[43]
殷宗合用調　　은(殷)나라 고종(高宗)은 국 간 맞추기를 적합하게 했었지[44]
一盃三萬直　　한 그릇에 삼만 냥의 국을[45]
退食在當朝[46]　　퇴조(退朝) 후에 먹는 이들이 지금의 조정에 있네

---

38) 『禮記』, 「曲禮 上」, "…毋嚃羹, 毋絮羹, 毋刺齒,…" (『小學』, 「敬身 三」에도 보인다).

39) 『世說新語』, 「德行」, "陸機詣王武子, 武子前置數斛羊酪, 指以示陸曰 : '卿江東何以敵此?' 陸云 : '有千里蓴羹, 末下鹽豉耳!'"

40) 『類說』, 「高士傳」, "嘗會食中書有羹汙鬚, 丁謂與拂之, 準曰 : 君爲參預大臣, 而與官長拂鬚耶?"

41) 杜甫, 「江閣臥病, 走筆寄呈崔盧兩侍御」, "客子庖廚薄, 江樓枕席淸. 衰年病祇瘦, 長夏想爲情. 滑憶彫胡飯, 香聞錦帶羹. 溜匙兼暖腹, 誰欲致杯罌."

42) 『史記』, 「楚元王世家」, "於是, 乃封其子信, 爲羹頡侯." (○ 羹頡侯 : 국이 다 말랐다는 뜻으로, 劉邦이 그의 형수를 원망하여 조카에게 내린 봉호이다).

43) 各自爲政의 고사성어. (『春秋左氏傳』, 「宣公 2년」, "將戰(宋)華元, 殺羊食士, 其御羊斟不與. 及戰曰 : '疇昔之羊, 子爲政, 今日之事, 我爲政. 與入鄭師, 故敗.'" 이에 내해서 후대에 '羊'대신 '羊羹'으로 전하기도 한다.)

44) 『尙書』, 「說命 下」, "爾惟訓于朕志, 若作酒醴, 爾惟麴糱, 若作和羹, 爾惟鹽梅. 爾交脩予, 罔予棄. 予惟克邁乃訓."

45) 『太平廣記』, 「奢侈 二」, "武宗朝宰相李德裕奢侈, 每食一杯羹, 其費約三萬."

46) 李學逵, 『총간』 290집, 332면.(1810)

매일 변변찮은 나물반찬만 먹던 시인이 어느 날 아침 마을의 잔치자리에 초대를 받았다. 그 자리에는 술과 고기가 넉넉하였고, 마을 사람들도 거리낌 없이 자신을 반갑게 맞아 주었다. 그런데 잔칫상에서 유독 시인의 입맛을 끄는 것은 순채 된장국이었다. 이에 잔치가 무르익을 무렵 시인은 자신의 감흥을 담아 즉석에서 시를 짓는다.

우선 이 시의 시상은 포구가에서 벌어지는 잔치자리의 모습·하찮은 국을 먹으면서도 호탕함을 잃지 않는 시골 사람들의 기질·국 맛에 정신 없는 시인의 모습·사치스런 세도가들에 대한 풍자 순으로 이루어진다. 그런데 본문에서 알 수 있듯이 이 작품의 시어는 국[羹]과 관련된 수많은 전고의 활용을 통해 구성된다. 그것을 보고 있으면 과연 즉석에서 지은 것이 맞는지 의구심이 들 정도이다. 시인은 '구호(口號)'라는 단서와 함께 사소한 일상을 즉흥적으로 묘사하는 가운데 지속적으로 전고를 활용함으로써 자신의 시재(詩才)를 과시하고 있는 것이다.

「食萵苣」
「상추쌈을 먹고」

海瞑盛莙蓬	바닷가 빈 밭에 근대가 무성하니
種有沙土氣	모래 기운 많은 땅에 심겨 있네
朝羹謾鹽豉	아무렇게나 된장을 풀어 아침국을 끓이면
見則必反胃	보기만 해도 바로 토할 것 같은데
茼蒿稍芬芳	쑥을 넣어 조금 향을 내고
薑芥乃助味	생강과 겨자로 맛을 돋우네
挼莎雜藜莧	손으로 주물러 명아주와 비름을 섞으면
何以別涇渭	어떻게 그 둘을 구별할 수 있으랴
渣芹如輿儓	미나리는 천민과 같아서
雖多不足貴	비록 많지만 귀하게 여겨지지는 않으니

土人且輳買　　토박이들이 또한 다가가서 살 때면
所取爲省費　　고르는 내로 값을 깎아주네
萵苣如寒士　　상추는 가난한 선비 같아서
淡泊亦自慰　　담박한 맛이 또한 절로 위로가 되네
澆手穩裹飯　　손을 씻고 밥을 잘 싸서
無慮一食旣　　딴생각 없이 한 끼 식사를 끝마치고
朝來生捫腹　　아침 내내 배를 어루만지면서
歎息還自謂　　감탄하며 도리어 스스로 이르기를
先生五經笥　　"선생의 오경 상자(똥똥한 배)는
此物森蓊蔚[47)]　　이것으로 빈틈없이 가득찼다"[48)]라고 하네

앞선 시가 푸짐한 잔치 자리를 묘사했다면, 이 시는 시인의 평상시 아침식사 풍경을 그리고 있다. 상추쌈으로 아침밥을 맛있게 먹고 난 감흥을 읊은 이 시에는 나물로만 이루어진 시인의 아침 밥상이 그대로 드러난다. 여기에는 먼저 사방에 널려 있는 근대에 된장을 풀고 생강과 쑥을 넣어 간을 맞춘 국이 등장한다. 또한 명아주와 비름을 섞은 나물무침과 너무 흔해서 하찮게 여겨지는 미나리가 상에 놓인다. 이렇게 변변치 않은 반찬속에서 시인은 상추쌈의 별미로부터 위로를 받는다. 그리하여 꺼질 줄 모르는 배를 어루만지며 해학적인 말을 내뱉는 마지막 두 구를 통해 기분 좋은 심사를 드러낸다.

이상의 두 작품은 모두 자신의 사소한 생활모습을 표현한 것이다. 이는 점잖지 못한 사소한 일상을 제재로 삼고, 또한 그것을 애써 아름답게 꾸미려 들지 않는다는 점에서 조선 후기 사실적인 시풍[49)]을 계승하고

---

47) 李學逵, 『총간』 290집, 415면.(1815)

48) 『太平廣記』, 「詼諧 一」, "後漢邉韶, 字孝先, 教授數百人, 曾晝日假寐. 弟子私嘲之曰 : '邊孝先, 腹便便, 懶讀書, 但欲眠.' 孝先潛聞之, 應曰 : '邊爲姓, 孝爲字, 腹便便, 五經笥, 但欲眠, 思經事.'"

있다. 아울러 일상을 지배하는 삶의 궁핍 속에서도 왜소화와 자기연민에 빠져 있지만은 않았던 작가적인 면모와 시세계를 보여준다. 그리하여 현란한 전고를 사용하여 시재(詩才)를 과시하면서 세도가들을 우회적으로 비판하거나 자신의 진솔한 감흥을 해학적으로 표현했던 것이다.

49) 안대회, 『18세기 한국한시사 연구』, 소명출판, 1999, 374면 참고.

제5장. 칠언율시(七言律詩)의 표현기법과 미적 특질

연대별로 구분되어 있는 이학규 문집의 목차를 살펴보면 아내의 죽음을 맞이하는 1815년부터 칠언율시의 비중과 작품수가 현저하게 증가한다는 것을 알 수 있다.[1] 아울러 이 시기 이후 칠언율시로 창작된 작품들의 주제나 시상은 전원생활의 묘사·은일과 자족의 정서·낙척한 삶의 비애 또는 진세(塵世)에 대한 초연한 자세 등과 상당부분 맞물려 있다. 이는 유배 후기부터 두드러지기 시작하여 해배 이후에까지 이어지는 이학규 칠언율시의 창작이 진지한 작가의식에서 비롯되었음을 말해준다.

---

1) 『한국문집총간』290의 『洛下生稿』를 대상으로 이학규 칠언율시의 분포현황을 살펴보면, 1818년부터 칠언율시의 작품수가 현저하게 증가하며, 그 양적 분포도 집약됨을 알 수 있다. (『春星堂集』(癸丑, 1793~庚申, 1800) 78題 중에서 11題; 『竹樹集』(辛酉, 1801) 41題 중에서 5題; 『因樹屋集』(壬戌, 1802~乙丑, 1805) 88題 중에서 13題; 『因樹屋集』(丙寅, 1806~己巳, 1809) 82題 중에서 8題; 『因樹屋集』(己巳, 1809로 추정) 71題 중에서 8題; 『因樹屋集』(庚午, 1810~辛未, 1811) 43題 중에서 4題; 『匏花屋集』(1812~1813) 33題 중에서 3題; 『茉花居集』(1814) 21제 중에서 3題; 『匏花屋集』(1815) 11제 중에서 4題; 『茉花居集』(1816~1817) 40題 중에서 9題; 『海榴菴集』(戊寅, 1818) 68題 중에서 27題; 『文漪堂集』 중에서 辛巳年(1821)에 창작된 작품 27題 중 10題; 『秋樹根齋集』 67제 중에서 癸未年(1823)에 창작된 작품 31題 중 17題; 『卻是齋集』(甲申, 1824~丁亥, 1827)의 141題 중에서 99題; 『卻是齋再集』(1829~1830) 37題 중에서 12題; 『菊半齋集』(1833) 46제 중에서 16題.)

한편, 제1장 3절의 문집과 선집의 현황에서 살펴본 바와 같이, 새로 발굴된 이학규의 필사본 문집과 선집들에는 칠언율시 또는 칠언율시를 비롯한 근체시가 주류를 이루고 있다. 또한 상당수 칠언율시의 구절에 권점과 방점이 찍혀 있다. 이러한 양상은 이학규 칠언율시에 대한 관심과 그 시적 성취를 방증한다. 실제로 이학규는 한 글자, 하나의 대구라도 흡족하지 않을 경우에는 그냥 넘어가지 못하는 표현기법 상의 열정을 가지고 있었다.[2)] 이러한 열정을 바탕으로 자구(字句)와 편장(篇章)의 법칙에 관한 당(唐)·송(宋)·원(元)·명(明)의 여러 설들을 자세히 수록한 『광시칙(廣詩則)』을 저술했다.[3)] 아울러 시 창작과정을 인정우경(因情寓景)과 우경기정(遇景起情)의 두 양상으로 나누고, 『시경(詩經)』과 당시(唐詩)에서 구체적인 작품들을 예로 들어 정경융합(情景融合)에 대해 상세히 논의하였다.[4)]

따라서 이학규의 칠언율시를 연구하기 위해서는 유배 후기와 해배 이후 작가의 의식과 정서를 이해하는 것과 함께 그 표현기법의 성취 여부에 대한 심도 있는 고찰이 필요하다. 이에 본 장에서는 이학규의 유배 후기와 해배 이후 의식과 정서를 '응시와 성찰을 통한 서정의 심화'과정으로 파악하고, 이것이 칠언율시의 정제미를 통해 구현되는 양상을 분석할 것이다. 그리고 이학규 칠언율시의 표현기법과 형식미를 '대장법(對仗法)과 장법(章法)의 특징적인 운용 양상'의 분석을 통해 고찰할 것이다.

---

2) 李學逵, 「與」, 『총간』 290집, 361면, "間遇一字未妥, 一對未屬, 則竟是自詒伊苦, 反覺沒趣. 是以, 或未完句, 或未終篇, 輒復委棄, 巾衍紙墨漸多, 時時披閱, 惟自浩歎而已."

3) 李學逵, 「答」, 『총간』 290집, 362면, "至如字句結搆諸法, 僕嘗著廣詩則一書, 俱載唐宋元明諸家著說. 第恨不盡脫藁, 不能寄去, 俟來便更示奉報也." ○ 이 책은 현전하지는 않고 있다.

4) 李學逵, 「悶極疾書」, 『洛下詩話』(단국대 본), "凡詩以情景二道, 瀜合成語, 有因情寓景者, 又有遇景起情者. 就論三百篇……"

1. 응시와 성찰을 통한 서정의 심화

한 시인의 평생에 걸친 시세계를 조망할 때, 자신의 내면과 세계를 바라보는 시적 사유방식이 변모해가는 과정을 고찰하는 일은 의미 있다. 이는 수사적 완숙함과는 또 다른 차원의 작가적 연륜을 살펴보는 작업으로서 만약 시적 사유의 성숙이 뒷받침되지 않으면 평생 동안의 시세계가 결국 동일한 정서의 재생에 그칠 수밖에 없다. 특히 이학규처럼 한평생 불우한 일생을 산 인물들의 시세계는 비극적이고 애상적인 색채가 짙기 때문에 자칫하면 시인의 고뇌와 갈등, 섬세한 정감의 결, 의식의 층차 등을 간과하기가 쉽다.

이러한 문제의식을 바탕으로 이학규의 시세계를 통시적으로 조망해 보면, 유배 전기에는 장편고시를 통해 내면의 소회를 거침없이 서술하는 등 격앙된 정서와 부정적인 현실 인식이 주조를 이룬다. 그러다가 아내의 죽음을 기점으로 하는 유배 후기부터는 칠언율시의 정제미를 적극 활용하여 시적 사유의 공간을 확장하고 서정을 심화해 나간다.

「閏二月二十三夜不寐偶題」
「윤2월 23일 밤에 잠들지 못하고 우연히 쓰다」

已識高歌非世事	고성방가가 세상일이 아님은 진작에 알았는데
始知長歎是情癡	긴 탄식도 어리석은 마음임을 비로소 알겠네
玄玄守牝三十日	깊고 아득한 도를 지킨 지 삼십일이요
紫紫求雄十二時	자기(紫氣) 서린 웅검(雄劍)처럼 구해지길 온종일 바라네
無可奈何春去也	봄이 가는 것은 어찌할 수 없으니
不如歸去夜何其	돌아감만 못하다는 두견새 울음에 밤은 얼마나 깊었나
長年自有年時感	나이 드니 절로 세월에 대한 감회가 생겨

流水飛花寄所思[5]　　흐르는 물 날리는 꽃잎에 소회를 부치네

제목에서 알 수 있는 바와 같이 오랜 상념에 젖어 잠들지 못하던 시인은 지금까지 감정을 지나치게 소비해온 자신의 태도를 돌이켜본다. 그리하여 『노자』[6]의 구절을 인용해서 성찰적인 자의식을 강조하고, 웅검(雄劍)의 고사를 인용하여[7] 유배지에 답답하게 묻혀있는 자신이 풀려나길 기원한다. 하지만 시의 후반부터 시인은 또 다시 깊은 애상에 젖어든다.

이렇게 이학규는 유배 된 지 13여 년의 세월이 지나면서부터 정서적 과잉상태에서 벗어나 조금씩 성찰적인 자의식을 지향했지만,[8] 그것이 상념에 쉽게 젖는 자신을 근본적으로 각성시키지는 못했다. 이로 인해서 위 작품에서도 성찰적인 자의식이 선언적인 언술에 기반을 두고 있을 뿐, 시인의 감성과 교감하는 구체적인 시적 사유로 형상화되지는 못했다.

그런 와중에 이학규는 강렬한 감성적인 자극을 통해 사유의 급격한 전환을 겪게 되는데, 그 계기는 바로 아내의 죽음이었다. 「도망(悼

---

5) 李學逵, 『총간』 290집, 399면.(1814)

6) 3구의 '玄玄'은 『老子』 1장의 '玄之又玄 '의 준말이다. 또한, 『老子』 6장에서 "谷神不死, 是謂玄牝. 玄牝之門, 是謂天地根."이라고 하였다.

7) 『拾遺記』, "昔吳國武庫之中, 兵刃鐵器, 俱被食盡, 而封署依然. 王令檢其庫穴, 獵得雙兎, 一白一黃. 殺之, 開其腹, 而有鐵膽腎, 方知兵刃之鐵爲兎所食. 王乃召其劍工, 令鑄其膽腎以爲劍, 一雌一雄, 號'干將'者雄, 號'鏌鋣'者雌. 其劍可以切玉斷犀, 王深寶之, 遂霸其國. 後以石匣埋藏. 及晉之中興, 夜有紫色衝斗牛. 張華使雷煥爲豊城縣令, 掘而得之, 華與煥各寶其一, 拭以華陰之土, 光耀射人. 後華遇害, 失劍所在, 煥子佩其一劍, 過延平津, 劍鳴飛入水. 及入水尋之, 但見雙龍纏屈於潭下, 目光如電, 遂不敢前取矣."

8) 당시에 창작된 「知言箴」과 「禁酒後志感」도 정서적 과잉상태에서 벗어나려는 시인의 의지를 엿보게 한다. (李學逵, 「知言箴」, 『총간』 290집, 397면.(1813), "磯人之言似忠, 餂人之言似恭, 訐人之言似公. 是以君子聽言而詧理, 惟理得則知言之由中."; 李學逵, 「禁酒後志感」, 『총간』 290집, 398면.(1814), "鈿閤深藏麴米春, 當壚無處不慇懃. 偶來池畔行吟偏, 眞有人間獨醒人.")

亡)」·「병자원조시필(丙子元朝試筆)」[9]과 여타의 산문에서 살필 수 있는 바와 같이 1815년에 있은 갑작스런 아내의 죽음은 이학규에게 큰 충격을 주었다.

이로 인해 지금까지 개인의 상념에만 익숙하던 시인은 더 이상 자신의 불행과 고통만을 내세울 수 없는 새로운 비극을 맞이하게 되었다. 그것은 유배지에 고립된 자신보다 고생만 하다가 죽은 아내와 고향에 남아 있는 노모와 아이들이 더욱 불행하고도 비참하다는 역전된 현실에 대한 자각이었다. 그리하여 이학규에게 이 사건은 일시적인 심리적 동요에 그치는 것이 아니라, 오랫동안 고착되어 있던 자신의 내면의식에 실질적인 변화를 가져다주는 시발점이 되었다.

이 때문에 유배 후기 이학규의 시세계에는 전에 없던 새로운 시상이 나타나게 된다. 그 중에서 우선 주목되는 것은 서림사(西林寺)[10]라는 시적 공간의 비중 있는 등장이다. 이전에도 시 속에서 단편적으로 서림사가 언급된 적이 있지만 1817년부터는 서림사와 이학규의 관계가 보다 밀접해진다. 이 당시 이학규가 지은 「증서림신민사게(贈西林愼敃師偈)」[11], 「서림사걸불량소(西林寺乞佛糧疏)」[12], 「중수서림사선방기(重修西林寺禪房記)」[13], 「서림사독서사기(西林寺讀書社記)」[14], 「기서림선정유탄이상인(寄西林仙正留坦二上人)」,[15] 「여유탄상인(與留坦上人)」[16] 등의 작품들은

9) 이 두 작품은 다음 절에서 분석하였다.

10) 西林寺는 지금의 경남 김해시 神魚山에 있는 절인데, 예전에는 神魚山을 銀河山이라 했고 절 이름도 銀河寺라고 불렀다. 현지에서는 아직도 銀河寺라고 부르기도 한다. (『한국민족문화대백과사전』 참고.)

11) 李學逵, 『총간』 290집, 425면.(1817)

12) 李學逵, 『총간』 290집, 425면.(1817)

13) 李學逵, 『총간』 290집, 427면.(1817)

14) 李學逵, 『총간』 290집, 428면.(1817)

이러한 정황을 잘 보여준다.

「夜宿西林寺頓公房」
「밤에 서림사(西林寺) 돈공(頓公)의 선방에 머물며」

躑躅花殘山月圓	철쭉꽃 지고 산달은 둥근데
禪堂迢遞絶雲煙	아득한 선당(禪堂)에는 구름과 안개 끊겼네
老僧擊鈸傳更漏	노승이 동발을 쳐 시각을 알리고
宿客鉤簾看夜天	묵은 객은 발을 걷어 밤하늘을 바라본다
靜聽子規啼屋上	지붕 위에서 우는 자규 소리 고요히 듣자니
始知喬木到櫚前	높은 나무가 처마 앞까지 드리운 것을 이제야 알겠구나
銀河樓畔題詩處	은하루(銀河樓) 곁의 시를 쓰는 곳에는
淸夢依依似往年[17]	맑은 꿈만 아스라이 지난해와 같네

청정하고 탈속적인 시상으로 이루어져 있는 이 작품에서 시인은 한밤의 절이 발산하는 한적한 분위기를 맘껏 느끼며 자신의 상념을 달랜다. 물론 자규의 울음소리에 귀를 기울이는 5구를 통해 짐작할 수 있듯이 시인의 내면에는 언제나 고독과 그리움의 정서가 자리해 있다. 하지만 8구에서 예나 지금이나 변함없는 자신의 상념을 잔잔한 여운으로 마무리함으로써 절제된 내면 정서를 부각시킨다.

이처럼 유배 후기가 되면서부터 이학규는 깊은 시름에 잠기거나 앞날이 막막할 때 서림사를 찾아 마음을 달래기도 하고,[18] 이 작품에서와 같이 친분 있는 승려의 선방에 머물며 심란한 마음을 가라앉히기도 했

15) 李學逵, 『총간』 290집, 433면.(1818)

16) 李學逵, 『총간』 290집, 438면.(1818)

17) 李學逵, 『총간』 290집, 442면.(1819)

18) 李學逵, 「西林寺」, 『총간』 290집, 432면.(1818), "定知無計送餘季, 隨喜煙花徧洞天. 十八季來鴐洛客, 拄笻三度翠雲邊."(自注-寺樓名翠雲)

다.[19] 그리하여 탈속의 시적 공간 속에서 예전에는 느낄 수 없었던 시공간적 여유로움을 찾았다.

이와 함께 유배 후기 시세계에서 주목되는 점은 전원의 흥취와 은일자적의 정취가 나타난다는 것이다.

「田居卽事」
「전원에서 살며 즉흥적으로 읊다」

竹籬茅舍舊東阡	대나무 울타리에 띠 집을 지은 오래된 동쪽 밭두둑에서
無事關門盡日眠	일 없이 문 닫아걸고 하루 종일 잠을 자네
一屋雷聲磨麥日	온 집안에 우레 소리 가득한 보리 빻는 날
四山雲氣揷秧天	사방의 산에 구름 자욱한 모내기 철
分將饁飯留賓餉	들밥을 나누어서 손님을 위한 건량으로 남겨두고
卸卻單衣遣婢湔	홑옷을 벗어 여종에게 빨아오라고 시키네
二十年前名利客	이십년 전 명리(名利)를 좇던 객이
邇來作計老菑田[20]	근래에는 묵은 밭에서 늙어갈 일을 계획하네

이학규에게 서림사가 주요한 시적 공간으로 자리한 뒤로 일상에서 주목되는 것은 “부귀공명은 의론할 것이 아니니, 여생의 맛은 전원에 있네(富貴功名不擬論, 殘年有味是田園.)”[21]라고 선언하는 등, 전원생활에 대한 긍정적인 의지를 강하게 피력한다는 점이다. 그리하여 위의 작품에서처럼 수시로 전원생활의 흥취를 만끽하며 은일자적의 정취를 발산한다.

---

19) 李學逵, 「夜宿西林寺坦公房」, 『총간』 290집, 439면.(1818), “榾柮無煙燈燼遲, 銀河樓閣夢參差. 夜來山木聲如雨, 正是初寒葉脫時.”

20) 李學逵, 『총간』 290집, 495면.(1820)

21) 李學逵, 「田園」, 『총간』 290집, 442면.(1819), “**富貴功名不擬論, 殘年有味是田園.** 齊眉拄杖回人揖, 正面攤書向朝暾. 細麥雨漂生石角, 落花風捲聚蔬根. 鄰家恰有尋山約, 爲買青鞵到郭門.”

이학규는 적어도 이 순간만큼은 과거의 아픈 기억과 미래에 대한 불안에서 벗어나 현재 자신의 삶의 가치를 긍정하고 있는 것이다. 특히 이학규가 전원생활을 표방하던 시기와 맞물려 「금관기속시(金官紀俗詩)」가 창작되었다는 사실[22)]은 당시 지역 환경 및 농촌생활과 가까워지려 했던 그의 강한 의지를 방증한다.

그러나 이학규가 추구했던 전원생활을 기반으로 한 은일자적의 정취는 출사(出仕)와 은퇴(隱退)의 문제에서 도출된 것이 아니라, 유배 상황에 대한 인식의 변화로부터 비롯된 것이었다. 즉, 이학규에게 전원생활은 암담한 현실 속에서 희구하는 평화롭고 안정된 삶의 지향이었다.[23)]

이렇게 이학규의 유배 후기 시세계는 탈속적인 분위기와 자족적인 인식을 통해 자신의 정서 및 내면의식과 심리적 거리를 유지하려는 노력이 돋보인다. 그러한 과정 속에서 「유감(有感)」[24)]과 같이 자신의 애상적인 정서를 세계에 대한 응시와 성찰을 통해 구체화하는 자세[25)]가 나타나기

---

22) 「金官紀俗詩」는 1819년에 지어진 連作詩로서 모두 59편 77首(七言絶句)이며, 金官곧 金海지역의 風俗을 읊은 것이다. 이 작품들의 주요 내용은 지역 환경의 묘사, 민중상의 묘사, 민풍토속의 묘사, 憫時病俗의 비판 등으로 크게 구분할 수 있다. (白源鐵, 「洛下生 李學逵의 詩硏究」, 성균관대학교 박사학위논문, 1991, 87~97면 참고.)

23) 이국진, 「李學逵의 現實認識과 詩世界」, 고려대학교 석사학위논문, 2005, 34~43면 참고.

24) 李學逵, 「有感」, 『총산』 290쉽, 499년.(1821), "瓠蔓花在夕, 牽牛花在朝. 相期一日中, 不得同榮凋. 譬如竝世人, 生死異所遭. 菁華一零落, 千載逝寥寥. 靈春與朝菌, 時來同飄蕭."

25) 이 작품은 이미 죽은 이들과 재회할 수 없는 안타까움과 죽음의 황량한 현실에 대한 감회를 표현한 것이다. 그리하여 전반부에서는 박꽃과 나팔꽃이 각각 저녁과 아침으로 나뉘어 피는 현상을 통해 生死의 운명이 같을 수 없음을 선명한 이미지로 부각시키고, 종결부에서는 『莊子』의 내용에 의거하여 유한한 삶에 대한 비감을 형상화하였다. 여기에는 1819년에 어머니가 돌아가시고, 1821년에는 1817년에 김해에서 맞아들였던 後室 晉陽姜氏가 女兒를 분만한 뒤 9일 만에 죽는 아픈 경험도 중요한 계기가 되었다. (『莊子』, 「逍遙遊」, "小知不及大知, 小年不及大年. 奚以知其然也? 朝菌不知晦朔,

시작한다. 그리고 이러한 시적 사유방식은 해배 이후가 되면서 칠언율시를 통해 더욱 심화된다. 해배 이후에도 고향에 안착하지 못하고 김해와 충주 등을 떠돌아다녀야만 했던 이학규는 낙척한 신세에 대한 회한을 극복하기 위해, 전원생활의 홍취와 은일자적의 정취에 『장자』적 세계관을 보다 적극적으로 투영하여 시적 사유의 깊이를 심화했다.

「仲秋田舍漫興」
「한가위에 농가에서 홍이 일어」

略彴橫斜孤嶼西	외나무다리 가로 비낀 외로운 섬 서쪽
湖天風氣暮凄凄	호수 위로 바람이 부는 저녁 날씨 쌀쌀하네
葭蘆脫漲枝枝偃	갈대는 불어난 물을 벗어나 가지마다 누웠고
秔稻迎凉穗穗低	벼는 서늘한 날씨를 맞아 이삭마다 고개를 숙였네
自說鱠盤逢縮項	몸소 회 쟁반을 마련해 병어를 준비하고
偶經禾壟得團臍	우연히 논둑을 지나다 암게를 얻었으니
卽看爭席皆田舍	허물없이 친밀한 것이 모두 시골집의 일임을 보고서
須信人間物我齊[26]	비로소 인간세계에서 물아가 동등함을 믿겠네

시인은 시의 전반에서 농촌의 가을 풍경을 담담하게 묘사한 뒤 경련에서는 자신의 농촌생활을 읊는다. 여기서 5구의 '자설(自說)'과 6구의 '우경(偶經)'이라는 시어를 사용하여 누군가의 강요에 의한 것도 아니고 작위적이지도 않은 자유로운 일상을 환기시킨다. 그리하여 미련에 이르러서는 농촌의 천연스럽고 조화로운 풍경을 반추하여 "천지는 나와 병

蟪蛄不知春秋, 此小年也. 楚之南有冥靈者, 以五百歲爲春, 五百歲爲秋. 上古有大椿者, 以八千歲爲春, 八千歲爲秋, 而彭祖乃今以九特聞, 衆人匹之, 不亦悲乎!" ○ '朝菌'은 陰濕한 퇴비 위에 아침에 생겨났다가 햇빛을 보면 말라 버리는 버섯으로, 이 때문에 한 달의 길이를 알지 못한다.)

26) 李學逵, 『총간』 290집, 587면.(1826)

존하고, 만물은 나와 하나가 된다."[27]는 제물(齊物)의 이치를 실감한다.

이처럼 이학규는 『장자』적 인식론에 힘입고, 그 인식론을 외부세계를 향한 응시와 성찰을 통해 구체화함으로써 시적 사유의 폭을 넓히고 깊이를 더해갔다. 위의 작품에서와 같은 제물(齊物)의 자연관을 비롯하여 「유감(有感)」에서의 생사관, 「만촉(蠻觸)」에서 형상화 된 시비관,[28] 「추효독각(秋曉獨覺)」에서 보이는 인생관[29] 등은 안명(安命)과 소요(逍遙)를 지향하는 삶의 의지[30]로 수렴되어 이학규의 내면에 자리 잡았던 것이다.

이는 궁극적으로 이학규의 시세계에 삶과 세계에 대한 긍정적 통찰과 화해의 장을 마련해 주었다.

「湖上漁家 二首」 其一
「호숫가 어부의 집에서 이수(二首)」 첫째 수

西塞山前舊志和	서새산(西塞山) 앞에서 그 옛날 장지화(張志和)는
優閒但來解吟哦	한가로이 그저 돌아와서 「어부가(漁父歌)」를 읊조리며
敎妻打鴈來供飯	아내에게 기러기를 잡아 밥을 가져오라 하고
遣子叉魚去買簑	아이에게 물고기를 잡아 도롱이를 사 오라했지

27) 『莊子』, 「齊物論」, "天地與我竝生, 而萬物與我爲一."

28) 「蠻觸」에서 시인은 시비분별로 어지러운 세속을 『莊子』, 「則陽」에 나오는 蠻觸의 싸움에 비유하고, 자신은 그러한 세속에 동화되지 않겠다는 의지를 직접적인 언급과 실천의 모습으로 전달한다. 자세한 작품 분석은 다음 절 참고.

29) 「秋曉獨覺」에서 시인은 『莊子』, 「庚桑楚」와 『莊子』, 「齊物論」의 내용에 기반하여 養生과 齊物의 구체적인 실천방법을 언급한다. 그리고 『莊子』, 「天道」에서 老子가 남들이 자신을 마소로 불러도 개의치 않은 채 항상 변함없이 자연스럽게 행동했던 고사에 빗대어 삶의 자세를 가다듬는다. 자세한 작품 분석은 다음 절 참고.

30) 이에 대해서는 「自遣」의 "萬事가 하늘이 부여한 것임을 새삼 알았으니, 나는 이제부터 마음 가는 대로 행동하리(萬事故知天賦與, 洛翁從此放情行)"와 「積雨初收西齋晩步得多字」의 "나고 늙는 것이 모두 운명임을 예부터 알았으니, 숲 속 집에 의지해서 호탕하게 노래하네(故知生老皆由命, 遍倚林齋有浩歌)"라는 구절에서 알 수 있다. 자세한 작품 분석은 다음 절 참고.

九月澄瀾鵝鴨蕩　9월의 맑은 물결을 거위와 오리들이 휘젓고
一汀泥雨蝵鰕窠　물가에선 흙탕 비에 새우들이 보금사리로 숨네
半生身住風波處　반평생을 이 몸 풍파가 이는 곳에 머물렀는데
却笑風波住世多[31)]　풍파가 세상에 머문 곳 많음을 보고 되려 웃는다

「西齋卽日」
「서재(西齋)에서」

細菊花如沒骨圖　세국 국화꽃은 몰골도를 보는 듯하고
荭蘢穗似小流蘇　개여뀌의 이삭은 작은 장식용 술을 닮았네
詩纔脫草書橫卷　시를 겨우 탈초하여 횡권(橫卷)에 쓰는데
酒已重篘貯半壺　술은 진작에 거듭 걸러서 반병을 채워 놓았네
暫涸池經寒雨漲　잠시 말랐던 못은 찬비가 지나자 불어나고
最高山向夕陽孤　가장 높은 산은 석양을 향해 외로이 섰구나
是間大有天翁意　이 사이에 크신 천옹(天翁)의 뜻이 있으니
取次安排與老夫[32)]　차례차례 안배하여 이 늙은이에게 주었도다

이상의 두 작품은 한껏 여유로워진 시인의 시선과 사유를 담고 있다. 우선 「호상어가(湖上漁家)」를 살펴보면, 수련과 함련에서 당나라 때의 은사(隱士)인 장지화(張志和)가 「어부가(漁父歌)」를 읊조리며 강호에 은거했던 고사[33)]를 차용하여 자신의 은일자적한 정취를 묘사한다. 나아가서 경련에 이르러 오리가 잔잔한 물가에 파문을 일으키고, 새우들이 비

31) 李學逵, 『총간』 290집, 588면.(1826)

32) 李學逵, 『총간』 290집, 588면.(1826)

33) 張志和는 字는 子同이요 婺州金華人이다. 16세에 明經科에 급제하여 잠시 벼슬살이를 하다가 물러나와 江湖에 노닐며 煙波釣叟라 자칭하고는 낚시로 소일을 하였다. 그가 지은 「漁父歌」 5首 중 첫 번째 작품에서 "서새산 앞엔 백로가 날고, 복사꽃 흐르는 물엔 궐어가 살찐다. 푸른 대삿갓 쓰고, 푸른 도롱이 입었으니, 비낀 바람 가랑비에도 돌아갈 필요 없어라(西塞山前白鷺飛, 桃花流水鱖魚肥. 青篛笠, 綠簑衣, 斜風細雨不須歸)."라고 하였다. (『新唐書』 196권과 『全唐詩』 308권 참고.)

를 피해 땅 속으로 숨는 광경에 주목한다. 미련에서는 그러한 광경을 제물(齊物)의 세계관을 통해 바라봄으로써 자신의 처지를 해학적으로 인식한다.

다음으로 「서재즉일(西齋卽日)」에서는 한가로운 풍경과 일상을 차례로 읊은 뒤, 경련에 이르러 메마른 못에 차가운 비가 내려 물이 불어나는 광경과 석양을 맞으며 외롭게 서 있는 우뚝한 산을 묘사한다. 그리고 미련에서 이러한 시인의 처지와 경련의 풍경이 모두 천옹(天翁)이 자신에게 안배한 것이라고 인식함으로써 운명에 순응하는 태도를 드러낸다. 시인은 자연의 풍경 속에 자신의 자의식을 투영하여 심미적인 정서에 젖어드는 것이다. 그리하여 5구를 통해 성숙한 사유로써 끊임없이 자신의 내면을 채워가는 모습을 배우고, 6구를 통해 외롭게 만년을 보내면서도 꿋꿋함을 잃지 않는 자세를 배우는 것이다.

이처럼 시인은 내재화 된 『장자』적 인식론을 응시와 성찰을 통한 시적 사유로 구체화함으로써 자신의 처지와 아픔을 담담하게 작품으로 승화시켜 나갔다. 그렇다고 해서 이 시기 이학규의 시세계가 마냥 달관적인 모습만을 보인 것은 아니었다. 이는 응시와 성찰을 통해 심화되어 가는 이학규 시의 서정성을 올바로 이해하기 위해 반드시 살펴보아야 할 또 다른 모습이다. 즉, 이학규는 진세(塵世)에 대한 초연한 의식을 견지하며 자신의 아픔을 담담히 받아들이면서도, 한편으로는 낙척한 신세에 대한 회한을 고스란히 드러내었다.

그것이 잘 드러나는 방식이 바로 '이마(羸馬)', '수마(瘦馬)', '이참(羸驂)'으로 표현되는 '여윈 말'의 의상(意象)이다. 유배 초기에만 해도 "마음은 늙은 천리마가 오랫동안 마구간에 누워 있는 듯(心似老騏長伏櫪)"[34]이라

34) 李學逵, 「奉和伯津言懷」 其十一, 『총간』 290집, 260면.(1805), "綾州舘裏暮亭空, 千古銷沈向此中. **心似老騏長伏櫪**, 身如困鳥解嗔籠. 鳳樓春逗榴花雨, 蠶市寒生竹樹

고 하면서 자신을 여전히 원대한 이상과 포부를 품고 있는 '노기(老驥)'에 비유했던 이학규였건만, 유배 후기부터는 지치고 쓸쓸한 여윈 말의 의상을 지속적으로 사용하였다. 예를 들면 「익일(翌日), 동유산해정(同遊山海亭), 정재조남명선생고택지(亭在曹南冥先生故宅址)」에서 "강 가 언덕길에 잔뜩 봄 그늘 졌는데, 느릿느릿 여윈 말 끌고 취한 채로 돌아오네(一路春陰江上岸, 緩驅羸馬醉中還)"[35]라고 읊고, 「증손효징(贈孫孝徵)(종응(鍾應))」에서 "여윈 말은 번번이 절을 하는데, 맑은 새벽에 찾아와 문을 두드리네(瘦馬屢如拜, 淸晨來叩門)"[36]라고 읊거나, 「과조선장(過曹善長), 신어산재(神魚山齋), 만귀도중구호(晚歸途中口號)」에서 "여윈 말은 잇달아 울어대며 짧은 담을 나오고, 촌 늙은이는 전송하느라 사립문에 서 있네(羸馬連嘶出短垣, 野翁相送立衡門)"[37]라고 읊는 것이 바로 그러한 경우이다. 이는 그의 늙고 쇠약한 처지를 상징적으로 잘 보여주는데, 이러한 양상은 해배 이후에 더욱 심화된다.

「曉發酒富村, 用宋景三客夜韻」
「새벽에 술이 넉넉한 마을을 나서며 송경삼(宋景三)의 「객야(客夜)」에 용운(用韻)하다」

羸驂誰耐綰韁繩　　여윈 말에 누가 고삐 줄을 묶으랴

風. 江上別離非一日, 直無消息與來鴻."

35) 李學逵, 「翌日, 同遊山海亭, 亭在曹南冥先生故宅址」, 『총간』 290집, 433면.(1818), "先生遺躅此谿山, 便著孤亭水石間. 看盡晴嵐猶惜別, 到來虛閣自餘閑. 曼陀葉密偏宜生, 撥穀聲多好破顏. **一路春陰江上岸, 緩驅羸馬醉中還.**"

36) 李學逵, 「贈孫孝徵(鍾應)」, 『총간』 290집, 512면.(1823), "**瘦馬屢如拜, 淸晨來叩門.** 餘寒在襟褏, 教僕看盤飧. 志業聞詩禮, 艱難見笑言. 何時七灘上, 理釣得窮源."

37) 李學逵, 「過曹善長, 神魚山齋, 晚歸途中口號」, 『총간』 290집, 513면.(1823), "**羸馬連嘶出短垣, 野翁相送立衡門.** 鷺飛鷺下疎秧際, 人語人眠巨樹根. 布袴一聲山日暮, 麥暘三面磵流飜. 十風五雨今季事, 且醉前村老瓦盆."

村路逶迤睡不勝	시골길 굽이굽이 잠만 쏟아지네
樵舍漸看無月色	나무꾼 집 위로 점차 달빛이 사라지는데
漁梁已覺有人登	징검다리에는 어느덧 사람들이 다니는구나
雉聲似柝穿濃霧	딱따기 같은 꿩 소리는 짙은 안개를 뚫고
牛跡如杯滿薄氷	술잔 같은 소 발자국은 엷은 얼음 위에 가득한데
三十年間漂泊地	삼십 년 간 땅을 떠돌았더니
懺心深媿定中僧[38]	뉘우치는 마음 선정(禪定)에 든 승려에게 매우 부끄럽네

「隄上洪生宣謨乞余一詩, 輒賦以贈」
「둑 위에서 홍선모(洪宣謨)가 나에게 시 한수를 청하기에 되는 대로 지어서 주다」

菟裘曾向月灘開	은거지를 일찍이 월락탄(月落灘)에서 개척했었는데
潦倒如今尙玅才	지금처럼 늙고 초라해지니 재주가 출중한 자를 숭상하네
埜飯自調青籾盌	들밥을 몸소 푸른빛 깻묵과 주발에서 뒤섞고
山居近接玉壺臺	산에 살며 술병이 놓인 누대를 가까이 대하네
羸驂汩沒春埿滑	여윈 말은 미끄러운 봄날의 진창에 빠지고
孤策遲徊夕照頹	외로운 지팡이는 지는 노을을 따라 천천히 배회하는데
爲說道州行橐在	도주(道州 : 청도)에서 길손으로 있을 때를 이야기하느라
一牀相對盡餘杯[39]	한 상에 마주 앉아 남은 술잔을 다 비우네

이학규는 1824년에 해배가 되었지만 고향에 안착하지 못한다. 고향인 인천과 서울 세거지에는 더 이상 자신을 알아보는 가족이 남아있지 않았고, 살던 서울 집은 폐허가 되었으며, 낯선 주변 사람들은 자신을 백

---

38) 李學逵, 『총간』 290집, 558면.(1829~1830)

39) 李學逵, 『총간』 290집, 565면.(1833)

안시했다. 이 때문에 이학규는 그나마 정들고 익숙한 사람들이 있는 김해로 다시 내려갔다가 이후 충주로 거처를 옮겨 서울 등을 오가다가 여생을 마감했다.

해배 이후에 여윈 말의 의상이 심화되는 양상은 이와 같은 정황에 기반을 둔 것이다. 그리하여 첫 번째 작품에서는 유배 후기의 작품들보다 여윈 말에 대한 묘사가 더욱 자세해졌음을 볼 수 있다. 이제 시인은 여윈 말이 더 이상 달릴 힘이 없어 고삐 줄을 맬 수조차 없다고 언급한다. 그리고 꾸벅꾸벅 졸며 시골길을 걷는 시인의 모습을 여윈 말과 밀착시켜 일체감을 더한다. 나아가서 이리저리 떠돌며 세월을 허비한 삶을 부끄러워하며 시상을 마무리함으로써 체념과 회한으로 점철된 자신의 심경을 표현한다.

두 번째 작품에서는 늙고 초라해진 자신의 심사를 직접적으로 언급하고, 그저 낚시와 술로 여가를 보내는 일상을 묘사한다. 나아가서 5, 6구에서는 늙고 초라해진 자신을 상징적인 묘사를 통해 다시 한 번 부각시킨다. 여기에서 진흙탕에 빠진 여윈 말을 묘사한 5구는 쇠약한 모습으로 삶의 진창에 빠져 허덕이는 시인을 떠올리게 하며, 지팡이를 짚고 노을을 따라 배회하는 6구는 외롭고 쓸쓸하게 만년의 삶을 떠도는 시인을 연상케 한다. 즉, 두 번째 작품에서 보이는 여윈 말의 의상은 6구의 외로운 지팡이와의 대비로 인해 시인의 내면의식에 대한 상징성이 더욱 선명해진다.

이처럼 유배 후기부터 이학규의 시세계는 응시와 성찰을 통해 심화된 서정을 보여주었는데, 그것은 상황에 따라 초연함과 비애감이라는 정서적 명암이 각기 다른 작품으로 나타났다. 이러한 양상은 이학규의 만년의 시세계에서 '한가로움[閒]'이라는 시적 경계 속에 융합됨으로써 개성적인 의경(意境)으로 구현되기에 이른다.

「晴後夜」

「맑게 개인 밤」

札札莎鷄庭院東	찌르르찌르르 베짱이 정원 동쪽에서 우는데
夜半谿上有微風	한 밤중 시냇가에는 서늘한 바람이 부네
檐虫網織繁星下	처마의 거미줄은 뭇 별 아래 짜여있고
棚蔓花開細露中	시렁에 늘어진 꽃은 작은 이슬 속에서 피었네
甲子浪占船入市	갑자일(甲子日)의 속설이 무색하게 배는 저자로 들어오고[40]
五更羸得月當空	오경이 다 되었는데도 달은 공중에 떠 있네
水紋簟滑煙幮靜	물결무늬 대자리 매끄럽고 안개 낀 장막 고요한데
擬說閒居意不窮[41]	한가로이 사는 맛을 비겨 말하려니 마음 끝이 없어라

이 작품에서 시인은 청각·촉각·시각적인 묘사를 통해 맑고 고요한 한 밤의 풍경을 묘사한다. 차분하게 집 주위를 기점으로 밤하늘을 두루 거친 시인의 감각적 인식은 자신이 거처하고 있는 방으로 수렴되며 고양된다. 여기에 8구의 표현은 시인의 고양된 정서가 한가로운 분위기에 도취되었기 때문임을 말해준다.

이처럼 만년에 지은 이학규의 시세계는 한가로움의 시적 경계가 두드러진다. 그는 한가로움을 누리며 진세계(眞世界)를 맛보고,[42] 한가로움 속에서 노년의 삶을 편안하게 보내며,[43] 한가로움이 주는 즐거움에 취

---

40) 이 구는 『朝野僉載』의 "春雨甲子, 赤地千里. **夏雨甲子, 乘船入市.** 秋雨甲子, 禾頭生耳. 冬雨甲子, 鵲巢下地."라는 구절 중에서 여름 갑자일 부분을 용사한 것이다. 즉, 여름 갑자일에 비가 오면 그해에 水害가 있을 것이라는 예언과는 달리 수위도 알맞고 물살이 고요하다는 뜻이다.

41) 李學逵, 『총간』 290집, 594면.(1827)

42) 李學逵, 「湖上漁家 二首」 其二, 『총간』 290집, 588면.(1826), "鄰里相呼作息同, 數家星散在湖中. 堆堆蜆殼籬根濕, 翳翳魚罾屋角風. **自喜養閒眞世界**, 何須識字是英雄. 似聞都邑人如海, 鎭日東華掘堁紅."

하여 다른 일을 잊어버린다.[44] 하지만 이와 같은 한가로움에 담긴 시인의 서정을 이해하기 위해서는 보다 면밀한 고찰이 필요하다. 이 점에 있어서 다음의 작품은 주의를 끈다.

「仲夏村居」
「한여름의 시골생활」

湖村五月雨斜斜	호숫가 마을 오월에 비가 비껴 내리는데
笻杖臨隄蹋淺沙	지팡이 짚고 둑에 가서 얕은 모래사장을 걸어보네
有酒盡行銀鯽鱠	은붕어 회를 다 먹을 만큼 술이 있고
無家不放石榴花	석류꽃 피지 않은 집이 없네
虫絲蕩漾閒愁儮	거미줄은 한들한들 한가로운 시름과 나란하고
燕語支離睡思加	제비 소리 시끄러워 졸음을 더하는데
三十年前經濟客	삼십년 전 경세제민을 꿈꾸던 나그네는
擬從田畝送生涯[45]	밭이랑을 따라서 여생을 보내네

이 작품은 한 여름날 농촌에서 유유자적한 일상을 보내는 자신의 모습을 그리고 있다. 그런데 경련에서 시인은 한가로움의 한쪽에 자리한 시름을 숨기지 않는다. 그리하여 거미줄처럼 얽히고설킨 '한수(閒愁)'의 속내를 드러낸 뒤, 시끄러운 제비소리에 오히려 졸음만 깊어지는 일상을 환기시킨다.

말하자면 시인의 만년을 감싸는 한가로운 정서에는 여전히 지난날에

---

43) 李學逵, 「晴後」, 『총간』 290집, 590면.(1826), "薄霜庭院不勝淸, 小立柴門賞晚晴. 臥菊過時成紫色, 飛鴉得意又繁聲. 雲稀漸入寥天沒, 日射偏於曠地明. **竹屋紙窓閒自在, 老夫容易過餘生.**"

44) 李學逵, 「次韻辛龜淵五秀亭」, 『총간』 290집, 591면.(1826), "五秀生成蔭一庭, 相看主客兩忘形. 濃陰爽籟家家得, 幽鳥鳴蟬樹樹停. 樵戶雨連春磵白, 漁梁風逆霹山靑. **邇來政有閒居樂, 不譜禽言註水經.**"

45) 李學逵, 『총간』 290집, 593면.(1827)

대한 상념과 자신에 대한 애상이 묻어있는 것이다. 이는 유배 후기부터 시인이 다각도로 삶의 긍정적인 의미를 지향하면서도, 한편으로는 수시로 해결되지 않는 자신의 우수와 비애를 노출하는 면모를 통해 알 수 있다. 또한 「조춘야독각(早春夜獨覺)」에서 "잠시 잠들었다 갑자기 깨어 긴 탄식을 하니, 슬픔이 꿈에 가득하여 생각이 한가롭지 못하네(暫眠旋覺覺長嘆, 哀樂夢餘思未閒)."[46]라고 고백하는 구절은 만년의 시인이 누리는 한가로움이 여전히 뜻밖의 악몽에 쉽게 깨어지는 정황을 잘 보여준다.

하지만 여기서 주목되는 점은 이학규가 이와 같은 내면의 괴리감을 민감하게 의식하고 있었다는 것이다. 그는 삶과 세계에 대한 부단한 성찰을 통해 끊임없이 긍정과 화해를 지향했지만, 여전히 가시지 않는 비애와 시름으로 인해 고뇌를 할 수 밖에 없었다. 그리하여 결국엔 "속정(俗情)을 잊는 것이 어찌 우리들이랴, 우두커니 서서 한 차례 깊이 읊조려 보노라(忘情豈我輩, 竚立一沈吟)."[47]라고 하여, 그리움과 슬픔 등의 감정을 잊을 수 없는 자신을 담담히 수용하였다. 나아가서 "예부터 잠깐의 이별에도 슬퍼했으니, 이런 속마음을 버리고자 하지 않네(古來悲小別, 不擬捐中情)."[48]라고 하여, 예민한 감성으로 인해 슬픔에서 벗어날 수 없는 자신의 본성을 옹호하였다. 이는 오래전부터 시창작의 제일 요건으로 창작 주체의 진실한 감정[中情]을 중요시해온[49] 이학규의 시론

---

46) 李學逵, 「早春夜獨覺」, 『총간』 290집, 565면.(1833), "**暫眠旋覺覺長嘆, 哀樂夢餘思未閒**. 山靄圍人不易曙, 屋霜向日行當乾. 甕醪政熟氣刺鼻, 爐火自噓光照顔. 怪爾趁虛多絶早, 鈴聲遠過鳥西關."

47) 李學逵, 「過花亭有感」, 『총간』 290집, 557면.(1829~1830), "媿殺氤氳薄, 憐渠窣堵岑. 悲懽終永隔, 蹤跡竟誰尋. 紅豆玲瓏骨, 黃絲歷亂心. **忘情豈我輩, 竚立一沈吟**."

48) 李學逵, 「山齋獨覺」, 『총간』 290집, 566면.(1833), "一睡如期覺, 山齋欲五更. 子規猶未歇, 殘月幾時明. 斗峽音書絶, 虛舟夢寐驚. **古來悲小別, 不擬捐中情**."

49) 李學逵, 「答」, 『총간』 290집, 360면, "作詩若文, 强效宋玉之悲秋, 杜甫之憂國, 定是摹擬不出, 縱復十分摹擬出來, 中情逈別, 終是不眞, 自不能使覽者興愴. 譬之悲哀者

에 비춰볼 때, 당연한 귀결이라고 할 수 있다.

즉, 이학규는 내면의 비애와 시름에서 초연하기 위해 부단한 노력을 기울이면서도 굴곡진 삶에서 비롯된 불평한 감정을 애써 외면하지 않았다. 이학규 한시의 만년에 드러나는 한가로움의 의미는 바로 이러한 맥락 속에서 이해할 필요가 있다.

「暮秋書懷」
「늦가을의 회포를 적다」

無事無言只據梧	일도 없고 말도 없이 다만 오동나무 안석에 기대니
此身端合號潛夫	이 몸은 잠부(潛夫)라고 불리기에 알맞네
雁奴聲急尙衣裌	경계서는 기러기 소리 다급한데 여전히 겹옷을 입었건만
魚子飯遲須滿盂	좁쌀밥을 천천히 먹으니 어김없이 그릇에 가득하네
籬缺先知來客面	울타리가 이지러져 찾아오는 객의 얼굴을 미리 알아보고
樹深猶聽隔隣呼	나무가 깊은데도 이웃의 부르는 소리가 들리네
幽懷一任閒掙觸	그윽한 정회를 맡겨두니 대하는 일마다 한가로운데
黃葉村莊有噪烏[50]	누른 잎 지는 시골마을엔 까마귀가 우네

이제 예순이 넘은 시인은 자신을 잠부(潛夫)라고 일컬으며 은일자적한 일상과 평화로운 풍경 속에서 자재롭다. 하지만 미련에서 보이는 바와 같이 시인은 자신의 내면에 자리한 상념의 흔적을 숨기지 않는다. 그리하여 7구에서 '한가로움[閒]'의 한 편에다가 여러 가지 비애의 감정이 뒤섞인 '그윽한 정회[幽懷]'를 드러낸다. 그러나 불과 10여 년 전만 해도 불쑥 솟아오를 때면 자제가 되지 않던 '그윽한 정회[幽懷]'에[51] 시

必泣, 啜芥者亦泣, 同是泣也, 而中情有異, 則雖三尺小童, 自可辨別也." ○ 이와 관련된 이학규의 시론에 대해서는 정우봉, 「李學逵의 文學論 硏究」, 『한국한문학연구』 12, 한국한문학연구회, 1989, 381~383면 참고.

50) 李學逵, 『총간』 290집, 569면.(1833)

인은 더 이상 매몰되지 않는다. 그렇다고 해서 그 감정을 애써 외면하지도 않는다. 그저 마음 한쪽에 밀어둔 채로 가만히 만년의 한가로움에 젖어든다. 이 때문에 누른 잎 지는 가을날의 까마귀 소리는 한적(閑適)함과 쓸쓸함이 나란히 느껴지며 더욱 깊은 여운으로 다가온다. 이는 여러 가지 감정들이 오랜 시간의 성찰과 시적 사유를 거치면서 여과되고 정제된 뒤에 남은 진솔하고도 담담한 서정의 울림이라고 할 수 있다.

지금까지 살펴본 바와 같이 이학규는 1815년에 아내의 죽음을 경험하면서 더 이상 자신만의 고통을 전면에 내세울 수 없게 되자, 비로소 자신의 감정과 기분에 즉각적으로 반응하던 창작 자세를 멈추었다. 대신에 외부세계와 자신의 내면을 응시하고 성찰하는 자세를 견지하며, 유배 전기의 격앙된 표현과는 달리 절제되면서도 더욱 심화된 서정을 발산하였다. 바로 이러한 시적 경계를 표현하기 위해 이학규는 유배 후기부터 칠언율시의 정제미와 여운미를 적극 활용하였던 것이다.

그리하여 이학규는 지속적으로 개인적인 문제를 세계와 인생의 근원적이고 보편적인 차원에서 성찰하였다. 이학규는 인간의 삶을 유한하고도 하찮은 존재라는 인식으로 바라봄으로써 자신의 고통과 정서적 거리를 유지하고자 애썼다. 아울러 다사다난한 인간사를 자연과 우주의 질서 속에서 인식하며, 자신의 불우한 처지를 보편적인 시각으로 이해하려고 노력했다. 이를 통해 탈속적이고 은일자적한 정서를 끊임없이 환기시키고, 긍정적이고 화해로운 분위기를 조성했다. 요컨대 그는 더 높은 차원의 인식 수준과 심미적인 정서를 통해 인생의 새로운 의미를 터득하며 삶의 가치를 지키려 했다. 신위가 '비가필경무궁달(悲歌畢竟無窮達)'[52]이라고 평한 것은 바로 이러한 시적 경계에서 잘 드러난다.

---

51) 李學逵, 「即事感懷」, 『총간』 290집, 509면.(1822), "幽懷忽不那, 偶坐古東阡. 小屋淸谿曲, 斜暉臥菊前. 可人無處所, 即事似當季. 穉女嘵嘵意, 沈思獨泫然."

하지만 그는 이러한 시적 경계 속에서도 끝내 가시지 않는 비애를 외면하지 않았다. 기구한 운명과 낙척한 신세에서 비롯되는 비애의 감정들이 강하게 올라올 때면, 그것을 있는 그대로 표현하였다. 그러나 이때에도 젊은 시절의 격정적이고 극단적인 표현보다는 정제된 칠언율시의 형식미 속에서 적절한 의상(意象)을 선택하여 서정의 깊이를 더하였다. 그리하여 만년에 이르러서는 자신의 아픔을 섣불리 내세우지도 않고, 진세(塵世)에 대한 초연한 의식을 견지하되 마냥 달관적인 모습을 취하지도 않았다. 대신에 '한가로움[閒]'으로 만년의 시적 경계를 대변하는 가운데, 궁핍하게 살아남은 자의 삶의 무게를 작품의 한 쪽에 솔직히 드러냄으로써 불완전하고 남루하지만 더욱 진정성이 담긴 서정으로 나아갔던 것이다.

2. 대장법(對仗法)과 장법(章法)의 특징적인 운용 양상[53]

대장(對仗)은 칠언율시의 형식을 구성하는 기본 원칙으로서 대칭의 심미성을 느끼게 하는 수사법이다. 그리고 시상을 배치하고 전개하는 방법인 장법(章法)은 정형미를 중시하는 칠언율시에서 특히 중요한 표현기법이다. 따라서 이학규의 칠언율시를 대장법(對仗法)과 장법(章法)의 운용 양상을 통해 분석하는 일은 작품의 형식미와 그것을 구현하는 작가적 역량을 살펴보는 데 매우 유용하다.

---

52) 申緯, 「哀李醒叟 三首」 其三, 『警修堂全藁』 23책, 『한국문집총간』 291집, 503면, "君與茶山一代才, 若論風品似歐梅. **悲歌畢竟無窮達**, 僞體堪憑有別裁. 西海賜環靑眼在, 忠州傳訃大江來. 吾衰更爲斯人慟, 誰辨黃鐘瓦缶雷."

53) 이 절의 내용은 이국진, 「이학규 칠언율시의 對仗法과 章法 연구」, 『어문논집』 61, 민족어문학회, 2010을 수정·보완한 것이다.

1) 대장법(對仗法)

대장(對仗)이라는 말은 둘씩 서로 짝을 지어 상대가 되는 어구를 일컫는다.[54] 중국어의 단음절어적인 성격이 대장에 용이했기 때문에 중국에서는 일찍부터 산문과 운문에서 병어(騈語)가 발달했다. 이 후 대장이 주요한 수사법으로 자리 잡고, 근체 율시의 필수 요건이 되면서 대장법의 요소와 기준이 확립되고 시론가들의 논의도 활발해졌다.[55] 이러한 과정을 거쳐 출구와 대구 사이에 자수·자의·문법구조·평측·자음·자형 등의 대우가 근체 율시에서 대장법의 요소로 자리 잡았으며, 함련과 경련에서의 대장이 기본 원칙이 되었다. 나아가서 대장의 정교한 정도에 따라 그 종류를 공대(工對)·인대(鄰對)·관대(寬對) 등으로 구분하였다.[56]

그리하여 우리나라에서도 대장은 시인들이 익혀야 하는 기본적이고 엄정한 규칙으로 작용했으며, 작품의 우열을 가리는 관건이 되었다. 실제로 한시의 학습 과정에서는 안짝과 바깥짝의 대장 형식인 연구(聯句) 작성을 가장 기초적인 작시 능력으로 보았다. 그리고 이 때문에 각종 시화(詩話)에서 보이는 시에 대한 논평도 전체 시의 시상·주제·골격 따위를 중시하기보다도 특정한 연(聯)의 잘되고 못됨을 중시하였다.[57]

---

54) 對仗이라는 용어는 고대의 儀仗이라는 개념에서 왔다. 고대의 제왕이 출행하거나 혹은 어떠한 의식을 거행할 때에 儀仗을 두고 길을 만들었다. 그리하여 儀仗의 행렬이 들고 있는 각종 물건들이 모두가 짝수를 이루고 있고, 동시에 둘씩 서로 對를 이루었다. 그래서 對仗이라 부르게 되었다. (김두근, 「두보칠언율시형식연구」, 한국외국어대학교 박사학위논문, 2008, 75면.)

55) 대장에 대한 최초의 본격적인 논의는 『文心雕龍』으로 거슬러 올라간다. (『文心雕龍』, 「麗辭」, "反對爲優, 正對爲劣.")

56) 왕력은 『한어시율학』에서 11가지로 대장을 구성하는 시어의 종류를 대별하고 있다. (왕력 지음, 송용준 옮김, 『중국시율학』 1, 소명출판, 2005, 376~403면 참고.)

57) 심경호, 「근대 이전의 한시 학습 방식에 관하여」, 『어문연구』 30, 한국어문교육연구회, 2002, 237면. ○ 또한 對를 맞춘 詩句 99聯을 모아 놓은 『百聯抄解』는 조선조에 가장

또한 각종 시화에서 보이는 구법(句法)에 대한 논의도 뛰어난 대장에 주목한 것이거나 대장을 운용하는 방식에 관한 것이 주를 이루고 있다.[58)]

이러한 대장의 효과에 대해 오전루(吳戰壘)는 "대장은 대응성을 지닌 조화와 상반상성하는 리듬을 획득하여, 내용의 중점과 운율미를 강화시키는 작용을 한다. 인과, 승계, 점진 등의 논리적 연계를 생략하고 고도로 농축되고 정련된 언어형식을 사용해서 장력이 풍부한 특수구조를 형성하는 것이다."[59)]라고 설명하였다. 즉, 대장은 의미상의 병치와 대칭을 통한 심미성을 동시에 느끼게 하는 것이다.

그러나 이러한 대장의 형식에만 치중하다 보면 의미의 중복과 단조로움을 불러올 수도 있다. 따라서 공대(工對)·인대(鄰對)·관대(寬對) 등의 표면적인 조건이 그대로 대상의 수준이 되는 것은 아니다. 중요한 것은 훌륭한 수사법이면서 동시에 제약이기도 한 대장을 능수능란하게 구사하면서도 시어의 자연스러움을 잃지 않는 것이며, 또한 전체적인 시상과의 유기적 관계를 유지하는 데에 있다. 이에 본 장에서는 이와 같은 점을 염두에 두고 이학규 칠언율시의 대장법을 분석하려 한다.

먼저 대장의 여러 종류 중에서도 공대(工對)는 표면적으로는 가장 훌륭한 대장으로 평가된다. 대장의 형식 조건을 빈틈없이 따름으로써 완벽한 대칭성을 구성하는 것만으로도 높은 수준의 작가적인 역량을 요구하기 때문이다. 그 중에서도 특히 대장을 이루는 두 구의 각 구 안에서

많이 통용되었던 한시교재이다. (조창록, 「조선조 한시 교육의 실제와 『百聯抄解』」, 『대동한문학』 21, 대동한문학회, 2004.)

58) 이영주, 『韓國詩話에 보이는 杜詩』, 서울대학교 출판부, 2006, 31~38면 및 102~116면 참고. ○ 이 밖에도 『譯註 詩話叢林』을 통해 우리나라 시인들이 對仗法을 구사하는 역량에 대해 언급한 것을 참고하였다. (洪贊裕 譯註, 『譯註 詩話叢林』, 통문관, 1993, 118·408·688·1105면 참고.)

59) 吳戰壘 저, 유병례 역, 『중국시학의 이해』, 태학사, 2003, 218~219면 참고.

다시 대를 이루는 당구대(當句對)[60]야말로 대장의 대칭성을 극한까지 추구한 공대(工對)라고 할 수 있다.

a.

一路雷鳴三峽水　　한 길의 우레가 삼협의 물을 울리고
四山花暎七灘磯　　사방을 두른 산의 꽃이 칠탄의 물가에 비치네

「증손효선(贈孫孝先)(종혁(鍾赫))」[61]

b.

舊雨雲興今雨態　　묵은 비 내린 뒤 구름 일어 지금 비 모습을 이루고
高田溜迸下田泥　　높은 쪽 밭에서 여울이 흘러 아래 쪽 밭이 진흙탕되네

「즉사구호(卽事口號)」[62]

a는 상대방이 있는 곳의 풍경을 묘사한 것인데, 숫자와 지형을 지칭하는 글자로 당구대를 이루고 있다. '일로(一路)'와 '삼협(三峽)', '사산(四山)'과 '칠탄(七灘)'이 각각 구절 안에서 대를 이루고, 다시 위아래로 '일로(一路)'와 '사산(四山)', '삼협(三峽)'과 '칠탄(七灘)'이 대를 이루고 있는 것이다. b는 한가로운 농촌의 풍경을 묘사한 것인데, '구우(舊雨)'와 '금우(今雨)', '고전(高田)'과 '하전(下田)'이 구절 안에서 대를 이루고 있다. 그리고 위아래 구 사이에도 비록 a만큼 공교롭지는 못하지만 대칭의 형

---

60) 當句對는 本句對・句中對・就句對라고도 한다. 當句對의 용법은 『楚辭』에서 비롯되었으며, 처음에는 말 그대로 한 구 안에서의 對偶 여부만 가릴 뿐, 위아래 두 구 사이의 對偶는 필수적인 것이 아니었다. 그러나 杜甫는 구 안에서 대우를 이루고, 또 다시 위아래 두 구가 대우를 이루는 當句對를 본격적으로 활용했으며, 李商隱의 작품 중에서도 이와 같은 當句對가 보인다. 따라서 當句對 내에서도 위아래 두 구 사이의 대칭성 정도에 따라 공교로움의 차이가 있는 것이다. (周生亞, 『古代詩歌修辭』, 語文出版社, 1995, 59~60면 참고.)

61) 李學逵, 『총간』 290집, 511면.(1822)

62) 李學逵, 『총간』 290집, 496면.(1821)

식을 자아내어 당구대의 모습을 띠고 있다.

이처럼 극도의 대칭미를 추구하는 당구대는 공교로운 형식미가 돋보이는데, 이 때문에 자칫하면 기교적인 수사에만 머무를 가능성도 있다. 위의 두 대장만 놓고 보아도, a가 장쾌하면서도 아름다운 산수자연의 의경을 비교적 잘 형상화하고 있는 것에 비해, b는 '금우태(今雨態)'라는 구절에서 일견 작위적인 느낌이 들기도 한다. 그에 비하면 다음의 대장은 미적 성취가 좀 더 높은 당구대라고 할 수 있다.

「秋曉獨覺」
「가을 새벽에 홀로 깨어」

稍聞凉吹撼柴門	서늘한 바람이 사립문 흔드는 소리 어렴풋이 듣고서
後夜披衣坐短軒	새벽녘에 옷을 걸치고 짧은 마루에 앉았네
高葉露傾低葉動	**위쪽 잎의 이슬이 기울자 아래 잎이 움직이고**
小星雲遞大星昏	**작은 별의 구름이 갈마들어 큰 별이 흐려지네**
衛生始覺刀圭拙	양생(養生)의 방법에 약물이 쓸모없음을 비로소 깨닫고[63]
齊物深知簡冊繁	제물(齊物)의 이치 앞에 책이 번거로움을 깊이 느끼네[64]

63) 이 구의 의식은 다음의 내용이 참고가 된다. (『莊子』, 「庚桑楚」, "老子曰 : '衛生之經, 能抱一乎? 能勿失乎? 能无卜筮而知吉凶乎? 能止乎? 能已乎? 能舍諸人而求諸己乎? 能翛然乎? 能侗然乎? 能兒子乎? 兒子終日嗥而嗌不嗄, 和之至也; 終日握而手不掜, 共其德也; 終日視而目不瞚, 偏不在外也. 行不知所之, 居不知所爲, 與物委蛇, 而同其波. 是衛生之經已.'")

64) 이 구는 다음의 내용에 기인하고 있다. (『莊子』, 「齊物論」, "旣使我與若辯矣, 若勝我, 我不若勝, 若果是也, 我果非也邪? 我勝若, 若不吾勝, 我果是也, 而果非也邪? 其或是也, 其或非也邪? 其俱是也, 其俱非也邪? 我與若不能相知也, 則人固受黮闇, 吾誰使正之? 使同乎若者正之? 旣與若同矣, 惡能正之! 使同乎我者正之? 旣同乎我矣, 惡能正之! 使異乎我與若者正之? 旣異乎我與若矣, 惡能正之! 使同乎我與若者正之? 旣同乎我與若矣, 惡能正之! 然則我與若與人俱不能相知也, 而待彼也邪? 何謂和之以天

從此馬牛呼我好　　이제부터 마소로 불려도 나는 좋으니[65]
政須無慮老邱樊[66]　　모름지기 걱정 없이 시골에서 늙어가리

이 시의 함련은 '고엽(高葉)'과 '저엽(低葉)', '소성(小星)'과 '대성(大星)'이 각 구절 안에서 대를 이루고 위아래로도 대를 이룬 당구대이다. 여기에 이슬이 기울어 떨어지고[露傾], 구름이 번갈아 드는[雲遞] 세밀한 동적 표현이 각각 가미되어 새벽녘의 풍경을 생동감 있게 전달한다. 또한 위아래의 대는 자연스럽게 근경과 원경의 대비를 이룬다. 따라서 이러한 당구대는 새벽녘의 상쾌함을 환기시키면서 아울러 한참 동안 세계를 관조하며 사색에 잠긴 시인의 모습을 효과적으로 형상화한다. 그리하여 시인의 내면의식과 의지를 직접적인 언술로 표현하는 후반(後半)에 앞서 명징한 정신세계를 환기시키는 역할을 담당함으로써 이 시의 탈속적인 분위기를 돕고 있는 것이다.

또한 이학규는 수련의 기세를 강화하기 위해 당구대를 적극적으로 활용하기도 하였다.

「閉門」
「문을 닫아걸고서」

不言不笑謾高歌　　말도 웃음도 없이 멋대로 소리 높여 노래하며

倪? 曰 : 是不是, 然不然. 是若果是也, 則是之異乎不是也, 亦無辯; 然若果然也, 則然之異乎不然也, 亦無辯. 化聲之相待, 若其不相待. 和之以天倪, 因之以曼衍, 所以窮年也. 忘年忘義, 振於無竟, 故寓諸無竟.")

65) 이 구는 老子가 남들이 자신을 마소로 불러도 개의치 않은 채 항상 변함없이 자연스럽게 행동했던 고사에 빗댄 표현이다. (『莊子』, 「天道」, "老子曰 : '夫巧知神聖之人, 吾自以爲脫焉. 昔者子呼我牛也而謂之牛, 呼我馬也而謂之馬. 苟有其實, 人與之名而弗受, 再受其殃. 吾服也恒服, 吾非以服有服.'")

66) 李學逵, 『총간』 290집, 587면.(1826)

能酒能詩半是魔	**술과 시만을 일삼으니 반쯤 귀신이 들린 듯**
布穀聲前梅雨細	뻐꾸기 소리 앞으로 장맛비 가늘게 내리고
米囊花後麥風和	양귀비 꽃 뒤로 맥풍(麥風)이 따뜻하게 부는데
偶拈佳句書齋壁	우연히 가구(佳句)를 잡으면 집 벽에다 쓰고
新覓奇方試宿痾	새로 기이한 방술을 찾으면 묵은 병에다 시험하네
自我閉門三十日	내 문 닫아 건지가 삼십일이건만
至今西郭少人過[67]	오늘까지도 서쪽 성곽에는 지나는 이 드무네

유배 중기에 지은 이 시에는 고립된 현실에서 몸부림치는 자의식이 두드러진다. 시인은 제목에서부터 세상과의 단절을 선언하며 그로 인한 불안정한 심리상태를 호소한다. 그리하여 수련에서부터 당구대를 사용하여 고조된 심리상태를 드러낸다. 즉, '불언(不言)'과 '불소(不笑)', '능주(能酒)'와 '능시(能詩)'는 각 구절 안에서 대를 이루고, 위아래로도 부정과 긍정의 대를 이룬다.[68] 이는 말도 웃음도 없는 소통의 단절과 그 속에서 술과 시만 일삼는 정서적 과잉상태를 극명한 대비로 형상화한다. 이러한 양상은 「희작배체배민(戲作俳體排悶)」에서 "두건도 버선도 신지 않고 천진(天眞)한 채로, 술과 시를 일삼으니 또한 일민(逸民)일세(不巾不襪政天眞, 能酒能詩亦逸民)."라고 하여, 예속에 구애됨 없는 자아상을 통해 현실에 대한 불만을 표출하는 작품에서도 나타난다. 이러한 대장법은 여전히 격앙된 심리 상태 속에서 개선의 여지가 없는 현실에 저항하던 이학규의 내면의식을 잘 보여준다.

한편, 이학규는 공대(工對)의 또 다른 양상인 반대(反對)를 통해서도

---

67) 李學逵, 『총간』 290집, 413면.(1815)

68) 이처럼 글자를 중복해서 당구대를 이루는 경우로는 두보의 「江村」 중에서 "自去自來梁上燕, 相親相近水中鷗"이 대표적이다. (이영주, 「杜詩 對仗法 硏究」, 『中國文學』 32, 한국중국어문학회, 1999, 115면 참고.) ○ 이 외에도 두보는 「人日」의 수련에서 "此日此時人共得, 一談一笑俗相看"이라는 구법을 사용하고 있다.

시상의 형식미를 극대화하였다. 반대(反對)란 어휘의 성질은 같으면서 의미가 서로 상반(相反)되거나 상비(相比)되는 시어로 대를 이루는 것을 말한다. 이러한 반대는 두 구 사이의 대칭미를 선명하게 하면서 감각적인 대비의 효과가 뛰어나기 때문에 많은 시인들이 즐겨 사용한 대장법이었다. 그러나 위아래 글자의 문법과 어휘의 성질이 동일한 대장은 손바닥을 합쳐 놓은 듯이 중복되는 합장(合掌)이라고 하여 금기시 하였다.[69)]

이에 이학규도 칠언율시에서 풍경과 시공간의 대조·대비를 위해 반대를 적극 활용하였다.

a.

碧簫醉後詩仍就	벽옥(碧玉)의 퉁소 소리에 취한 뒤 시는 뒤따라 이루어지는데
紅藕香前信不來	붉은 연꽃 향기 앞으로 소식은 오질 않네

「중원야유회(中元夜有懷)」[70)]

b.

白小市前人似海	은어를 파는 시가지 앞에 사람들 바다 같고
青莊聲裏雨如塵	신천옹(信天翁)의 소리 속으로 내리는 비는 먼지 같네

「서재즉사(西齋卽事)」[71)]

c.

赤脚荷蓑新釣侶	맨발에 도롱이를 입은 새로운 낚시꾼 벗
白頭含餔舊田翁	백발에 밥을 머금은 늙은 농부

「상야불매감회(霜夜不寐感懷)」[72)]

69) 吳戰壘 저, 유병례 역, 앞의 책 218면 참고.
70) 李學逵, 『총간』 290집, 339면.(1810)
71) 李學逵, 『총간』 290집, 413면.(1815)
72) 李學逵, 『총간』 290집, 588면.(1826)

이상의 대장들은 모두 위아래 각 구의 첫 글자에서부터 색감을 부각시켜 반대를 구성하고 있다. a는 음력 칠월 보름에 느끼는 쓸쓸함과 그리움을 형상화한 작품의 경련이다. 여기서 유배지의 열악한 환경을 고려할 때, '벽소(碧簫)'는 반대를 의식한 표현일 가능성이 높다. 이렇게 a는 위아래 첫 구절에서부터 '벽소(碧簫)'와 '홍우(紅藕)'를 통해 색감을 대비하고, 나아가서 각각 네 번째 글자에 '후(後)'와 '전(前)'을 써서 반대의 의도를 명확히 하고 있는 것이다. 아울러 각 구절을 '잉취(仍就)'와 '불래(不來)'로 마무리함으로써 대조적인 여운을 통해 반대의 구성력을 극대화하여, 시인의 쓸쓸함과 그리움의 정서를 환기시킨다.

이어서 김해지역 바닷가 마을의 풍경을 묘사한 b는 비록 위아래 구가 꽉 짜인 반대는 아니지만 색감의 대비를 의식하는 시인의 창작의도를 잘 보여준다. 즉, 시인은 '백(白)'과 '청(靑)'의 대비를 위해 많은 생물 중에서 은어[白小]와 알바트로스[靑莊]를 시상으로 선택한다.

마지막으로 c는 궁벽한 시골에서 생활하는 자신의 처지를 묘사한 것인데, 여기서도 반대를 의식한 공교로운 표현이 눈에 띈다. 위아래 구가 매 글자마다 하나하나 대를 이루는 가운데 '적각(赤脚)'과 '백두(白頭)'는 신체적으로 아래쪽 발과 위쪽 머리의 대조를 이루면서 동시에 색감의 대비가 두드러진다. 여기에다가 각각 위아래 구 다섯 번째 글자인 '신(新)'과 '구(舊)'의 대조를 통해 반대의 분위기를 돋보이게 한 것이다.

아울러 다음의 두 구절은 이학규가 반대(反對)를 운용하는 것이 풍경이나 정황의 묘사에만 그치는 것이 아니라, 내면의 서정적 미감을 효과적으로 발휘하는 데까지 나아갔음을 보여준다.

「悼亡」 其二
「아내의 죽음을 슬퍼하며」 둘째 수

何限風臺與月樓	바람 부는 대(臺)와 달뜨는 누(樓)에 얼마나 올랐던가?
登臨猶自淚潛流	오를 때면 여전히 절로 눈물이 흐르네
傷心小別三千界	슬퍼하며 잠깐 이별한 것이 삼천대천세계(三千大千世界)요
屈指相思十五秋	손가락 꼽으며 서로 그리워한 것이 15년이었지
地下定無書報恨	**지하(地下)에는 한(恨)을 알릴 편지가 없을 것이요**
人間惟有酒鎖憂	**이승에는 근심을 풀 술만 있을 뿐이네**
向來一語分明記	지금까지도 한 마디 말, 분명히 기억하니
長病長貧兩白頭[73)	병들고 가난하더라도 함께 늙어가자 했지

「丙子元朝試筆」
「병자년 설날에 쓰다」

十六年前行路客	16년 전 길 떠난 나그네
一千里外憶家時	천 리 밖에서 집을 그리는 때
老親少疾他何望	**늙은 어머니 병이 적으니 다른 것은 뭘 바라겠는가만**
穉子恒飢是所悲	**어린 자식이 항상 굶주리니 이것이 슬프네**
痛飮今春新熟酒	올 봄 들어 갓 익은 술을 잔뜩 마시고
長吟去夜未完詩	지난 밤 다 짓지 못한 시를 길게 읊조리네
存亡離合皆天定	삶과 죽음, 만남과 이별은 모두 하늘이 정한 것
此外悠悠愼莫思[74)	이것 외에는 아득하니 삼가 생각을 말자

이학규가 유배된 지 15년 만에 서울에 있는 아내는 죽음을 맞는다. 평소 부부간의 정도 애틋했고, 아픈 몸을 이끌고 자신을 대신해 가정을

73) 李學逵, 『총간』 290집, 423면.(1816)
74) 李學逵, 『총간』 290집, 420면.(1816)

묵묵하게 지켜온 아내였기에[75] 그 슬픔은 말할 수 없을 정도였다. 이에 「도망(悼亡)」 기이(其二)에는 고생만하다 죽은 아내와의 단절감과 그로 인한 안타까움이 반대(反對)를 통해 형상화 되고 있다. 시인은 함련에서부터 시간과 공간의 대비를 통해 살아 있을 때 오랜 시간 서로 떨어져 있던 막막함을 부각시키고 있는데, 경련에서는 이승과 저승의 단절감을 '지하(地下)'와 '인간(人間)', '무(無)'와 '유(有)'의 대조를 통해 치밀한 반대(反對)로 표현했다. 이러한 표현법은 두 사람간의 격절된 처지를 표현하는 데 큰 효과를 발휘한다.

그리고 아내가 죽고 난 뒤 풍비박산이 난 집안을 생각하며 지은 「병자원조시필(丙子元朝試筆)」의 함련은 더욱 공교로운 반대(反對)로 이루어져 있다. '노(老)'와 '치(穉)', '소(少)'와 '항(恒)', '타(他)'와 '시(是)'의 반대(反對)를 통해 노모와 어린 자식을 대비시켜 안도감과 비애감을 대조적으로 드러내면서도, 전체적으로는 노모와 어린 자식에 대한 안타까움을 아울러서 전달하고 있는 것이다.

한편, 이학규는 작품에 실감을 더하기 위해 대장법을 사용하기도 했다.

a.

草色似雲侵砌後	풀빛이 구름처럼 섬돌을 침범한 뒤
雨聲如瀑到門初	빗소리 폭포처럼 막 문에 이르네

「임우견민(霖雨遣悶)」[76]

75) 아내의 안타까운 삶과 이학규의 애틋한 마음은 死別한지 5년 째 되던 해 추석을 맞이하여 지은 「擬祭丁孺人文」(李學逵, 『총간』 290집, 476면.(1820))에 잘 나타나 있다. 자세한 작품분석은 鄭雨峰, 「洛下生 李學逵의 散文 世界」(『한국실학연구』 6집, 한국실학학회, 2004, 188~192면 참고.)

76) 李學逵, 『총간』 290집, 413면.(1815)

b.

黏天島似鴉頭黑	하늘에 붙은 섬은 까마귀 머리처럼 검고
烘日雲如鴨肚斑	햇볕에 그을린 구름은 오리의 배처럼 알록달록하네

「타고산성종목(打鼓山城縱目)」[77]

c.

心似老騏長伏櫪	마음은 늙은 천리마가 오랫동안 마구간에 누워 있는 듯
身如困鳥解嗔籠	몸은 곤궁한 새가 새장 속에서 성냄도 풀어버린 듯

「봉화백진언회(奉和伯津言懷)」 기십일(其十一)[78]

d.

心似征鴻懷水國	마음은 먼 길 떠나는 기러기가 수국(水國)을 그리워하는 듯
身如病樹惕霜天	몸은 병든 나무가 깊어진 가을을 겁내는 듯

「다배원(茶焙院)」[79]

이상의 대장들은 모두 '사(似)'와 '여(如)'를 통한 직유법을 쓰고 있다. 직유를 사용하여 생동감을 드러내는 것은 가장 일반적인 비유법으로서 그만큼 작가적인 개성을 발휘하기가 어렵다. 그럼에도 불구하고 a는 장마라는 제목을 감안하여 풀빛을 구름에 비유하고 빗소리를 폭포소리에 비유한 뒤, 아울러 '후(後)'와 '초(初)'라는 시간성을 강조함으로써 실감을 자아낸다. 또한, b는 수평선에 걸쳐 있는 섬과 햇빛을 잔뜩 머금은 구름을 '점천도(黏天島)'와 '홍일운(烘日雲)'으로 표현하고, 이를 다시 특정한 새의 부위에 비유함으로써 신선한 느낌을 발산한다.

77) 李學逵, 『총간』 290집, 587면.(1826)

78) 李學逵, 『총간』 290집, 260면.(1805)

79) 李學逵, 『총간』 290집, 576면.(1824)

그리고 c와 d에서는 유배지에 처한 자신의 마음과 몸의 상태를 비유적으로 표현한다. 여기서 c는 유배 5년 차(1805)에 사촌형 백진(伯津, 명규(明逵))의 시에 화운한 것이고, d는 해배 이후(1824) 고향에 돌아갔다가 낯설고 쓸쓸한 환경에 적응하지 못해 다시 김해로 돌아가는 여정 중에 지은 것이다. 이에 c에서는 여전히 원대한 뜻을 버리지 않고 있는 마음 상태[80)]와 갇힌 현실 속에서 어느덧 체념하고 있는 몸 상태를 드러낸다. 반면에 d에서는 24년의 긴 유배생활을 벗어나고서도 또 다시 고향을 떠나야만 하는 마음 상태와 궁핍한 생활 속에서 병들고 지친 몸 상태를 묘사한다. 이처럼 시인은 적실한 비유를 통해 자신의 상황에 따른 마음과 몸의 상태를 실감나면서도 진정성 있게 전달했던 것이다.

그리고 이학규는 섬세한 관찰력과 예민한 감각을 살려 묘사적 대장에 생동감을 불어넣기도 했다.

a.

花尖欲綻雨初落	뾰족한 꽃봉오리 터질 듯 한데 비가 막 떨어지고
草細堪梳風正斜	가는 풀들이 빗질을 입은 듯 바람에 바로 기우네

「춘일금주(春日金州)」[81)]

b.

燈昏始見穿牕月	등불이 흐려지자 그제야 창으로 스며드는 달빛이 보이고
雨歇微聞落磴泉	비 그치자 나지막이 돌길에 떨어지는 샘물소리 들리네

「불매(不寐)」[82)]

---

80) c의 첫 구는 뜻 있는 사람이 늙어서도 여전히 웅대한 이상과 포부를 품고 있음을 비유하는 '老驥伏櫪'의 의미를 用事한 것이다. (曹操, 「步出夏門行」, "老驥伏櫪, 志在千里.") ○ 이듬해 이학규는 사촌형 伯津(明逵)에게 뜻을 세상에 펼치지 못한 채로 갈수록 몸만 쇠잔해져가는 처지에 대한 초조함을 고백하였다. (李學逵, 「詠懷奉寄伯津」, 『총간』 290집, 272면.(1806), "… 今朝攬淸鏡, 白鬢見數根. 齒踈骨益高, 恐此遂凋殘. …"

81) 李學逵, 『총간』 290집, 241면.(1802)

위의 두 대장은 모두 상황이 맞물리는 순간을 포착하여 풍경의 동시성을 부각시킴으로써 생동감을 전달한다. a는 '초(初)'와 '정(正)'이라는 부사를 통해 비와 바람이 움직이는 순간에 초점을 맞춤으로써 봉오리를 막 터뜨리는 꽃의 모습과 빗질을 당한 듯 드러눕는 풀의 모습에 생동감을 더한다. 그리고 b는 등불의 빛이 잦아듦과 동시에 창으로 스며드는 달빛이 보이는 시각적 묘사와 비가 그치자 불어난 샘물이 저 멀리 돌길에 떨어지는 청각적 묘사를 통해 생동감을 더하고, 이를 통해 잠들지 못하는 시인의 처지를 환기시킨다. 이처럼 이학규는 대장의 생동감을 형상화하는 과정에서 자칫 비유에만 의지하여 도식적인 대비에 머물 수 있는 한계를 극복하였다.

하지만 아무리 좋은 대장이라도 전체적인 시상과 조화를 이루지 못하면 그 의미는 반감될 수밖에 없다. 이런 점에서 아래의 두 작품은 이학규가 전체적인 시상과의 유기적인 관계 속에서 대장을 사용하는 양상을 잘 보여준다.

「落花」 其一
「낙화」 첫째 수

蝶飜鶯咽謾相知	나비는 춤추고 꾀꼬리는 지저귀며 공연히 아는 체를 하는데
長對愁紅噩夢遲	오랫동안 시든 꽃을 마주하니 상서롭지 못한 꿈속에 있는 듯
陳國摠悲沈井處	**진(陳)나라 사람들은 모두 우물에 빠진 처지를 슬퍼했고**
石家還見墮樓時	**석숭(石崇)은 뜻하지 않게 누대에서 떨어지는 순간을**

82) 李學逵, 『총간』 290집, 513면.(1823)

보았었지

驔驂節序隨流水　나는 듯이 달리는 계절은 물 따라 흘러가는데
駊騀情懷罷酒卮　북받치는 정회에 술잔을 내려놓나니
今日斷香埋玉地　지금은 꽃향기 끊어진 여인들이 묻힌 땅에
濕雲如黛護前墀[83]　눈썹먹 같은 먹구름만 앞 섬돌을 감싸고 있겠지

「(城西酒壚薄暮扶醉而歸)」
「해질녘 성 서쪽 주막에서 취한 몸을 가누며 돌아오다」

落拓深悲暮景蹉　낙척한 신세 깊은 슬픔에 저녁 경치를 지나서
當壚慣聽叩壺歌　주막에 이르러 병 두드리며 부르는 노랫소리를 익숙하게 듣네
村醪溢甕瓜香發　시골 막걸리 독에 넘치고 오이 향기 피어나는데
野菊堆籬艾氣多　들국화는 울타리 아래에 쌓였고 쑥 태우는 냄새 가득하네
身世羝羊逢大壯　이 몸은 숫양이 대장(大壯)을 만난 격이요
心魂蝴蝶到無何　마음은 나비가 무하유지향(無何有之鄉)에 이른 격이네
昏鴉散盡餘霞沒　저녁 까마귀 다 흩어지고 남은 노을마저 지는데
城市還須倚醉過[84]　성(城)의 시가지를 또 다시 취한 채로 지나가네

첫 번째 시는 유배초기에 낙화를 보며 자신의 감정을 이입한 작품이다. 주목되는 것은 함련의 대장인데, 시인은 억울하게 죽은 두 여인의 고사를 끌어온다.[85] 그런데 이 두 여인은 모두 자신의 몸을 던져 죽은

83) 李學逵, 『총간』 290집, 250면.(1803)

84) 李學逵, 『총간』 290집, 589면.(1826)

85) 3구는 陳後主의 貴妃인 張麗華를 암시하고, 4구는 石崇의 愛妾인 綠珠를 암시한다. (『陳書』 권7, "… 隋軍陷臺城, 妃與後主俱入于井, 隋軍出之. 晉王廣命斬貴妃, 牓於青溪中橋. …"; 『南史』 권10, "… 旣而軍人窺井而呼之, 後主不應. 欲下石, 乃聞叫聲.

인물이라는 공통점을 지닌다. 이에 마지막 순간에 몸을 던진 두 여인의 비극성을 부각하기 위해 사용한 3구의 '침(沈)'과 4구의 '타(墮)'는 지는 꽃잎의 운동성과 자연스럽게 연결된다. 즉, 시인은 꽃잎이 떨어지는 풍경을 어여쁜 여인이 원통함을 안은 채로 몸을 던지는 모습과 대비시킨 것이다. 이러한 시상은 불과 몇 년 전에 신유사옥을 겪으면서 지인들의 억울한 죽음을 목도했던 시인의 경험을 생각할 때, 보다 구체적으로 다가온다. 그리하여 함련의 대장에 담긴 의미가 선명해지면서 낙화로 표현되는 전체적인 시상을 더욱 강렬하게 만드는 것이다.

두 번째 시는 시인이 해질녘 인근의 주막을 찾아 한껏 취한 뒤에 다시 집으로 돌아오는 여정을 그린 작품이다. 시인은 쓸쓸한 시골 풍경과 그곳을 외로이 떠도는 자신을 묘사함으로써 내면의 정서를 형상화한다. 그리고 자신의 정서를 더욱 부각하기 위해서 대장법을 활용한다. 이에 5구의 표현은 『주역(周易)』, 「대장(大壯)」의 내용을 용사(用事)한 것이다. 대장괘(大壯卦)는 건하진상(乾下震上)[䷡]의 상(象)으로서 양(陽)이 성하게 자람[86]을 의미한다. 여기에는 울타리에 걸린 숫양의 이야기[87]가 나오는데, 이것은 진퇴양난의 형세를 비유한 것이다. 따라서 이러한 내용은 고향에 정착하지 못하고, 또한 김해에서조차 질곡에서 벗어나지 못하는 시인의 처지를 반영한다. 그리고 6구는 『장자(莊子)』[88]에서 용사

以繩引之, 驚其太重, 及出, 乃與張貴妃·孔貴人三人同乘而上. …"; 『晉書』 권33, "… 崇有妓曰綠珠, 美而豔, 善吹笛. 孫秀使人求之. … 崇勃然曰 : '綠珠吾所愛, 不可得也.' … 崇正宴於樓上, 介士到門. 崇謂綠珠曰 : '我今爲爾得罪.' 綠珠泣曰 : '當效死於官前.' 因自投于樓下而死. …")

86) 『周易本義』, "大, 謂陽也. 四陽盛長, 故爲大長, 二月之卦也."

87) 『周易』, 「大壯」, "上六, 羝羊觸藩, 不能退, 不能遂, 无攸利, 艱則吉."

88) '無何有之鄕'은 다음 편에 보인다. (『莊子』, 「逍遙遊」, "今子有大樹, 患其无用, 何不樹之於**無何有之鄕**, 廣莫之野, 彷徨乎无爲其側, 逍遙乎寢臥其下." ; 『莊子』, 「應帝王」, "厭, 則又乘夫莽眇之鳥, 以出六極之外, 而遊**無何有之鄕**, 以處壙垠之野.")

(用事)한 것으로서, 허무자연의 낙토를 떠도는 나비의 움직임처럼 심란하기만 한 시인의 내면을 말해준다. 그런데 이러한 대장은 1구의 '낙척(落拓)'과 '심비(深悲)'라는 시어와 연결된다. 즉 5구가 시인의 '낙척(落拓)'한 신세를 비유한다면, 6구는 해소 할 길이 없어 어쩔 줄 모르는 '깊은 슬픔[深悲]'의 속내를 비유하는 것이다. 즉, 수련에서부터 노골적으로 드러나 버린 내면의 정서가 함련에서 적절한 비유를 통해 환기됨으로써 전체적으로 시상의 긴장을 유지하는 것이다.

이처럼 이학규는 대장의 기본적인 표현기법에 능숙하면서도 자칫 단조로워 질 수 있는 표현기법을 극복하기 위해 노력했으며, 아울러 전체적인 시상과의 조화를 염두에 두었던 것이다.

2) 장법(章法)

장법은 시상을 배치하고 전개하는 방법으로서 정형미를 중시하는 칠언율시에서 특히 중요한 표현 기법이다.[89)] 그 중 칠언율시에서 가장 기본적으로 고려되는 장법은 기승전합론(起承轉合論)과 정경론(情景論)이다. 원대(元代) 범형(范梈)과 양재(楊載)를 통해 근체시의 일반적인 장법으로 자리 잡은 기승전합론은 수련(首聯)에서 파제(破題)와 함께 시상(詩想)을 일으키고, 함련(頷聯)에서 수련을 이어받으며, 경련(頸聯)에서 함련과 상응하거나 전환되는 시상으로 변화를 주며, 미련(尾聯)에서 여운이 깃들도록 전체적인 시상을 매듭짓는 것이 기본적인 방식이다.[90)]

---

89) 方東樹, 『昭昧詹言』, "七律之妙, 在講章法與句法. …… 章法不成, 則率漫複亂, 無先後·起結·銜承次第·深淺·開合·細大·遠近·虛實之分, 令人對之惛昧, 不得爽豁." (朱任生 편저, 『詩論分類纂要』, 대만 상무인서관, 중화민국 60년, 212면 재인용.)

90) 楊載, 「詩法家數」, "律詩要法, 曰 : '起承轉合.' 破題, 或對景興起, 或比起, 或引事起, 或就題起. 要突兀高遠, 如狂風捲浪, 勢欲滔天. 頷聯, 或寫意, 或寫景, 或書事用事引證. 此聯要接破題, 要如驪龍之珠, 抱而不脫. 頸聯, 或寫意寫景, 書事用事引證, 與前

아울러 오래전부터 중국고대문예창작의 기본문제로 제기되어 왔던 정경론은 주필(周弼)의 『삼체시(三體詩)』와 방회(方回)의 『영규율수(瀛奎律髓)』에 이르러 허(虛)(정(情))와 실(實)(경(景))을 중심으로 하는 '시격(詩格)'과 그 운용방식이 구체화되었다. 여기에 범희문(范晞文)과 양재(楊載) 등의 논의를 거치면서 정경 결합의 각종 방식이 심화되고 일반화되었다. 그리하여 '상정하경(上情下景)'·'하정상경(下情上景)'의 기초적인 구도에서부터 '정중경(情中景)'·'경중정(景中情)'과 같은 정경교융(情景交融)의 방식 및 '정생경(情生景)'·'경생정(景生情)'과 같은 정경상생(情景相生)의 방식이 논의되었다.[91]

따라서 칠언율시의 기본적인 장법은 기승전합(起承轉合)의 구도 속에서 정(情)과 경(景)의 교직을 운용하는 방식이라고 할 수 있다. 하지만 기승전합의 장법에만 치중하다보면 시 창작이 도식적으로 흐를 위험이 있다. 이 때문에 이동양(李東陽)은 기승전합의 법에 얽매이지 말 것을 권고했으며, 청대(淸代) 왕부지(王夫之)는 기승전합에 얽매인 장법을 심하게 폄하하기도 하였다.[92]

聯之意相應相避. 要變化, 如急雷破山, 觀者驚愕. 結句, 或就題結, 或開一步, 或繳前聯之意, 或用事, 必放一句作散場, 如剡溪之棹, 自去自回, 言有盡而意無窮." (吳文治 主編, 『遼金元詩話全編』 4, 鳳凰出版社, 2006, 2001~2002면.)

91) 徐有富, 『詩學原理』, 北京大學出版社, 2007, 274~288면; 成復旺 主編, 『中國美學範疇辭典』, 中國人民大學出版社, 1995, 526~534면 참고. ○ 또한 黃宗羲는 「景州詩集序」에서 "周伯弼之注三體詩也, 以景爲實, 以意爲虛. 此可論常人之詩, 而不可以論詩人之詩. 詩人萃天地之淸氣, 以月露風雲花鳥爲其性情, 其景與意不可分也."라고 하여, 景과 情의 기계적인 이분법을 경계하였다. (김희경, 앞의 논문, 76~80면 참고.)

92) 李東陽, 「麓堂詩話」, "律詩起承轉合, 不爲無法, 但不可泥. 泥於法而爲之, 則撑柱對峙, 四方八角, 無圓活生動之意. 然必待法度旣定, 從容閑習之餘, 或溢而爲波, 或變而爲奇, 乃有自然之妙, 是不可以强致也."; 王夫之, 「姜齋詩話」, "起承轉收, 一法也. 試取初盛唐律驗之, 誰必株守此法者? 法莫要於成章, 立此四法, 則不成章矣." (이병한 편저, 「詩法」, 『중국 고전 시학의 이해』, 문학과 지성사, 2000, 282~284면 참고.)

이러한 점을 염두에 둘 때, 이학규 칠언율시의 장법은 그의 작가적 역량과 작품의 미적 특질을 가늠하기에 용이하다. 이학규는 칠언율시에서 보편적이고 기본적인 장법의 원리를 성공적으로 구현하면서도, 한편으로는 거기에 얽매이지 않고 다양한 변화를 시도한다. 여기에다가 시적 주제와 작품의 예술 경계를 돋보이게 하기 위해서 자신만의 몇 가지 정형화된 장법을 구사하기도 한다.

우선 다음에 살펴볼 두 작품은 이학규가 기본적인 기승전합의 장법을 구현하는 두 양상을 대비적으로 보여준다.

「郭南樓春望」
「성곽 남쪽 누(樓)에서 봄을 바라보며」

郡城南望水雲端	고을 성 남쪽에서 물과 구름 끝을 바라보다
千古登臨悵獨嘆	오래된 누대에 올라 슬피 홀로 탄식하네
滿眼山川聞杜宇	눈앞 가득한 산천에선 두견새 소리 들리는데
半身風雨倚欄干	몸의 절반 비바람에 젖은 채로 난간에 기대었네
殘花黯黯如相惜	쇠잔한 꽃은 시름겨워 서로 애석해하는 듯 하고
芳草萋萋不盡看	향기로운 풀은 우거져 차마 다 보지 못하겠으니
何事倍添遊子恨	무슨 일이 떠도는 나그네의 정한을 갑절로 더하는고?
故園今日食猶寒[93]	고향 동산에선 오늘 음식이 여전히 찬 것이라네

「獨夜」 其二
「홀로 지새우는 밤에」 둘째 수

夜深微雪睡初醒	밤 깊어 가랑 눈 오는네 잠에서 막 깨니
颯颯枯篁隱短欞	솨솨 바람 부는 마른 대숲에 작은 처마가 숨었네
人靜老鴞啼近樹	인적 고요한데 늙은 부엉이는 가까운 나무에서 울고

93) 李學逵, 『洛下生全集』 下卷(아세아문화사 영인본, 1985), 227면.(1823)

月斜鄰犬上空廳	달 기우는데 이웃집 개는 빈 마루에 올랐네
窮途在目何須哭	막다른 길이 눈앞에 있지만 통곡할 필요 있으랴
陋室安身政欲銘	누추한 집에서 몸이 편안하니 진정 명(銘)을 짓고 싶구나
舊侶秪今情意別	옛 친구들에게는 지금도 정의(情意)가 각별하건만
蹔時聊復饜江鯹[94]	어느새 다시금 강 비린내 물씬 풍겨오네

주필이 『삼체시(三體詩)』에서 언급한 장법의 기준에 따르면 「곽남루춘망(郭南樓春望)」은 '사실(四實)'에 해당한다. '사실(四實)'이란 율시의 가운데 함련과 경련 4구를 모두 실재 경물의 묘사로 표현하는 것을 말한다. 주필은 '사실(四實)'을 여러 체제 중에서도 으뜸으로 여기면서 그만큼 가장 어려운 장법으로 인식했다. 그리하여 경물을 묘사한 실(實)에는 시인의 정사(情思)가 담겨 있어야 하며, 장법에 어두운 사람은 '사실(四實)'의 표현이 적체되어 시상의 의미전달에 실패하게 된다고 설명하였다.[95] 여기서 전자의 지적이 시인의 정감과 융합된 경물묘사를 강조한 것이라면, 후자의 지적은 자칫 네 번의 연속적인 경물묘사가 중복을 일으켜 시상을 매끄럽게 전개하지 못하는 것을 경계한 말이다.

이러한 설명에 비춰봤을 때, 「곽남루춘망(郭南樓春望)」은 주필이 요구하는 '사실(四實)'의 성공적인 요건을 잘 따르고 있다. 즉, 함련에서의 두견새 소리와 비에 젖은 채로 난간에 기댄 시인의 모습은 수련의 '창독탄(悵獨嘆)'이라는 시어가 자아내는 분위기를 고스란히 이어서 반영한다. 또한 경련에서 5구는 「춘망(春望)」의 '감시화천루(感時花濺淚)'를 상기시

94) 李學逵, 『총간』 290집, 559면.(1829~1830 中.)

95) 周弼, 『增註三體詩』, 「四實」, "謂中四句皆景物而實. 開元大曆多此體. 華麗典重之間, 有雍容寬厚之態, 其妙也. 稍變然後入於虛, 間以情思, 故此體當爲衆體之首. 昧者爲之則堆積窒塞, 而寡於意味矣." (김희경, 앞의 논문, 10면 재인용.)

키고,[96] 6구는 「황학루(黃鶴樓)」의 '방초처처앵무주(芳草萋萋鸚鵡洲)'라는 구절에 기반 함으로써[97] 타향에서 봄을 맞는 비애의 정서를 극대화한다. 그리고 미련의 자문자답은 경련에서 봄날의 풍경을 대하며 느끼는 비애의 원인이 타향에서 한식을 보내는 데에 있음을 말해준다.[98]

이처럼 「곽남루춘망(郭南樓春望)」의 함련은 수련을 계승하고 경련은 미련과 관계됨으로써 각각의 경물묘사가 시인의 정사(情思)를 충분히 담아내면서도, '사실(四實)'의 의미가 구분되어서 적체되지 않는다. 게다가 경련의 사경(寫景)에서는 '여상석(如相惜)'·'불진간(不盡看)'을 통해 대상 경물과의 정서적 교감을 적극적으로 표현함으로써 동일한 사경(寫景)임에도 불구하고 앞의 함련과는 다른 전환감을 만들어내어, 결과적으로 전체적인 시상의 전개가 기승전합을 유지하였다.

반면에 「독야(獨夜)」 기이(其二)는 전형적인 전경후정(前景後情)의 구도를 이루고 있다. 작품의 전반(前半)이 홀로 지새우는 밤의 풍경묘사에 치중하고 있다면, 후반(後半)은 풍경 속 시인의 심경을 언급하고 있는 것이다. 그러면서도 이 작품 또한 기승전합의 구도는 충실하게 따르고

---

96) 杜甫, 「春望」, "國破山河在, 城春草木深. **感時花淺淚**, 恨別鳥驚心. 烽火連三月, 家書抵萬金. 白頭搔更短, 渾欲不勝簪."

97) 崔顥, 「黃鶴樓」, "昔人已乘黃鶴去, 此地空餘黃鶴樓. 黃鶴一去不復返, 白雲千載空悠悠. 晴川歷歷漢陽樹, **芳草萋萋鸚鵡**洲. 日暮鄕關何處是, 煙波江上使人愁."

98) 미련의 '食猶寒'은 「小寒食舟中作」의 첫 번째 구절에서 인용한 것이다. (杜甫, 「小寒食舟中作」 "佳辰强飮**食猶寒**, 隱几蕭條戴鶡冠. 春水船如天上坐, 老年花似霧中看. 娟娟戲蝶過閒幔, 片片輕鷗下急湍. 雲白山青萬餘里, 愁看直北是長安.") ○ 이학규가 유배지에서 寒食日을 맞이하는 남다른 비애감은 유배 전기부터 있어 왔다. 「寒食日有懷李生行濂」, 『총간』 290집, 251면.(1803), "聞君春晝詠, 西溢每夷猶. 燕外淸江濶, 花間碧瓦流. 異鄕逢熟食, 此夕動離憂. 會看松酒美, 好去酹荒邱."; 「奉和伯津言懷」 其十五, 『총간』 290집, 260면.(1805), "嶺中寒食雨昏昏, 眠斷松楸接故園. 翁仲也曾知別恨, 巫咸不復問銜冤. 膠牙杏酪年年減, 薦子梨花日日繁. 春事未堪振觸徧, 每逢佳節倍傷魂."

있다. 시인은 수련에서 시상을 일으키고 함련에서 그것을 이어받은 뒤에, 경련에서 용사를 통해 시인의 심경을 표면화함으로써 급격한 전환감을 조성한다. 여기에 혼자 수레를 몰고 돌아다니다 막다른 길을 만나면 대성통곡하다가 돌아오곤 했던 완적의 고사와 누추한 집에서도 「누실명(陋室銘)」을 지어 편안함을 만끽했던 유우석의 고사를 인용하여, 궁핍한 현실 속에서도 오히려 정서적으로 안정된 삶을 유지하려는 의지를 표명한다. 그리고 미련에서는 따뜻한 추억을 오랫동안 회상할 수 없는 처지를 후각적 이미지로 환기시킴으로써 홀로 지새우는 밤의 여운을 더한다.

한편, 위의 두 작품과 비교할 때, 아래의 두 작품은 기승전합의 구도와 정경의 조직에 얽매이지 않으면서 시상을 전개하는 경우라고 할 수 있다.

「蠻觸」
「만촉」

故知蠻觸苦紛紛	만촉(蠻觸) 간의 싸움이 몹시도 요란함을 예부터 알아
塞兌防聽政未分	귀도 눈도 다 막고서 진실로 분별하지 않네
不復讀書求甚意	독서할 때 더 이상 깊은 뜻 구하지 않으니
應須飮酒止微醺	음주도 취기(醉氣)가 도는 정도에 그쳐야 하리라
棲心泉石膏肓事	산수를 사랑하는 일에 마음을 깃들이며
斷腕風流罪過文	한아하게 글 짓는 일마저 손을 끊었으니
見說海倉春水盛	해창(海倉) 근처에 봄물이 성대하다는 말 듣고서
又探花信向湖濱[99]	또 다시 꽃소식을 찾아 호숫가로 향하네

99) 李學逵, 『총간』 290집, 578면.(1825)

「沙隄晩眺」

「모래 언덕에서 저녁경치를 구경하며」

潮落漁舟閣淺泥	조수가 빠져나가 고기잡이배는 얕은 갯벌에 멈췄고
斷霞靑綠日頹西	조각 노을 걸친 푸른 산 너머 해는 서쪽으로 기우네
孤帆不動黏天遠	외로운 돛은 하늘 멀리 붙어 움직이지 않고
新月微生蘸水低	초승달은 물 아래 잠겼다가 살며시 떠오르네
的皪數燈歸別嶼	반짝이는 몇몇 배 등불 외딴 섬으로 돌아오는데
團圝獨樹認平隄	다정한 한 그루 나무가 평평한 제방을 알게 하네
一聲海鶴星山外	갈매기 한 소리 성산포(星山浦) 너머 퍼지나니
想到昏黃未有栖[100]	해가 져도 깃들 곳이 없는 것이로구나

먼저 「만촉(蠻觸)」은 4연 8구 전체가 사의(寫意)로 일관하고 있다. 시인은 시비분별로 어지러운 세속을 '만촉(蠻觸)의 싸움'[101]과 같은 형국에 비유하고, 자신은 그러한 세속에 동화되지 않겠다는 의지를 전달한다. 시인은 욕망과 인식의 문을 닫고,[102] 분별심을 요구하거나 감정을 자극하는 독서와 음주는 삼가고자 한다. 그 대신 자연에 마음을 기울이면서 훌쩍 봄을 찾아 떠나는 모습을 통해 세속에서 벗어나려는 의지를 형상화한다.

그에 비해서 「사제만조(沙隄晩眺)」는 마지막 1구를 제외하고 사경(寫

---

100) 李學逵, 『총간』 290집, 558면.(1829~1830 中)

101) '蠻觸'의 故事는 『莊子』 「則陽」에 나오는 것으로서 달팽이의 왼쪽 뿔에 있는 '觸氏'와 오른쪽 뿔에 있는 '蠻氏'라는 작은 나라가 영토 때문에 전쟁을 벌여 수만의 시체가 즐비하게 쌓였다는 寓言이다. 이 寓言은 내용의 성격상 주로 대수롭지 않은 싸움을 비유한다. (『莊子』, 「則陽」, "有國於蝸之左角者曰觸氏, 有國於蝸之右角者曰蠻氏, 時相與爭地而戰, 伏尸數萬, 逐北旬有五日而後反.")

102) 여기서 '塞兌'란 『老子』에 나오는 내용으로서 사람의 감각기관[兌]을 막음으로써 욕망과 의식의 분별이 가져오는 괴로움과 고난으로부터 벗어날 수 있다는 의미가 담겨 있다. (『老子』, "塞其兌, 閉其門, 終身不勤. 開其兌, 濟其事, 終身不救.")

景)으로 일관하고 있다. 그리하여 근경(수련) → 원경(함련) → 근경(경련)을 거쳐 청각적 이미지를 통해 여운을 발산하는 방향으로 시상을 전개한다. 그리고 8구에서 동병상련의 감상을 해변을 떠도는 갈매기에게 이입함으로써 어느 곳에도 정착하지 못하는 자신의 심경을 대변한다.

이처럼 위의 두 작품은 기승전합과 정경의 조직이라는 기본적인 구도를 벗어나면서도 각각의 시적 주제를 효과적으로 형상화하고 있다. 시인은 비록 기본적인 장법에는 얽매이지 않았지만, 각각 함련과 경련에서 엄밀하게 대장을 지킴으로써 전체적인 칠언율시의 격조를 손상시키지 않는다. 아울러 「만촉(蠻觸)」에서는 자신의 세계관을 상징적으로 제시하여 사의(寫意)로 일관되는 시상을 이끌고, 「사제만조(沙隄晩眺)」에서는 적절한 정서적 매개물을 선정하여 사경(寫景)으로 일관되는 시상을 매듭짓는다.

한편, 이 외에도 이학규의 칠언율시 중에는 수련에서 장법의 규칙을 의도적으로 비트는 경우가 있다. 일반적으로 칠언율시에서는 같은 작품 내에서 동일한 글자를 잘 쓰지 않는다. 더욱이 같은 연에서는 동일한 글자의 사용을 꺼린다. 그런데 이학규의 작품 중에서 「병기희린인견요(病起喜鄰人見邀)」[103]의 수련은 "술병이 들어 한 달간 산성에 누웠더니, 병석에서 일어난 지 하루 만에 날이 개어 기쁘구나(病酒一月臥山城, 病起一日忻新晴)"라고 하여, '병(病)'과 '일(一)'을 위아래 같은 자리에 중복해서 사용한다. 또한 「대풍우익야우(大風雨翌夜雨)」[104]의 수련에서는 "비

---

103) 李學逵, 「病起喜鄰人見邀」, 『총간』 290집, 348면.(1810), "**病酒一月臥山城, 病起一日忻新晴**. 南湖酒人足解事, 數斗新漉煩招迎. 曠地淸風吹蕎麥, 空屋朝陽散鳥聲. 招仙石上一行樹, 今日棄涼遵彼路."

104) 李學逵, 「大風雨翌夜雨」, 『총간』 290집, 585면.(1826), "**風雨前宵撼屋東, 今宵雨挾去來風**. 村燈隔絶溪聲外, 官閣崢嶸電影中. 頓有微凉供睡思, 却無餘漲損農功. 枕頭達曉淋鈴響, 孤夢依稀倚釣篷."

바람이 지난밤에 집 동편을 흔들더니, 오늘밤 비도 오가는 바람을 끼고 내리네(風雨前宵撼屋東, 今宵雨挾去來風)"라고 하여, '풍(風)'·'우(雨)'·'소(宵)'를 중복해서 사용한다. 이를 통해 「병기희린인견요(病起喜鄰人見邀)」의 수련은 앞의 네 글자에서 동일한 어감을 반복함으로써 지루한 병석을 떨치고 일어나는 기쁨을 리듬감 있게 표현한다. 아울러 「대풍우익야우(大風雨翌夜雨)」의 수련은 세 글자를 반복하면서도 1구의 시작과 2구 끝에는 똑같이 '풍(風)'을 써서 비바람이 연이어 내리는 정황을 리듬감 있게 표현한다.

이렇게 이학규는 경우에 따라서 의도적으로 장법을 비틀어 시의 도입부에 낯설고 신선한 느낌을 조성하였다. 그러나 이러한 파격의 효과 또한 앞서 살펴본 바와 같이 칠언율시의 장법을 엄격하게 지키면서 능숙하게 구사하는 역량이 바탕이 되었기 때문에 허용될 수 있는 것임을 유의할 필요가 있다.

이상으로 이학규가 칠언율시에서 장법을 구사하는 치밀한 조직력과 유연한 표현력을 살펴보았다. 그리고 이학규는 이러한 창작 역량에 기반하여, 다음에 살펴볼 바와 같이 자신만의 몇 가지 정형화된 장법을 구사함으로써 개성을 발휘한다.

「郭西村舍」
「성곽 서쪽의 시골집에서」

莫笑田家小竹房	농가의 작은 대나무집 비웃지 말게
始知眞率在窮鄉	궁벽한 시골에 신솔함 있음을 비로소 알았으니
泉甘酒比京中釀	단 샘물로 빚은 술은 서울 술에 견주겠고
山瘠蔬猶分外香	산마루 채소는 더없이 향기롭네
白石灘明無點染	흰 돌 깔린 맑은 여울은 한 점의 더러움도 없고
綠槐蟬靜有微凉	푸른 회나무에 매미소리 고요한데 서늘한 바람이 불어

	오네
此中剩得閑居樂	이 속에서 한가롭게 사는 즐거움 넘쳐나니
擬著蝸廬意未忘[105)	오두막에 살려는 뜻 잊지 못하네

「戲作俳體排悶」 其一
「장난삼아 배체시를 지어 번민을 떨쳐내다」 첫째 수

更無心緖住康莊	번화한 거리에서 살려는 마음 다시 없으니
高臥方知野趣長	한가로이 누워보니 자연의 홍취가 제일임을 비로소 알겠네
鬧事雞能飜飯案	소란을 피우며 닭이 밥상을 뒤엎고
閒心犬亦上鄰牆	마음이 한가로워 개도 이웃집 담장에 오르네
水紋簟外抛書袠	물결무늬의 대자리 너머에 책과 옷을 던져두고
田字牕前納樹凉	전자(田字) 창으로 나무에서 부는 서늘한 바람을 받아들이네
如此一生應自足	이와 같이 한 평생을 응당 자족(自足)하리니
不須多許望穹蒼[106)	번번이 하늘을 바라볼 필요 없으리

이학규는 유배후기부터 전원생활에 대한 긍정과 은일자적의 의지를 강하게 피력한다. 물론 당시에도 그의 내면에는 향수와 노쇠로 인한 상념과 회한이 자리하고 있었다. 하지만 그는 전원과 은일의 즐거움을 통해 평화롭고 안정된 삶을 찾음으로써 궁핍한 현실 속에서 세계와의 갈등을 해소하고 삶의 가치를 지키려고 노력했다.[107) 이에 위의 두 작품처럼, 이학규는 이러한 의지를 부각시키기 위해 칠언율시의 장법을 적극

105) 李學逵, 『총간』 290집, 495면.(1821)
106) 李學逵, 『총간』 290집, 515면.(1823)
107) 이국진, 「李學逵의 現實認識과 詩世界」, 고려대학교 석사학위논문, 2005, 34~43면 참고.

적으로 활용한다.

위의 두 작품은 2년이라는 시간적 간극이 무색할 만큼 장법의 구조가 동일하다. 두 작품의 수련을 살펴보면, 시인은 1구에서 각각 '막소(莫笑)'와 '경무(更無)'를 쓰고, 2구에서 각각 '시지(始知)'와 '방지(方知)'를 사용함으로써 부정에 이은 강한 긍정의 어법 속에 자신의 의지를 굳건히 한다. 이 후 함련과 경련에서는 모두 전원의 자연스럽고 한가로운 풍경과 그 속에서의 유유자적함을 묘사한다. 그리고 마지막 미련에서는 각각 '차중(此中)'과 '여차(如此)'라는 시어를 사용하여 함련과 경련의 정취를 한데 묶은 다음, 전원생활에 대한 긍정과 은일자적의 의지를 재천명한다. 따라서 이와 같은 장법은 이학규가 자신의 내면의식을 강하게 반영하고 싶은 욕구에서 비롯된 개성적인 표현법이라고 할 수 있다.

한편, 이학규의 칠언율시 중에 전체적인 시상이 미련으로 수렴되는 경우, 몇 가지의 정형성을 보이는데 작품의 주제에 따라 크게 세 가지로 나눌 수 있다. 그중에서 먼저 다음의 작품들은 이학규가 유배지에서 겪는 고통과 슬픔을 세도가들의 화려한 생활과 대비함으로써 선명하게 부각시킨 경우이다.

「冬夜枕上作」
「겨울밤에 베갯머리에서 짓다」

暗風淅瀝霤琮琤	밤바람 솨솨 낙숫물은 똑똑
睡覺南齋欲二更	남쪽 집에서 잠을 깨니 이경(二更)이 다 되었네
宿疾每從長夜發	묵은 병은 늘 긴 밤을 따라 일어나는데
新詩猶向小春成	새로 지은 시는 오히려 소춘(小春) 10월에 완성되네
峒巫篳篥悄孤奏	산굴의 무당은 필률을 외롭고 쓸쓸히 연주하고
官樹鵂鶹相對鳴	관가(官家) 나무의 부엉이는 서로 마주보며 울어대네
聞道朱門有喜語	듣자니 부잣집에는 즐거운 얘기 나누면서

煮糜獻襪賀惟庚[108)	죽을 쑤고 버선을 선물하며 나이 먹는 것 축하한다고 하네

「寒夜言懷」
「차가운 겨울밤에 속내를 말하다」

星斗微光雲霧消	구름과 안개 걷히자 별은 희미하게 빛나는데
窮年客意正迢迢	평생토록 나그네 마음은 아득하기만 하네
廢鑪得火香仍在	낡은 화로엔 불씨가 남아 향이 그대로인데
殘燭無風影自搖	꺼져가는 촛불은 바람도 없이 그림자 절로 흔들리네
穴鼠欺人行几席	구멍 속 쥐는 사람 몰래 안석과 돗자리를 지나고
老鴞噑月隱叢條	늙은 부엉이는 달 보고 울며 우거진 가지 속에 숨었는데
洛城何限朱門裏	서울에서는 호화로운 대궐에서
蠟炬霞觴到早朝[109)	납거(蠟炬)에 하상(霞觴) 들고 밤을 지새우는 이 얼마랴

「동야침상작(冬夜枕上作)」은 외롭고 쓸쓸하게 겨울밤을 보내는 자신을 형상화 한 작품이다. 시인은 수련에서 잠에서 막 깨어나 느끼는 감각을 환기시키고, 함련에서는 수련의 시상을 이어 받아 적막한 밤이면 더해지는 육체적 고통과 그럼에도 불구하고 시작(詩作)에 골몰하는 모습을 형상화한다. 그리고 경련에서는 고독함을 환기시키는 청각적 이미지를 통해 자신의 쓸쓸함을 더욱 부각시킨다. 그런데 미련에서는 돌연 시상을 전환하여 세도가들의 겨울 연말 풍경을 언급한다. 즉, 팥죽을 쑤고 어른께 버선을 선물하며 만수무강의 덕담을 나누는 세도가들의 모습을 자신의 처지와 극명하게 대비시키는 것이다.

「한야언회(寒夜言懷)」도 이러한 장법을 따르고 있다. 시인은 유배지

108) 李學逵, 『총간』 290집, 423면(1816).
109) 李學逵, 『총간』 290집, 440면(1819).

에서 느끼는 회한을 표현하기 위해 낙척한 자신과 서울의 세도가들을 직접적으로 대비한다. 이에 차가운 겨울밤 아득한 나그네의 심정을 풀어내는 시상의 전개는 미련에 이르러서 전환을 맞는다. 그리하여 함련의 '낡은 화로[廢鑪]'·'꺼져가는 촛불[殘燭]'과 8구의 '밀랍으로 만든 초[蠟炬]'·'좋은 술이 가득 담긴 술잔[霞觴]'이 대비된다. 여기서 '폐(廢)'와 '잔(殘)' : '납(蠟)'과 '하(霞)'의 대비는 초라하고 쓸쓸한 처지와 화려하고 즐거운 처지를 극명하게 대비함으로써 시상을 돋보이게 한다.

그러나 이학규는 불우한 현실 속에서도 삶의 가치를 잃지 않기 위해 자신의 삶을 자연의 보편적인 이치 속에서 이해하려는 노력을 지속적으로 기울였는데, 여기서도 미련으로 수렴되는 시상의 전개방식을 사용한다.

「自遣」
「스스로 근심을 풀어버리며」

兩三間屋猶專管	두 세 칸의 집을 여전히 전담하고 있는데
九十日春强半晴	구십 일 봄 중에서 반 남짓은 맑은 날이었네
一向尋花狂栩栩	줄곧 꽃을 찾아 미친 듯이 쏘다니고
百回逢酒老猩猩	언제나 술을 대하면 늙은 성성이 같았지
嬌兒學語眞遙集	귀여운 아이 말을 배워 참으로 요집(遙集)처럼 기특하고
嫩葉抽莖假側生	사랑스런 잎은 줄기를 뚫고나와 여지(荔枝)인 척하는데
萬事故知天付與	만사가 하늘이 부여한 것임을 예부터 알고 있었으니
洛翁從此放情行[110]	낙옹(洛翁)은 이제부터 마음 가는 대로 행동하리

110) 李學逵, 『총간』 290집, 578면(1825).

「積雨初收西齋晩步得多字」
「장맛비가 막 걷힌 뒤 서재(西齋)에서 저물녘에 걷다가 '다(多)'자를 얻다」

自愛乘涼步淺沙	서늘할 때 얕은 모래사장 걷는 일을 몸소 사랑하여
晩風兼喜韻庭柯	저녁 바람과 뜰에 선 나뭇가지의 운치가 다 같이 기쁘네
菊英似豆秋懷切	국화꽃은 콩과 비슷해 가을 회포 애절한데
莧葉如花野興多	비름 잎은 꽃을 닮아 시골 흥취 넘쳐나네
百疾每從沈醉得	온갖 질병을 매번 잔뜩 취하여서 얻는데
一年又向積霖過	일 년이 또 장맛비를 따라 지나가는구나
故知生老皆由命	태어나 늙어가는 것이 모두 운명임을 예부터 알았으니
遍倚林齋有浩歌[111)	숲 속 집에 의지해서 호탕하게 노래하네

「자견(自遣)」은 부조리한 현실과 낙척한 삶의 질곡에서 초연하려는 시인의 의지를 표명한 작품이다. 여기서 함련은 감정과 본능에 충실한 시인의 모습을 형상화하고 있으며, 경련은 어린 아이와 갓 돋아나는 새잎의 천연스러움을 형상화하고 있다. 이러한 시상의 전개는 7구의 '천부여(天付與)', 8구의 '방정행(放情行)'과 연계됨으로써 시상의 수렴을 자연스럽게 한다. 즉, 시인은 자신이 인식하는 세상의 이치와 추구하는 삶의 방식을 말하기 전에 적절한 장면 포착을 통해 그에 관한 시상을 충분히 환기시킴으로써 자칫 진술적 어조로 끝나면서 딱딱해질 수 있는 작품의 전개방식을 보완하고 있는 것이다.

두 번째 시도 전체 시상이 미련으로 수렴되는 구조를 취하고 있다. 시인은 수련에서 장맛비가 막 걷힌 뒤에 찾아드는 시원한 바람을 맞으며, 뜰에 선 나뭇가지를 감상하는 은일자적한 운치[112)]를 맘껏 즐긴다.

111) 李學逵, 『총간』 290집, 587면.(1826)

112) 陶淵明은 「歸去來辭」에서 "술병과 잔 가져다 스스로 따라 마시고, 뜰의 나뭇가지 바라보며 얼굴을 펴노라.(引壺觴以自酌 眄庭柯以怡顔)"라고 하였다.

그리고 함련에 이르러 꽃잎이 다 떨어져서 콩알 모양으로 시든 국화와 그에 비해 꽃이 핀 것처럼 화려한 비름 잎을 대비하여 묘사한다. 이어서 경련에서는 술에 젖어 사는 쇠약한 몸과 세월의 무상함을 자각한다. 하지만 이러한 시상에는 안타까움과 회한이 보이지 않는다. 왜냐하면 시인이 시듦과 피어남이 교차하는 자연의 순리 속에서 자신의 처지를 관조하기 때문이다. 그리하여 이상의 시상은 미련으로 수렴되어, 생사의 이치를 천명(天命)에 맡긴 채로 오히려 호탕하게 노래를 부르는 모습으로 형상화된다.

마지막으로 이학규는 자신의 외롭고 쓸쓸한 정서를 표현하기 위해 미련에서의 여운미를 강조한다. 물론 칠언율시에서 시상을 미련으로 수렴하여 여운미를 드러내는 것은 흔히 쓰는 장법이다. 그런데 이학규가 발휘하는 여운미 중에서 만년의 작품들 중에는 시적 자아의 행위를 구상화함으로써 막막하고 아득한 심경을 대변하는 것이 있어 개성을 발휘한다.

「霜夜不寐感懷」
「서리 내리는 밤에 잠들지 못하는 감회」

旅泊常悲類轉蓬	떠도는 신세 굴러다니는 쑥 같아 항상 슬프니
頃來人事總成空	근래에는 세상살이도 모두 부질없다네
風霜震剝浮名外	헛된 이름 너머로 풍상(風霜)의 시간 흘러가고
年景消沈積毀中	쌓여가는 비방 속에 세월은 스러져가네
赤脚荷蓑新釣侶	맨발에 도롱이를 맨 새로운 낚시꾼 벗
白頭含餔舊田翁	흰 머리로 밥을 머금은 늙은 농부
林齋闃寂晨鍾斷	숲 속의 집 고요한데 새벽 종소리 끊어지니
起向燈前聽暗虫[113)	몸 일으켜 등불 앞에서 벌레 소리를 듣는다

113) 李學逵, 『총간』 290집, 588면.(1826)

「田廬晩興」
「농막에서 느끼는 늘그막의 홍취」

飽食悠然百慮平	배불리 먹고 한가로이 모든 생각이 평온한데
山居容易閉柴荊	산에서 지내니 쉽사리 사립문을 닫네
田丁遠喚疏泉脈	밭가는 장정은 물길을 트며 멀리서 소리치고
穉子遲歸趁月生	어린 아들은 뜨는 달을 좇다가 늦게야 돌아오네
檐角迎凉薰麥氣	처마 귀퉁이로 서늘한 바람 불어와 보리향기 온화하고
竈頭留照燎松明	부엌머리엔 햇빛이 남은 채로 관솔불이 밝게 타는데
老夫已向南齋臥	늙은이는 진작부터 남쪽 집에 누워서는
細聽東林杜宇聲[114)]	동편 숲 두견새 소리에 자세히 귀를 기울이네

「상야불매감회(霜夜不寐感懷)」는 처음부터 고조된 감정이 진술적 어조를 통해 노골적으로 드러난다. 삶의 의미와 자신의 가치에 대한 심각한 부정은 가을 밤 잠들지 못하는 시인의 요동치는 내면을 적나라하게 보여준다. 반면에 이 시의 후반(後半)에서는 내면정서에 대한 언급 없이 시인에 대한 묘사만이 드러난다. 여기서 경련은 일체의 감정이 배제되어 있는 객관적인 묘사일 뿐이다. 하지만 시의 전반(前半)에서 드러난 시상의 여파로 인해 독자들은 영락없는 시골 촌부가 되어버린 자신을 자각하는 시인의 비감을 느끼게 된다. 그리고 미련은 이러한 경련의 분위기를 그대로 이어받음으로써 갖은 상념에 잠긴 채로 쓸쓸하게 가을밤을 지새우는 시인의 모습에 짙은 여운을 드리운다.

이러한 양상은 「전려만홍(田廬晩興)」에서도 마찬가지이다. 「전려만홍(田廬晩興)」은 편안한 심리상태와 안온한 풍경의 묘사가 시상의 주조를 이루고 있다. 그런데 여기서도 미련에 이르면 다만 두견새 소리에 귀를

114) 李學逵, 『총간』 290집, 572면.(1833)

기울이는 예사롭고 태연한 시인의 모습만을 형상화함으로써 짙은 여운을 발산한다. 이 때문에 이 시에서는 더 이상의 의식적 단서를 찾기 어렵다. 그러나 비슷한 시기에 "병든 마음은 마치 실에 얽힘이 늘어가는 듯 / 시사(詩思)는 온통 붓끝에 날카로움이 퇴색한 듯"[115]이라고 정약용에게 고백한 작품 등을 통해서 우리는 이 시의 주조를 이루는 평온함의 저층에 짙은 상념과 회한이 여전히 자리하고 있을 것임을 짐작할 수 있다. 그리하여 7구의 '이(已)'자와 8구의 '세(細)'자를 음미하며 '불여귀(不如歸)'의 상징인 두견새 소리의 메아리에 주목하면서 시인의 심경을 헤아리게 되는 것이다.

이러한 시적 경계는 마냥 내면의 비애만 토로하는 것과는 다른 차원의 감동을 자아낸다. 시인은 자신의 내면을 함부로 가늠할 수 없게 하면서도, 오히려 기구한 운명의 끝에서 외롭고 쓸쓸할 뿐인 짙은 고독감을 발산한다.

이학규는 만년에 이르러 시의 예술 경계의 특징으로 '운(韻)'을 강조하면서 '물 속의 달, 거울 속의 꽃[水月鏡花]'[116]이라는 비평적 표현으로 그 경계를 비유하였다.[117] 보이지만 잡을 수 없는 경지를 상징하는 '수월경화(水月鏡花)'라는 용어는 시가 논리적 분석과 추론의 결과가 아니

---

115) 李學逵, 「寄斗陵」, 『총간』 290집, 573면.(1833), "蘼蕪新綠曉寒添, 山色浮空逈欲霑. 萬點落花風散亂, 一聲布穀雨廉纖. **病情偶似絲增結, 詩思渾如筆退尖.** 卻喜滿江紅裏望, 斗南春水暎淸簾."

116) 물 속의 달, 거울 속의 꽃[水月鏡花] : 당나라 때의 승려 永嘉 玄覺의 「證道歌」에서 유래한 용어로서 볼 수는 있어도 손으로 잡을 수 없는 幻象과 幻境을 비유해 이르는 말이다. 이것을 嚴羽가 『滄浪詩話』「詩辨」에서 시의 妙境을 형용하는 말로 쓰면서 비평 용어로 자리 잡았다. (成復旺 主編, 『中國美學範疇辭典』, 中國人民大學出版社, 1995.)

117) 李學逵, 「答朴思浩」, 『총간』 290집, 464면.(1820), "文以理勝, 詩以韻勝, 不易之法也. 詩須如水中月鏡中花, 覻之故在, 捉之不定. 內典所云, 不卽不離, 不粘不脫, 曺洞宗所云, 參活句是也. …… 至於議論序事, 自別定一體."

라 언외(言外)의 묘미가 풍부한 심미활동이라는 점에 주목한 것이다. 또한 이학규는 같은 시기에 작품의 여미(餘味)를 중시하는 '취(趣)'의 예술경계를 언급하였다.[118][119]

따라서 이러한 사실은 위의 마지막 두 작품에서 시적 자아의 행위를 구상화하여 여운을 강조하는 장법이 언외(言外)의 묘미와 여운미(餘韻美)에 대한 심미적 사유의 결과물임을 짐작케 한다.

---

118) 李學逵, 「與尹師赫李思淳」, 『총간』 290집, 485면.(1820), "俄作書付賢輩, 或有問趣之說. 予應之曰 : 難言也. 苟勿拘於形, 而理會言外, 則可矣. 韓退之太學聽琴序云, '及暮而退, 充然若有得.' 陸務觀風雨夜坐詩云, '掩書餘味在胸中.' 袁石公有言曰 : '山上之色, 水中之味, 花中之光, 女中之態, 雖善說者, 不能下一語, 惟會心者知之.' 盖趣者, 固充然若得者也, 餘味在胸中者也, 色味光態之不能下一語者也.'"

119) 鄭雨峰, 「李學逵의 文學論 研究」, 『한국한문학연구』 12, 한국한문학연구회, 1989, 388~395면 참고.

제6장. 영물시(詠物詩)의 표현기법과 미적 특질

이학규의 영물시는 100여 수에 이르는데, 그 소재는 일반적인 영물대상에서부터 김해지역의 농촌식물과 수산생물에 이르기까지 다양하다. 그 중에는 객관적인 묘사와 감상에 중점을 두는 작품도 있고, 사회현실에 대한 권계를 드러내는 작품도 있지만, 무엇보다도 불우한 처지에서 비롯된 정서와 내면의식을 투영하는 작품들이 그 양과 시상의 밀도적 측면에서 주목된다.

본 장에서는 이학규의 영물시를 '정서적 등가물을 통한 자기연민의 표출'과 '이미지의 형상화와 혹자구(或字句) 연용(連用)'으로 구분하여 살펴보려 한다. 전자에서는 이학규가 상징적 묘사에 적합한 근체시의 특징을 활용하여 정서적 등가물과의 일체감을 통해 끊임없이 자신을 위로하는 양상을 살펴볼 것이다. 그리고 후자에서는 사물의 이미지 속에 내면의식을 융해시킴으로써 짙은 문학적 호소력을 발휘하는 양상과 한유(韓愈)가 「남산시(南山詩)」에서 사용하여 주목을 받았던 혹자구(或字句) 연용(連用)의 활용 양상을 분석할 것이다.[1)]

1) 이 장의 내용은 이국진, 「이학규 영물시 연구」, 『대동한문학』 29, 대동한문학회, 2008을 수정·보완한 것이다.

1. 정서적 등가물을 통한 자기연민의 표출

이학규는 불우한 환경에서 비롯된 자신의 정서와 내면의식을 단조롭게 재생하지 않고, 특유의 시적 감각을 통해 문학적으로 형상화함으로써 '비애'라는 보편적인 정서의 표현이 가져다줄 수 있는 몰개성화의 함정을 극복하였다. 다양한 정서적 등가물을 통해 자기연민을 표출하는 영물시(詠物詩)들도 이러한 맥락에서 이해할 수 있다. 즉, 이학규는 개선될 여지가 없는 현실과 누구도 자신을 위로해주지 못하는 여건 속에서 주변 사물에 감정을 이입하여 정서적 일체감을 형성하는 방법을 통해 스스로를 위로했던 것이다.

그 중에서도 그가 이심전심(以心傳心)으로 안타까움을 표명한 대표적인 사물은 낙화(落花)이다. 주지하듯이 낙화는 한시의 가장 보편적인 소재 중의 하나이다. 봄날의 절정에서 화려한 꽃잎이 떨어지는 모습은 수많은 작가들로부터 청춘의 덧없음과 이별의 애상을 노래하는 데에 사용되었다. 땅에 떨어진 꽃잎은 작가들의 영락한 신세를 대변하였고, 강물에 떠가는 꽃잎은 세월의 무상함을 말해주는 표지였다.[2)] 이학규가 낙화를 바라보는 태도도 여기에서 크게 벗어나지 않는다.[3)]

---

2) 조선후기 한시사와 관련하여 「落花詩」에 대한 연구 성과로는 다음과 같은 것이 있다. (신익철, 「李鳳煥의 椒林體와 「落花詩」에 대하여」, 『한국한문학연구』 24, 한국한문학회, 1999; 이현일, 「「落花詩」의 계보」, 『대동문화연구』 69, 대동문화연구원, 2010.) ○ 이현일은 이학규의 「낙화시」에 전대의 「낙화시」를 의식하고 지은 詩句가 있음을 지적하고, 이학규의 「낙화시」가 18세기 「낙화시」의 전통을 잇고 있다고 평가하면서 '「落花 十首」 其三'을 분석하였다. (이현일, 위의 논문, 118~119면 참고.)

3) 이학규는 1803년에 칠언율시의 落花詩 10수를 창작하고, 1808년에 칠언절구의 落花詩 10수를 창작하였다. 李學逵, 「落花 十首」, 『洛下生集』(민족문화추진회 편, 『한국문집총간』 290집, 2002.), 250면.(1803); 李學逵, 「落花 十首」, 『洛下生集』, 278면.(1808)

「落花 十首」其三
「낙화 십수(十首)」 셋째 수

劇憐一別減容光	한 번 이별하자 시드는 모습이 몹시 가련하니
嘆逝情懷中酒鄕	가는 세월을 탄식하는 정회는 술과 걸맞네
遲日後庭空草樹	봄날 뒤뜰엔 풀과 나무만 덩그렇게 있으니
惡風前夜又林塘	모진 바람이 간밤에 또 숲 속 못에 이르렀구나
偶從飛絮凌淸鏡	우연히 버들개지를 따라 맑은 못 위에서 뽐내다
盡逐香泥上玳樑	향기어린 진흙을 끝까지 좇아 들보에 올라가는데
唯有鬢絲禪榻畔	오직 흰 귀밑털로 선탑(禪榻) 가에 있는 이는
每年三月盛凄凉[4]	해마다 삼월이면 처량함만 가득하다오

이 시는 가지에서 떨어지면서부터 순식간에 화려함을 잃어버리는 '낙화(落花)'에 대한 안타까움을 통해 세월의 무상함을 느끼는 시상으로 이루어져있다. 시인은 경련에서 맑은 못 위[5]로 흩날리고, 진흙을 물고 대들보로 향하는 제비를 쫓는 낙화의 움직임을 묘사함으로써 작품의 생동감을 자아낸다. 또한 7구에서는 두목(杜牧)이 늘그막에 청춘의 시절을 떠올리며 쓴 「제선원(題禪院)」의 한 구절을 인용함으로써[6] 자신의 노쇠한 모습을 형상화한다.

그런데 여기에서 특히 주목되는 부분은 4구에 쓰인 '악풍(惡風)'이라는 시어이다. 모진 바람을 뜻하는 이 시어는 이 후 이학규가 낙화를 읊은 작품에서 몇 번 더 쓰인다.[7] 즉, 이학규는 꽃잎을 떨어뜨리는 사나운

4) 李學逵, 『총간』 290집, 250면.(1803)

5) 韓愈, 「池上絮」, "池上無風有落暉, 楊花晴後自飛飛. 爲將纖質**凌淸鏡**, 濕却無窮不得歸."

6) 杜牧, 「題禪院」, "觥船一棹百分空, 十歲靑春不負公. 今日**鬢絲禪榻畔**, 茶烟輕颺落花風."

7) 李學逵, 「春陰」, 『총간』 290집, 273면.(1807), "舍南幽草暗萋萋, 一鳥不鳴雲氣低.

힘의 존재를 '악풍(惡風)'이라고 상정함으로써 상대적으로 낙화에 대한 동정적 관물 태도를 부각시킨다. 이러한 양상은 다음의 작품에서 더욱 두드러진다.

「花枝十章和崔仁田 十章」 其二
「최인전(崔仁田)의 시에 화운한 화지(花枝) 십장(十章)」 둘째 수

花枝遭惡雨	꽃가지가 거센 비를 만나
蔌蔌粉淚滋	하염없이 화장을 적시는 눈물 쏟아내네
擧族委黃土	온 가족 모두 황토(黃土)에 내버려졌으니
獨萼那自持	외로운 꽃받침으로 어찌 스스로 지탱하랴
子規哭東風	자규는 봄바람을 따라
一日十二時[8]	하루에 열두 번을 울어대누나

이 시는 거센 비[惡雨]에 꽃잎을 모두 잃어버린 꽃가지를 묘사하였다. 그런데 '거족(擧族)'이라는 시어와 무덤을 뜻하기도 하는 '황토(黃土)'라는 시어는 인간사를 연상케 하는 중의적 미감을 강하게 발산한다. 그리하여 자연스럽게 신유옥사(1801)를 겪으며 가까운 친인척의 죽음을 목도했던 시인의 처지를 떠올리게 한다. 즉, 이 시에는 정치적 박해 속에서 친인척을 잃고 홀로 살아남아, 이제는 자신을 지탱하는 것조차 힘에 겨운 시인의 비애가 투영되어 있는 것이다.

이처럼 이학규는 영락한 신세와 무심히 흐르는 세월을 상징하는 낙화의 전통적인 감상을 따르면서도, '악풍(惡風)'과 '악우(惡雨)'라는 시어를 가미함으로써 모진 박해를 당하고 유배지에서 쓸쓸히 삶을 영위하는 자

竟日惡風來埽地, 落花堆滿井闌西."; 李學逵, 「暮春晦日從普州陵步至花亭後麓」 其二, 『총간』 290집, 507면.(1822) "花亭南畔舊廻谿, 對面夭桃一樹低. 盡日惡風來捲地, 落花漂滿小塘西."

8) 李學逵, 『총간』 290집, 390면.(1812)

신의 처지를 동정했다.

그렇다고 해서 이학규가 낙화와 정서적 교감을 갖는 것이 모두 낙화에 대한 부정적인 의식만은 아니었다. 때로는 낙화의 고결함을 확인하고 그것을 위로하기도 했다.

「落花 十首」其七
「낙화 십수(十首)」 일곱째 수

花裏江頭坐夕陽	꽃 속의 강가에 해질녘 앉았노라니
風吹萬點正茫茫	바람에 날리는 만점의 꽃잎이 참으로 아득하네
斜飛亂颭鞦韆外	비껴날며 그네 너머로 어지러이 살랑이다
慢轉平鋪蹴鞠傍	아무렇게나 구르며 축국장(蹴鞠場) 곁에 널리 깔리네
不忿皇騮爭踏去	준마가 다투어 밟고 지나가도 성내지 않고
生憐麽鳳與收香	마봉(麽鳳)과 함께 향기를 간직하고 있는 모습이 어여뻐라
東城無限亭臺晩	동쪽 성곽은 끝이 없고 정대(亭臺)엔 해 저무는데
唯有棲鴉帶綠楊[9]	오직 보금자리로 돌아오는 까마귀만 푸른 버들을 두르고 있네

이 작품의 전체적인 시상은 시인이 있는 곳의 평화로운 저녁 풍경과 바람에 흩날리는 꽃잎으로 이루어진다. 그 중에서 낙화에 대한 시인의 주관적인 감상이 드러나는 부분은 경련이다. 시인은 말발굽에 밟히는 꽃잎을 향해 따뜻한 시선을 보내고, 아울러 마봉(麽鳳)[10]과 함께 향기를 머금고 있는 꽃잎을 사랑스럽게 바라본다. 이는 시인이 창작한 대부분 낙화시의 비극적인 경향성에 비춰볼 때 예외적으로 여겨진다.

9) 李學逵, 『총간』 290집, 250면.(1803)

10) 麽鳳 : 幺鳳. 桐花鳳이라고도 불린다. 5색의 깃털을 가졌으며, 제비보다 작다. (羅竹風 主編, 『漢語大詞典』, 4권, 漢語大詞典出版社, 2001, 426면.)

하지만 이 시도 대상사물에 감정을 이입함으로써 위안을 얻고자 하는 낙화시의 전체적인 창작동기에서 벗어나는 것은 아니다. 말하자면, 부조리한 현실에 아랑곳하지 않고 고결함을 보존하는 낙화에 주목한 경련의 시상은 자신의 존재감을 추락시키지 않으려는 시인의 의지로 읽힌다. 이는 호화롭고 사치스러운 환경 속에서 유유히 흩날리는 꽃잎을 보고 속정(俗情)에서 벗어난 존재감을 느끼는 작품을 통해 다시 한 번 확인할 수 있다.[11)]

이처럼 이학규는 두 번에 걸쳐 각각 10수의 연작 낙화시를 지으면서 때로는 비극적인 상황을 대입하여 카타르시스를 느끼거나, 때로는 긍정적인 가치에다가 정서적 공감대를 형성함으로써 견디기 힘든 삶의 위안을 얻었던 것이다.

한편, 이학규는 자신의 정서를 반영하기 위해 대상사물의 처지를 임의적으로 형상화하기도 했다.

「斷雁 二首」 其一
「외기러기 이수(二首)」 첫째 수

隻影低飛伴暝雲	외딴 그림자, 어둔 구름 따라 낮게 날더니
長門月落數聲聞	장문궁(長門宮)에 달 지는데 울음소리 간간이 들려오네
多風多雨瀟湘夜	비바람 세찬 소수(瀟水)와 상강(湘江)의 밤
吹泊平沙始憶羣[12)]	바람 따라 모래펄에 멈춘 뒤 비로소 무리를 생각하네

이 작품은 제목에서부터 외로움의 정서를 환기시킨다. 그리고 1구의

11) 李學逵, 「落花 十首」 중 其二, 『총간』 290집, 278면.(1808), "迸入朱樓落酒觥, 亂飄青瑣撲簾旌. 慇懃一片柴門裏, 惟有飛紅不世情."

12) 李學逵, 『총간』 290집, 339면.(1810)

'척영(隻影)'에서부터 한(漢) 무제(武帝)의 버림을 받은 진황후(陳皇后)가 쓸쓸하게 거처했다는 2구의 '장문궁(長門宮)', 나아가서 무리와 떨어진 애상을 강조하는 4구의 '억군(憶羣)'에 이르기까지 외로움의 정서는 면면히 이어진다. 여기에 「소상팔경(瀟湘八景)」에 속하는 '소상야우(瀟湘夜雨)'와 '평사낙안(平沙落雁)'의 분위기를 3·4구에 각각 배치함으로써 작품 전반에 쓸쓸함을 가미한다.

하지만 '장문궁(長門宮)'이라는 시어를 설정한 점이나 3·4구의 풍경이 자아내는 인위적인 인상은 이 시가 실경이 아님을 짐작케 한다. 게다가 시인이 직접 외기러기를 봤는지, 그것이 실제로 무리와 떨어진 외기러기가 맞는지도 분명치 않다. 사실 어두운 밤에 외기러기의 공간이동과 몸짓을 이처럼 구체적으로 확인하기는 어렵기 때문이다. 따라서 이 시는 기러기의 울음소리를 들은 시인이 자신의 주관적인 정서에 기인해서 상상력을 발휘한 장면 묘사로 여겨진다. 물론 여기서의 주관적인 정서란 같은 제목의 다른 작품에서도 확인되듯이[13], 고립된 처지에서 비롯된 시인의 외로움과 가족에 대한 그리움이다.

이렇게 끊임없이 자신의 정서를 사물과 일체화하려는 시인의 태도는 점점 생활 속에 밀착되면서 나중에는 주변의 가까운 식물과 곤충에까지 이른다.

「絲瓜」
「수세미외」

行年四十苦愁思	나이 마흔에 시름으로 괴로우니
亦似絲瓜老有絲	또한 수세미외가 익어서 실이 엉킨 것과 같구나

13) 「斷雁」, 『총간』 290집, 340면.(1810), "地入風沙夜, 天長雲水鄉. 哀鳴眞慕侶, 不獨斷人腸."

多絲惣是成鎖瘦	많은 실이 온통 여윈 몸을 옭아매고 있거늘
曬向秋風乞與誰[14]	가을바람 부는 햇볕에 쬐어말려 누구에게 주려나

「玉薥黍」
「옥수수」

疏花强似黃麋稜	성긴 꽃은 누른 메기장 같고
鞕葉渾疑綠薥叢	억센 잎은 푸른 수수 떨기 같구나
空有珠璣貯滿腹	부질없이 구슬을 뱃속 가득 쌓아두고
不堪衰髮向西風[15]	쇠한 머리털을 가을바람에 흩날리네

「曉起」 其一
「새벽에 일어나」 첫째 수

蟋蟀聲尖尖似鍼	귀뚜라미 소리 날카롭기가 침과 비슷해
聲聲刺卻離人心	소리마다 이별한 이의 마음을 찌르는데
離人向曉不成寐	이별한 이 몸 새벽이 되도록 잠 못 들고
覓句還同蟋蟀吟[16]	시구를 찾는 모습 오히려 귀뚜라미의 읊조림과 같구나

우선 앞의 두 작품은 모두 대상사물의 특징을 잘 포착하고 있다. 그리하여 「사과(絲瓜)」에서는 갖은 상념으로 얽혀 있는 자신의 심리상태를 수세미외 속에 얽혀 있는 섬유에 비유한다. 나아가서 볼품없는 수세미외의 전체적인 모습을 상념에 얽매인 자신의 야윈 신체와 일체화한다. 다음으로 「옥촉서(玉薥黍)」에서는 옥수수 알맹이를 쌓아둔 구슬에 비유하고, 늘어진 옥수수수염을 쇠락한 외모에 비유했는데, 이것은 재주가

14) 李學逵, 『총간』 290집, 333면.(1810)
15) 李學逵, 『총간』 290집, 333면.(1810)
16) 李學逵, 『총간』 290집, 395면.(1813)

있는 데도 시련을 겪고 있는 시인의 모습을 떠올리게 한다.

한편 세 번째 작품을 살펴보면, 처음에는 귀뚜라미의 소리가 새벽까지 잠 못 드는 시인의 마음을 아프게 하는 대상으로 인식된다. 이는 쓸쓸한 불면의 밤을 환기시키는 귀뚜라미 울음의 전통적인 의상(意象)과 동일하다. 그러나 시인은 감상의 폭을 넓혀, 밤새 울어대는 귀뚜라미와 밤을 지새우며 시구를 찾는 자신을 동일시하며 연민의 정을 느낀다.

이상에서 살펴본 바와 같이 이학규는 보편적 창작소재에서부터 생활주변의 소재에까지 이르는 일련의 영물시를 통해 자기연민의 시적 의도를 실현한다. 그리고 아래의 작품처럼 이러한 성향은 죽음을 앞둔 노년이 되어서도 지속된다.

「觀物寓感 六首」
「사물을 관찰하고서 감회를 부치다 육수(六首)」

其一

蚱蟬應笑啞蟬癡	말매미는 응당 숫매미의 어리석음을 비웃지만
一樣蠐螬腹育時	다 같이 굼벵이의 뱃속에서 자랐디네
等是生涯三十日	한 생애가 삼십 일 인 것은 마찬가지니
向時喧噪轉堪悲[17]	지난 번 시끄럽게 울던 일 더욱 슬프구나

其四

挼手搖頭箇箇同	손을 비비고 머리를 흔드는 모습 하나하나 같으니
生來逐臭任西東	평생 냄새를 좇아 이곳저곳 기웃거리네
蒼蠅到底無餘恨	똥파리, 마침내 여한 없이
抵死湛身酒海中[18]	죽기를 작정하고 큰 술그릇에 몸을 던지네

17) 李學逵, 『총간』 290집, 567면.(1833)

18) 李學逵, 『총간』 290집, 567면.(1833)

其五
兩三黃螘入茄花　두세 마리 누런 개미 연꽃으로 들어가니
似認花心作本家　꽃술을 제 집으로 아는가보네
待到淸霜收刈節　찬 서리 내리는 수확의 계절 오면
更從何處著生涯[19)]　다시 어느 곳에서 살아가려나

1833년(64세)에 지은 「관물우감(觀物寓感) 육수(六首)」는 매미 · 나비 · 청개구리 · 파리 · 개미 · 고추잠자리 등 총 6개의 사물을 읊은 것인데, 그 중에서 위의 시들은 시인의 주관적인 정서가 강하게 반영된 작품들이다.

기일(其一)은 우선 울음소리가 큰 말매미와 울지 못하는 숫매미를 모두 한갓 굼벵이의 뱃속에서 나온 존재일 뿐이라고 동일하게 폄하한다. 그리고 3, 4구에서 짧고 유한한 삶 속에서 자신을 드러내기 위해 시끄럽게 떠드는 모습을 부질없어하며 비감에 젖는다. 이렇게 유한한 존재를 내세워 삶의 무상성을 형상화하는 작품은 유배 후기부터 등장한 것이다.[20)] 따라서 이와 같은 시인의 일관된 정서는 정치적 박해로 인한 수많은 지인(知人)들의 죽음을 보고, 불행한 현실이 지속되는 와중에 가족들을 하나하나 잃어야만 했던[21)] 그의 경험과 밀접한 관련이 있다. 아울러

---

19) 李學逵, 『총간』 290집, 567면.(1833)

20) 이학규는 『莊子』의 내용을 인용하여, 각각 오백 년을 봄과 가을로 삼는 冥靈이라는 나무나 각각 팔천 년을 봄과 가을로 삼는 大椿이라는 나무 또한 언젠가는 시들어 죽고 만다는 점에서 아침나절밖에 살지 못하는 버섯[朝菌]과 마찬가지라는 내용의 시를 지었다. (李學逵, 「有感」, 『총간』 290집, 499면.(1821), "瓠蔓花在夕, 牽牛花在朝. 相期一日中, 不得同榮凋. 譬如竝世人, 生死異所遭. 菁華一零落, 千載逝寥寥. **靈春與朝菌, 時來同飄蕭.**")

21) 1804년에는 셋째 아이가 죽었다는 소식을 듣고, 1815년에는 부인의 사망 소식을 듣고, 1819년에는 어머니의 죽음을 맞는다. 1821년에는 1817년 겨울에 맞아들였던 後室 晉陽 姜氏가 女兒를 분만한 뒤 9일 만에 죽는다. (임형택, 「낙하생전집 해제」, 『낙하생전집』 상, 아세아문화사, 1985, 27~33면 참고.)

그 바탕에는 살아도 살아있는 것 같지 않다고 느끼는 시인의 비관적인 정서가 자리하고 있다.

기사(其四) 역시 대상 경물의 특징적인 장면을 포착하는 수법이 돋보인다. 시인은 세밀한 관찰을 통해 파리의 특징적인 행위와 습성을 잡아낸다. 그리고 3·4구에 이르러, '마침내[到底]'·'여한 없이[無餘恨]'·'죽기를 작정하고[抵死]' 등의 시어를 사용해서 자신의 주관적 정서를 강하게 투영한다. 이는 "더러운 세상, 술이나 실컷 마시다 죽자"라는 회한으로도 읽히면서 평생 누추한 곳을 떠돌던 시인의 충동적이고도 극단적인 심리상태를 떠올리게 한다.

기오(其五)에서도 처음에는 마치 자기 집인 양 연꽃 속을 들락날락거리는 개미의 행태에 관심을 기울인다. 그러나 짙은 상념에 사로잡힌 시인의 의식은 곧장 비관적인 전망으로 이어진다. 그리하여 3·4구에 이르러 연꽃이 다 떨어지고 나면 머물 곳이 없을 개미들의 처지를 걱정한다. 이는 일견 평이한 서술로 보이지만 실제로 곤궁한 처지에 시달려보지 않고서는 쉽게 떠올릴 수 없는 시상이다. 즉, 이 작품은 폐허가 된 집안과 지나간 세월의 황량함을 말해 줄 뿐인 고향[22]을 뒤로 하고 김해와 충주 등을 떠돌다가 생을 마감한 시인의 만년을 연상하게 한다.

이처럼 그는 평생에 걸쳐 자연의 섭리와 본능대로 움직일 뿐인 대상 사물을 불우한 자신과 일체화하였다. 이를 위해서 각각의 불평한 정서를 사물에 투영하고, 아울러 쇠락한 외모나 낙척한 신세를 표상(表象)하

22) 이러한 정황은 다음의 글에서 살펴볼 수 있다. (李學逵, 「答金勉運書」, 『총간』 290집, 581면.(1824~1827 中), "… 僕去春蒙恩宥, 歸省先壟. 憶下南時, 老親闖門涕泣, 妻孥相向長慟. 此時, 惟漠然抔土, 人非木石, 肝腸餘幾. 斗屋無牆壁, 穉孫熟視良久乃拜, 子婦面生, 猶含涕咽問起居. 乃經日大吐下, 甫抖擻入漢師, 故家在青泥坊, 鞠爲蕪墟, 所手種木植, 或喬或櫱. 姻親故舊, 逮門下胥隷, 除十許人外, 悉落鬼簿. 連牆比屋, 面目一變, 驢灰馬通, 徒亂人意. …")

였다. 그리고 여기에는 마치 자신을 바라보듯이 자신이 구상화한 사물을 동정적으로 바라보는 관물 태도가 필연적으로 동반되었다.

이러한 창작성향은 극도로 궁핍하고 불우했던 이학규의 삶에 일차적인 원인이 있다. 대부분의 사람들이 이와 같은 환경에 처한다면 비슷한 심리상태를 보일 것이기 때문이다. 그러나 다른 한편으로는 작가적인 성향에도 원인이 있다. 즉, 산문작품에서도 잘 드러나듯이[23] 이학규의 지나치게 예민한 감성과 불우한 삶과 밀착된 강렬한 창작충동[24] 등이 주관적으로 사물을 바라보고 형상화하는 과정에 영향을 미친 것이다.

또한 넓게는 조선 후기의 한시사적 배경과도 무관하지 않다. 일반적으로 조선 후기의 한시사는 전통에서 벗어나 새로움을 추구하던 시대라고 일컬어진다.[25] 이러한 양상은 영물시의 기본적인 조건인 관물(觀物)의 태도에서도 살펴볼 수 있다. 이전의 시기에는 '이리관물(以理觀物)'의 영향 아래 많은 작가들이 관물을 통해 추상적·관념적인 세계를 지향하거나,[26] 완물상지(玩物喪志)를 지양하고,[27] 사물에서 교훈적인 의미를

23) 鄭雨峰, 「洛下生 李學逵의 散文 世界」, 『한국실학연구』 6집, 한국실학학회, 2004; 김하라, 「낙하생 이학규 서간문의 自己敍事的 특성」, 『민족문학사연구』 27권, 2005.

24) 정우봉은 정약용의 경우 일정한 수련과 의지적 노력을 통해 이루어지는 '진지한 志意'에 보다 중점을 두었음에 비하여, 이학규는 강렬한 창작 충동을 계기로 자연스럽게 흘러넘치는 주관적 정감을 보다 중시하였다고 분석했다. 이를 통해서 전자는 '重志'의 입장에서, 후자는 '重情'의 입장에서 각각 자신의 문학론을 발전시켰다고 평가했다. (鄭雨峰, 「李學逵의 文學論 硏究」, 『한국한문학연구』 12, 한국한문학연구회, 1989, 382~383면 참고.)

25) 안대회는 18세기 한국한시의 새로운 경향을 '격식과 규범으로부터의 탈피'·'개성의 추구와 변화의 시도'·'진실한 표현과 사실적 묘사' 등으로 요약하고 있다. (안대회, 『18세기 한국한시사 연구』, 1999, 소명출판, 37~53면 참고.)

26) 이러한 예의 작품으로는 다음을 들 수 있다. (李滉, 「觀物」, 『退溪集』(『총간』 29집) 권3, 101면, "芸芸庶物從何有, 漠漠源頭不是虛. 欲識前賢興感處, 請看庭草與盆魚."; 李彦迪, 「觀物」, 『晦齋集』(『총간』 24집) 권2, 366면, "唐虞事業巍千古, 一點浮雲過太虛. 蕭灑小軒臨碧澗, 澄心竟日玩游魚." 鄭 珉, 「觀物精神의 美學 意義」, 『韓國學論集』

탐구하려는 성향[28]이 강했다. 반면에 조선후기에 들어오면 관습과 타성에서 벗어나 사물과 현상을 섬세하면서도 개성적으로 관찰하고 작품화하려는 경향이 나타난다. 아울러 개인의 정(情)을 보편적이고 추상적인 이(理)에 구애됨 없이 자유롭게 발산하려는 풍조도 만연해진다.

이에 시창작의 제일 요건으로 창작 주체의 진실한 감정[中情]을 제시하거나,[29] '천기(天機)'를 거론하고,[30] 후사가(後四家)의 개성적인 작품을 높은 수준으로 인식[31]하는 이학규의 작가적 역량도 이러한 조선후기

27집, 한양대학교 한국학연구소, 1995, 참고.)

27) 이러한 예의 작품으로는 金馹孫의 「賡進四十八詠」이 눈길을 끈다. 성종은 안평대군의 「匪懈堂四十八詠」에 차운하여 시를 짓고 문신들에게 應製를 명한다. 이에 金馹孫은 「賡進四十八詠」을 통해 花·木·鳥 등 地門類와 風·月·雲 등 天門類의 경물을 성종의 작품에 和韻해서 짓는다. 하지만 그 내용은 친분과 사모의 정을 담는 형식적인 차원이 아니라, "사물을 볼 땐 찬란한 것만 요구하지 말고, 봄을 찾을 땐 꽃 즐비한 곳 가지 말라[觀物不順要爛熳, 探春切莫到離披](「墻頭紅杏」의 頷聯)"라는 경우처럼 玩物喪志를 경계하는 諷諫의 의미를 강하게 담고 있다. (金榮淑, 「濯纓 金馹孫의 「賡進四十八詠」의 양상과 그 의미」, 『경산어문학』 3집, 경산대학교 국어국문학과, 2002, 참고.)

28) 이러한 성향의 대표적인 작가로 안정복을 들 수 있다. 그의 작품 중에서 이학규의 시와 소재는 같지만, 관물 태도는 전혀 다른 다음과 같은 것들이 있다. 安鼎福, 「詠物」 十絶 并序, 『順菴集』(『총간』 229집) 권1, 351면, "余閒居無聊, 每當夏秋之際, 觀蟲豸之屬. 雖蠢蠢無知, 而亦有可以取爲鑑戒者, 遂成十絶, 以代座右之銘."; 「蟬」, "赫日方如火, 蟬鳴猶不已. 誰知綠葉間, 有此淸涼地."; 「蠅」, 青蠅變白黑, 由食使之然. 小人好讒慝, 一心元自偏. ○ 注, '蠅非能變白爲黑, 變黑爲白. 以其所食者色白則矢亦白, 色黑則矢亦黑耳.'; 「蟻」, "居能避雨潦, 出而死長上. 命名固不爽, 其智亦可尙. ○ 注, '蟻字從義, 以其能知君臣之義.'"

29) 李學逵, 「答」, 『총간』 290집, 360면, "作詩若文, 强效宋玉之悲秋, 杜甫之憂國, 定是摹擬不出, 縱復十分摹擬出來, 中情逈別, 終是不眞, 自不能使覽者興愴. 譬之悲哀者必泣, 啜芥者亦泣, 同是泣也, 而中情有異, 則雖三尺小童, 自可辨別也."

30) 李學逵, 「與禹之汶」, 『총간』 290집, 492면, "… 自今日, 回眞返樸, 逍遙自在, 登山有作, 臨流有得, 及至人巧略盡, 天機逼露, 此內典所謂, 不卽不離, 不粘不脫者也. …"

31) 이학규와 韓在濂의 교유는 어떤 이가 韓在濂의 詩를 소개하며 "今世에 朴在先(朴齊家)·柳惠風(柳得恭) 이외에 이러한 詩를 쓰는 이가 또 있단 말인가!"라고 하는 말을 듣고 이학규가 韓在濂을 찾아간 것이 인연이 되어 시작되었다. 李學逵, 「韓霽元墓誌

의 한시사적 맥락과 닿아 있다. 하지만 개인적인 처지와 작가적 성향으로 인해, 이학규는 박제가의 초기시에 보이는 것과 같은 '늘 그렇게 존재하는 자연을 살아 있는 모습 그대로 보여주는 심미적 포착'[32]에만 집중할 수 없었다. 그래서 자신의 의지와 관계없이 너무 일찍 운명이 결정되어 버린 긴 세월 동안, 그는 끊임없이 아픔의 등가물을 찾았던 것이다.

2. 이미지의 형상화와 혹자구(或字句)의 연용(連用)

이학규의 장편 영물시에서 돋보이는 표현기법은 우선 세밀한 묘사를 통해 그 대상 사물이 환기시키는 특징적인 이미지를 부각함으로써 문학적인 호소력을 발휘하는 점이다. 특히 유배지에서 자신의 삶을 지배하는 고통스러움과 권태로움을 각각 그에 걸맞은 이미지의 형상화를 통해 효과적으로 전달하는 양상은 이학규 장편 영물시의 개성을 잘 보여준다.

「蠙蝳」
「빈대」

鹿有肖夫介　　벌레 중에 작고 껍질을 지닌 것이 있으니
其族乃繁生　　그 무리가 드디어 번식을 하네
驕陽値亭毒　　뜨거운 햇볕 아래서 정기를 모아
細鎖各具性　　자잘하게 각각 습성을 갖추고
團圝備鼈裙　　둥글고 딱딱한 껍질을 마련하여

銘」, 『총간』 290집, 583면. "健陵癸丑歲, 萄林金醒維過余瓶花齋中, 手白沙凉箋, 上題七言詩二聯. 託余曰 : '今世朴在先·柳惠風以外, 而有能道此者乎? 今而後, 知珠玉在前之媿爾.' 急問其爲誰, 故持久乃言曰 : '松京人韓在濂. …"

32) 안대회, 「박제가 시의 사물·인간·사회」, 『18세기 조선지식인의 문화의식』, 한양대학교 출판부, 2001, 166~175면 참고.

匾貼踰壁銳　낮게 벽에 붙어서는 날쌔게 넘네
嘬肌蛭首俱　살갗을 물어뜯는 입은 개미 머리 같고
掐血蠆尾併　피를 빨아들이는 침은 전갈의 꼬리와 다름없네
幽尋趨枕縫　으슥한 곳을 찾아 베개 깁 사이로 끼어들고
隱伏及扇柄　부채 자루에까지 가만히 숨었다가
橫行在昏初　설쳐대는 시간은 초저녁부터요
肆發自春孟　활개를 치는 시기는 초봄부터라네
湓中三萬戶　분주(湓州)의 삼만여 가옥에
春瀯遞幽暎　봄 물결 따라 어스름이 번갈아드네
宧窔洞寥篠　방구석은 휑하니 텅 비었고
牀笫晥而正　평상에 깐 대자리만 덩그러니 반듯하네
斯晨難可曉　새벽은 쉽게 밝아오지 않으니
惟憂以爲病　너무 근심하여 병으로 여길 정도라네
茅柴頮已醒　시골 막걸리는 세수를 하자 금세 깨고
桃笙藉愈硬　도생(桃笙) 대자리는 깔아도 뻣뻣하네
臨窗鼃吹嚾　창밖에는 개구리 소리 시끄럽고
在牖蚊陣競　들창 가에서는 모기떼가 다투는데
昏花稍斂無　침침한 눈이 차츰 감기더니
睡魔俄來更　졸음이 어느새 다시 찾아드네
斯乃擧族來　이에 온 무리들이 몰려오니
有若趣召令　마치 명령을 받고 달려드는 듯
天窗悄悄零　천장에서 후드득 떨어지고
月幬隱隱迸　달빛가린 장막에서 슬금슬금 기어나오네
儜弱困衆唼　떼 지어 무는 일에 시달려 쇠약해지고
瘦損飫羣命　뭇 목숨들에 실컷 뜯이 먹혀 여위어기네
爬膚痒如疥　살갗을 긁으니 옴이 옮은 듯이 가렵고
摑掌臭靡淨　손바닥으로 후려치니 냄새가 고약하네
呼燈快殲劉　등불을 밝혀 잽싸게 모조리 죽여 대느라
視壁捷邏偵　벽을 볼 때면 순찰병 보다 날렵하네

徐宜利眼窺　살금살금 날카로운 눈으로 엿보다
敏欲衆手倩　재빨리 뭇 손으로 후려갈겨야 한다네
豈不投袂去　어찌 소매 떨쳐 떠나고 싶지 않으랴만
有虎忧於政　주위에는 정치보다 무서운 범이 있다네
安得萬丈流　어찌하면 만 길의 물살을 따라
乘涼肆游泳　시원하게 마음대로 헤엄 칠 수 있을까
久陰天不雨　날이 계속 흐려도 하늘에선 비가 오질 않는데
矧當炎敲盛　게다가 무더위가 기승을 부리는 때가 되었구나
居人臥猶鼾　이 고장 사람들은 누워서 코까지 고는데
獨客坐如瞠　외로운 나그네는 눈을 부릅뜬 채 앉아있네
南荒物化交　남쪽 변방엔 사물의 변화가 엇갈려
臭毒正無竟　냄새나고 독한 것들, 참으로 끝이 없으니
惆悵遂至朝　탄식하고 괴로워하며 끝내 아침이 될 때까지
惟以發孤詠[33]　외로운 노래만 읊조릴 뿐이네

유배된 지 3년 차에 지은 이 작품은 언뜻 보기에 단숨에 써 내려간 듯하지만, 사실은 각 12구씩 네 개의 의미단락으로 구성되어 있다. 첫째 단락은 빈대의 생김새와 생리에 대한 세밀한 관찰력이 돋보인다. 그리고 둘째 단락은 시인이 맞이하는 초저녁의 궁핍한 풍경을 그리고 있는데, 그 중에서도 특히 "새벽을 편안히 맞이하기가 어려우리니, 너무 근심하여 병으로 여길 정도라네(斯晨難可曉, 惟憂以爲病)"라는 서술은 빈대의 오랜 괴롭힘에 지친 시인의 심경을 잘 말해준다.

나아가서 셋째 단락에 이르면, 시인과 빈대 무리와의 한바탕 싸움이 본격적으로 펼쳐진다. 그래서 한편으로는 밤새 이어지는 빈대 무리들의 습격과 시인의 대응이 실감나게 그려지고, 다른 한편으로는 그로 인한

33) 李學逵, 『총간』 290집, 259면.(1804)

시인의 육체적·정신적 고통의 호소가 드러난다. 마지막으로 넷째 단락에서는 진퇴양난의 고립된 처지와 후텁지근한 날씨의 불쾌감에 잠 못 이루는 시인의 상념이 부각된다. 이때, 예사롭게 코를 골며 자는 이 고장 사람들과 매일 뜬 눈으로 밤을 지새우는 시인의 극명한 대비는 유배지의 고통과 고립감을 더욱 선명하게 한다.

이렇듯 이 시는 빈대라는 소재가 환기시키는 적절한 이미지[끊임없는 괴롭힘]를 바탕으로, 시인이 겪는 고통스런 현실과 고립감을 생생하게 전달한다. 나아가서 이 작품을 창작할 때에 전겸익(錢謙益, 1582~1664)이 지은 「별슬(鼈蝨)」에서 영향을 받았다는 이학규의 고백[34]은 작품 감상의 폭을 더욱 넓혀준다. 즉, 이 시가 특정 작가의 동일한 소재와 시상을 의식하고 쓴 것이라는 사실은 자연스럽게 두 작품 간의 비교를 생각하게 하는 것이다.

「鼈蝨」
「빈대」

僦舍都門外	도성 문밖에 집을 세내었는데
湫隘類鼠穴	낮고 비좁은 것이 쥐구멍 같구나
土炕揞前楹	구들로 앞쪽 기둥을 괴어 놓고
瓴甋累後闥	벽돌로 뒤쪽에 작은 문을 쌓았네
炎歊氣彌蒸	불을 때는 듯 온 세상이 찌는 듯한데
溝澮惡不渫	도랑은 더러운 채로 치지를 않네

34) 李學逵, 「與」, 『총간』 290집, 364면, "前夜有一郵人, 借宿鄙居土牀, 臨去, 遺下一方敗草薦. 昨夜忽覺渾身發癢, 爬搔達曉, 至明見肌理, 隱起作雲頭疹. 方擬服樺皮散, 忽憶昔年寓宿湖南旅舍, 爲鼈蝨所咬, 誤認作雲頭疹. 今日之事, 惟草薦可疑, 試一抖擻, 赤粒紛紛, 流行階除, 不覺懍然體粟, 金蠶蠱蟲也. 而尙可嫁送此蝨 劉之不可盡, 熏灌不效, 禳祓不驗, 除卻一炬火燒盡屋子, 更無他法. 昔錢受之有鼈蝨詩, 五古一篇, 僕亦僶勉賦三十韻, 亦望足下見和, 冀以排悶也. 幷諒此苦情, 如何如何?"

凡百蟲與豸　무릇 수많은 벌레들이
因依作巢窟　이 도랑에 의지해서 소굴을 만드니
有蟲蟣蝨類　서캐 무리 중에서
厥狀肖惟鼈　그 모양이 가장 작은 것은 오직 빈대라네
形圓脊微穹　동그란 모양에 등은 작은 활처럼 휘어
裙介儼環列　등껍질을 번듯하게 빙 둘렀는데
多足巧於緣　많은 다리는 옷깃의 가선보다 공교롭고
利嘴銳如鐵　날카로운 부리는 쇠처럼 예리하네
伏匿床第間　침상 사이에 엎드려 숨어서
夢囈伺怳曶　잠꼬대하는 멍한 모습을 엿보다가
皺肌陷針芒　주름진 살 속에 침을 꽂아
噉血恣刳劂　피를 빨며 멋대로 난도질을 하네
攢嘬方如錐　뚫어 물때는 바야흐로 송곳 같으니
墳起已成凸　무덤이 일어나듯 금세 볼록하게 부어오르네
不禁膚爬搔　참지 못하고 살갗을 마구 긁으며
猛欲手捽搣　사납게 손으로 쳐 죽이려들면
倏若捷疾鬼　빠르기가 질귀(疾鬼)를 이길 듯이
驚走在一瞥　순식간에 놀라서 달아나네
都無翼撲緣　달고 있는 날개도 하나 없어
不聞聲傯屑　바스락거리는 소리마저 들리지 않으니
近或匿枕衾　가까이는 혹 이부자리에 숨었고
遠或走枅棄　멀리는 혹 두공(枓栱)을 내달리네
明或潛帷幔　밝을 때는 혹 휘장에 몸을 감추고
隱或據衣袺　숨을 때는 혹 옷섶에 붙어있으니
遶床何處搜　평상을 다 둘러봐도 어느 곳에서 찾으며
拂簀誰能瞰　대자리를 털어 봐도 누가 털어낼 수 있으랴
兒童偶批擱　아이가 우연히 후려쳐 잡으니
經時臭不歇　시간이 지나도 냄새가 가시질 않네
未足快俘獲　사로잡아도 그다지 유쾌하지 않으니

36 徒然滋嘔噦　공연히 토악질만 늘어나는구나
我坐環堵室　나는 좁고 누추한 집에 앉아
屛居謝朝謁　숨어살며 조알(朝謁)하는 일도 사양하네
方當病幽憂　마침 병이 들어 근심이 깊건만
又復遭螫齧　또 다시 벌레에게 물림을 당하는구나
睡少不耐嚮　깨물림에 시달려 잠이 부족해
皮枯豈堪蜇　살갗이 다 말랐으니, 어찌 무는 것을 견딜 수 있으랴
逝將謁上帝　가서 장차 상제(上帝)를 뵙고
精誠訴饕餮　간곡하게 잔학한 일을 하소연하고자
綠章方夜奏　녹장(綠章)을 이제 막 밤에 아뢰려는데
天門還晝閉　천문(天門)은 도리어 낮에 닫혀 버렸네
巫陽顧我笑　무양(巫陽)은 나를 돌아보고 비웃으며
子亦太薄劣　“그대는 또한 지나치게 졸렬하도다
胡然扣閶闔　어찌하여 천문(天門)을 두드려
除此小蟲蠥　고작 이 작은 벌레의 근심을 제거하려드는가?”라고 하니
歸來焚奏章　돌아와서 주장(奏章)을 불태우고
束裝遂南發　행장을 꾸려 마침내 남쪽으로 떠나려 하네
從容理席薦　조용히 돗자리를 정리하고
瀟灑振巾韈　상쾌하게 두건과 버선을 털고서
揮手謝鼅鼄　손을 흔들며 빈대에게 인사하니
且與爾曹別　또한 너희 무리들과도 작별이로구나
如何韓退之　어찌하면 한유(韓愈)처럼
58 得官喜見蠍[35]　관직을 얻어 기쁘게 전갈을 바라볼까?

숭정(崇禎) 2년(1629) 여름에 창작된 이 시는 전겸익(錢謙益)이 귀양길에 올라 도성을 막 벗어난 뒤 잠시 집을 빌려 거처하던 때의 심경을 읊은 것이다. 당시 전겸익은 온체인(溫體仁, 1573~1638)의 모함을 받고 파직

35) 錢謙益, 「鼅鼄」, 『初學集』 권8, 『錢牧齋全集』, 상해고적출판사, 2003, 241면.

당한 뒤 고향 상숙(常熟)으로 귀양을 떠나던 중이었다.[36] 따라서 이러한 창작배경과 작품에서 보이는 누추한 환경·억울한 처지·빈대에 시달리는 정황 등은 이학규의 공감을 자아내기에 충분해 보인다. 게다가 빈대에 대한 세밀한 묘사와 자신의 고통과 곤궁함을 부각시키는 표현 등은 이학규의 창작 욕구를 더욱 자극했을 것이다. 실제로 이학규의 「별슬(鼈蝨)」은 전겸익의 위 작품에서 일정한 영향을 받고 있는데, 그것은 주로 빈대에 대한 묘사에서 두드러진다. 날카로운 부리를 비롯한 외형 묘사·은밀하게 숨는 습성과 민첩한 움직임·좀처럼 사라지지 않는 악취·참기 힘든 가려움 등은 비록 표현기법에 차이는 있지만 전겸익의 작품과 공통되는 시상이다.

그러나 전체적인 시상의 전개에서는 차이를 보인다. 우선 전겸익이 빈대에 대한 고통을 집중적으로 표출하는 반면에, 이학규는 무더위와 낯선 유배지에서 겪는 괴리감도 동시에 부각하였다. 이에 이학규의 작품에서 보이는 불만과 한탄이 섞인 격앙된 어조·'안득(安得)~'으로 시작하는 시원한 곳을 찾는 간절한 어조는 전겸익의 시상과는 별도로, 마치 두보의 「조추고열퇴안상잉(早秋苦熱堆案相仍)」의 시상이 확장된 듯한 느낌을 준다.[37]

---

36) 崇禎 元年(1628) 10월, 명나라 조정에서는 內閣 六位 중 東閣大學士의 자리에 空席이 생겨 閣臣 一位를 추천하는 안건이 상정되었다. 이 와중에 禮部尚書 溫體仁(1573~1638)은 東林黨이 아닌 자신의 입지에 불안함을 느껴 이미 是非가 가려진 天啓 元年(1621) 浙江 鄕試의 '關節(뇌물을 써서 벼슬아치와 결탁하는 것)'사건을 다시 거론하였다. 그리고 당시 正主考官이었던 錢謙益이 閣臣으로 선발되는 것은 부당하다는 상소를 올렸다. 이 일로 인해서 錢謙益은 崇禎 2年(1629) 6월에 결국 파직된다. (沈雲龍 主編, 「錢牧齋先生遺事及年譜」, 『近代中國史料叢刊』 제71집, 文海出版社, 1971; 姜正萬, 「錢謙益 文學論 研究」, 성균관대학교 박사학위논문, 1995, 21~46면 참고.)

37) 杜甫, 「早秋苦熱堆案相仍」, "七月六日苦炎蒸, 對食暫餐還不能. 每愁夜中自足蝎, 況乃秋後轉多蠅. 束帶發狂欲大叫, 簿書何急來相仍. 南望青松架短壑, 安得赤脚踏層冰(7월 6일 찌는 듯한 더위에 지쳐, 음식을 대하고도 조금도 먹지 못하네. 늘 밤마다

또한 작품에서 빈대가 상징하는 함의도 차이를 보인다. 두 작품 모두 빈대를 묘사함으로써 괴롭히는 존재의 간교한 이미지를 내세우고, 그에 시달리는 시적 자아의 현실적 고통을 효과적으로 전달하고 있다. 그런데 전겸익의 「별슬(鼈蝨)」은 후반부에서 '상제(上帝)'에게 빈대의 잔학함을 하소연 하려고 '녹장(綠章)'을 만들었다가 '소충(小蟲)'에게는 일일이 대응할 필요가 없음을 깨닫는 시상을 설정한다. 그리하여 "손을 흔들며 빈대에게 인사하니, 또한 너희 무리들과도 작별이로구나(揮手謝鼈蝨, 且與爾曹別)"라고 하며, 빈대에게 작별을 고한다. 여기서 빈대 같은 소충(小蟲)들은 당시 전겸익을 괴롭히던 일당들에 대한 비유로, 결국 시의 후반부는 하찮은 존재들과는 아예 상종조차 않겠다는 그의 의지를 드러낸 것이라 하겠다. 아울러 전겸익은 마지막 두 구에서 한유(韓愈)의 예[38]를 인용하며 정치적인 재기의 희망을 버리지 않는다.

그에 비해 이학규의 「별슬(鼈蝨)」은 시적 전개가 빈대를 통해 괴로운 현실을 상징적으로 보여주는 데에서 벗어나지 않으며, 작품의 결말도 고립감 속에서 고통을 감내하는 암울한 현실을 반영할 뿐이다. 이처럼 이학규의 「별슬(鼈蝨)」은 전겸익의 작품에서 영감을 받았지만, 자신만의 처지와 내면의식을 나타내기 위한 개성적인 창작역량이 돋보인다. 앞선 편지에서는 30운으로 지었다는 작품이 결국 12구식 4개의 의미단락으로 정교하게 시상이 안배되는 정황도 창작에 공을 들인 이학규의 노력을 엿보게 한다.

전갈에게 물릴까 걱정스러운데, 하물며 가을에 들어서도 파리가 더욱 기승을 부림에랴. 관복 차림 미칠 듯하여 크게 소리 지르고 싶은데, 서류뭉치들은 어찌 이리 급하게 잇달아 오는가. 남쪽을 바라보니 푸른 소나무 작은 골짝에 걸쳐 있는데, 어찌 하면 맨발로 겹겹이 쌓인 얼음을 밟아보랴.")

38) 韓愈, 「送文暢師北遊」(錢仲聯 集釋, 『韓昌黎詩繫年集釋』, 上海古籍出版社, 2007, 584면. "… 昨來得京官, 照壁喜見蝎 …"

이상에서 살펴본 바와 같이 궁벽지고 열악한 환경에서의 고통과 고립감은 유배지에서 겪는 이학규의 주요한 내면의식이었다. 이학규가 자신의 고통에 얼마나 민감하게 반응했는지는 그의 산문작품에서 잘 드러난다.[39] 그런데 마치 동전의 양면처럼 그 고통스러움의 이면에는 유폐되어 있는 생활로 인한 지루한 일상의 권태가 자리하고 있었다. 이는 시시콜콜하게 자신의 일상을 묘사한 뒤에 "하루하루를 이렇게 지내다가 다시 또 이렇게 흘려보낸다."고 고백하는 편지를 통해서 실감할 수 있다.[40] 또한, "우리들이 어찌 하루라도 시를 짓지 않을 수 있으리오? 만약 시라도 짓지 않는다면 이 수많은 긴긴 날을 무슨 수로 견디며 보내리오?"[41]라는 하소연도 권태에 대한 강한 자의식을 엿보게 한다.

그리하여 이학규는 사물의 이미지를 부각하고 자신의 일상을 진솔하게 묘사함으로써 이러한 내면의식을 다음과 같이 효과적으로 형상화한다.

---

39) 이학규는 寒時·熱時·飢時·渴時·愁時·悶時·憂時·病時 등 여덟 가지의 상황을 열거하며 그때마다 떠오르는 상념을 적어 「譬解八則」이라고 이름 붙였다. 또한 편지를 통해서 육체에 대한 감각적 묘사가 두드러진 궁핍의 고통을 자세하게 고백하고 있다. (鄭雨峰, 「洛下生 李學逵의 散文 世界」, 『한국실학연구』 6집, 한국실학학회, 2004; 김하라, 「낙하생 이학규 서간문의 自己敍事的 특성」, 『민족문학사연구』 27권, 2005.)

40) 李學逵, 「答」, 『총간』 290집, 373면. "足下要知我近日所事乎? 近日爲膈痰所苦, 早起於坐次, 燒卻一二烟佱, 朝日已在東窓第二眼矣. 盤飧甫撤, 鬆鯕鰍胃, 摸捱不定, 不覺倒頭一睡. 睡起, 見傍人織芒屨, 自揀稻草稈, 助挼屨耳. 過午則爲夕陽所逼, 奔避屋後數處, 古樹蔭下, 聽隣人唱時世下山歌. 初昏以後, 爲飛蚊所苦, 搖手振脚, 無異風狂人體態. 聽官樓作閉門鼓角聲, 擠枕一臥, 任爾千萬蚊陳咬我至露肋, 我惟望此夜睡著耳. **每日周而復始, 如此度了.** 今欲詳報一通, 則實無所事可以泚筆, 欲不報, 則是亦無事中事也. 又恐足下把我作冷淡人看, 玆覼縷至此耳."

41) 李學逵, 「與」, 『총간』 290집, 361~362면. "吾曹何可一日不作詩? 若不作詩, 何以捱過此許多長日耶? …"

「遊絲」
「거미줄[42]」

	別院烘春熱	별원(別院)에 봄 더위 뜨거워
	高臺試騁眸	높은 누대에 올라 잠시 경관을 바라보네
	萬家生旭日	만가(萬家)에 아침 해 떠오르자
	百里按平疇	백리에 걸쳐 너른 밭두둑이 펼쳐지네
	早靄緜緜過	아침 아지랑이 아롱아롱 스치는데
	晴絲漠漠遊	거미줄이 한들한들 흔들거리네
	到來無處所	처음 왔을 때는 처소가 없더니만
	卻望有遮留	어느새 바라보니 시야를 가로막았네
	撩亂千回數	천여 가닥으로 어지럽게 뒤엉켜서
	低垂百丈優	백 길 남짓한 길이로 드리웠네
	陽輝恒黯黯	햇빛은 계속해서 어둑어둑한데
	暖色正悠悠	따뜻한 기운 이제 막 일렁거리네
	碧瓦鱗鱗閃	푸른 기와 비늘처럼 반짝이고
	紅巒鬱鬱浮	붉은 뫼 굽이굽이 떠 있네
	輕籠金榜額	금칠한 편액을 살포시 두르고
16	曲綴繡簾頭	수놓은 발머리를 굽이 엮었네
	山氣煙熅合	산중의 이내엔 온기가 모이고
	川光演漾流	시내 빛은 출렁이며 흘러가네
	花邊增冪歷	꽃 주변을 거듭해서 뒤덮고
	草際更綢繆	풀 사이에 다시 얽히고 설키더니
	偶值陰雲斷	어쩌다 먹구름을 만나면 끊어지고

---

42) 이 시의 제목인 '遊絲'는 거미줄과 아지랑이라는 뜻을 함께 지니고 있다. 이 시에서는 전체적으로 거미줄과 아지랑이가 나란히 비중 있게 묘사되고 있어서 그 뜻을 딱히 하나로 정하기가 어렵다. 다만 마지막 두 구의 "醉迴龜甲纈, 錯認凭高樓"라는 표현에 근거해서 이학규가 좀 더 비중을 둔 대상이 거미줄이라고 판단했다. 그러나 그 제목이 어느 것이든 간에 권태로움을 반영하는 전체적인 시상에는 변함이 없다고 생각한다.

微從夕漏收　가만히 저녁이 되면 거두어지네
蝶飛那罥住　나비가 어찌 걸려들겠는가?
鷰蹴任交投　제비가 번갈아 가면서 쳐대는데
端緒何能覓　실마리를 어찌 찾을 수 있을까?
悠揚不自由　바람에 나부끼며 자유롭지 못하네
支頤偏引睡　턱을 괴니 온통 잠만 쏟아지는데
極目正饒愁　보이는 곳마다 시름으로 가득차네
野馬斜光疾　아지랑이는 저녁 햇빛 속에 빠르게 움직이고
栖禽返景幽　깃든 새들은 석양 속에서 그윽한데
醉迴龜甲纈　취해서 돌아오니 귀갑형(龜甲形) 무늬 아른거려
32 錯認凭高樓[43]　아직도 고루(高樓)에 있는 듯 착각하네

이 시는 하루 종일 거미줄을 관찰하는 시인의 일상을 표현한다. 1·2구의 '별원(別院)'과 '고대(高臺)'는 시인이 아침부터 마을 근처의 말사(末寺)를 찾아 더위와 무료함을 달래고 있음을 짐작케 한다. 그리하여 신경을 곤두세워 밤을 지새우던 「별슬(鼈蝨)」에서와는 달리, 여기서는 할 일 없이 나른하게 하루를 보내는 자신을 형상화한다.

이러한 시상은 작품의 배경과 시어의 선택을 거쳐 효과적으로 형상화된다. 먼저 '조애(早靄)'·'산기(山氣)'·'야마(野馬)'를 통해 그려지는 장면은 작품의 배경을 아스라하게 한다. 또한, '아롱아롱[緌緌]'·'어둑어둑[黯黯]'·'일렁일렁[悠悠]'·'굽이굽이[鬱鬱]' 등의 첩어는 '한들한들[漠漠]'한 거미줄의 이미지와 조화를 이루며 아련한 분위기를 자아낸다. 아울러 이러한 분위기는 마지막 두 구에서 시적 자아의 상태마저 몽롱하게 묘사함으로써 극대화된다.

이와 함께 25·26구의 이미지는 시인의 복잡한 심경을 말해줄 뿐만

---

43) 李學逵, 『총간』 290집, 273면.(1807)

아니라, 자유롭지 못한 처량한 신세를 연상시킨다. 또한 27·28구는 권태로움에 젖은 시인의 외면과 그 속에 숨겨진 복잡한 심경을 대비적으로 말해준다. 즉, 이 시는 여기저기 뒤엉켜서 하늘거리는 거미줄의 이미지를 중심으로, 아스라한 배경묘사와 시어의 안배가 가미되어, 권태로운 일상과 근심이 가득한 심리상태를 효과적으로 형상화했다.

이처럼 「별슬(鼈蝨)」과 「유사(遊絲)」는 특유의 감각적 이미지를 통해 사물과 풍경을 실감나게 그려내는 한편으로, 그 속에 구체적인 생활상을 첨가함으로써 자신의 내면의식을 부각한 것이다.

다음으로 이학규의 장편 영물시에서 또 다른 특징적인 표현기법은 혹자구(或字句)의 연용(連用)이다. 이학규는 대상 사물을 자세하게 묘사하거나 설명하고 싶을 때 혹자구(或字句)를 연달아 써서 단편적인 이미지를 나열하는 방법을 즐겨 사용하였다. 「해부(海賦)」에서 바다의 풍경과 생물들의 모습을 묘사하고,[44] 「종삼(種蔘)」에서 인삼의 모양과 속성을 설명하고,[45] 「화부(火賦)」에서 불의 용도나 모양을 표현할 때[46]마다 이

44) 李學逵, 「海賦」, 『총간』 290집, 258면.(1804), "… 或流沙浪立, 或巨礁如牙. 或飛燐走爀, 或不産魚蟲. 或別嶼磊硌, 或青岫淒陰. …"

45) 李學逵, 「種蔘」, 『총간』 290집, 264면.(1806), "…或雙芽如孿, 或偶葉如伍. 或晦根如蟄, 或驟長如怒. 或培枯揍莎, 或伺蠹傴僂. 或警偸偵邏, 或惡臭閑敞. 或試重知耗, 或計多點簿. 或窖埋如胔, 或棚乾如脯. …"

46) 李學逵, 「火賦」, 『총간』 290집, 269~270면.(1806), "… 或槱以告祡, 或鼎飪以敎餐. 或尙色以制始, 或納音以律攽. 或烈田而甡麀, 或燎庭而噦鸞. 或燧擧而警棘, 或烖興而戒安. …… 或明使之繼日, 或燠使之禦冬. 或剛使之脂韋, 或柔使之澌融. 或熅使之直逄, 或爊使之曲從. 或肥使之燔炙, 或渥使之焙烘. 或變使之存性, 或威使之亡蹤. 或烹芼以旨獻, 或湯藥以峻攻. 或鹵煙而鹺屑, 或畬灰而墳壅. 或爇龜以兆墲, 或炎贼以稔豐. 或窯熾以就範, 或鑪煉以沭鎔. 或炮烙以殞性, 或灸灼以保躳. 或流烏以告瑞, 或尾牛以奏功. 或鑄書而讖光, 或禁爨而哀同. 或崑禓而玉頳, 或池殃而魚喁. 或萬世而焚籍, 或三月而燒宮. 或異術以噀酒, 或純誠以反風. 或畢方以禽蠥, 或回祿以鬼訩. 或太乙以燃祀, 或盂蘭以炷供. 以至騰刀發煇, 注鏡翕熱. 或榡挑而熠興, 或縕束而焰閉. 或函鐐以競親, 或篝架以自悅. 或膏煮膩泣, 或蠟淚樺屑. 或炬列城闉, 或百戲俄設.

러한 방식을 적극 활용하였다.

그 중에서도 아래의 작품은 이러한 혹자구(或字句) 연용(連用)의 표현 기법이 극대화 된 경우라고 할 수 있다.

「山鳥」
「산새」

… 상략 …

17 森森亂松梢　무성하게 어지러운 소나무 가지엔
有物然疑久　어떤 날짐승이 오랫동안 머무르고 있는 듯
紋枰轉枯碁　바둑판 위에서 바둑돌이
落落不停走　쉼 없이 멈추지 않고 구르는 소리 같네
云是山啄木　이것을 일러 산딱따구리라고 하는데
連春啄枯朽　봄날 내내 말라 썩은 나무를 쪼고 있지
巂周聖知人　두견이[巂周]는 슬기롭게 사람을 알아봐
見卽不蹔有　보는 즉시 잠시도 그 자리에 있질 않건만
今於北檐端　지금은 북쪽 처마 끝에서
白晝如唱喁　대낮에도 화음(和音)을 맞추듯이 우는구나
其聲狠欲死　그 소리 격렬하게 죽는다고 우짖으니
那不咮血嘔　어찌 부리에서 피를 토하는 노래가 아니랴
金衣種類繁　금빛 깃털의 새는 종류가 많지만
婭姹眞鴉舅　어여쁜 모습은 참으로 아구(鴉舅)로다
懷哉伐木詩　그리워라, 「벌목(伐木)」 편에서
彼鳥求其友　저 새는 그 벗을 찾았었지
慈烏亂啞啞　어미 까마귀가 어지럽게 까악까악거리니
聞此哺其母　이 소리를 듣고서 제 어미를 먹이네
豈不大厭飽　어찌 물리도록 배부르지 않으리오

或熨斗乍炘, 或㥞牀恒炳. 或篴材爆驚, 或琹音焦咽. 或甲煎微熏, 或松醐半滅. 或布澣湅澄, 或墨煤珠結. 或龍伏竈肝, 或獸呀炭舌. 或土熑而繁延, 或石煓而猛烈.……”

其子亦八九　그 자식들이 또한 여덟아홉이나 된다네
雄鳩有喜聲　뻐꾸기는 즐겁게 지저귀니
見晛呼其婦　햇빛을 보고 제 아내를 부르는구나
鳴鷮動豪橫　꿩울음은 걸핏하면 위세를 떨치니
如以柝相扣　딱따기를 서로 두드리는 듯
或於巖竇間　혹은 바위 구멍에서
隆隆叩空缶　둥둥 질장구를 두드리는 듯하거늘
此鳥甚幺麣　이 새(뻐꾸기)는 매우 작으니
何能許雄吼　어찌 힘찬 울음을 바랄 수 있으랴
或於雲霄中　혹은 높은 하늘 구름 속에서
羽箭流淸颸　화살이 맑은 바람을 따라 흘러가는 듯하니
年年候此聲　해마다 이 소리로 점을 쳐서
農事起千耦　농사에서 천우(千耦)를 일으키고
或如打麥天　혹은 보리타작을 할 때
出蔭門前柳　나무그늘을 나와 문 앞 버드나무에 있으면서
連耞應相呼　도리깨질에 으레 서로 호응하니
前聲低似後　앞소리가 나직해지면 후렴을 잇는 듯하네
或如上畈田　혹은 밭 위에 올라가서
咤咤叱牛叟　이랴이랴 소를 치는 것 같으니
牛行悄曳犁　소는 묵묵하게 쟁기를 끌며 가고
56 聲遠隔巒阜　소리는 멀리 뫼와 언덕너머로 사라지네
或如歠粥筵　혹은 잔치자리에서 죽 마실 때
啫啫聚衆口　왈왈 여러 사람이 모인 입에서 나는 듯
或如具饍朝　혹은 아침에 반찬 상 차릴 때
靃靃切菜手　확확 나물 써는 손에서 나는 듯
或惺惺如諄　혹은 정신 번쩍 들도록 외치는 듯
或切切如誘　혹은 간절히 유혹하는 듯
或徙遠如猜　혹은 멀리 자리를 옮겨 시기하는 듯
或至近如狃　혹은 가까이 와서 알랑대는 듯

或儇巧如嘲　혹은 교활하게 조롱하는 듯
或盛怒如詬　혹은 잔뜩 성나서 꾸짖는 듯
或屢遷矜奇　혹은 자주 자릴 옮기며 뽐내고
或支離株守　혹은 흩어져 붙박여 있네
同或類一竅　같을 땐 혹 한통속 같고
異或判如剖　다를 땐 혹 쪼갠 듯 갈라서네
爭先如對酬　앞 다퉈 지저귈 땐 마주하고 수창하는 듯
急止如被肘　급히 멈출 땐 무슨 명령이라도 받은 듯
其餘萬不同　그 나머지는 만 가지로 서로 달라
側耳不任受　귀를 기울여도 다 받아들이지 못하네
八音之所無　팔음(八音)에 없는 것이니
76 譬類斯焉取　비유(譬喩)를 가지고 이를 어찌 다 취하랴

… 하략 …[47)]

이 작품은 120구의 장편고시인데, 시의 도입부는 은일(隱逸) 지향의 분위기를 환기시키며 시작된다.[48)] 시인은 산간(山間)의 작은 정원에서 약초를 가꾸며 평생 동안 양생(養生)할 것을 희망하지만, 여전히 외로운 처지를 서글프게 여기면서[堂成悵獨住], 괜스레 새벽부터 불편해진 심기를 달래려 방으로 와서 눕는다[斯辰意不適, 歸臥室南牖]. 그리고 나른하게 부채질을 하며 마음을 가라앉힌 채로[團扇亦嬾搖, 凝神在幽眑] 주위의 새소리에 가만히 귀를 기울인다.

그리하여 본문에서 인용한 바와 같이 어느덧 그 새소리들을 세밀하게 구분하면서 각각의 특성을 묘사한다. 이를 통해 산 딱따구리·자규·아

47) 李學逵, 『총간』 290집, 388면.(1812)

48) "田者石粳翁, 蒔園三十畮. 生年芝朮想, 可以養年壽. 當於此山中, 築堂廑如斗. 堂成悵獨住, 適値炎夏首. 蒺藜亂作花, 香氣迸林藪. 草木正鬱蒸, 飛蟲來左右. 斯辰意不適, 歸臥室南牖. 團扇亦嬾搖, 凝神在幽眑."

구(鴉舅)·까마귀·뻐꾸기·꿩 등을 구별하고, 그 소리에서 연상되는 비유를 열거한다. 이에 바둑돌이 바둑판 위를 쉼 없이 구르는 듯한 산 딱따구리 소리·'주걱주걱[我欲死]'거리며 촉(蜀) 망제(望帝)의 혼이 서려 피를 토하듯이 우는 두견이·『시경(詩經)』, 「벌목(伐木)」에서 벗을 찾아 울던 새·반포지효(反哺之孝)를 실천하는 까마귀·'꿩!꿩!'거리며 골짜기를 쩌렁쩌렁 울리는 장끼·'포곡포곡(布穀布穀)'거리며 농사를 재촉하는 뻐꾸기 등이 차례차례 등장한다.

여기서 주목되는 점은 앞에서부터 간간이 사용되던 '혹(或)'자를 통한 비유법이 57구부터는 거의 매구마다 등장하면서 빠른 호흡으로 진행된다는 것이다. 이러한 혹자구(或字句)의 나열은 한유(韓愈)의 「남산시(南山詩)」로부터 비롯된 구법으로서,[49] 표현상 기발함과 생동감을 자아내는 동시에 작품 전개의 흐름을 역동적이게 한다. 하지만 여기에는 「남산시(南山詩)」의 '혹(或)'자 연용(連用)에 대한 평가가 그 공교로운 표현수법과 시상 안배의 부적절성을 사이에 두고 한국과 중국에서 나란히

---

49) 韓愈의 「南山詩」는 唐 憲宗 元和 元年(806)의 작품으로, 계절에 따른 終南山의 변화를 다각도로 묘사한 작품이다. 이 시는 특히 山勢를 묘사한 중간 부분에서 51개에 달하는 '或~若~'구를 쓰고 있다. 우리나라에서 韓愈의 「南山詩」를 전범으로 삼은 작품을 예로 들면, 李珥가 「楓岳行」(5언 600구)에서 그 구법적인 특징인 50여 개의 或字句와 疊字의 連用을 수용하여 금강산의 경물을 다채롭게 그려내었다. 이 외에도 유몽인이 「山木行」(5언 120구)에서 54구의 或字句를 사용하였으며, 李植은 「曺溪觀瀑漲」(5언 120구)에서 30구 이상의 或字句를 사용하였다. 또한 李景奭의 「楓岳行」(5언 304구)은 20여구의 或字句를 사용하였으며, 蔡彭胤의 「楓岳詩」(5언 204구)는 「南山詩」를 차운하였다. (張裕昇, 「17세기 古詩 硏究」, 한국정신문화연구원 석사학위논문, 2002, 66면 참고.) 한편, 李鍾默은 李安訥의 「四月十五日」에서 보이는 반복구가 「南山詩」의 영향을 받았음을 지적하였다. (李鍾默, 「李安訥의 현실주의적 詩精神과 紀實의 시세계」, 『한국한시의 전통과 문예미』, 태학사, 2002, 356면 참고.) ○ 이 외에도 조선후기의 작가 중에는 徐命膺(1716~1787)이 「白頭山詩, 用韓文公南山詩韻」(5언 204구)를 창작했고, 黃胤錫(1729~1791)이 「次南山詩」(5언 204구)를 지었으며, 李德懋(1741~1793)도 韓愈의 작품에 차운한 「南山詩」(5언 204구) 2편을 거듭 지었다.

의견이 분분했던 정황을 염두에 둘 필요가 있다.[50)]

이러한 관점에서 볼 때, 이학규의 「산조(山鳥)」에서 보이는 '혹(或)'자 연용(連用)의 구법도 그 표현상의 기발함이나 생동감과는 별개로 과연 시적 형상화에 성공하고 있느냐는 혐의를 피할 수 없다.[51)] 더욱이 「남산시(南山詩)」는 눈에 보이는 산세를 비유하였고, '혹(或)~약(若)~'이라는 구법을 통해 매구마다 비유되는 산세의 특정 부분을 지칭하는 것에 비하여, 「산조(山鳥)」는 비유대상이 눈에 보이지 않는 소리라는 점과 동일

---

50) 중국 고대 시가비평사에서 「南山詩」 '或'字 連用의 예술성에 관한 논의는 주로 杜甫, 「北征」과의 優劣 논쟁을 중심으로 이루어졌다. 이에 대한 자세한 논의는 『韓昌黎詩繫年集釋』 권4의 「南山詩」 뒷부분에 있는 諸家들의 評語에서 살펴볼 수 있다. (韓愈, 「南山詩」, 『韓昌黎詩繫年集釋』, 상해고적출판사, 2007, 459~462면 참고.) 또한, 葉慶炳은 『中國文學史』에서 "한유는 애써 奇崛함을 구하려다가 지나치게 다듬어 부자연스러운 흔적이 나타남을 면할 수 없었으니, 예를 들면 「南山詩」같은 것으로, 이는 후세 사람들에게 크게 책망을 받는 부분이다."라고 평하였다. (高八美, 「韓愈詩에 나타난 用字遣詞의 特殊成就 考察」, 『중국어문논집』 10집, 1995, 126면 재인용.)
 한편, 우리나라에서는 李瀷이 『星湖僿說』, 「詩文門 · 南山詩」에서 남산시를 분석하며, "… 讀其詩, 如絲竹曲拍, 進退應節, 表裏纖末, 無不畢具, 詩家之妙, 至斯極矣. 蓋露盡一生傲物性, 五十個或字中, 人之情狀備矣. …"라고 긍정적으로 평가했다. 반면에 金萬重은 『西浦漫筆』에서 李廷龜가 아들인 李明漢의 輕薄한 才氣를 꺾으려고 「南山詩」를 千讀케 한 일화를 거론하며, 그렇다고 해서 學詩를 위해 단순히 「南山詩」를 다독만 하는 것이 능사가 아님을 말하고 있다. 이 글에서 金萬重은 「南山詩」가 '傑作'임을 인정하면서도 한편으로는 그 '번거롭고 방만함(繁重汗漫)'을 지적하였다. (許捲洙, 「韓愈 詩文의 韓國에서의 수용」, 『중국어문학』 9집, 영남중국어문학회, 1985; 李鍾漢, 「韓國에서의 韓愈 평가에 관한 연구」, 『중어중문학』 17집, 한국중어중문학회, 1995, 참고.)
 이 외에도 梁慶遇는 『霽湖詩話』에서 "又杜詩「北征」詩曰 : '或紅如丹砂, 或黑如點漆. 雨露之所濡, 甘苦齊結實.'兩或字, 令人詠賞, 有三歎之音, 而韓公「南山詩」, 衍爲五十一或字, 亦似支離. 詩欲精妙, 不要鬪富."라고 하여 '或'字 連用을 부정적으로 평가했다. (梁慶遇, 『霽湖集』(민족문화추진회 편, 『한국문집총간』 73집, 1991, 495면.)

51) 심경호는 이러한 구법이 혼란된 사물을 개념화하려는 의도라고 지적하고, 각 구와 각 연이 고립된 채 구심력을 지닌 상징적 세계를 이루지 못했다고 지적했다. (심경호, 「서정자아의 근대적 변모와 그 한계 –낙하생 이학규의 한시를 중심으로–」, 『한국한시의 이해』, 태학사, 2000, 573면.)

한 새소리를 비유만 바꾸어가며 나열한다는 점에서 그 비유가 보여주는 이미지의 주관성과 추상성이 더 크다. 이는 같은 「산조(山鳥)」 내에서도 57구 이전에는 각각의 새와 관련된 일반적인 배경지식과 고사(故事)를 사용하여 그 새와 새소리를 상상할 수 있는 계연성을 어느 정도 마련해 주는 점과도 차이가 있다.

한편, 줄곧 새소리의 묘사를 통해 '산새'를 형상화하던 이 작품의 시상은 돌연 '새소리 흉내를 잘 내는 사람이 있다는 세간의 소문에 대한 관심'[52]을 거쳐, '전원에서 은거하는 삶에 대한 긍정적인 의지'[53]를 강조하며 마무리된다. 즉, 「산조(山鳥)」는 애초부터 구성상의 긴밀한 유기성보다는 주관적 상상과 순차적 연상을 제약하지 않는 데 비중을 두고 있었던 것이다. 「산조(山鳥)」에서 사용한 혹자구(或字句) 연용(連用)의 의도를 이해하기 위해서는 이러한 전체적인 작품의 성격을 염두에 둬야 한다. 요컨대 이학규는 작품의 구성력을 약화시킬 수 있음에도 불구하고, 자신이 즐겨 사용하던 혹자구(或字句) 연용(連用)의 표현기법을 적극적으로 사용하였던 것이다. 따라서 이러한 표현기법은 정해진 격식에 따라 시상을 전개하는 작품에서는 느낄 수 없는 작가의 상상력을 살펴볼 수 있고, 나아가서 언어로써 대상을 포착하기 위해 심혈을 기울이는 작가의 역량을 엿볼 수 있다는 점에서 흥미롭다.

---

52) "嘗聞帝城中, 列廠矜富厚. 鏇條亘長架, 羽族畢畋狩. 倒挂得收香, 文采爲吐綬. 金眸對鶻鵃, 雪衣聯鸚鷗. 時時相驚動, 一鳴蓋亦偶. 能者效甚似, 脣齶互傳授. 胡僧强解音, 頗覺字母苟. 先有口伎楊, 人未辨眞否. 春城照玉河, 風氣醺如酒. 頗疑出日晨, 披林涉匡阧. 方當矜奇新, 誰擬別姸醜. 斯人遠莫致, 異聞駭耆耇."

53) "翁惟樂靜者, 幽事庶不負. 非無竹肉願, 衰疾守窮蔀. 山人兩部鼃, 知足用无咎. 尙懷雙柑筵, 鍼砭抉塵垢. 玆將媚暮齡, 於世孰訾詬. 安居八九年, 水石交漻漻. 呼兒課種田, 速客看魚笱. 安馳千里蹏, 自卯纔及酉. 岧嶢雞立闘, 超越如培塿. 從翁歸林下, 懽然爲一訕."

제7장. 기속시(紀俗詩)의 표현기법과 미적 특질

이학규는 1809년에 「강창농가(江滄農歌)」·「남호어가(南湖漁歌)」·「상동초가(上東樵歌)」와 함께 30수의 「금관죽지사(金官竹枝詞)」를 짓고, 1819년에 77수의 「금관기속시(金官紀俗詩)」를 창작하였다. 이 외에도 다수의 배해체(俳諧體)와 장편고시를 통해 민풍토속에 대한 관심을 지속적으로 드러내었다. 그 중에서 「금관죽지사」는 작품의 특질과 시의식 및 작품 양상이 연구되었으며[1], 「금관기속시」는 내용과 형식 및 작가의식이 연구되었다.[2]

본 장에서는 이러한 연구 성과를 바탕으로, 아직 본격적인 연구가 진행되지 않은 이학규 기속시(紀俗詩)의 주요 특징을 고찰하려 한다. 그리하여 '중정(重情)의 성향과 합리적 인식태도'와 '배해체(俳諧體)를 통한 민풍토속(民風土俗)의 표현'으로 나누어 작품을 분석하려 한다. 이를 통해 전자에서는 「강창농가(江滄農歌)」·「남호어가(南湖漁歌)」·「상동초가(上東樵歌)」의 일부 작품을 정약용의 작품과 비교함으로써 이학규 기

1) 김성진, 「李學逵의 〈金官竹枝詞〉 硏究」, 『국어국문학』 26집, 부산대학교 국어국문학과, 1989; 이봉원, 「洛下生 李學逵의 「金官竹枝詞」 硏究」, 동아대학교 석사학위논문, 2009.

2) 백원철, 『낙하생 이학규 문학연구』, 보고사, 2005, 169~184면; 곽미선, 「이학규의 『金官紀俗詩』에 나타난 작가의식 연구」, 『연민학지』 21, 연민학회, 2014.

속시의 개성을 검토할 것이다. 아울러 이학규가 민풍토속에 대해 합리적인 인식태도를 보이는 양상을 보다 구체적으로 살펴볼 것이다. 그리고 후자에서는 이학규가 배해체를 통해 민풍토속을 표현하는 양상과 그 의미를 분석할 것이다.

1. 중정(重情)의 성향과 합리적 인식태도

이학규는 궁벽진 곳으로 유배된 뒤부터 불우한 현실에서 비롯된 진지한 내면의식을 작품으로 창작하기 시작하였다. 또 한편으로는 유배지의 낯선 풍속·백성들의 고난·관리들의 횡포 등을 지켜보며, 이러한 사실들을 담은 소위 현실주의적인 작품을 짓게 되었다. 배해체(俳諧體)와 잡시(雜詩)를 통한 민풍토속의 묘사, 농사에 관한 일을 제재로 한 「삽앙(插秧)」(1803)·「종삼(種蔘)」(1806), 작품의 후반부에서 관리들의 횡포와 민생의 고난을 서술한 「신순(新筍)」(1807), 농어촌의 생활상과 풍속을 묘사하고 폐정의 비판을 담은 「과정기사시(苽亭紀事詩)」(1808)등이 이러한 성향의 작품들이다.

그럼에도 불구하고 유배초기 이학규의 시세계에서 현실주의적인 작품들은 큰 비중을 차지하지 못했다. 여전히 이학규는 현실주의적인 작가적 관심을 응집할만한 시의식을 확립하지 못했으며, 다양한 현실주의적인 시 양식을 활용하고 세부적인 표현기법을 구사하는 데 부족한 부분이 있었다. 바로 이와 같은 상황에서 정약용의 현실주의적인 작품과 시론들은 이학규에게 많은 감명과 자극을 주었다.

그리하여 정약용의 『탐진악부(耽津樂府)』에 감발을 받아 『영남악부(嶺南樂府)』(1808)를 짓고, 「탐진농가(耽津農歌)」·「탐진어가(耽津漁歌)」·

「탐진촌요(耽津村謠)」에 감발을 받아 「강창농가(江滄農歌)」·「남호어가(南湖漁歌)」·「상동초가(上東樵歌)」(1809)를 짓고, 「전간기사(田間紀事)」에 감발을 받아 「기경기사(己庚紀事)」(1810)를 짓는 일련의 과정 속에서 이학규는 현실주의적인 시 양식과 표현기법의 다양한 측면을 본격적으로 모색하게 되었다. 아울러 현실주의 시창작의 핵심적인 요소라고 할 수 있는 '풍인지지(風人之旨)'의 시의식을 확고히 할 수 있었다.[3)]

하지만 이학규가 정약용의 현실주의적인 작품세계를 맹목적으로 추종한 것은 아니었다. 이는 김해지역 민중들의 실상을 여실하게 담은 「강창농가」·「남호어가」·「상동초가」를 통해 확인할 수 있다. 이학규는 「강창농가」·「남호어가」·「상동초가」에서 정약용의 작품으로부터 표현기법과 형상화 방식을 수용하면서도 한편으로는 자신만의 개성을 발산하였다.

「耽津農歌」 其四
「탐진농가」 넷째 수

穮蓘從來不用鋤	김을 매고 북을 돋울 때도 호미를 쓰지 않고
手搴稂莠亦須除	잡초도 손으로 뽑아 순식간에 없애네
那將赤脚蜞鍼血	어찌하면 맨다리에 거머리 물어 흐르는 피를
添繪銀臺遞奏書[4)]	승정원에서 올리는 상소문에 그려서 덧붙일까

「江滄農歌」 其五
「강창농가」 다섯째 수

穮蓘從來不用鉏	김을 매고 북을 돋울 때도 호미를 쓰지 않으니

3) 風人之旨의 의미와 그에 관한 이학규의 시의식에 대해서는 구체적인 고찰이 진행되었다. (정우봉, 「李學逵의 文學論 硏究」, 『한국한문학연구』 12, 한국한문학연구회, 1989, 383~384면 참고; 김성진, 앞의 논문, 11~14면 참고.)

4) 丁若鏞, 『與猶堂全書』, 『총간』 281집, 82면.

近知風俗乇津如[5]　풍속이 탐진(耽津)과 같음을 요즘에야 알았다네
刈田也是輕肩荷　밭의 곡식을 베어서 벗어부친 어깨에 메었는네
散牧秋原一任渠[6]　가을 언덕에 풀어 놓은 소는 멋대로 다니네

「江滄農歌」 其六
「강창농가」 여섯째 수

生小憐渠蹋糞菑　어릴 때부터 거름 밭을 밟는 일이 가련한데
春時滑澾涴腰肢　봄이면 다리와 허리까지 미끌미끌 더렵혀지네
那將志脚蜞鍼血[7]　어찌하면 맨다리에 거머리 물어 흐르는 피를
偏繪夷中五字詩[8]　섭이중(聶夷中)의 오언시에 전부 그리게 할까

정약용은 「탐진농가」에서 강진 지역 농민들의 삶과 애환을 생생하게 묘사하고, 탐관오리를 비판하였다. 「탐진농가」 기사(其四)는 이러한 창작의도를 잘 보여준다. 정약용은 이 작품에서 농민들이 김을 매고 잡초를 뽑을 때도 맨손으로 일을 하고, 맨다리가 거머리에 물려 피가 흐르는 애처로운 모습을 임금께 알리고자 한다. 그리하여 4구에서 송나라 때 정협(鄭俠)이 가뭄으로 인해 백성들이 유랑하는 모습을 직접 그려 은대(銀臺)를 거쳐 임금에게 올린 고사를 인용하여,[9] 피폐한 농촌현실을 알

5) 自注 : 乇, 音磔.

6) 李學逵, 『총간』 290집, 282면.(1809)

7) 『洛下生集』 원문에는 '志'라고 되어 있지만, 정약용의 시구를 인용한 정황과 문맥의 의미상 '赤'이 옳은 듯하다.

8) 李學逵, 『총간』 290집, 282면.(1809)

9) 『宋史』 권321, 「鄭俠」, "… 是時, 自熙寧六年七月不雨, 至于七年之三月, 人無生意. 東北流民, 每風沙霾曀, 扶攜塞道, 羸瘠愁苦, 身無完衣. 並城民買麻糂麥麩, 合米爲糜, 或茹木實草根, 至身被鎖械, 而負瓦楬木, 賣以償官, 累累不絶. 俠知安石不可諫, 悉繪所見爲圖, 奏疏詣閤門, 不納. 乃假稱密急, 發馬遞上之銀臺司. …… 疏奏, 神宗反覆觀圖, 長吁數四, 袖以入. 是夕, 寢不能寐. 翌日, 命開封體放免行錢, 三司察市易,

려서 개선하고 싶은 간절한 마음을 대변한다.

그런데 이어지는 두 편의 「강창농가」는 이학규가 정약용의 작품에 감발을 받아 그 시상과 구법을 모의하는 양상을 보여준다. 「강창농가」 기오(其五)는 「탐진농가」 기사(其四)의 1구를 인용하고, 김해에서도 강진과 마찬가지로 농민들이 열악한 환경에서 노동에 시달리고 있음을 묘사한다. 또한 「강창농가」 기육(其六)은 1·2구에서 어릴 때부터 지저분한 거름 밭에서 일하는 불결한 현실을 묘사하고, 3·4구에서는 「탐진농가」 기사(其四)의 3·4구를 모의하여 피폐한 농촌현실을 알려 개선하고픈 심경을 대변한다.

이때 정약용이 정협(鄭俠)의 고사를 인용한 것과 달리, 이학규는 섭이중(聶夷中)의 오언시를 언급한다. 여기서 말하는 섭이중의 오언시는 「상전가(傷田家)」[10]를 가리킨다. 이 작품은 생활고에 시달리는 피폐한 농민들의 삶을 대변하고, 임금의 통치가 잘 이루어져 농촌현실이 나아지기를 바라는 내용이다. 이처럼 「강창농가」·「남호어가」·「상동초가」는 정약용의 작품을 적극적으로 모의하는 과정 속에서 창작되었던 것이다.

하지만 다음의 작품들은 「강창농가」·「남호어가」·「상동초가」 속에 정약용과는 다른 이학규만의 개성이 들어 있음을 잘 보여준다.

「江滄農歌」 其三
「강창농가」 셋째 수

金佛橋前水漫坪　　금불교(金佛橋) 앞 물은 질펀히 흐르고

司農發常平倉, 三衛具熙河所用兵, 諸路上民物流散之故. 青苗免役權息追呼, 方田保甲並罷, 凡十有八事. 民間歡叫相賀. 又下責躬詔求言. 越三日, 大雨, 遠近沾洽. 輔臣入賀, 帝示以俠所進圖狀, 且責之, 皆再拜謝. …"

10) 聶夷中, 「傷田家」, "二月賣新絲, 五月糶新穀. 醫得眼前瘡, 剜却心頭肉. 我願君王心, 化作光明燭. 不照綺羅筵, 偏照逃亡屋."

竹竿裊裊界塍平　대나무는 한들한들 밭두둑과 접해 드넓네
䎭畊正是波神助　밭을 뒤엎어 가는 것이 실로 파노의 신이 돕는 듯
力盡烏犍浮鼻行[11]　힘을 다해 검정소가 코를 쳐들고 지나가네

「南湖漁歌」 其七
「남호어가」 일곱째 수

新秋輪釣坐家稀　초가을이라 얼레낚시질로 집에 있는 이 드문데
別隊豪橫櫂若飛　별대(別隊)의 수군(水軍)은 호탕하여 노가 나는 듯
白首老翁當門戶　흰머리의 늙은이 문 앞에서
持鍼補網度秋暉[12]　바늘 잡고 그물 손질하는데 가을볕이 지나가네

「江滄農歌」 其八
「강창농가」 여덟째 수

江渚風煙孤草菴　강가에 바람과 안개 이는 외로운 초막 암자
可憐紅豆見江南[13]　붉은 콩을 강남에서 보니 가련하구나
農家不解相思意　농가에서는 서로 그리는 뜻 알지 못하고
只憶秋風炊飯甘[14]　그저 가을바람 추억하며 맛있게 밥을 짓네

이 중에서 앞선 두 작품은 전반부에서 농촌과 어촌의 풍경을 묘사하고, 후반부에서 현장감이 있는 장면을 포착하여 작품의 생동감을 높였다. 이에 「강창농가」 기삼(其三)은 낙동강 하구 인근에서 밭을 가는 씩씩한 검정소에 초점을 맞추어 활력 있는 농촌현장을 부각시켰다. 그리고 「남호어가」 기칠(其七)은 어선의 출항이 잦아진 어촌에서 홀로 집에 남

11) 李學逵, 『총간』 290집, 281면.(1809)
12) 李學逵, 『총간』 290집, 282면.(1809)
13) 自注 : 俗呼紅豆, 爲江南豆.
14) 李學逵, 『총간』 290집, 282면.(1809)

겨진 늙은이가 가을볕을 받으며 그물을 손질하는 한가로운 풍경을 묘사함으로써 어촌현장을 부각시켰다.

즉, 이학규는 자신의 주관적인 가치 판단을 시상의 전개과정에서 최대한 배제하고, 대신에 각각 '부비행(浮鼻行)'과 '도추휘(度秋暉)'를 통해 시상을 종결함으로써 풍경의 여운을 극대화하였다. 이러한 형상화 방식은 정약용이 「탐진농가」나 「탐진어가」에서 줄곧 자신의 주관적 가치 판단에 기반한 설명적 진술을 적극적으로 반영하는 것과 차이를 보인다.

특히 세 번째 작품인 「강창농가」 기팔(其八)은 정약용의 「탐진농가」에서는 찾아볼 수 없는 개인적인 서정의 부각이 두드러진다. 이 작품은 전체적으로 선선한 가을 날 강낭콩을 넣어 밥을 지어 먹는 단란한 농촌의 생활상을 묘사하고 있다. 하지만 시인은 자신의 외롭고 초라한 초막암자를 전면에 드러내고, 상사자(相思子)로 불리며 그리움의 상징으로 쓰이는 강낭콩의 의미[15]를 되새김으로써 개인적인 서정을 강하게 투영한다. 그리하여 강낭콩을 통해 그리움의 정서가 촉발되는 외로운 시인과 그저 강낭콩을 섞은 밥을 먹으며 가을날의 별미를 즐기는 단란한 농촌가족이 대비되어, 쓸쓸한 개인적인 서정을 부각하는 것이다. 이러한 형상화 방식은 비록 「강창농가」 10수 중에서 한 수에 불과하지만, 개인적인 서정은 철저히 배제한 채로 농촌의 풍경과 생활상에만 집중한 정약용의 「탐진이가」와 구별되는 중요한 특징이라고 할 수 있다.

이처럼 이학규는 「탐진농가」·「탐진어가」·「탐진촌요」에 감발을 받아 「강창농가」·「남호어가」·「상동초가」를 창작했지만, 그것을 모의하는 과정에서 한편으로는 자신만의 표현기법을 가미했다. 그리하여 작품의 형상화 방식에서 풍경의 여운미를 강조하거나, 개인적인 서정을 적

15) 王維, 「相思」, "紅豆生南國, 秋來發幾枝. 勸君多採擷, 此物最想思."

극적으로 투영하는 등 정약용과는 다른 작가적인 개성과 작품성을 보여 주었다. 이는 두 사람이 '시언지설(詩言志說)'이라는 유가의 정통적인 시관을 공유하였음에도 불구하고, 정약용이 '진지한 지의(志意)'에 중점을 두어 '중지(重志)'의 시론을 견지한 것에 비해, 이학규는 강렬한 창작 충동을 계기로 자연스럽게 흘러넘치는 감정을 보다 중시하는 '중정(重情)'의 시론을 강조함으로써[16) 비롯된 결과라고 할 수 있다.

한편, 이학규의 기속시에서 두드러지는 특징 중의 하나는 풍속에 대한 합리적 인식태도이다. 이학규는 1809년에 총 30수의 「금관죽지사(金官竹枝詞)」를 짓고, 1819년에 총 59편 77수의 「금관기속시(金官紀俗詩)」를 지었다. 이 두 편의 연작 기속시들은 모두 칠언절구로 김해지역의 민풍토속·지역 환경과 특산물·고적의 정취 등을 형상화하였다. 여기에서도 이학규는 사실적으로 풍속을 묘사하는 단계에서 나아가, 풍인지지(風人之旨)의 시의식을 발휘하였다. 그리하여 그릇된 풍속을 적극적으로 비판하거나 풍자하였다.[17)]

그 중에서도 특히 무당굿과 기우제를 대상으로 한 작품은 칠언절구에 그치지 않고 별도의 장편고시로 형상화되고 있어, 그 속에 담긴 풍인지지(風人之旨)의 시의식을 더욱 자세히 고찰할 수 있다.

「金官紀俗詩」 其四十
「금관기속시」 마흔째 수

每秋賽鬼動天寒	가을이면 푸닥거리 소리 차가운 하늘에 진동하니
鑼鼓諠諠盡室懽	징과 북소리 떠들썩한데 온 집안사람들 기뻐하네

---

16) 정우봉, 「19세기 시론 연구」, 고려대학교 박사학위논문, 1992, 73면 참고.

17) 이러한 양상에 대해서는 백원철, 앞의 책, 177~180면; 김성진, 앞의 논문, 97~100면 참고.

一丈方桦三品炙　　한 길 네모난 상에 세 종류의 고기구이 오르니
餽巫須比餽婚看[18]　　무당 대접이 혼인잔치에 견줄 만하다네

이학규는 이 작품의 끝에 혼인잔치나 굿을 할 때 지나치게 사치스러워, 그 비용이 4, 5백전(錢)에 이르는 경우도 있다고 설명을 덧붙였다.[19] 이 외에도 그는 편지글에서 김해의 풍속이 무귀(巫鬼)를 매우 좋아하여 집에 몇 섬의 쌀도 없으면서 굿하는 비용이 수 천전(錢)에 이른다고 언급하였다.[20] 즉, 흥겹고 성대한 굿판을 묘사한 이 작품의 배경에는 사치스럽고 그릇된 풍속에 대한 우려와 비판의식이 자리하고 있었던 것이다.

하지만 칠언절구라는 형식적 제약으로 인해 작품에서는 장면의 묘사에 치중하고, 자신의 의견은 별도로 부연설명 할 수밖에 없었다. 그에 비해서 다음의 장편고시는 무당굿의 묘사와 그에 대한 의론을 보다 실감나고 자세하게 보여준다.

「卽事記所見」
「즉석에서 본 것을 기록하다」

大巫敲銅鑼　　큰 무당은 징을 치고
小巫搥腰鼓　　작은 무당은 장구를 치네
明燈照閭落　　밝은 등불은 마을을 비추고
軒軒紙旙舞　　펄럭이며 종이 깃발이 춤을 추네
隣人滿庭除　　이웃 사람 뜰 가득 모여드니
酒食不可數　　차려진 술과 음식 헤아릴 수 없네
觀者稍淩兢　　구경꾼들 조금이라도 넘보려고 다투는데

18) 李學逵, 『총간』 290집, 450면.(1819)

19) 自注 : "各家嫁娶及賽神, 鄰里具飯案餽之, 饌品奢華, 爭新鬥麗, 一桦之費, 有至四五百錢者."

20) 李學逵, 「答」, 『총간』 290집, 375면, "尤喜巫鬼, 家無甔石, 而賽神之費, 動至數千錢."

08 霜霧浩如雨 서리와 안개는 비 내리듯 자욱하네
老巫作豺聲 늙은 무당 승냥이 같은 목소리로
自云神威怒 신께서 노하셨다 이르더니
時又一笑言 때마침 한 번 웃으며 말하기를
怒爾愚且魯 너희들의 바보스러움과 어리석음에 화나셨다 말하네
兒女美痘疹 젊은 처자 마마 자국 아름답게 만들려고
堂戶堆禾稌 집 문턱에 볏단을 쌓는구나
爾夫不可訓 너희 사내들이야 가르칠 수 없지만
爾婦差勤苦 너희 아낙들은 조금이라도 애쓰는구나
婦乃啓齒笑 아낙들 마침내 입 벌리고 웃고
夫亦抃手俯 사내들도 손뼉 치며 몸을 웅크리네
明年大豊穰 내년엔 대풍이 들기를
20 報賽神所覩 신이 보고 있는 듯 푸닥거리 하며 아뢰네
求福在不回 복을 구함은 사특하지 않음에 있으니
正直孰予侮 정직하다면 누가 나를 업신여기랴
憑依兼酒漿 술과 음료를 떠놓고 의지해 비는 것이
何異呪聾瞽 귀머거리 장님에게 비는 것과 어찌 다르리
神來但聞風 신이 오실 때는 바람소리만 들리고
神去不由戶 신이 가실 때에는 문을 거치지 않네
北斗倒江中 북두칠성 강 한가운데 거꾸러졌는데
28 餘點三四五[21] 아직 삼점 사점 오점이 남았구나

굿판의 감상을 적은 이 작품은 크게 세 단락으로 나눌 수 있다. 먼저 8구까지는 굿판의 배경묘사로 이루어져 있다. 시인은 무당들이 징과 장구를 울리는 모습, 성대하게 차려진 술과 음식들, 발 디딜 틈 없이 모여든 구경꾼들로 인해 한껏 흥이 오른 분위기를 전달한다. 이어서 29구까지는 본격적인 한 판 굿 놀음을 묘사한다. 여기에서는 접신상태에서 변

21) 李學逵, 『洛下生全集』 下, 아세아문화사, 246면.

한 목소리를 내는 무당과 저마다의 소원을 간절히 비는 사람들, 무당의 능청스러운 말로 인해 진지하던 분위기가 금세 해학적으로 바뀌는 현장의 분위기가 실감나게 그려진다.

그리고 마지막 단락에 이르러 이러한 무당굿의 행위에 대한 자신의 의견을 드러낸다. 시인은 풍속의 사실적인 묘사에 그치지 않고, 미신을 배격하는 합리적인 인식태도를 분명히 한다. 그리하여 눈에 보이지 않는 존재를 향해 복을 비는 행위를 비판하며, 자신과 남을 속이지 않고 정직하게 사는 것이 중요하다고 말한다.

이렇게 풍인지지(風人之旨)의 의식으로 풍속을 묘사하는 양상은 기우제를 제재로 한 작품에서도 잘 드러난다.

「金官紀俗詩」其三十九
「금관기속시」서른아홉째 수

旱天挂佛颺天飆	가문 하늘엔 괘불이 하늘 높이 드날리고
僧鈸巫鈴盡意搖	승려의 동발과 무당의 방울이 마음껏 흔들리네
但願龍王隨帝釋	단지 원하는 것은 용왕이 제석신을 따라
一時甘澍潤枯苗[22)]	일시에 단비를 내려 메마른 싹을 적셔 주는 것이라네

이 작품은 괘불을 걸고 승려와 무당이 모여 간절히 기우제를 올리는 풍속을 묘사하였다. 하지만 이 작품에서는 앞서 무당굿을 묘사할 때와 같은 풍속에 대한 우려의 의식이 보이지 않는다.[23)] 왜냐하면 기우제는 단지 사적으로 복을 비는 의식에 그치는 것이 아니라, 국가 차원의 공식적인 행사이기도 했기 때문이다. 그럼에도 불구하고 이학규는 기우제

22) 李學逵, 『총간』 290집, 450면.(1819)

23) 이는 가치판단은 배제한 채 현상만 언급한 自注에서도 확인할 수 있다. ("歲旱, 就府中大路, 挂丈六佛幀, 謂之■■■朦. 僧巫雜奏歌呪, 謂之祈氷.")

또한 미신적인 일임을 인식하고 있었다. 이러한 기우제의 이중적인 성격 때문에 이학규가 그것을 바라보는 시선도 굿판 때와는 다를 수밖에 없었다.

「雩龍」
「우룡」

去夏禱雩龍　지난여름 우룡(雩龍)에게 제사를 올릴 때
旱氣彌南郡　가뭄의 기운이 남쪽 고을에 두루 미쳤었지
炎曦被萬物　만물이 불볕의 피해를 입어
木石皆難近　나무와 돌도 모두 가까이 하기 어려웠네
邑中剡稠密　고을 안은 하물며 조밀하게 모여 있으니
蠲潔困除糞　청결하려 해도 똥을 치는 것도 힘들었네
飄風從西來　회오리바람 서쪽에서 불어올 때면
闔眼驚飛坋　눈을 감고 날리는 먼지에 놀랄 정도였네
田家惜所費　농가에서는 소비하는 것을 아꼈건만
枯苗稀可攟　모가 말라 주울 것조차 드물어
所望剗餘田　바라는 것이라곤 여전(餘田)을 다듬어서
12 播稷在隨分　분수에 따라 기장 씨 뿌리는 것이었네
秪今大嶺南　지금 대령(大嶺)의 남쪽에서
生理不須問　생계를 유지하는 방법일랑 묻지를 마라
井竭只沮洳　우물은 말라서 단지 진펄만 있고
汲江困輸運　강물을 길으려 해도 실어 옮기기 곤란하네
況乃疾疫繁　더구나 역병이 번성해서
行路接衰免　길에선 상복 입은 사람들을 만나는데
差科亦有限　차역과 부세를 버티는 것도 한계가 있으니
20 溘死非所靳　갑자기 죽는 일도 드문 일이 아니라네
近聞新伯下　요사이 듣자니 신임 감사가 부임함에
廉潔有聲聞　청렴결백하다는 소문이 있던데

傳聲戢奸猾　명성이 전해지자 간활한 일들 그치고
綱紀貴不紊　기강이 바로 서 문란하지 않음을 소중히 여긴다고 하네
天意豈盡劉　하늘의 뜻이 어찌 다 죽이는 것에 있으랴
懲創在自奮　징벌은 스스로 분발하는 데 달려있네
懷哉重華治　그리워라, 순임금의 다스림이여
28 阜財以解愠[24)]　백성의 재물을 불리고 노여움을 풀어주었었지

이 작품 또한 「즉사기소견(卽事記所見)」과 같이 세 단락으로 구성되어 있다. 먼저 12구까지의 첫 번째 단락에서는 지난여름에 이미 가뭄으로 농촌이 피폐해져 기우제를 올린 정황을 언급한다. 이어서 20구까지의 두 번째 단락에서는 계속된 가뭄으로 인해 지금은 역병이 돌고 사람이 죽어나가는 등 그 피해가 더욱 극심해진 현실을 묘사한다. 그리고 마지막 단락에 이르러, 이러한 현실을 바라보는 인식태도를 드러낸다. 이에 인사(人事)를 어떻게 하느냐에 따라 천재(天災)의 피해를 줄일 수 있다는 인식 아래, 이럴 때일수록 위정자가 더욱 순임금처럼 백성들을 돌보고 보살펴야 한다[25)]는 관점을 피력한다.

이처럼 이학규는 민풍토속을 표현할 때, 단형의 기속시가 지니는 형식적인 제약을 장편고시를 통해 극복하였다. 그리하여 풍인지지(風人之旨)의 시의식을 담아내는 데 있어서도 장편고시에서는 보다 세밀한 묘사를 통해 현장성을 극대화하고, 동시에 합리적인 인식태도를 적극적으로 피력함으로써 미신을 경계하고 실질적인 개선방안까지 제시하였다.

---

24) 李學逵, 『총간』 290집, 336면.(1810)

25) 『孔子家語』, 「辯樂解」, "昔者, 舜彈五絃之琴, 造南風之詩. 其詩曰 : '南風之薰兮, 可以解吾民之慍兮. 南風之時兮, 可以阜吾民之財兮.'"

2. 배해체(俳諧體)를 통한 민풍토속(民風土俗)의 표현

배해체는 익살맞으면서 유희적인 내용의 시체(詩體)를 일컫는 용어이다.[26] 그 중에서도 두보(杜甫, 712~770)의 「희작배해체견민 이수(戲作俳諧體遣悶 二首)」는 일반적인 배해체 작품과는 다른 표현기법으로 인해 많은 문인들로부터 관심을 받았다. 이학규가 일생에 걸쳐 창작한 9제 42수의 배해체 작품이 주목을 요하는 이유는 이러한 작품들이 두보의 「희작배해체견민 이수」의 표현기법을 적극적으로 모의하는 단계에서 출발하여 자신만의 주요한 시적 형상화 방식으로 나아가고 있기 때문이다.

따라서 이학규가 창작한 배해체 시의 특성을 고찰하기 위해서는 우선 두보의 「희작배해체견민 이수」가 지니고 있는 표현기법을 살펴볼 필요가 있다.

「戲作俳諧體遣悶 二首」[27]
「장난삼아 배해체 시를 지어 답답한 속을 풀다 이수(二首)」

其一

異俗吁可怪	색다른 풍속, 아! 참으로 괴이하니
斯人難並居	이 사람들, 같이 살기 어려워라
家家養烏鬼	집집마다 가마우지를 길러
頓頓食黃魚	끼니마다 황어(黃魚)를 먹는구나
舊識難爲態	예부터 알던 이들은 아는 체하기 어렵고
新知已暗疎	새로 안 이들도 금세 소원해졌네
治生且耕鑿	밭 갈고 우물 파서 살아갈 방도 강구하며
只有不關渠	그저 그들과는 인연 맺지 않으리

26) 『纂註分類杜詩』에서는 "俳諧, 謂俳優詼諧也."라고 하였다.

27) 본고에서는 『分類杜工部詩諺解』의 대본인 『纂註分類杜詩』의 내용을 따랐다. ○ 참고로 이 작품 첫째 수의 5구인 "舊識難爲態"를 "舊識能爲態"로 기록한 시집도 있다.

其二

西歷青羌板　서쪽으로 청강(青羌)의 언덕을 지나
南留白帝城　남쪽으로 백제성(白帝城)에 와 머무르네
於菟侵客恨　호랑이는 나그네의 시름을 괴롭히는데
粔籹作人情　떡을 나눠주며 인정을 베푸네
瓦卜傳神語　기와로 점을 쳐 귀신의 말을 전하고
畬田費火聲　묵정밭에 불을 놓아 경작을 하네
是非何處定　풍속의 옳고 그름 어느 곳인들 일정하랴
高枕笑浮生　높이 베개 베고 뜬구름 같은 인생을 웃노라

이 시는 노년의 두보가 유랑생활을 하던 중, 기주(夔州)에 거처할 때(대력 원년, 766) 지은 작품이다. 전체적인 시상은 우스꽝스러운 풍속을 가진 낯선 땅 사람들과 어울려 살게 된 자신의 신세를 스스로 위로하는 것이다. 따라서 이 작품의 제목에는 한번 웃으며 괴로움을 잊기 위해 자신에게 '농'을 걸고 있다는 뜻을 담고 있다.[28)]

여기서 이 작품의 주요한 표현기법은 함련과 경련에서 풍속을 묘사한 뒤, 그러한 풍속과의 괴리감을 표현하는 것이다. 즉, 시인은 첫 번째 작품의 함련에서 집집마다 가마우지[29)]를 키워 줄곧 황어(黃魚)만 잡아 끼니를 때우는 풍속을 묘사하고, 경련에서 지역 주민들과 속내를 마음

---

28) 임형택, 「李朝 末 지식인의 분화와 문학의 戱作化 경향」, 『실사구시의 한국학』, 창작과비평사, 2000, 261면.

29) '烏鬼'에 대해서는 학자들의 견해가 분분하다. 여기서는 李睟光이 車天輅의 말을 듣고 확신을 얻었다는 견해를 따라 '가마우지(鸕鷀)'로 번역했다. (李睟光, 『芝峯類說』 文章部四, 「唐詩」, "杜詩云, '家家養烏鬼, 頓頓食黃魚.' 按烏鬼一曰 : 鸕鷀. 蜀人皆養之捕魚, 一曰 : 猪, 一曰 : 老烏, 一曰 : 烏蠻鬼. 小說言, '烏蠻戰者死多, 與人爲癘, 故禳之. 此詩當是言老烏神, 或烏蠻鬼也.' 余聞車天輅言, 往日本時, 見倭人畜鸕鷀以捕魚云, 此可證也.") ○ 실제로 중국에는 가마우지의 목을 끈으로 묶어서 물고기를 잡아도 삼키지 못하게 한 뒤, 가마우지가 물고기를 잡으면 그것을 꺼내는 낚시 방법이 있다고 한다.

껏 나눌 수 없는 처지를 피력한다. 그리고 두 번째 작품의 함련에서 초(楚)땅의 방언인 '어토(於菟)'와 '거여(粔籹)'를 인용한 뒤, 경련에서 기와를 깨뜨려 그 깨어진 금이나 무늬를 보고 길흉을 점치고 화전 밭을 일구며 사는 풍속을 묘사한다. 이후 두 작품 모두 미련에서 직접적인 진술을 통해 낯선 풍속과의 거리감을 드러낸다.

즉, 이학규는 남쪽지방으로 유배된 직후 낯선 풍속으로부터 느낀 괴리감과 서글픔 속에서 두보의 「희작배해체견민 이수」에 강한 정서적 공감을 느꼈던 것이다. 그리하여 이 작품의 표현기법을 적극적으로 모의하여 다음과 같이 자신의 서정을 표출하였다.

「綾州紀俗. 戱作俳體排悶」
「능주의 풍속을 기록하다. 장난삼아 배체시를 지어 번민을 물리치다」

州樓角咿咿	고을 누각에서 피리소리 울리니
樓額瞰朝曦	누각 머리에 올라서 아침 해를 바라보네
行路蔽陽子[30]	사내들은 길에서 패랭이를 쓰고 오가고
新裝半月兒[31]	아낙들은 반달빗으로 새롭게 단장하네
花郎雕面小[32]	박수무당의 꾸민 얼굴 자그마하고
樵老擔肩垂	나무꾼 노인네는 어깨가 늘어졌네
殊俗遙難托	색다른 풍속은 낯설어 의탁하기 어려우니
唯將忠信持[33]	오직 충신(忠信)한 태도 가질 수밖에

신유옥사(1801)를 당한 직후 능주(綾州 : 전남 화순군)로 유배되었을 때 시은 이 작품은 제목에서부터 전체적인 시상에 이르기까지 앞서 살펴본

30) 自注 : 南人織竹爲笠, 名蔽陽子.

31) 自注 : 南商專賣竹篦木梳, 呼圓梳, 爲半月兒.

32) 自注 : 俗多女巫, 男曰 : 花郎.

33) 李學逵, 『총간』 290집, 223면.(1801)

두보의 작품을 모의하고 있다. 오언율시의 시 양식, 함련과 경련에서 그 지역의 방언을 인용하며 풍속을 묘사한 점, 미련에서 드러내는 경계심은 두보가 지은 「희작배해체견민 이수」의 표현기법을 그대로 따르고 있다. 이러한 양상은 이듬해 김해로 정배(定配)된 뒤에 지은 「희작배체견민(戱作俳體遣悶)」[34]에서도 다시 한 번 나타난다. 시인은 낯선 유배지에서 맞는 환경적, 정서적 괴리감과 비루한 풍속에서 느끼는 이질감을 표현하기 위해 「희작배해체견민 이수」의 시 양식과 표현기법을 적극적으로 활용하였던 것이다.

그렇지만 두보에게 기주(夔州)는 언제든지 떠날 수 있는 유랑의 여정 가운데 하나였다. 그와 달리 이학규에게 김해는 자신의 의지와는 무관하게 계속 살 수밖에 없는 생활터전이었다. 이 때문에 이학규는 점차 이웃주민들과 김해 지역의 풍속에 동화될 수밖에 없었다. 비록 유배된 지 10여년이 지난 뒤의 일이지만, 이웃이 함께 장사를 해보자고 하여 약속했다가 고심 끝에 그만 두거나,[35] 떡장수·술집노파와도 '너·나하는 사이'로 지내는 정황[36]은 점차 유배지의 낯선 환경에 적응해갔던 그의 모습을 보여준다.

이와 같은 창작 배경의 차이로 인해, 이후의 배해체 작품에는 더 이상 주변 환경에 대한 거부감이 직접적으로 언급되지 않는다. 대신에 지방의 낯선 방언과 풍속을 형상화하는 표현기법을 적극 활용한다. 그리고 시 양식도 오언율시에서 칠언절구로 압축하여, 장면포착과 묘사의 집중

34) 李學逵, 「戱作俳體遣悶」, 『총간』 290집, 242면.(1802), "客舍西園裏, 人煙左里東. 番番種羅祿, 頓頓食凡蟲. 胡鷰千羣舞, 戎葵一丈紅. 風婆春去也, 蕭颯起青楓."

35) 李學逵, 「贈具汝井 二首」, 『총간』 290집, 392면.(1813) 중에서 두 번째 시의 "貨殖文人少"라는 구절에 '前日具約余爲貿遷, 竟不果.'라는 注가 있다.

36) 李學逵, 「感舊紀恩 三首」, 『총간』 290집, 411면.(1814), "嗟乎. 身名一敗, 竄伏荒徼, 惟日與餠師酒媼, 爲爾汝之交. 追惟十四年前事, 滄桑屢變矣."

력을 높였다.

「悶極疾書得俳體 十五首」
「번민이 끝이 없어 빠르게 시를 써서 배체를 얻다 십오수(十五首)」

其三

無愁南種本無憂[37]	무수(無愁)를 남쪽에서 심는데 본래는 무우(無憂)이니
喚得無愁勝有愁	무수(無愁)라고 부르는 것이 유수(有愁)보다는 낫구나
快味元來蘇渴好	시원한 맛이 원래 소갈증에 좋은데
兼將滯癖瀉淸秋[38]	체증도 깨끗하게 씻겨 내린다오

其五

燈油子熟燦紅枝[39]	등유자(燈油子)가 익어 가지에서 붉게 빛나니
閒立庭除看片時	뜰에 한가로이 서서 잠시 바라보네
何恨秋香不自惜	국화처럼 소중히 여겨지지 않음을 어찌 한하랴
與人長夜讓流脂[40]	사람들과 함께 밤새도록 마구 기름을 흘리네

제목에서 알 수 있는 바와 같이, 이 시는 유배지에서의 심란함을 잠시 잊기 위해 떠오르는 시상을 곧바로 옮긴 것이다. 그리하여 열다섯 수의 제재가 대부분 자신의 시각과 청각을 자극하는 주변의 물상으로 이루어져 있다.[41]

---

37) 自注 : 京中, 呼蘆菔曰 : 無憂, 嶺南曰 : 無愁.

38) 李學逵, 『총간』 290집, 276면.(1807)

39) 自注 : 燈油子秋時紅熟, 如食茱萸, 取醡油, 可燃燈. 嶺南謂之燈油子, 嘗按本草花鏡諸書, 皆無此種.

40) 李學逵, 『총간』 290집, 276면.(1807)

41) 이 외에 「悶極疾書得俳體」 十五首의 제재로는 죽엽주·까마귀 울음소리·다듬이 소리·기생·술집·미나리·귀뚜라미·기러기·비단 짜는 이웃집 여인 등이 사용되고 있으며, '羅祿(벼)'과 '嘉俳(추석)'라는 방언에 自注를 달았다.

그 중에서도 위의 두 작품은 김해지역의 방언을 주석을 달아서 적극 인용한 점이 돋보인다. 첫 번째 작품은 서울에서 '무우'로 발음하는 채소가 '무수'로 발음되는 양상과 그것의 약성(藥性)에 초점을 맞추었다. 그리고 두 번째 작품은 홍화(紅花) 또는 홍람(紅藍)으로도 불리는 잇꽃에 주목하였다. 여기에서 시인은 '추향(秋香)'이라는 이름을 지닌 가을 국화의 고고함과 달리, '등유자(燈油子)'로 불리며 그저 열매를 짜서 등잔 기름으로 사용되는 잇꽃의 비천한 신세를 애상적으로 표현한다.

이처럼 이학규는 배(해)체(俳(諧)體) 작품을 통해서 지방의 방언을 적극적으로 활용하였다. 그런데 다음에 살펴볼 작품들은 훨씬 다양한 방언을 인용하여 생동하는 풍속을 현장감 있게 묘사함으로써 더욱 능숙해진 배(해)체(俳(諧)體)의 표현력을 보여준다.

「卽事爲俳體遣悶兼懷尹師赫」
「즉석에서 배체시를 지어 답답한 속을 풀고, 아울러 윤사혁(尹師赫)을 생각하다」

其一

外骨內肌醢上案[42]	게 젓갈이 밥상에 오르고
朝生暮落花欑庭[43]	퇴비에서 자라는 버섯이 뜰에 모였네
一禽不狎望山子[44]	새떼들은 허수아비 곁에 가지를 않고
百犬皆噑楊水丁[45][46]	온갖 개들 모두 개백정을 향해 짖어대네

---

42) 自注 : 俗以蟹爲外骨內肌魚.

43) 自注 : 本草, 糞堆上菌, 名朝生暮落花.

44) 自注 : 日本人, 謂田畔爲偶人毆雀曰 : 望山子, 見倭漢三才圖會.

45) 自注 : 楊水丁, 本名楊水尺. 今之屠牛織栲栳者, 事見高麗史.

46) 李學逵, 『총간』 290집, 414면.(1815)

其二

阿囝郎罷朝耕出[47]	아들과 아버지가 아침부터 밭 갈러 나가니
連展伊祈午饁供[48]	보리떡과 두부가 한낮의 들밥으로 차려지네
生客過門罵猧子[49]	낯선 길손은 문을 지나다 개에게 꾸짖고
居人縛帚用蓬蕽[50][51]	집안의 사람은 갈대꽃으로 비를 엮네

其五

關北魚鱐乾似札[52]	관북지방 건어는 패 조각처럼 말랐고
江南蜀黍嫩如花[53]	강남지방 옥수수는 꽃처럼 예쁘네
流頭忽憶冰糰會[54]	유두절(流頭節)에 문득 얼음 경단이 차려진 모임을 추억하니
渴肺難忘火酒賖[55][56]	소갈증으로 화주(火酒)를 외상 안 하기 어려워라

其六

葦魚鱠似霞攢簇[57]	웅어회는 노을빛처럼 모여 있고
羅祿苗如雨翦除[58]	나락 모는 비가 내리듯 잘려 있네
荷葉包歸先輩飯[59]	연잎으로 형씨의 밥을 싸서 돌아오는데

---

47) 自注 : 囝音蹇. 中國閩人謂兒曰 : 囝, 郎罷呼父也.

48) 自注 : 淮人謂麥餌曰 : 連展, 蜀人呼豆腐曰伊祈.

49) 自注 : 猧子, 狗子也. 見唐人醉公子詞.

50) 自注 : 蓬蕽, 蘆花也.

51) 李學逵, 『총간』 290집, 414면.(1815)

52) 自注 : 關北德源府海中, 產魚, 味極淡泊, 俗名北魚.

53) 自注 : 玉蜀黍, 嶺南謂之江南蜀黍.

54) 自注 : 新羅之俗, 六月十五日沐髮東流水, 謂之流頭節.

55) 自注 : 燒酒, 一名火酒.

56) 李學逵, 『총간』 290집, 414면.(1815)

57) 自注 : 或曰 : 葦魚, 產王都, 金官亦古王都, 故產此魚.

58) 自注 : 嶺南謂秔稻曰 : 羅祿. 或曰 : 新羅廩給百官, 用稻代米, 今猶名羅祿也.

榴花揷上假男笄[60][61] 석류꽃이 가시내의 비녀 위에 꽂혔네

위의 네 작품들은 매 구마다 방언을 인용함으로써 민풍토속의 실감을 극대화 하고 있다. 여기에 세심한 관찰력과 장면포착이 어우러져 농촌의 생활상과 풍속을 생생하게 전달한다. 시인의 방언에 대한 관심은 생물과 식물, 사람에 대한 호칭과 음식물 등으로 확장되고, 이것을 짜임새 있게 시어화하여 매 작품마다 현장감 있는 시상을 전달한다. 이러한 양상은 방언에 대한 관심과 민풍토속의 묘사력에 기반한 배(해)체(俳(諧)體)의 표현력이 한층 높아졌음을 말해준다.

이는 당시 이학규의 현실주의적인 시 창작 역량이 전반적으로 높아진 점과 관련이 깊다. 이학규는 1809년부터 다산 정약용과의 시문왕래(詩文往來)가 잦아지면서 다산의 현실주의적인 작품에 큰 감발과 자극을 받았다. 그리하여 1809년에는 다산의 『탐진악부(耽津樂府)』에 영향을 받아 『영남악부(嶺南樂府)』를 짓고, 다산의 「탐진농가(耽津農歌)」·「탐진어가(耽津漁歌)」·「탐진촌요(耽津村謠)」를 보고서 「강창농가(江滄農歌)」·「남호어가(南湖漁歌)」·「상동초가(上東樵歌)」를 지었으며, 1810년에는 다산의 「전간기사(田間紀事)」를 보고 「기경기사(己庚紀事)」를 지었다.[62]

그 중에서도 특히 다산이 지은 「탐진농가」·「탐진어가」·「탐진촌요」는 다양한 토속적인 방언을 시어로 쓰면서도 성공적인 시상의 전개가 돋보이는 작품이었다.[63] 이제 이학규는 두보가 지은 「희작배해체견민

---

59) 自注 : 湖南之俗, 田翁牧豎, 相呼皆曰 : 先輩.

60) 自注 : 湖南及嶺南, 皆呼女子未嫁曰 : 假男兒.

61) 李學逵, 『총간』 290집, 414면.(1815)

62) 다산과의 문학적 교유양상에 대해서는 백원철, 앞의 책, 82~98면 참고.

63) 다산이 토속적인 방언을 시어로 쓴 예는 유배초기에 지은 「長鬐農歌」에서부터 나타난다. (송재소, 『다산시 연구』, 창작과 비평사, 1986, 39~44면 참고.)

이수」의 영향에서 나아가, 다산의 작품으로부터 지방의 방언과 민풍토속을 형상화하는 방법을 더욱 자세히 익힐 수 있었던 것이다. 이학규가 1809년에 지은 「금관죽지사(金官竹枝詞)」에서 다수의 방언을 사용하여 김해 부근의 풍속과 특산물, 고적(古蹟) 등을 칠언절구 연작 30수로 표현한 것도 이러한 과정의 산물이다.

말하자면, 앞서 살펴본 「즉사위배체견민겸회윤사혁(卽事爲俳體遣悶兼懷尹師赫)」의 작품들이 기존의 배(해)체보다 더 높은 표현력을 발휘하게 된 까닭은 이학규가 다산에게 자극을 받음으로써 현실주의적인 시 창작역량이 전체적으로 높아졌기 때문이다. 그리하여 이러한 창작역량은 몇 년 뒤인 1819년에 「금관기속시(金官紀俗詩)」에서 방언과 속어의 과감한 시어화를 통해 다시 한 번 문학성을 발휘하게 된다.

한편, 이학규는 다음과 같이 만년이 되어서도 민풍토속을 표현하기 위해 배(해)체를 활용하였다.

> 「正月二日, 由南郭至古西門, 往還之間, 觸目紀事. 作俳體十首志悶, 卻寄李敬天玄對」
> 「정월 2일에 남쪽 성곽에서 고서문(古西門) 사이를 오가며 눈으로 본 일을 기록하다. 배체시 열 수를 지어 번민을 헤아리고 또 이경천(李敬天)과 이현대(李玄對)에게 부치다」
>
> 其三
>
> | | |
> |---|---|
> | 輭襪裁成瓜子尖 | 부드러운 버선을 외씨처럼 뾰족하게 재단하고 |
> | 茜裙尾䙅手輕拈 | 붉게 물들인 치마 끝자락을 손으로 가볍게 잡고선 |
> | 逢人背入邨籬去 | 사람들과 마주치자 등 돌려 시골집 울타리로 들어가더니 |
> | 卻向籬間偸眼覘[64] | 또 다시 울타리 사이로 몰래 엿보네 |

---

64) 李學逵, 『총간』 290집, 560면.(1829~1830)

其四

三摺袍長散不收	세 겹 주름 긴 도포를 늘어뜨린 채로 있으니
六經鞋大曳何尤	여섯 번 날실을 댄 큰 신이 끌려도 무엇을 탓하랴?
相逢路上紛紛揖	길에서 만나자 허둥지둥 읍을 하며
却道平安過歲不[65]	도리어 "과세평안하신지요?" 라고 안부를 묻네

其五

乞供人皆叫地神	걸공(乞供)하는 사람들이 다 같이 지신(地神)을 부르면서
銅鐃鼓鈸鬧無倫	구리 징, 북, 꽹과리 치는 소리가 더 없이 시끄러운데
邊頭何許癡男子	변두리 한 쪽에 있는 어수룩한 남자는
山字肩掀不媿人[66]	'산(山)'자 모양으로 어깨를 들썩이며 부끄러운 줄 모르네

이 작품들은 정월 설날의 세시풍속을 실감나게 묘사하고 있다. 앞서 살펴보았던 배(해)체 작품처럼 방언의 시어화가 드러나지는 않지만, 여유로운 시선으로 거리를 오가는 중에 마주친 장면을 포착하는 수법이 돋보인다. 특히 위의 세 작품들은 세시풍속을 배경으로 그 위에 지역민들을 생동감 있게 부각함으로써 현장감을 극대화하였다.

이를 통해 첫 번째 작품은 외씨버선을 신고 고운 한복을 입은 처녀의 단아한 모습뿐만 아니라, 수줍음 속에 감춰진 들뜬 기분마저 실감나게 전달한다. 그리고 두 번째 작품은 예사롭게 설날의 복장을 한 채로 대수롭지 않게 길을 지나다가 자신을 보고서 허둥지둥 새해 인사를 건네는 장면을 통해 순박한 시골 사내의 모습을 부각시킨다. 마지막으로 세 번째 작품에서는 지신밟기의 장면 중에서 정신이 모자란 듯 해 보이는 남

65) 李學逵, 『총간』 290집, 560면.(1829~1830)

66) 李學逵, 『총간』 290집, 560면.(1829~1830)

자가 주변의 시선은 아랑곳없이 어깨를 덩실거리는 모습을 포착하여 흥겨운 분위기를 전달한다. 그리하여 어느덧 유배초기의 배해체 작품에서 강조하던 풍속에 대한 괴리감은 사라지고, 오히려 민풍토속과 지역민들에 대한 시인의 따뜻한 시선이 작품 속에 자리 잡는다.

이처럼 이학규는 일생동안 배해체로 민풍토속을 표현하면서도 문학적 계기를 통해 창작 역량을 높여가며 시간이 지날수록 향상된 작품성을 발휘하였다. 그렇다면 이학규가 선택한 배해체의 시 양식은 동일하게 민풍토속을 제재로 하였던 「금관죽지사」나 「금관기속시」와 어떤 변별이 있는 것일까? 이 부분에 대한 설명은 이학규가 굳이 배해체라는 양식을 활용한 까닭을 이해하기 위해 반드시 필요하다. 이에 대해서는 이학규의 다음 글을 살펴볼 필요가 있다.

> …… 우연히 정탁옹이 지은 「탐진농가(耽津農歌)」 12장을 얻어 보니, 농사짓는 사람들의 정사(情事)를 곡진하게 표현하였고, 사리(詞理)가 은미하면서 완곡하여 깊이 풍인지지(風人之旨)의 뜻을 얻은 것이었다. 즉시 그 뜻을 같이하여 「강창농가(江滄農歌)」 10장과 「남호어가(南湖漁歌)」·「상동초가(上東樵歌)」 약간 편을 지어 탁옹이 보게 하였다. ……[67]

> 전에 보여주신 「금관죽지사(金官竹枝詞)」 육장(六章)은 말이 친근하고 흥(興)이 심원하여 깊이 풍인지지(風人之旨)를 얻었다고 하겠습니다. 다만 뜻을 세움이 너무 바르고 엄숙하며 시구를 다듬은 것이 너무 정제되어서 죽지사의 신묘한 이치가 매우 부족합니다.……[68]

---

67) 李學逵, 「江滄農歌 並小序 」, 『총간』 290집, 281면, "……偶得丁籜翁著有耽津農歌十二章, 曲盡農人情事, 詞理微婉, 深得風人之旨. 卽同其意, 爲江滄十章及南湖獻歌·上東樵歌共若干篇, 令籜翁見之.……"

68) 李學逵, 「與」, 『총간』 290집, 360면, "向示金官竹枝詞六章, 言近興遠, 深得風人之旨. 但立意太正經, 鍊句太齊整, 殊欠竹枝神理.……"

위의 글에서 알 수 있듯이 이학규는 죽지사를 비롯한 기속시의 창작에서 풍인지지(風人之旨)의 시 정신을 중시하였다. '풍인(風人)'이란 고대에 민가의 풍속을 채집하여 민풍을 관찰하던 관원을 일컫는다. 따라서 '풍인지지(風人之旨)'란 단순히 민풍토속을 사실적으로 묘사하는 차원이 아니라, 그 속에 풍간(諷諫)의 의도를 담고 있음을 말한다. 이는 간결하고 평이한 시어와 선명한 형상의 운용을 통해 인간의 사상과 감정을 완곡하고 미묘하게 표현하는 것을 가리킨다.[69]

이처럼 이학규는 죽지사류의 작품이나 기속시에 대해서는 그와 같은 시 양식에 필요한 현실주의적인 시의식을 명확하게 인식하고 있었다. 그에 비해서 배해체라는 시 양식은 풍인지지(風人之旨)의 시의식으로부터 비교적 자유로울 수 있었다. 배해체 작품들이 죽지사류의 작품이나 기속시의 작품들과 제재를 상당부분 공유하면서도, 민시병속(憫時病俗)의 비판의식[70]을 담은 내용이 전혀 등장하지 않는 점은 이러한 성향을 잘 보여준다. 즉, 이학규의 배해체 작품들은 민시병속(憫時病俗)의 비판의식과 같은 심각한 주제는 크게 고려치 않으면서 보다 여유로운 시선으로 지역민들의 삶의 현장을 실감나게 표현한 시 양식이었던 것이다.

---

69) 정우봉, 「19세기 시론 연구」, 고려대학교 박사학위논문, 1992, 74면.

70) 백원철은 이학규의 기속시가 지닌 주요한 특징 중의 하나로 '民時病俗의 비판의식'을 지적했다. (백원철, 앞의 논문, 177~180면 참고.)

제8장. 영사악부(詠史樂府)의 표현기법과 미적 특질

이학규는 1808년에 정약용의 『탐진악부(耽津樂府)』에 자극을 받아 『영남악부(嶺南樂府)』 68수를 짓고, 1821년에는 56수[1]의 『해동악부(海東樂府)』를 창작하였다. 이러한 이학규의 영사악부는 일찍부터 학계의 주목을 받았으며, 지금까지 많은 연구 성과가 축적되었다. 그리하여 『영남악부』와 『해동악부』에 담긴 이학규의 작가의식과 작품의 내용 연구는 물론, 작품의 형식과 표현기법에 대해서도 다각도의 고찰이 진행되었다.

그 중에서도 작품의 형식과 표현기법에 대해서는 작가의식과 사화(史話)의 투영양상을 분석한 김영숙의 연구[2]와 시어의 표현법을 개관한 김혜실의 연구[3]를 거쳐, 백원철의 연구를 통해 종합적인 고찰이 이루어졌

1) 『海東樂府』의 제8수인 '聖帝帶'는 『嶺南樂府』와 중복되는 작품이다.

2) 김영숙, 「영남악부연구」, 『한민족어문학』 10, 한민족어문학회, 1983.

3) 김혜실은 이학규가 영사악부에서 비유법·대조법·반복법·나열법·대화법을 적절히 구사하였으며, 문체의 표현 효과를 증대시키기 위해 반용 수법을 사용하기도 했으며, 사실적인 표현과 시각과 청각의 공감각적 표현이 돋보인다고 언급하였다. 또한, 평이한 시어와 실감을 자아내는 언어구사를 통해 민중들의 삶이나 지배층에 대한 비판을 표현하고자 했으며, 주로 5언과 7언의 구법을 사용하였다고 지적하였다. (金惠實, 「李學逵의 嶺南·海東樂府 研究」, 한남대학교 석사학위논문, 1990, 83면 참고.)

다. 백원철은 이학규의 영사악부에서 잡언체(雜言體)가 주류를 이루고 있는 구법(句法)과 이구일전법(二句一轉法)을 중심으로 환운법(換韻法)이 다수를 점하고 있는 운법(韻法)을 검토하고, 그것이 형식적 제약에 구속되지 않으려는 작가의 의도를 반영한다고 지적하였다. 또한, 방언과 토속어를 과감히 구사하여 민족적 정감을 불러일으키고, 필요시에는 몽고어까지도 수용하여 생동하는 현실감을 한층 제고시켜 준다고 설명하였다. 아울러 악부시에서의 관습적인 투식어 중 하나인 '군불견(君不見)'과 '군불문(君不聞)' 등을 적절히 수용하여 시상(詩想)을 전환시킨 다음 작자의 의논을 첨가하여 종결짓는 표현기법이 뛰어나다고 평가하였다. 나아가서 『해동악부』의 「입산곡(入山哭)」을 분석함으로써 협악성(協樂性)을 고려하여 작품을 형상화 한 작가적인 역량을 부각시켰다.[4)]

이후 후속 연구에서는 이와 같은 선행 연구 성과를 다시 한 번 확인하는 차원에 머문 경우도 있었고,[5)] 선행 연구 성과에 기반하여 보다 심화된 논의를 펼친 경우도 있었다. 이에 허련구는 작가의식을 중심으로 이학규의 『해동악부』를 집중분석하는 가운데, 그 형식적인 특징들도 아울러 고찰하였다. 그리하여 이학규의 『해동악부』가 삼자제(三字題)의 형식을 갖추고 있으나 중국의 전통적인 악부명(樂府名)을 탈피하였으며, '군불견(君不見)'·'군불문(君不聞)'과 함께 다양한 감탄사를 사용하여 악부표현형식에 충실하였다고 평가했다. 또한, 작중화자에 의한 풍자적인 표현이 대화체를 통해 원시(原詩) 속에 드러나고 있으며, 방언과 지명을

---

4) 백원철, 『낙하생 이학규 문학연구』, 보고사, 2005, 238~241면 참고.

5) 金洙天은 작가의식의 변모양상을 중심으로 한 연구방향으로 인하여, 이학규의 영사악부가 지닌 형식적인 특징들에 대해서는 기존 연구의 분석범위를 크게 벗어나지 못했다. (金洙天, 「洛下生 李學逵의 嶺南樂府 硏究 : 作家意識의 變貌樣相을 中心으로」, 영남대학교 석사학위논문, 1997, 46~50면 참고.)

활용하여 민풍토속적인 시어를 많이 사용하였다고 언급하였다. 나아가서 『해동악부』에 수록된 각각의 작품이 지닌 구법(句法)·운법(韻法)·편법(篇法)을 일목요연하게 정리하였다.[6]

한편, 석진주는 이학규의 『영남악부』와 『해동악부』에 수록된 작품들의 형식과 표현기법을 보다 체계적이고 치밀하게 분석하였다. 이 연구에서는 본격적인 작품 분석에 앞서 용운(用韻)과 구법(句法)의 이론을 검토하고, 이학규가 악부 작품에서 중요시했던 본사(本事)와 진정(眞情)의 개념을 고찰하였다. 이어서 전운(轉韻)의 예를 중심으로 다양하게 용운(用韻)을 활용하는 양상과 삼언(三言)·사언시(四言詩)를 중심으로 구법(句法)을 변환하는 양상을 고찰하였다. 아울러 본사(本事)와 진정(眞情)의 형상화 방식을 '다양한 시적화자에 의한 사화(史話)의 재구성'과 '비판의식의 표현'이라는 구도 속에서 고찰하였다.[7]

최근에는 지금까지 한 번도 검토되지 않은 작품을 중심으로 『영남악부』의 기록적 특징을 주제·제재·서술로 구분해서 고찰한 연구,[8] 『영남악부』의 협운(叶韻) 활용 양상을 조선후기 영사악부의 맥락 속에서 분석한 연구,[9] 『해동악부』의 전고(典故) 사용 양상을 이익(李瀷)·이복휴(李福休)의 작품과 비교 고찰 한 연구[10]가 진행되었다.

이처럼 이학규의 영사악부는 다방면에 걸쳐 집중적인 연구가 진행되

---

6) 許連球, 「洛下生 李學逵의 海東樂府 硏究 : 作家意識을 中心으로」, 공주대학교 석사학위논문, 2003, 27~36면 참고.

7) 석진주, 「李學逵의 「嶺南樂府」·「海東樂府」 硏究」, 고려대학교 석사학위논문, 2004.

8) 손혜리, 「洛下生 李學逵의 『嶺南樂府』 再論」, 『영남학』 24, 경북대학교 영남문화연구원, 2013.

9) 노요한, 「조선 후기 영사악부의 협운 활용 양상에 대하여」, 『한국한문학연구』 57, 한국한문학회, 2015.

10) 석진주, 「典故 사용을 통해 본 星湖 家門 『海東樂府』의 3人3色 : 李瀷·李福休·李學逵의 작품을 중심으로」, 『동양한문학연구』 42, 동양한문학회, 2015.

었다. 따라서 본 장에서는 이와 같은 연구 성과를 충분히 수용하는 가운데, 진정(眞情)의 표현방식에 대해 추가적인 고찰을 하려한다. 이학규는 「영남악부서」에서 "근본이 되는 사실을 서술하고, 진실한 감정을 표현하는(敍其本事, 達其眞情)"[11]것을 영사악부를 창작하는 자신의 핵심적인 작가의식으로 내세웠다. 여기에서 '서기본사(敍其本事)'가 역사 사실을 정확하게 전달한다는 의미라면, '달기진정(達其眞情)'은 역사 사실을 접하고 느낀 작가의 정서와 의식을 작품 속에 적극적으로 담아내겠다는 의미라고 할 수 있다. 그리하여 이는 정서적 공감을 이끌어 내려는 표현기법에 대한 고심으로 이어졌다.

이러한 작가의식은 기존의 연구 성과에서도 매번 중요하게 거론되었으며, 석진주는 '달기진정(達其眞情)'의 대표적인 표현방식으로 '비판의식의 표현'을 내세웠다. 그런데 이학규의 영사악부를 살펴보면 충절을 지키기 위해 목숨을 바친 인물을 찬영(贊詠)하는 경우나 비극적인 사화(史話)를 구성하는 방식에서도 '달기진정(達其眞情)'의 전달을 위해 노력하는 작가적 모습이 돋보인다. 왜냐하면 이 두 가지 제재는 인물과 사건 자체에 극적인 요소가 풍부해서 작가가 감정을 이입할 여지가 많기 때문이다. 이에 역사적 사실을 재현하고 표현하는 방식에서도 이학규는 자신만의 창작역량을 적극 발휘하였다.

따라서 본 장에서는 '애상적인 정조와 비장미를 통한 충절의 형상화'와 '비극적인 사화(史話)의 서정적 표현'으로 나누어, 이학규가 진정(眞情)을 표현하는 방식을 고찰하려 한다. 이때 해당 작품마다 다른 문인이 창작한 유사 또는 동일제재의 작품과 비교 고찰함으로써 그 작품 속에 담긴 표현기법과 창작 역량을 입체적으로 조망할 것이다. 비교 대상 작품으로는

---

11) 「嶺南樂府序」, 『총간』 290집, 301면.(1808), "… 余之作此, 盖不擇乎體裁之正, 聲律之嚴, 只以敍其本事, 達其眞情, 如香山·石湖之爲則庶矣. …"

한국 영사악부의 효시인 김종직의 『동도악부(東都樂府)』, 조선후기 영사악부에 많은 영향을 미쳤으며 이학규가 적극적으로 모의했던 심광세의 『해동악부(海東樂府)』, 그리고 가학의 전통 속에서 이학규가 많은 영향을 받은 이익의 『해동악부(海東樂府)』를 중심으로 할 것이다.

1. 애상적인 정조와 비장미를 통한 충절(忠節)의 형상화

이학규가 충절을 지킨 인물을 형상화하는 방식을 살펴보면, 애상적인 정조와 비장미를 적극 활용하여 문학적인 호소력을 발휘하는 점이 돋보인다.

「黃昌郎」
「황창랑」 김종직(金宗直)

若有人兮纔離齠	저기 저 사람, 겨우 이갈 나이를 지난 어린애
身未三尺何雄驍	석 자도 안 되는 키에 어이 그리 씩씩한고
平生汪錡我所師	평생토록 왕기(汪錡)를 자신의 스승으로 삼았으니
爲國雪恥心無憀	나라 위해 설욕한다면 마음에 슬플 것 없다네
劍鐔擬頸股不戰	칼날을 목에 대어도 다리 떨지 않고
劍鍔指心目不搖	칼날을 심장에 겨누어도 눈도 깜짝 않네
功成脫然罷舞去	공을 이루자 훌쩍 춤 마치고 떠나가니
挾山北海猶可超[12]	태산을 끼고 북해라도 뛰어넘을 듯 하여라

12) 金宗直, 「東都樂府」, 『佔畢齋集』 권3, 『총간』 12집, 229면.

「黃昌郞」	
「황창랑」	심광세(沈光世)
十餘學劍舞	십여 세에 칼춤을 익히니
觀者傾一市	구경꾼 온 저자를 뒤덮었지
兒心豈無以	어린 아이의 마음인들 어찌 까닭이 없으랴
報仇輕一死	원수를 갚으려 죽음도 가벼이 여겼네
回首笑古人	고개 돌려 옛 사람을 비웃나니
舞陽眞豎子[13]	진무양(秦舞陽)양은 참으로 어린 아이였어라

「黃昌郞」	
「황창랑」	이익(李瀷)
霜倒飛兮電光徹	서리가 휘날리고 번개가 꿰뚫듯
劒氣衝兮天外倚	검의 기세 충만해서 하늘 밖까지 치우쳤네
長飆拂兮輕雪回	긴 회오리바람 드날리고 가벼운 눈발 도는 듯
舞袖飜兮日中起	춤추는 소매 나부끼며 해 속까지 일어나네
五尺童兮三尺水	오 척의 동자가 삼 척의 칼을 지녔으니
誰得窺兮心內事	누가 그 맘속의 일을 엿볼 수 있으랴
萬人觀兮康莊衢	수많은 사람들 큰 길 거리에서 바라보니
百濟宮兮轉密邇	백제 궁에 더욱 가까이 접근했네
刺千乘兮若褐夫	왕 찌르기를 미천한 사람 죽이듯 하여
國雪恥兮身如屣	나라의 치욕 씻으면서 몸을 헌신짝같이 버렸네
身如屣兮可柰何	몸을 헌신짝같이 버렸으니 어찌하랴
爲鬼雄兮萬萬禩[14]	귀신이 된 영웅 위해 영원토록 기리노라

13) 沈光世, 「海東樂府」, 『休翁集』 권3, 『총간』 84집, 351면.

14) 李瀷, 「海東樂府」, 『星湖集』 권7, 『총간』 198집, 165면.

「黃昌郎」
「황창랑」　　　이학규(李學逵)

郎當郎當	너풀너풀
左血拇右趾傷	왼손가락에 흐르는 피, 오른 발에 난 상처
翩然來者黃昌郎	홀연히 나타난 황창랑이여
昨爾擁長鋋	지난번에 긴 칼을 안고서
去刺泚河王	백제로 가서 차하왕(泚河王)을 찔렀었지
爾是秦舞陽	너는 진무양(秦舞陽)이로다
奈何秦國强	진(秦)나라가 강한 것을 어찌하랴
人乎鬼乎何倀倀	사람인가 귀신인가 어찌 그리 헤매는고
應憶爾孃血泣望	네 어머니 피눈물로 바라볼 것 생각하여
西風吹爾置孃傍	서풍이 너를 불어 어머니 곁에 두었구나
黃昌孃黃昌孃	황창의 어머니여, 황창의 어머니여
前言誤爾不須信	이전의 말 거짓이니 믿지마소서
黃昌來舞兮	황창이 돌아와 춤을 추거늘
盍卽開眼眶[15]	어찌 눈을 뜨지 않으십니까

황창(黃昌)은 어린 나이에 백제에 잠입해서 검무(劍舞)를 빙자해 백제의 왕을 죽이고 피살된 인물이다. 그 뒤 황창의 어머니가 슬픔에 겨워 눈이 멀자, 신라인들은 사람을 시켜 황창의 어머니 앞에서 검무를 추게 하고서 황창이 돌아왔다고 거짓말을 함으로써 다시 눈을 뜨게 했다고 전한다.[16]

15) 李學逵, 「嶺南樂府」, 『총간』 290집, 314면.(1808)

16) 「嶺南樂府」·「黃昌郎」, 『총간』 290집, 314면.(1808), "按慶州府志, 黃倡郎新羅人. 世傳倡年七歲, 入百濟, 市中舞釼, 觀者如堵. 百濟王聞之召觀, 命升堂舞釼, 倡郎因刺王, 國人殺倡郎. 羅人哀之, 像其容爲假面, 作釼舞之狀, 至今傳之. 又按李詹黃倡郎辨曰 : 乙丑冬, 客于鷄林, 府尹裵公設鄕樂以勞之, 有假面童子, 舞釼于庭. 問之, 云羅代有黃昌者, 年可十五六歲, 善舞釼. 謁於王曰 : 臣願爲王擊百濟王, 以報王之

이러한 황창의 사화(史話)는 위에서 살펴본 바와 같이 역대로 많은 문인들에 의해 시로 창작되었다. 그런데 이 작품들을 비교해 보면, 이학규가 역사적 인물을 형상화하는 방식의 특징이 잘 드러난다. 우선 김종직의 작품은 황창의 위용이 드러나는 특징적인 장면을 적절하게 포착하여 묘사하고, 그 속에 작자의 감상을 피력하였다. 하지만 칠언율시의 정제미가 작품의 활력을 제한함으로써 시상의 전개 과정에서 인물의 생동감이 잘 드러나지 않는다. 심광세의 작품은 5언 6구의 짧은 형식 속에 어린 나이에도 큰 뜻을 품고 목숨을 바친 황창을 압축적으로 찬영(贊詠)하였다. 그 속에서 김종직이 황창을 왕기(汪錡)에 비교했던 것과 달리, 황창을 진(秦)나라의 무양(舞陽)과 비교하며 그보다 뛰어난 인물이라고 언급하였다. 이익의 작품은 앞선 작품들과 달리 황창의 검무를 자세히 묘사하고, 그의 용맹한 모습을 형상화하였다. 이렇게 이상의 세 작품은 황창과 그의 검무를 묘사하고 황창을 찬영(贊詠)하는 과정에서 줄곧 관찰자적 시선을 유지함으로써 작가의 지나친 감정이입을 자제하였다.

그에 비해서 이학규의 작품은 황창의 용맹성을 언급하는 것에서 나아가, 그 이면에 자리한 애절한 사연에 초점을 맞추어 감정이입의 깊이를 더하였다. 물론 이러한 형상화 방식의 차이는 기본적으로 이학규가 앞선 작가들과 달리 황창의 어머니에 관한 사화(史話)를 추가적으로 수용하고, 이를 바탕으로 어머니 앞에서 추는 황창무(黃昌舞)의 간절한 춤사위에 초점을 맞춘 데에서 비롯되었다. 그럼에도 불구하고 시상의 전개

仇. 王許之, 則往舞於通衢, 國人觀者如堵. 王聞, 召至宮中, 使舞而觀之, 昌擊於座殺之, 遂爲左右所害. 母聞, 號哭遂喪明, 人有爲其母謀還其明者, 令人釼舞於庭, 紿之曰：昌來舞矣, 前言誣耳. 母大喜泣, 卽還明. 以昌幼而能死事, 故載之鄕樂, 流傳云, 此說差近理. 世豈有七歲而能爲荊聶之事者乎? 尤侗朝國竹枝詞云小兒七歲號黃昌, 舞釼能誅百濟王, 是必沿傳說之誤耳. 金佔宗直黃昌郎歌云若有人兮纔離齠, 身未三尺何雄驍, 夫離齠則已踰七歲矣. 然則當以李說爲正."

과정에서 도입부에 춤사위를 본뜬 의태어[17]를 삽입하고, 잡언체(雜言體)의 구법을 통해 운율감 있는 구법을 전개하며, 감탄사·의문사·논호법을 사용하여 적극적으로 감정을 이입하는 양상은 앞선 작가들의 작품에서는 느낄 수 없는 현장감과 애상적인 정조를 발산한다.

한편, 다음에 살펴볼 작품들은 충절을 지킨 인물을 비장미를 통해 찬영(贊詠)하는 경우이다.

「鷄林臣」
「계림 신하」　　심광세(沈光世)

汝何人	그대는 누구인가
鷄林臣	계림의 신하요
來何意	무슨 뜻으로 왔는가
王弟事	임금님의 아우 일 때문이오
主憂臣當辱	임금이 근심하면 신하는 마땅히 욕을 당하고
主辱臣當死	임금이 욕을 당하면 신하는 마땅히 죽어야 하네
白刃亦可蹈	서슬이 번쩍이는 칼날도 밟을 수 있고
湯鑊亦不避	솥에 삶기는 일도 피하지 않으리
王心載悅臣已矣[18]	임금님 마음이 기쁘시면 신은 그만이로다

「朴堤上」
「박제상」　　이학규(李學逵)

剝脚皮	다리 가죽을 벗겨내니
豈不悲	어찌 괴롭지 않으랴만
臣實鷄林兒	신은 진실로 계림(鷄林)의 자식이로다

17) 李圭景, 『五洲衍文長箋散稿序』, 「故事兩義辨證說」, "郎當, 今以莫知所爲之貌爲郎當, 而似用古詩舞袖太郎當之語, 卽齷齪之意也."

18) 沈光世, 「海東樂府」, 『休翁集』 권3, 『총간』 84집, 350면.

立熱鐵	달궈진 철판 위에 서게 하니
豈不熱	어찌 뜨겁지 않으랴만
臣亦鷄林說	신은 그래도 계림이라 말할 따름이로다
但使未斯欣	다만 미사흔(未斯欣)이
得見徐羅君	서라벌에 계신 임금을 만날 수 있게 할 뿐
死亦鷄林鬼	죽어도 계림 귀신이요
生亦鷄林臣	살아도 계림 신하로다
朴堤上	박제상이여
何其壯	어찌 그리 장한가
夫忠婦節竟兩全	남편의 충절과 아내의 절개, 끝내 둘 다 보전하였네
哀聲遙述相望[19]	애절한 울음소리 멀리 퍼지며, 짝을 서로 그리워하였다네

신라 눌지왕 때에 고구려와 일본에는 왕의 아우 복호(卜好)와 미사흔(未斯欣)이 각각 볼모로 잡혀 있었다. 이에 박제상(朴堤上)은 두 아우를 구출해 올 변사(辯士)의 임무를 맡아 고구려에 가서 복호를 데리고 온 뒤, 다시 미사흔을 구출하기 위해 일본으로 떠난다. 그리고 그곳에서 미사흔이 본국으로 돌아갈 수 있도록 도운 다음, 자신은 붙잡혀 갖은 고초를 받으면서도 충절을 지키다가 죽었다. 그 뒤 박제상의 아내는 남편을 그리며 치술령(鵄述嶺)에 올라 일본 쪽을 바라보며 울다가 죽음을 맞았다.[20]

---

19) 李學逵, 「嶺南樂府」, 『총간』 290집, 308면.(1808)

20) 「嶺南樂府」·「朴堤上」, 『총간』 290집, 308면.(1808), "朴堤上, 新羅始祖赫居世之後, 仕爲歃良州(今梁山郡)干. 先是, 實聖王遣奈勿王子未斯欣質倭, 又遣未斯欣兄卜好, 質高句麗. 訥祗王立, 思得辨士往迎之, 堤上請行, 至句麗, 說王得同歸. 王喜曰 : 念二弟如左右臂, 今只得一臂, 奈何? 堤上拜辭, 不入家, 至倭國, 紿言王殺我父兄, 故逃來, 倭王信之. 堤上與未斯欣, 乘舟若遊玩者, 倭人不疑, 堤上勸未斯欣, 潛還. 未斯欣欲與偕歸, 堤上曰 : 俱去, 恐謀不成. 未斯欣去旣遠, 倭王囚堤上問曰 : 何竊遣王子? 對曰 : 臣是鷄林臣, 欲成吾君之志耳. 倭王怒曰 : 言鷄林臣, 必具五刑, 命剝脚下皮,

위의 두 작품은 이러한 사화(史話)를 형상화 한 작품이다. 먼저 심광세의 작품은 박제상이 심문을 받는 과정에 초점을 맞추어 그의 충절을 형상화하였다. 그리하여 박제상을 시적 화자로 설정하여 작품의 실감을 높이고, 문답형의 간결한 어조에 이어서 신하로써의 도리와 기개를 담담하게 진술함으로써 결연하고 비장한 분위기를 전달하였다.

이학규의 작품도 심광세의 작품과 마찬가지로 박제상을 시적 화자로 내세워 심문을 받는 과정에 초점을 맞추었다. 그러나 담담한 진술로 일관하는 심광세의 작품과는 달리, 도입부에서 3·3·5의 구법으로 동일한 어조를 반복하고, 그 속에 의문형의 강렬한 어감을 첨가하여 시어의 기세를 강화하였다. 나아가서 자신의 신하된 도리를 확인한 뒤, 생사의 경계에서도 변함없는 굳은 절개를 다시 한 번 확고히 하였다. 그리고 충절과 절개를 지킨 두 부부의 애절한 사연을 환기시키며 시상을 마무리 하였다. 이처럼 이학규의 작품은 심광세의 작품이 지닌 비장미를 계승하면서 격정적인 기세와 어감을 강화하였다.

이렇게 나라를 위해 목숨을 바친 인물의 비장미를 극대화하는 방식은 다음의 작품에서도 잘 드러난다.

「愚溫達」
「바보 온달」

瘦莫笑天馬駒	여위었다고 천마 망아지를 비웃지 마라
愚莫嘲行乞夫	어리석다고 지나가는 걸인을 조롱하지 마라
馬瘦復肥夌八極	말이 여위었어도 다시 살찌우면 팔방(八方)의 끝을 넘을 수 있고

刈蒹葭使趨其上. 問曰 : 何國臣? 曰 : 鷄林臣. 又使立熱鐵上, 問曰 : 何國臣? 曰 : 鷄林臣. 倭王知不屈, 燒殺之. 妻率三娘, 上鵄述嶺, 望倭國哭死."

人愚得志能殉國	사람이 어리석어도 뜻을 얻으면 나라를 위해 죽을 수 있다네
當季溫達未致身	지난 날 온달이 나라를 위해 헌신하지 않았을 때는
曾是龍鍾可笑人	일찍이 꾀죄죄하여 우습게 보이는 사람이었지만
遼陽十月討勍敵	요양(遼陽)땅에서 10월에 강한 적을 토벌할 때
陷陳斬馘伊誰力	적진을 함락하고 목을 벤 게 그 누구의 힘이었던가
身爲王婿不自驕	왕의 사위 되었지만 교만하지 않았으니
官是大兄無所惜	대형의 벼슬이라도 아깝지 않았네
雞立關前送別辰	계립령(雞立嶺) 관문 앞에서 송별하던 날
丹旌猶戀沁園春	붉은 명정은 여전히 아름다운 공주를 그리워했지
嗚呼	아아!
溫達生亦不愚死猶神[21]	온달은 생전에도 어리석지 않았고 죽어서도 신과 같았네

이 작품에서 이학규는 「온달전(溫達傳)」의 사화(史話) 중에서도 온달의 인간상을 형상화 하는 데에 집중하였다. 이는 온달과 평강공주와의 관계에 주목한 다른 작품들과 비교할 때[22] 변별되는 특징이다. 그리하여 이학규는 도입부에서부터 부정어를 사용하여 시상의 기세를 강조하

21) 李學逵, 「海東樂府」, 『총간』 290집, 527면.(1821)

22) 林昌澤, 「溫達婦」, 『崧岳集』 권1, 『한국문집총간』 202집, 504면, "貌龍鍾, 食行乞. 沸水之男名溫達, 王宮女兒啼復啼. 兒啼王常戲, 兒長必作溫達妻. 兒年十六卜駙馬, 卜駙馬兒不可. 匹夫食言猶不祥, 王常有言兒不忘. 山中楡皮可共采, 貧賤亦何妨. 古人貧病不相負, 前有溫達後有白雲婦."; 申光洙, 「關西樂府」, 『石北集』 권10, 『한국문집총간』 231집, 400면, "騎牛公主出宮門, 七寶粧來荳葉村. 金枝願嫁愚溫達, 天定人緣莫避婚."; 柳得恭, 「二十一都懷古詩」, 『泠齋集』 권2, 『한국문집총간』 260집, 38면, "鷄立山前漲戰塵, 丹旌依戀沁園春. 平生忼慨愚溫達, 自是龍鍾可笑人."; 李福休, 「溫達行」, 「海東樂府」 권1, 『근기실학연원제현집』 5, 성균관대학교 대동문화연구원, 2002, 540면, "龍鐘彼誰子? 自言無配侶. 探親不用媒, 步步何村女. 女生無所愛, 女長無所戲. 但識王者言無二, 生年十六不出門. 豈甘繭足荒出裏? 囊中有金篋有衣, 只願同生與同死. 三月三日獵馬驕, 天回翠麟稱純美. 竹嶺鷄峴空留誓, 魂兮不歸歸娘子."

고, 여윈 천마(天馬)와의 대비를 통해 부족해 보이는 용모에 감춰진 능력과 기개를 부각시켰다. 이어서 강적을 토벌할 때 선봉에 섰던 장수로서의 늠름함과 사특한 마음이 없는 성품을 서술하고, 죽은 뒤에도 아내인 평강공주를 잊지 못하는 애틋함을 드러낸 뒤, 온달의 인간상을 극찬함으로써 시상을 마무리하였다. 이를 통해 '바보 온달'이라는 조롱이 무색하게 살아서는 누구보다도 뛰어난 재능과 인품으로 국가를 위해 목숨을 바쳤고, 죽어서는 사랑하는 아내에 대한 일편단심을 드러냈던 충직한 사내의 모습을 형상화하였다.

즉, 「박제상(朴堤上)」과 「우온달(愚溫達)」은 모두 인물의 역량이 잘 드러나는 국면을 포착하여, 나라를 위해 충성을 다하고 결연한 죽음을 맞은 신하를 찬영(贊詠)하였다. 아울러 두 작품 모두 나라에 대한 충성이라는 대의를 지키기 위해 사별할 수밖에 없었던 아내의 존재를 등장시킴으로써 애틋하면서도 비장한 분위기를 높였다.

이처럼 이학규는 나라를 위해 충절을 지킨 인물을 형상화 한 작품들에서 때로는 우회적으로 애상적인 정조를 강조하고, 때로는 직접적으로 비장미를 강조함으로써 자신의 '진실한 감정[眞情]'을 적극적으로 반영하였다. 이를 위해 다양한 구법의 운용을 통해 시형식의 제약을 벗어난 율격미를 조성하고, 감탄사·의문사·돈호법·부정어 등을 구사하여 적극적으로 자신의 감정을 이입함과 동시에 작품의 기세와 어감을 강화하였다.

2. 비극적인 사화(史話)의 서정적 표현

이학규가 영사악부에서 비극적인 사화(史話)를 형상화하는 방식을 살펴보면, 사화(史話)를 서사적으로 나열하거나 그 속에 담긴 교훈과 의미를 서술적으로 표현하기보다는 사화(史話)에 담긴 비감을 극대화함으로써 정서적 공감을 자아내는데 주력하는 점이 돋보인다.

「山有花」
「산유화」

山有花上江隖	산유화(山有花) 노래는 위 쪽 강둑에 울리는데
砥柱碑下江渚	지주비(砥柱碑)는 아래 쪽 강가에 있네
愁愁愔愔采薪女	시름에 잠겨 나무하던 여인은
長傷嗟向誰語	길게 탄식하며 누굴 향해 말을 하나
還歸家見猶父	집으로 돌아와 숙부를 뵈었더니
噫不諒以威	아, 마음은 몰라주고 개가(改嫁)하라 위협만 했네
男有婦可決去	남자들은 부인을 얻고도 버릴 수 있지만
女有夫不再許	여자들은 남편을 얻으면 재혼할 수 없다네
潛垂淚出門戶	남몰래 눈물 흘리며 문을 나서서
傷春心向前浦	춘심(春心)을 상한 채로 앞 물가로 향했네
橫盤渦久延佇	소용돌이치는 강물 곁에 우두커니 섰다가
輕騰身若投杵	절굿공이 던지듯 가볍게 몸을 날렸네
江中歌女所與	강 가운데 노래는 그녀가 지어 준 것인데
馮龍鱗憯危若	넘실대는 물결 타고 위태롭던 너를 슬퍼하네
揚纁衵汎椒糈	분홍빛 저고리 날리며 산초와 쌀을 제물로 띄우건만
懷暖姝悵何所	어여쁜 그대를 생각함에 구슬피 어디에 계시는가
鴛鴦鳥不可侶	원앙새도 짝을 지을 수 없고
茳蘺草不可茹	향긋한 강리초(茳蘺草)도 먹을 수 없네
魂澹澹洛東滸	넋은 고요히 낙동강 물가
山有花歸來處[23]	산유화(山有花) 노랫소리에 서려 있다오

23) 李學逵, 「嶺南樂府」, 『총간』 290집, 305면.(1808)

선산지역의 여인 향낭(香娘)은 결혼생활 중에 남편에게 버림받고 친정으로 돌아왔다. 그러나 부모는 계시지 않고 숙부가 그녀를 개가(改嫁)시키려 하자 낙동강가 길재 선생의 충절을 기리는 지주비(砥柱碑) 부근에서 물에 뛰어들어 죽었다. 산유화는 이때 향랑이 주변 여인들에게 지어준 원가(怨歌)이다.

이와 같은 향랑의 생애는 조선 후기의 많은 문인들에 의해 시(詩)와 전(傳) 등으로 작품화되었는데, 이학규 또한 많은 관심을 기울였다. 그리하여 1801년에는 비오는 밤에 이웃이 부르는 산유화 노래를 듣고 느낀 서글픈 심경을 시로 표현하였다.[24] 또한, 1808년에는 김해부(金海府) 동쪽의 과정(苽亭)에서 불리는 산유화 노래를 듣고 시를 지었다.[25] 그리고 위의 작품처럼 향랑의 생애를 모티프로 한 영사악부를 창작하였다.

이 작품의 시상은 도입부에서 향랑이 투신한 낙동강가의 장소를 환기시키며 시작된다. 여기서 길재 선생의 절조를 표창한 지주비는 향랑이 투신한 장소를 가리킴과 동시에 향랑의 정절을 비유적으로 드러내는 역할을 한다. 이어서 12구까지는 향랑의 생애를 압축적으로 표현한다. 그리하여 시인은 향랑의 속내를 헤아리지 않고 개가(改嫁)만을 강요하는 숙부의 존재와 개가(改嫁)가 쉽지 않은 가부장적 사회구조를 부각시킨다. 하지만 시인은 곧바로 '상춘심(傷春心)'이라는 시어를 통해 남편의 사랑을 잃어버린 여인의 비련한 마음을 대변한다. 이는 향랑의 죽음이 여인의 정절을 강요하는 사회적인 배경과 함께 사랑하는 사람에게 버림받은 채로 누구에게도 위로받지 못하는 개인적인 슬픔에서 비롯된 사건임을 말해준다. 이후 작품의 후반부에서 향랑의 넋을 기리는 애틋한 심

24) 李學逵, 「夜聞隣人唱山有花, 有懷, 却寄伯津」, 『총간』 290집, 224면.(1801)
25) 李學逵, 「山有花歌」, 『총간』 290집, 292면.(1808)

사를 표현하며 시상을 끝맺는다.

즉, 향랑과 산유화 노래를 제재로 한 많은 작품들이 강한 서사성을 바탕으로 향랑의 죽음을 지조와 절개라는 주제로 귀결시키는 것에 비해, 이 작품은 향랑의 죽음에 담긴 애달픈 정서를 형상화하는데 많은 노력을 기울이고 있다. 그리하여 전체적으로 애상적인 서정성을 강조함으로써 역사적 사실에 대한 관심을 유도하였던 것이다.

「落花巖」	
「낙화암」	심광세(沈光世)
落花巖	낙화암이여
截然屹立高幾尋	깎아지른 듯 우뚝 솟아 높이가 얼마인가
君王長日此遊衍	임금은 하루 종일 이곳에서 노닐었네
綠鬢紅顔花滿眼	검은 머리 붉은 얼굴의 꽃들이 눈에 가득했건만
誰知樂極生哀怨	향락이 극에 달하면 슬픔과 원통함이 생기는 줄 누가 알았으랴
運去神龍亦不保	운수가 다해 신령스러운 용도 보호해주지 못하니
城門不守旌旗倒	성문을 지키지 못하고 깃발은 거꾸러졌네
蒼黃時事春夢亂	창황히 당시 정사(政事)가 봄꿈처럼 어지러워져
玉碎珠沈俱草草	옥이 부서지고 구슬이 물에 잠기는 것 모두 순식간이었네
江妃啼恨水仙泣	강의 신녀(神女)는 울면서 한스러워하고 수선(水仙)도 눈물 흘리니
山河不改乾坤老	산하(山河)는 변함이 없거늘 하늘과 땅은 늙어가네
千年冤魂散紅白	천 년 전의 원혼들은 울긋불긋한 꽃으로 흩어져
春來依舊傷心色	봄이 오면 변함없이 상심하는 기색을 드러내네
君不見	그대는 보지 못했는가
鮑石出遊卒遇賊	포석정에 나가 노닐다 끝내 도적 때 만난 것을
辱生節死同亡國[26]	수치스럽게 살거나 절개를 지켜 죽으나 나라가 망한

것은 같다네

「落花巖」
「낙화암」 이익(李瀷)

巖上花開	바위 위에 꽃이 피니
正好鉛粉紅白佳娛遊	울긋불긋 화장하고 노닐기 참으로 좋았네
巖上花巖下落	바위 위의 꽃이 바위 아래로 떨어지니
綺羅飄散隨西流	아름다운 비단 흩날리며 서쪽으로 흘러갔네
花開花落巖不知	꽃 피고 꽃 지는 것 바위는 알지 못하고
國破君亡物猶留	나라가 깨어지고 임금은 망했어도 바위는 남아 있네
鬧耳絃歌亂眼舞	귀를 시끄럽게 하던 거문고 노랫소리와 눈을 어지럽히던 춤사위에
不知疆外千貔與萬貅	국경 밖 천만 마리의 맹수를 알지 못했네
荒淫不戒有如此	음탕한 짓을 경계하지 않으면 이와 같은 일 있을지니
請看	보게나
白馬江波萬古咽不休[27]	백마강 물결 만고에 걸쳐 오열하며 쉬지 않음을

「落花巖」
「낙화암」 이학규(李學逵)

巖花落	바위에서 꽃이 떨어지니
風聲惡	바람 소리도 괴로워라
半月城中人已空	반월성(半月城)에는 사람 자취 어느덧 텅 비었는데
大王浦上春如昨	대왕포(大王浦)가에는 봄날이 어제와 같네
江中豔骨作花胎	강물 속의 어여쁜 유골들이 꽃봉오리를 만들어
季季只向巖前開	해마다 그저 바위 앞에서 꽃을 피우네

26) 沈光世, 「海東樂府」, 『休翁集』 권3, 『총간』 84집, 352면.
27) 李瀷, 「海東樂府」, 『星湖集』 권7, 『총간』 198집, 173면.

開復落不知數　　피었다간 다시 지길 부지기수로 하건만
漂蕩春江去不廻[28]　　출렁이는 봄 강물은 흘러가서 돌아오질 않네

낙화암은 나당연합군이 백제를 침략하자 백제의 궁녀들이 백마강으로 떨어져 죽었다는 전설이 전하는 곳이다. 이 사화(史話) 또한 사치와 향락을 일삼다가 망국(亡國)에 이르는 정황과 절벽에서 몸을 던진 궁녀들의 안타까운 모습이 자아내는 극적 분위기로 인해 많은 문인들이 작품으로 형상화하였다.

그 중에서 위의 세 작품을 차례로 살펴보면, 우선 심광세의 작품은 9구까지 낙화암에 얽힌 사화(史話)를 비감에 찬 어조로 전달한다. 이어서 그러한 역사적 사실에 대한 감개를 피력한다. 이에 낙화암에서 투신한 젊은 궁녀들의 원한을 헤아리고, 신라 경애왕이 포석정에서 노닐다가 견훤에게 죽임을 당한 예를 들어 사치와 향락을 일삼으면 망국에 이른다는 역사적 교훈을 환기시킨다. 다음으로 이익의 작품은 낙화암과 관련된 사화(史話)를 설명하면서 사치와 향락에 대한 경계를 강조하며 작품을 끝맺는다.

그에 비해서 이학규의 작품은 심광세가 비유적으로 표현하고, 이익이 직접적으로 언급했던 역사적 교훈을 전면에 내세우지 않는다. 대신에 낙화암에서 투신한 궁녀들의 비극적인 죽음에 초점을 맞추어 그 비감(悲感)을 전달한다. 시인은 폐허가 된 낙화암에서 어김없이 피어나는 아름다운 봄꽃을 궁녀들의 유골이 피워 올린 꽃봉오리라고 표현한다. 그리고 해마다 봄꽃이 피고 지지만 강물처럼 흘러간 세월은 되돌릴 수 없다고 하여, 꽃다운 나이에 억울하게 죽어간 궁녀들의 애처로움을 부각시킨다.

이렇게 기존의 작품에 비해 비극적인 사화(史話)의 서정적 표현을 강

---

28) 李學逵, 「海東樂府」, 『총간』 290집, 528면.(1821)

화하는 양상은 다음의 작품에서도 확인할 수 있다.

「剃髮主」
「체발주」 심광세(沈光世)

娘子失所天	어린 처자가 하늘같은 남편을 잃고
孑然在青年	외롭게 청춘의 시절을 보내는 것은
不如事法王	부처를 섬기는 것만 못하기에
了此一大緣	이 큰 속세의 인연을 끝내려하네
世上父子情	세상에서 부모와 자식 간의 정은
帝王同凡賤	왕이나 비천한 사람이나 같은 법이니
自古托生人	예부터 산 사람을 불가(佛家)에 의탁하는 일은
天家多不願[29]	왕가의 집에선 대부분 원치 않았네

「剃髮主」
「체발주」 이학규(李學逵)

汝首加我膝	너의 머리를 내 무릎에 올리고
我手摩汝顚	내 손으로 너의 정수리를 쓰다듬네
將刀卻踏跙	칼을 대려다가 도리어 머뭇거리니
汝生眞可憐	너의 삶이 참으로 가련하구나
所天既云歿	하늘같은 남편이 이미 죽었다고 하니
安用面首姸	얼굴이 고운들 어디에 쓰리오
不如去汝髮	너의 머리를 잘라
了此人世緣	이 속세의 인연을 끝맺는 것만 못하네
今生作懺悔	이생에서 참회를 하여
來生生福田	내생에는 부처로 태어나렴
一髮與一淚	머리카락 한 올에 눈물 한 방울

29) 沈光世, 「海東樂府」, 『休翁集』 권3, 『총간』 84집, 365면.

迸落同泫然[30]　　주룩주룩 함께 떨어지네

「체발주(剃髮主)」는 경선공주(慶善公主)가 방석(芳碩)의 난(亂)이 일어나 남편이 죽은 뒤 출가를 결심하자, 아버지인 태조(太祖)가 딸의 머리를 손수 잘라주었다는 사화(史話)를 형상화한 것이다. 이에 심광세는 작품의 전반부에서 사화(史話)를 개괄적으로 언급하고, 후반부에서 자신의 의론을 피력하였다. 그에 비해서 이학규의 작품은 심광세가 사용한 시어와 시구를 직접적으로 활용하면서도 서정성을 강화하였다.

이학규의 작품에서 남편의 존재를 '소천(所天)'으로 표현한 것은 심광세가 먼저 사용했던 시어이며, '불여거여발(不如去汝髮), 요차인세연(了此人世緣)'은 심광세 작품의 '불여사법왕(不如事法王), 요차일대연(了此一大緣)'을 모의한 것이다. 그러나 이학규의 작품은 심광세의 작품과 달리 시적 화자를 태조(太祖)로 설정하여 아버지가 딸에게 전하는 말투로 시상을 전개한다. 또한 사화(史話)를 개괄적으로 언급하고 자신의 의론을 적극적으로 표현한 심광세의 작품과 달리, 이학규의 작품은 딸의 머리를 잘라주는 가장 극적인 장면에 시상의 초점을 맞추었다. 그리하여 아버지의 애틋한 마음과 애처로운 딸의 모습을 부각시켜 정서적 공감을 자아내는 것이다. 이처럼 이학규는 시상의 선택과 집중, 작중 화자의 설정 등에 주의를 기울여 작품을 형상화함으로써 심광세의 작품에 비해 서정성을 강화했다.

이상으로 이학규가 영사악부에서 충절(忠節)을 지킨 인물을 형상화하는 방식과 비극적인 사화(史話)를 서정적으로 표현하는 방식을 살펴보았다. 이미 많이 알고 있는 역사적 사실을 단순히 재현하는 방식으로는 새롭고 신선한 느낌을 주기 어렵다. 따라서 영사악부에서 문학성을 고

30) 李學逵, 「海東樂府」, 『총간』 290집, 545면.(1821)

취시키기 위해서는 사화(史話)를 주관적인 눈으로 재구성해서 표현하는 가운데 독자들의 공감을 자아내는 작가적인 역량이 필요하다. 이에 이학규는 사화(史話)의 특징적인 부분을 선택적으로 구성하고, 세밀한 묘사와 시적 화자의 설정을 통해 작품의 실감을 높이며, 적극적인 감정이입을 도모함으로써 문학적 형상화를 극대화하였다. 그리하여 '달기진정(達其眞情)'이라는 자신이 생각하는 영사악부의 이상적인 조건을 구현하였던 것이다.

제9장. 이학규 한시의 시사적(詩史的) 의미*

1. 감성적이고 적극적인 개인서정의 표출

16세기 후반~17세기 후반에 걸쳐 시단을 풍미했던 당시풍(唐詩風)은 인간의 풍부한 정서를 인정하는 가운데, 주정적이고 낭만적인 성향의 다채로운 시세계를 구현하였다. 그러나 삼당파(三唐派)를 필두로 하여, 권필(權韠, 1569~1612)과 이안눌(李安訥, 1571~1637) 등을 거쳐 정두경(鄭斗卿, 1597~1673)에 이르기까지 모든 시인들이 당풍(唐風) 또는 한위고시(漢魏古詩)를 모의하는 창작태도에 기반함으로써 기본적으로 복고주의와 의고주의의 창작태도를 벗어나지 못했다.[1)]

이에 17세기 후반부터 이러한 한계를 극복하려는 움직임이 일어났는데, 그 중심에는 김창협(金昌協, 1651~1708)과 김창흡(金昌翕, 1653~1722)이

* 이 장에서는 논지를 선명하게 하기 위해, 서술과정에서 앞서 분석했던 일부 작품을 재인용했다. 그리고 이때에는 원문출전을 따로 표기하지 않았다.

1) 16세기 후반~17세기 후반 한시사의 경향에 대해서는 다음의 논문을 참고했다. (안병학, 「三唐派 詩世界 硏究」, 고려대학교 박사학위논문, 1988; 정민, 「16, 17세기 學唐風의 성격과 그 풍정」, 『목릉문단과 석주 권필』, 1999, 27~62면; 안대회, 『18세기 한국한시사 연구』, 소명출판, 1999, 14~22면; 이종묵, 「조선중기 시풍의 변화 양상」, 『한국한시의 전통과 문예미』, 태학사, 2002, 467~495면.)

있었다.

> 시는 성정(性情)의 발현이요 천기(天機)의 움직임이다. 당나라 시인들의 시는 이에 대해 깨우친 것이 있었기 때문에, 초당(初唐)·성당(盛唐)·중당(中唐)·만당(晩唐)을 따질 것도 없이 모두 자연에 가까웠다. 지금은 이것을 알지 못해서 오로지 성률과 빛깔을 본뜨고 기운(氣韻)과 격조(格調)에 힘써 옛 사람들을 좇으려고 하니, 그 소리와 겉모습이 비록 더러 비슷할지라도 신정(神情)과 흥회(興會)는 전혀 서로 같지 않다. 이것이 명나라 사람들이 잘못이다.[2)]

> 정주(程朱)의 설(說)에서는 모두 '아(雅)가 풍(風)보다 나으니, 그 이유는 말이 모두 정당하기 때문이다.'고 하였다. 그러나 내 생각에는 천진(天眞)이 드러나서 안배를 필요치 않는 것은 길거리의 아이들과 아녀자들의 말투에 많이 있다고 본다. 노성한 사대부들이 붓을 적셔 글을 지을 때는 간혹 여러 차례 고쳐 다듬는 것을 용납하니, 말은 비록 정당하게 되지만 천기(天機)와는 다소 간격이 있게 된다. 이런 까닭에 떠도는 어린아이들의 노래가 대개 영험함이 많으니, 그 신(神)이 와서 안배를 하지 않았기 때문이다.[3)]

첫 번째 글은 천기론(天機論)에서 자주 인용되는 김창협의 주요 시론이다. 이 글은 전체적으로 '시필성당(詩必盛唐)'을 제창하며 당시(唐詩)의 외형만을 모의하던 명대(明代) 의고파(擬古派)를 비판하고 있다. 하지만 이는 의고적인 작품이 만연했던 당시 조선 시단에 대한 비판이기도

---

2) 金昌協, 「雜識外篇」, 『農巖集』 권34, 『총간』 162집, 375면, "詩者, 性情之發而天機之動也, 唐人詩有得於此, 故無論初·盛·中·晩, 大抵皆近自然. 今不知此, 而專欲摸象聲色, 黽勉氣格, 以追踵古人, 則其聲音面貌, 雖或髣髴, 而神情興會都不相似, 此明人之失也."

3) 金昌翕, 「日錄·庚子 三月」, 『三淵集』 권35, 『총간』 166집, 165면, "程朱之說, 皆云'雅勝乎風, 以其語皆正當', 而竊謂天眞呈露, 不容安排, 多在於街童巷女之口氣. 若老成士大夫濡毫起草, 容或有累次點竄, 則命辭雖當, 而稍與天機有間矣. 以是之故, 童謠沒巴鼻者, 槩多靈驗, 以其神來而不安排也."

했다. 그리하여 외형을 모의하는 것보다 내면의 진실한 감정을 자연스럽게 담아내는 시 창작을 강조하고 있는 것이다.

두 번째 글은 첫 번째 글의 논지와 맥이 닿아있는 김창흡의 시론이다. 모방과 답습만을 일삼던 당시 조선 시단의 병폐를 인식하고 있었던[4] 김창흡은 이 글에서 시구를 고쳐 다듬는 데에 능숙한 사대부들보다 천진한 어린아이들의 노래가 더욱 천기(天機)에 가깝다고 하여, 진실하고 자연스러운 감정의 표현을 중시하였다.

이러한 시론은 김창협·김창흡 형제와 친분이 두터웠던 홍세태(洪世泰, 1653~1725)가 여항시단(閭巷詩壇)을 옹호하는 시론으로 적극 활용하면서 보다 폭 넓은 입지를 구축해갔다.[5] 그리고 18세기 중·후반에 이르러 이용휴(李用休, 1708~1782)·이가환(李家煥, 1742~1801)과 후사가(後四家)들은 명말청초 문인들의 이론을 적극 수용하는 가운데, 창작 주체의 진실한 감정을 중시하는 시론을 더욱 설득력 있고 세련된 논조로 가다듬었다.

> 진실한 기쁨과 진실한 슬픔만이 진실한 시를 만들어 낸다. 아기는 태어나서 처음에 울다가 울기를 그치면 문득 웃는다. 여기에는 아무런 작위가 없건만 그러한 까닭을 알지 못하니 이것이 시의 본성이다. 아이가 두세 살이 되어서는 밥을 많이 주면 웃고, 밥을 적게 주면 운다. 감정이 자극을 받아 일어남에 반드시 그 까닭이 있으니 이것이 시의 기미이다. 아이가 장성하여

---

4) 金昌翕, 「何山集序」, 『三淵集』 권23, 『총간』 165집, 484면, "然而宣廟以前, 雖有巧拙, 猶爲各呈其眞態, 以後漸就都雅, 則磨礱粉澤之日勝, 而忌諱愈詳, 仍襲愈熟, 非古之爲法而終爲法拘也."

5) 洪世泰, 「海東遺珠序」, 『柳下集』 권9, 『총간』 167집, 473면, "夫人得天地之中以生, 而其情之感而發於言者爲詩, 則無貴賤一也. 是故三百篇多出於里巷歌謠之作, 而吾夫子取之, 卽「兎罝」·「汝墳」之什與「淸廟」·「生民」之篇, 並列之風雅, 而初不係乎其人, 則此乃聖人至公之心也."

> 서는 귀한 사람에게 아첨하여 환심 사기를 애쓰고, 소원한 사이인데도 조문을 하여 슬픈 척 꾸미니 이것이 시의 허위이다. 세상에는 슬픔이 없고 기쁨이 없는 사람이 없으니, 시를 짓지 못할 사람이 없을 터인데 사람들이 대부분 시를 짓지 못하는 것은 무엇 때문인가? 이것은 아버지와 형, 스승과 어른이 그를 인도하기를 올바로 하지 않았기 때문이다. 동자에게 어찌 거짓된 시가 있겠는가?[6)]

> 시를 지을 때 당시(唐詩)만을 본받으려 하는 것이 요즘의 폐단이다. 그 체(體)만을 본받고 그 말만을 배우는 것은 하나의 피리만을 부는 것에 가까우니, 이것은 때까치가 종일토록 땍땍거리며 자기 소리가 없는 것과 같아서 내가 그것을 몹시 싫어한다. 이제 이화국(李華國) 군의 유초(遺草)를 보니 겨우 한 권이지만, 호담(瓠膽)하고 탕필(宕筆)함은 남의 자취를 도습하지 않았고 남의 목소리를 빌리지 않아 스스로 으뜸이 되고자 하는 자였다. 어찌 세상에서 칼끝이 닳아 문드러진 검을 차고서 남들에게 뽐내는 자와 더불어 견주겠는가?[7)]

이덕무(李德懋, 1741~1793)가 지은 첫 번째 글은 진실한 시의 요건으로 진실한 기쁨과 진실한 슬픔의 반영을 강조하고 있다. 여기에서 이덕무는 갓난아이가 그 무엇도 의식하지 않고서 울고 웃는 모습이야말로 시의 본성이라고 말한다. 반면에 장성해서 자신의 감정을 숨긴 채로 남들

---

6) 李德懋, 「蘇書齋詩集序」, 尹光心 編, 『幷世集』, "夫眞喜眞悲, 是生眞詩焉耳. 兒生初啼, 啼已忽笑, 無所事焉, 莫知其然, 此詩之性也. 二歲三歲, 多飯則笑, 少飯則啼, 觸情而發, 必有其故, 此詩之幾也. 及其長也, 媚貴人而勉歡, 弔薄交而飾哀, 此詩之僞也. 天下無無悲無喜之人, 則無不可詩之人, 而人多不能詩, 何也? 此父兄師長導也, 不以其道也. 童子何嘗有僞詩也?"

7) 李用休, 「李華國遺草序」, 『惠寰雜著』 2책, 『근기실학연원제현집』 2, 성균관대학교 대동문화연구원, 2002, 158면, "詩無不詩唐詩者, 近日之弊也. 效其體, 學其語, 幾乎一管之吹, 是猶百舌終日嚶嚶無自己聲, 余甚厭之. 今觀李君華國遺草, 財一卷, 而瓠膽·宕筆, 不襲迹, 不借喉, 欲自覇者也. 豈與世之佩退鋒之熟劍, 以耀人者比哉?"

의 눈치를 보고 비위를 맞추는 모습은 시의 허위라고 말한다. 이렇게 이덕무는 이지(李贄, 1527~1602)의 「동심설(童心說)」을 적극 받아들여, 창작 주체의 진실한 감정을 중시하는 시론을 보다 실감나게 설명하고 있는 것이다.

다음으로 이용휴가 지은 두 번째 글은 남의 자취와 남의 목소리를 빌리지 않고, 자신의 목소리를 담은 이응훈(李應薰, 1749~1770, 화국(華國)은 그의 자)의 시문학을 높이 평가한 것이다. 일찍이 이용휴는 "당(唐)이라 해서 높은 것 아니요 한(漢)이라 해서 깊은 것 아니니, 자신의 성정(性情)을 자신이 읊조릴 뿐이네(唐不爲高漢不深, 自家性情自家吟)"[8]라고 천명하며, 창작 주체의 진실한 감정을 통해 모방과 답습의 풍조를 극복해야 한다고 주장했다. 이 글은 바로 이러한 시의식이 적극적으로 반영된 작품이다.

그런데 이 글이 더욱 주목을 요하는 이유는 이응훈이 바로 이학규의 아버지라는 사실 때문이다. 즉, 이 글의 끝에서 "군의 아들이 후일 군을 그리워하여 보고자 한다면, 굳이 그 어머니에게 물을 필요 없이 직접 이 시권에서 찾으면 될 것이다."[9]라고 한 말처럼, 이학규에게 이 시집에 담긴 아버지의 창작태도와 이용휴의 평가는 남다른 의미를 지닐 수밖에 없었다.

이 외에도 이학규가 성호가문으로부터 받은 문학적 영향력을 생각할 때, 이가환이 위항시인의 시집인 「풍요속선(風謠續選)」에 서문을 쓰는

8) 李用休, 「聞德順與幼選談詩, 老人動觀獵之喜, 作近體詩, 寄德順, 兼示幼選」 其一, 『惠寰詩集』, 『근기실학연원제현집』 2, 성균관대학교 대동문화연구원, 2002, 124면, "**唐不爲高漢不深, 自家性情自家吟**. 迷時步武皆成梗, 悟後泥沙盡是金. 漸漸入佳從蔗尾, 層層解裹倒蕉心. 猛然思洗油釘耳, 黃鳥林間送好音."

9) "君之遺孤, 他日思欲見君, 不必問其母, 直尋之于此卷可矣."

등 진실한 감정의 표출을 긍정하였다는 점[10]도 주목할 필요가 있다. 그리하여 이학규가 유배 이전부터 후사가의 작품 경향에 애착을 보인 점, 의고주의를 비판하며 주정(主情)의 시론을 펼친 전겸익을 존숭한 점,[11] '자아의 성령(性靈)을 표현할 뿐 격식에 얽매이지 말아야 한다(獨抒性靈, 不拘格套)'고 주장했던 원굉도에게 관심을 보인 점[12] 등은 모두 이학규가 창작 주체의 진실한 감정을 중시하는 시론을 펼쳐나가는 데 많은 영향을 미쳤다.

> 예전에 나의 벗 포원자가 매번 이런 말을 했던 것을 기억하네. "시골 아낙네가 산에서 나물을 캐는 것이 본래 괴로운 일이 아니지만, 온갖 꽃의 싹이 나는 것을 보거나 봄날 먼 경치를 바라보게 되면, 슬프게 노래를 부르다가 눈물을 흘린다네. 큰 길거리에서 달을 보는 것이 특별한 구경거리가 아니지만, 거리와 저자의 아이들이 팔을 휘두르며 무리지어 다니면서 떠들썩하게 흥겨워하며, 입으로 악기 연주소리를 내면서 서로 노래를 주고받는다네.

---

10) 李家煥, 「風謠續選序」, 『錦帶詩文艸』 권2, 『근기실학연원제현집』 2, 성균관대학교 대동문화연구원, 2002, 476면, "天下無無性情之人, 則無無詩之人. 故人皆可以爲詩, 惟情性梏, 而詩亡矣."; 李家煥, 「眞愚艸序」, 『錦帶詩文艸』 권2, 『근기실학연원제현집』 2, 성균관대학교 대동문화연구원, 2002, 471면, "余性朱愚於世務, 無所解, 惟老於文事, 見人文字, 頗能辨其眞僞. 辨之之術, 無他, 惟曰有意無意. 無意者, 不得已而言也. 不得已而言, 則其言不可少, 不可少, 斯必傳矣. 有意者, 可已而不已也. 可已而不已, 則觀者厭之, 人且厭之, 而求工於字句, 以求悅人, 其術愈左. 以此衡之, 殆百不失一也."

11) 李學逵, 「春日讀錢受之詩絶句九首」, 『총간』 290집, 212면.(1799) ○ 이학규는 이 작품에서 자세한 주석과 구체적인 시구를 거론하며, 그의 시를 즐겨 읽는 정황과 錢謙益에 대한 추앙의 뜻을 담았다. 한편, 錢謙益의 主情적인 시론과 그 창작양상에 대해서는 다음의 논문을 참고 했다. (강정만, 「錢謙益의 주정시론과 창작실제고」, 『중국문학연구』 11집, 한국중문학회, 1993.)

12) 李學逵, 「紀所見戲效袁石公」, 『총간』 290집, 437면.(1818) ○ 조선후기 한문학에서 情意를 중시하는 문학론과 袁宏道 문학론의 유비적 관계에 대해서는 다음의 논문을 참고 했다. (심경호, 「조선후기 한문학과 袁宏道」, 『한국한문학연구』 34집, 한국한문학회, 2004.)

> 이것은 어째서인가? 마음속에서 느낌이 있어 자신도 모르게 저절로 소리로 변해 밖으로 나온 것일세. 이것이 바로 우리들의 변함없는 감정이요, 이야말로 천지 사이의 다듬지 않은 시이며, 가락에 맞추지 않은 노래라네." 이 말은『시경(詩經)』에 실린 민간 가요의 본뜻을 깊이 터득한 것이라네. 그러므로 시는 억지로 지을 것도 아니요, 많이 지을 것도 아닐세. 다만 마음속에서 느끼어 밖으로 표현할 뿐이라네.[13]

> 평범하고 특별한 변고가 없는 사람이 시문을 지을 때 가을날을 슬퍼하는 송옥의 작품과 나라를 걱정하는 두보의 작품을 억지로 본뜨려고 해도 본뜰 수 없을 겁니다. 비록 똑같이 본뜬다고 하더라도, 속마음과는 너무도 달라서 진실하지 못하고, 보는 자에게 감동을 줄 수도 없답니다. 슬퍼하는 자도 울고 겨자를 씹은 자도 우는 것에 비유할 수 있지요. 우는 것은 같지만 속마음은 다르니, 비록 어린아이라고 하여도 그 둘을 혼자서 구분할 수 있을 겁니다.[14]

이 두 편의 글은 이학규가 창작 주체의 진실한 감정을 중시하는 양상을 잘 보여준다. 첫 번째 글에서『시경(詩經)』의 여러 민요풍 작품들을 근거로 제시한 논조는 앞서 살펴본 바와 같이 김창흡의 시론에서부터 위항시인과 이가환에 이르기까지 이어지는 논조와 궤를 같이한다. 두 번째 글도 앞서 살펴본 18세기 시론의 연장선에서 창작 주체의 진실한

---

13) 李學逵,「與」,『총간』290집, 362면, "記昔者, 吾友蒲園子每言'邨女採山, 本非苦境, 而念百卉之生芽, 覩春天之遠色, 則至有哀吟而隕涕者. 通衢見月, 本無異景, 而街兒市童, 掉臂羣行, 懽然興發, 口自作吹彈聲, 旋唱旋和者, 何也? 由其有感於中, 自不覺其其聲發於外也. 此吾人之常情, 而眞乃天地間不琢之詩, 不節之永言也'. 此言深得十三國風街謠巷歌之本旨也. 然則詩不要勉强力作, 亦不要許多篇章, 要其感於中而達於外而已也." (정우봉 역,『아침은 언제 오는가』, 태학사, 2007, 177~178면 인용.)

14) 李學逵,「答」,『총간』290집, 360면, "平常無故人, 作詩若文, 强效宋玉之悲秋, 杜公之憂國, 定是摹擬不出. 縱復十分摹擬出來, 中情逈別, 終是不眞, 自不能使覽者興愴. 譬之, 悲哀者必泣, 啜芥者亦泣, 同是泣也, 而中情有異, 則雖三尺小童, 自可辨別也." (정우봉 역, 위의 책, 184면 인용.)

감정이 진실하고 감동이 있는 작품을 구성하는 핵심 요소임을 강조하고 있다.

요컨대 이학규는 가계적인 영향과 서울에서의 문학 활동을 통해, 모방과 답습을 지양하고 창작 주체의 진실한 감정을 중시하는 당시 시단의 풍조를 젊은 시절부터 가까이에서 접할 수 있었다. 그리하여 위의 두 작품에서와 같은 시의식을 내재화하였던 것이다.

하지만 조선후기의 주요 문인들이 공유했던 이러한 시론이 실제 창작으로 이어질 때는 해당 문인의 성향과 창작환경에 따라 서로 다른 개성을 드러내었다. 이에 남달리 예민한 감수성을 지니고 있었던 이학규는 유배지의 궁벽지고 열악한 생활환경 · 연이은 가정의 불우함 · 개선될 기미가 없는 현실 속에서 이지적인 사기극복의 방안을 쉽게 찾지 못했다. 대신에 슬픔과 아픔으로 점철된 내면의 정서와 절망 · 울분 · 고뇌 등과 같은 자의식을 끊임없이 시로 표출하였다.

그리하여 이학규는 평생 동안 강렬한 창작 욕구를 바탕으로, 주관적 정감을 중시하는 작가적인 성향을 견지하였다. 그가 만년이 되어서도 "속정(俗情)을 잊는 것이 어찌 우리들이랴, 우두커니 서서 한 차례 깊이 읊조려 보노라(忘情豈我輩, 竚立一沈吟)"[15]라고 하거나, "예부터 잠깐의 이별에도 슬퍼했으니, 이런 속마음을 버리고자 하지 않네(古來悲小別, 不擬捐中情)"[16]라고 고백하는 양상은 자신의 속된 감정들까지도 적극적으로 옹호하고 표현하고자 했던 창작태도를 잘 보여준다.

이 때문에 신위가 '비가(悲歌)'라고 평했듯이,[17] 이학규의 시세계는 애

15) 李學逵, 「過花亭有感」, 『총간』 290집, 557면.(1829~1830), "媿殺氤氳簿, 憐渠窣堵岑. 悲懽終永隔, 蹤跡竟誰尋. 紅豆玲瓏骨, 黃絲歷亂心. 忘情豈我輩, 竚立一沈吟."

16) 李學逵, 「山齋獨覺」, 『총간』 290집, 566면.(1833), "一睡如期覺, 山齋欲五更. 子規猶未歇, 殘月幾時明. 斗峽音書絶, 虛舟夢寐驚. 古來悲小別, 不擬捐中情."

상적인 정서를 바탕으로 한 서정성이 돋보인다. 이러한 성향은 유배 전기에 이미 정약용으로부터 지적을 받은 부분이기도 하였으며,[18] 이에 이학규는 정약용의 문학에 감발을 받아 자신의 시적 관심을 현실세계의 문제로까지 확장하기 위해 지속적으로 노력하였다. 그럼에도 불구하고 이학규는 자신의 내면을 섬세하게 들여다보고, 그것을 진솔하게 표현하고 싶은 감성을 숨길 수 없었다.

즉, 앞서 살펴본 바와 같은 시론적 배경·작가적인 성향과 창작태도·창작환경 등이 결합되어, 이학규는 평생에 걸쳐 감성적이고 적극적인 개인서정의 표출이 두드러지는 시세계를 구현했던 것이다. 이는 크게 다음의 세 가지 관점에서 살펴봄으로써 그 특징을 보다 선명하게 알 수 있다.

첫째, 삶의 경험과 가치관의 변모에 따라 개인서정의 표출 방식이 달라지는 점이다. 유배 전기부터 유배 중기에 이르기까지, 이학규는 외롭고 고통스러운 현실에서 비롯된 격정적인 정서와 비관적인 현실인식을 거침없이 표현하였다. 이러한 양상은 그가 사촌형 백진(伯津)을 비롯한 지인들에게 쓴 편지형식의 장편고시와 수시로 육체적·정신적 괴로움과 고통을 호소하는 모습에서 쉽게 확인할 수 있다.

또한 이 시기의 작품에서는 「구수수(龜雖壽)」의 "모든 게 끝이로다,

---

17) 申緯, 「哀李醒叟 三首」 其三, 『警修堂全藁』 23책, 『총간』 291집, 503면, "君與茶山一代才, 若論風品似歐梅. **悲歌畢竟無窮達**, 僞體堪憑有別裁. 西海賜環靑眼在, 忠州傳訃大江來. 吾衰更爲斯人慟, 誰辨黃鐘瓦缶雷."

18) 丁若鏞, 「寄淵兒(戊辰冬)」, 『與猶堂全書』, 『총간』 281집, 453면, "向來醒叟之詩見之矣. 其論汝詩, 切切中病, 汝當服膺. 其所自作者雖佳, 亦非吾所好也. 後世詩律, 當以杜工部爲孔子, 蓋其詩之所以冠冕百家者, 以得三百篇遺意也. 三百篇者, 皆忠臣孝子烈婦良友惻怛忠厚之發, 不愛君憂國, 非詩也; 不傷時憤俗, 非詩也; 非有美刺勸懲之義, 非詩也. 故志不立學不醇, 不聞大道, 不能有致君澤民之心者, 不能作詩, 汝其勉之."

우울하기만 하여라(已焉哉. 端憂瘨)", 「병기치조청(病起値早晴), 지서가주로(至西家酒壚), 촉목서사견회(觸目書事遣懷)」의 "만사가 이미 뒤틀렸으니, 십년 세월도 오히려 순식간이구나(萬事已回腸, 十年猶轉眄)", 「화정학포자산기행시(和丁學圃玆山紀行詩)」 기십일(其十一)의 "이 생에서 반드시 돌아간다는 보장도 없지만, 설령 돌아간다 해도 다 늙어 무엇하리(此生未必眞歸去, 縱得歸時奈老何)" 등과 같이 비관적이고 체념에 젖은 언술이 수시로 보인다. 다음의 작품은 바로 이러한 정서와 자의식이 집약된 경우라고 할 수 있다.

「閉門」
「문을 닫아걸고서」

不言不笑謾高歌	**말도 웃음도 없이 멋대로 소리 높여 노래하며**
能酒能詩半是魔	**술과 시만을 일삼으니 반쯤 귀신이 들린 듯**
布穀聲前梅雨細	뻐꾸기 소리 앞으로 장맛비 가늘게 내리고
米囊花後麥風和	양귀비 꽃 뒤로 맥풍(麥風)이 따뜻하게 부는데
偶拈佳句書齋壁	우연히 가구(佳句)를 잡으면 집 벽에다 쓰고
新覓奇方試宿痾	새로 기이한 방술을 찾으면 묵은 병에다 시험하네
自我閉門三十日	내 문 닫아 건지가 삼십일이건만
至今西郭少人過	오늘까지도 서쪽 성곽에는 지나는 이 드무네

1815년에 창작된 이 작품에는 오랜 유배생활을 거치면서 축적된 이학규의 불안정한 정서와 부정적인 자의식이 그대로 드러난다. 시인은 「폐문(閉門)」이라는 제목을 내세우며, 한 달 동안이나 세상으로부터의 고립을 자처한다. 그리고 울분으로 가득한 심리상태 속에서 끊임없이 광기 어린 행동을 일삼는다. 이는 개선의 여지가 없는 현실 속에서의 극단적인 불만표시라고 할 수 있다. 하지만 인적 드문 세상을 향한 응시를 담은

시상의 종결부는 그럼에도 불구하고 여전히 세상과의 소통을 갈망하는 시인의 고독감을 반영한다.

하지만 이와 같은 감정과 자의식의 소비 형태는 아내의 죽음을 기점으로 변모하게 된다. 이학규는 아내의 죽음을 경험한 뒤 삶의 무상성을 자각하게 되면서 자아와 세계를 이해하는 근본적인 가치관에 변화가 일어난다. 그리하여 유배 후기와 해배 이후에는 자신의 불우함을 세계와 인생의 근원적이고 보편적인 차원에서 인식하며, 절제된 정서와 성숙한 자의식을 칠언율시를 통해 지속적으로 표출한다.

「西齋卽日」
「서재(西齋)에서」

細菊花如沒骨圖	세국 국화꽃은 몰골도를 보는 듯하고
葒蘢穗似小流蘇	개여뀌의 이삭은 작은 장식용 술을 닮았네
詩纔脫草書橫卷	시를 겨우 탈초하여 횡권(橫卷)에 쓰는데
酒已重篘貯半壺	술은 진작에 거듭 걸러서 반병을 채워 놓았네
暫涸池經寒雨漲	잠시 말랐던 못은 찬비가 지나자 불어나고
最高山向夕陽孤	가장 높은 산은 석양을 향해 외로이 섰구나
是間大有天翁意	이 사이에 크신 천옹(天翁)의 뜻이 있으니
取次安排與老夫	차례차례 안배하여 이 늙은이에게 주었도다

1826년에 지은 이 작품은 응시와 성찰을 통해 한결 여유롭고 높아진 인식수준과 심미적인 정서를 잘 보여준다. 한가로운 일상을 만끽하던 시인은 자연의 풍경 속에서 정서적 일체감을 느끼며 자신에게 주어진 삶의 의미를 통찰한다. 메마른 못에 차가운 비가 내려 물이 불어나는 광경을 보며 성숙한 사유로써 끊임없이 자신의 내면을 채워가는 모습을 배우고, 석양을 맞으며 외롭게 서 있는 우뚝한 산을 보며 외롭게 노년을

보내면서도 꿋꿋함을 잃지 않는 자세를 배우는 것이다.

그리하여 이 시기에는 비애의 감정들이 강하게 올라오더라도 젊은 시절의 격정적이고 극단적인 표현보다는 정제된 칠언율시의 형식미 속에서 적절한 의상(意象)을 선택하여 서정의 깊이를 더하였다. 그리고 만년에 이르러서는 자신의 아픔을 섣불리 내세우지도 않고, 진세(塵世)에 대한 초연한 의식을 견지하되 마냥 달관적인 모습을 취하지도 않았다. 대신에 '한가로움[閒]'으로 만년의 시적 경계를 대변하는 가운데, 궁핍하게 살아남은 자의 삶의 무게를 작품의 한 쪽에 솔직히 드러냄으로써 불완전하고 남루하지만 더욱 진정성이 담긴 서정으로 나아갔던 것이다.

둘째, 영물시를 통한 개인서정의 표출 방식이 돋보인다는 점이다. 이학규는 평생 동안 다양한 영물시를 통해 자신의 정서와 자의식을 형상화 방식을 모색하였다. 그 중에서도 「별슬(鼈蝨)」에서 빈대에게 받는 고통을 묘사하면서 자신이 유배지에서 겪는 고통스러움을 대변하거나, 「유사(遊絲)」에서 거미줄과 아지랑이의 몽환적 분위기 속에 권태로운 일상과 근심스러운 심리상태를 반영하는 수법은 적절한 이미지를 포착하고 구성하는 작가적인 역량과 작품성이 돋보인다.

또한, 이학규는 정서적 등가물을 통해 자기연민에 대한 공감을 자아내는 데 있어서 탁월한 역량을 발휘하였다.

「絲瓜」
「수세미외」

行年四十苦愁思	나이 마흔에 시름으로 괴로우니
亦似絲瓜老有絲	또한 수세미외가 익어서 실이 엉킨 것과 같구나
多絲惣是成鎖瘦	많은 실이 온통 여윈 몸을 옭아매고 있거늘
曬向秋風乞與誰	가을바람 부는 햇볕에 쬐어말려 누구에게 주려나

「玉薥黍」
「옥수수」

疏花强似黃麋毬	성긴 꽃은 누른 메기장 같고
粳葉渾疑綠薥叢	억센 잎은 푸른 수수 떨기 같구나
空有珠璣貯滿腹	부질없이 구슬을 뱃속 가득 쌓아두고
不堪衰髮向西風	쇠한 머리털을 가을바람에 흩날리네

「觀物寓感 六首」其五
「사물을 관찰하고서 감회를 부치다 육수(六首)」 다섯째 수

兩三黃螘入茄花	두세 마리 누런 개미 연꽃으로 들어가니
似認花心作本家	꽃술을 제 집으로 아는가보네
待到淸霜收刈節	찬 서리 내리는 수확의 계절이 오면
更從何處著生涯	다시 어느 곳에서 살아가려나

제6장 1절에서 살펴본 바와 같이, 이학규가 감정을 이입한 영물의 대상들은 낙화·외기러기·귀뚜라미 등과 같은 보편적인 소재에서부터 생활주변의 식물과 곤충에까지 이르도록 다양하다. 그 중에서 「사과(絲瓜)」와 「옥촉서(玉薥黍)」는 시름만 가득한 채로 여위고 쇠락한 자신의 모습을 비유하는 관찰력이 돋보인다. 또한 1833년에 지은 「관물우감(觀物寓感) 육수(六首)」 기오(其五)에서 예사로운 개미의 행동을 보다가 문득 그들의 보금자리를 걱정하는 시상은 해배된 이후에도 고향에 안착하지 못한 채 김해와 충주 등을 떠돌다가 생을 마감한 시인의 정서를 효과적으로 반영한다. 이처럼 이학규의 영물시들은 하찮은 미물에까지 자신의 비애(悲哀)를 투영하여 정서적 일체감을 형성하는 개성이 돋보인다. 그리하여 이러한 작품들은 감정이입을 통해 끊임없이 아픔의 등가물을 찾았던 이학규의 감성적인 성향을 잘 보여준다.

셋째, 이학규의 감성적이고 적극적인 개인서정의 표출방식은 시 양식 또는 표현기법의 선택과 밀접한 관련을 맺고 있다는 점이다. 유배 초기의 심각한 상황에서도 잡체시에 많은 관심을 기울이고, 「산조(山鳥)」에서 시적 구성력이 약화될 수 있음에도 불구하고 혹자구(或字句)를 연용(連用)하는 등 이학규의 시세계에서는 격식과 구속에 얽매이지 않으려는 창작태도가 수시로 감지된다.

이러한 양상은 다수의 즉흥 연작시와 즉흥 장편시의 창작에서 극대화 된다. 「새벽부터 저녁까지 마음가는대로 즉석에서 지어, 전혀 순서 없이 서재(書齋)의 벽에 써 붙였는데, 계산해보니 무릇 14장이다.[自晨至暮, 率意口號, 略無倫次付書齋壁, 計凡一十四章]」[19] · 「술 먹은 뒤 느낌이 있어 빨리 써나가며 멈추지를 않았다. 모두 105편으로시 말이 간혹 너무 노골적인 것과 글자가 점(粘)을 어긴 것은 모두 쓸어내었다.[酒後感懷, 疾書不已. 計凡一百五篇, 詞或太露, 字或失粘, 並澄汰之]」[20] · 「한밤중 무더위에 길가 주막을 찾고 나서. 즉석에서 읊조린 것을 계산해보니 38운인데, 끝내 조리 있게 완성하지 못했다.[中夜苦熱, 走尋沿街酒壚. 計口占三十八韻, 遂不次第]」[21] · 「무더위 뒤에 비가 온 것이 17일만이다. 즉흥적으로 28수를 짓다.[苦熱後雨旬有七日, 口占二十八韻]」[22]와 같은 즉흥시들은 개인적인 감상(感傷)과 자의식의 강렬한 표현 욕구가 극명하게 작품화된 경우라고 할 수 있다.

「自晨至暮, 率意口號, 略無倫次付書齋壁, 計凡一十四章」 其十四

「새벽부터 저녁까지 마음가는대로 즉석에서 지어, 전혀 순서 없이 서재(書齋)

19) 李學逵, 『총간』 290집, 395면.(1813)

20) 李學逵, 『총간』 290집, 415면.(1815)

21) 李學逵, 『총간』 290집, 421면.(1816)

22) 李學逵, 『총간』 290집, 430면.(1817)

의 벽에 써 붙였는데, 계산해보니 무릇 14장이다」 열넷째 수

率意而言皆比興	뜻 따라 말을 하면 모두다 詩이니
古人未必要名聲	옛 사람들 반드시 명성을 구한 것 아니라네
試看三百篇章首	시험 삼아 『시경(詩經)』의 장머리를 보게나
若箇篇章註姓名[23]	몇 개의 편장에 성명이 달려 있던가

특히 「자신지모(自晨至暮), 솔의구호(率意口號), 약무륜차부서재벽(略無倫次付書齋壁), 계범일십사장(計凡一十四章)」의 제일 마지막에 위의 작품을 배치하거나, 「주후감회(酒後感懷), 질서불이(疾書不已), 계범일백오편(計凡一百五篇), 사혹태로(詞或太露), 자혹실점(字或失粘), 병징태지(並澄汰之)」의 제일 첫 작품에서 "미친 짓이야 진정 병이지만, 시율(詩律)에 어찌 명성을 바라랴(猖狂眞是病, 詩律豈須名)"[24]라고 명시하는 모습은 이와 같은 작품을 짓는 이학규의 의도를 잘 보여준다. 즉, 일견 즉흥적으로 써 내려가 다듬어지지 않은 듯한 작품들이 실제로는 자신의 감정과 자의식을 훼손하지 않으려는 시의식의 적극적인 표현이었던 것이다.

2. 함축과 여운의 심미성 지향

한국한문학의 모든 장르가 그렇듯이 한국 한시도 중국 한시와 끊임없이 교섭하면서 발전해나갔다. 특히 조선후기에 들어오면서 연행사절을 비롯하여 중국과의 교류가 빈번해지고, 개인적인 차원에서의 학술적·

23) 李學逵, 「自晨至暮, 率意口號, 略無倫次付書齋壁, 計凡一十四章」 其十四, 『총간』 290집, 396면.(1813)

24) 李學逵, 「酒後感懷, 疾書不已. 計凡一百五篇, 詞或太露, 字或失粘, 並澄汰之」 其一, 『총간』 290집, 415면.(1815)

문학적 교류가 활발해지면서 그 영향 관계는 더욱 심화되었다. 그리하여 조선 후기 문인들은 명말청초 문인들의 시문학과 시학을 수용하고 변용함으로써 작가적인 역량을 한층 높여 나갔다.

그 중에서도 청초(淸初)의 시단(詩壇)을 대표했던 왕사정(王士禎, 1634~1711)의 시문학과 시학은 조선후기 문인들이 시에 대한 심미적 안목을 넓히는데 큰 영향을 미쳤다. 왕사정은 신운설(神韻說)을 제창하고, 그에 따른 시세계를 펼친 인물이다. 하지만 왕사정에 의해 본격적인 시학 용어로 사용되기 시작한 신운(神韻)의 의미에 대해서 왕사정 자신이 정의를 내리지 않았기 때문에, 왕사정이 활동하던 당시부터 지금까지 이견을 보이고 있다.

우리나라의 경우에도 조선후기 한시사에서 신운설은 하나의 단일한 이론 체계를 가지고 있었던 것은 아니었으며, 신운설의 이론적 연원이었던 사공도(司空圖)나 엄우(嚴羽)가 사용했던 용어나 개념들이 서로 혼재되어 사용되었다. 그리하여 신운(神韻)이라는 개념이 사용되기도 하고, 또한 엄우의 '수중월(水中月), 경중상(鏡中相)'·'묘오(妙悟)'나 사공도의 '초이상외(超以象外), 득기환중(得其環中)'·'불저일자(不著一字), 진득풍류(盡得風流)' 등과 같은 말들이 비교적 많이 사용되었다. 따라서 신운(神韻)의 의미를 단정할 수는 없지만, 대체로 언외(言外)의 함축적인 의미를 중시하고 담담하고 고요한 풍격(담박(淡泊), 한원(閑遠))을 추구하는 것으로 평가되고 있다.[25]

---

25) 정우봉, 「19세기 詩論 硏究」, 고려대학교 박사학위논문, 1992, 184면. ○ 한편, 심경호는 신운이란 詩語가 情景의 交織에서 불가피하게 지시적 기능을 부담하게 되는 경향을 극복하고, 시어의 함축적 기능을 극단적으로 추구하면서 외물에 속박되지 않는 평정한 마음 상태를 추구하는 것이라고 설명하였다. (심경호, 『조선시대 한문학과 시경론』, 일지사, 1999, 82면.) ○ 신운 용어의 연원과 개념에 대한 구체적인 설명은 다음의 논의를 참고. (정우봉, 위의 논문, 22~29면; 成復旺 主編, 『中國美學範疇辭典』, 中國

우리나라에서는 일찍이 이의현(李宜顯, 1669~1745)이 왕사정의 저서를 보았고, 이병연(李秉淵, 1675~1735)이 왕사정의 시문학에 영향을 받았다고 평가되었다.[26] 그러나 왕사정의 시문학과 시학에 지대한 관심을 보이며, 그것을 조선후기 문인들에게 전파하는 선구적인 역할을 수행한 인물들은 후사가였다.

> 『대경당전집(帶經堂全集)』이 우리나라에 들어온 것은 겨우 20여년이 되었으나 그 책을 소장하고 있는 자는 두세 집에 불과 하였으며, 저자가 누구인지도 알지 못했다. 나는 어떤 사람으로부터 그 책을 빌려보고는 그 넓고 방대함에 눈이 휘둥그레지고 입이 떡 벌어져 진작 보지 못한 것을 스스로 한탄하였다. 이에 시를 지어서 '중국의 좋은 일을 공연히 부러워하니, 왕완(汪琬)의 문필(文筆)과 왕사정(王士禛)의 시(詩)라네'라고 하면서 마침내 유득공(柳得恭)·이서구(李書九)·박제가(朴齊家)에게 자랑하니, 모두들 깊이 음미하고 귀와 눈이 젖어 들어, 그 영향이 널리 퍼져 천지간에 왕사정이 있는 줄을 알고 차츰차츰 그를 추앙하게 되었다.[27]

이덕무는 이 글에서 왕사정의 문학적 가치를 자세히 설명하였다. 여기에서 그는 왕사정의 삶과 함께 전겸익(錢謙益)·서건학(徐乾學)·시윤장(施閏章)·심덕잠(沈德潛) 등 청초(淸初) 제가(諸家)들이 왕사정의 시문

人民大學出版社, 1995, 172~176면; 금지아, 『신운의 전통과 변용』, 태학사, 2008, 37~58면.)

26) 李德懋, 「王阮亭」, 『淸脾錄』 권3, 『총간』 258집, 47면, "陶谷李相國集, 始現蚕尾集王士禛著, 而不知其詩之如何. 李槎川嘗得邵子相選本三冊, 而爲帳中之秘, 故槎川之詩, 能脫凡陋之習, 良有以也. 槎川沒後數十年, 其書流落, 爲薑山所藏."

27) 李德懋, 「王阮亭」, 『淸脾錄』 권3, 『총간』 258집, 47면, "帶經堂全集之來東, 纔二十餘年, 而藏之者不過二三家, 亦不識其爲何人. 余嘗從人借讀, 洋洋巨觀, 目瞠舌呿, 自恨相見之苦晩. 於是有詩曰 : '好事中州空艶羨, 堯峰文筆阮亭詩.' 遂詑張夸震於泠齋·薑山·楚亭諸人, 擧皆咀嚼濃郁, 耳濡目染, 流波所及, 能知有王漁洋於天壤間者, 亦稍稍相望也."

학을 품평한 내용을 상세하게 소개하고, 아울러 자신이 왕사정의 시문학을 애호하고 높이 평가하는 양상을 언급하였다.[28] 그리고 위에서 인용한 바와 같이 왕사정의 시문학을 후사가들에게 적극적으로 추천하였다. 이런 상황에서 왕사정의 신운설을 추숭했던 이서구는 '동국의 왕사정'으로 칭해지기도 했으며,[29] 박제가가 신운(神韻)의 관점에서 시미론(詩味論)을 주창하는 등[30] 후사가들은 왕사정의 시문학과 시론에 많은 영향을 받았다.[31] 이에 19세기에 들어오면서 왕사정의 신운설은 더욱 광범위하게 확산되었으며, 각자의 상이한 사상적·심미적 제반 관점에 따라 그 수용과 해석의 방향 또한 다양한 편차를 보이게 되었다.[32]

그 중에서도 특히 신위(申緯)는 왕사정의 시문학과 시학을 비판적으로 수용함으로써 자신만의 시론과 시세계를 구축하였다. 신위가 왕사정의 수필집인 『지북우담(池北偶談)』을 읽고서 『우주두율(虞注杜律)』의 저

---

28) 李德懋, 「王阮亭」, 『淸脾錄』 권3, 『총간』 258집, 47면, "余酷嗜貽上詩, 嘗以爲'非徒有明三百年无此正聲, 求諸宋元, 亦罕厥儔. 雖上躋唐家極盛之際, 必不下於岑·儲·韋·孟之席'. 知詩者, 亦不以爲過也."

29) 李德懋, 「王阮亭」, 『淸脾錄』 권3, 『총간』 258집, 47면, "薑山爲詩, 心摹力追, 登堂入室. 余嘗推轂爲東國漁洋, 以贈詩曰 : '薑山明澹且硏哀, 僞體詩家別有裁. 眉宇上升書卷氣, 漁洋流派海東來'."

30) 정일남, 『초정 박제가 문학 연구』, 지식산업사, 2004, 75~92면 참고.

31) 후사가들이 왕사정의 시론과 시문학을 수용하고 변용하는 양상은 다음의 논문을 참고했다. (이경수, 『漢詩四家의 淸代 詩 受容 硏究』, 태학사, 1995, 103~144면.)

32) 정우봉은 이러한 양상을 다음과 같은 세 가지 경향으로 구분하였다. 첫째, 洪奭周처럼 철저하게 정통적인 유가 시론의 기본 정신을 재확립하고자 하는 입장에서 출발하여 당대 시풍의 폐단을 신운설에서 찾아 그것을 격렬하게 비난하는 경우. 둘째, 丁若鏞, 洪翰周, 申錫愚, 金澤榮, 金允植 등과 같이 신운설의 의의와 가치를 일면 긍정하면서도 그 단점으로 氣骨과 氣力의 요소가 부족함을 강조하는 경우. 셋째, 申緯와 金正喜 등과 같이 왕사정의 신운설을 적극적으로 수용하여 자신들의 시 창작의 중요한 이론적 기반으로 삼으면서 그 폐단을 일부 수정·보완하는 경우. (정우봉, 앞의 논문, 27~29면 참고.)

자를 확정하고,[33] 왕사정의 초기 신운풍(神韻風)을 대표하는 「추류시(秋柳詩)」를 본떠 「후추류시(後秋柳詩)」를 짓는 모습들은 왕사정에 대한 그의 깊은 관심을 잘 보여준다. 또한, 신위는 원호문(元好問)의 『중주집(中州集)』을 왕사정의 감식안을 빌려 감상하거나,[34] "국풍(國風) · 이소(離騷)와 나란하였던 두보가 그립고, 신운(神韻)으로 꽃을 들어 보인 왕사정을 추억하네(風騷竝駕懷工部, 神韻拈花憶阮亭)"[35]라고 말하는 등 왕사정의 시문학과 시학을 깊이 애호하였다. 그러면서도 한편으로는 왕사정의 시문학과 시학에 대한 비판적인 안목을 견지하였다.

「奉睿旨選全唐近體訖, 恭題卷後應令作」 其六
「임금의 명을 받들어 전당 근체시를 뽑아 올리고, 공손히 책 뒤에 명에 따라 쓰다」 여섯째 수

神韻論唐恐未臻	신운(神韻)만으로는 당시(唐詩)를 다 논할 수 없으니
罔聞實事詎知眞	실사(實事)를 듣지 않고서 어찌 참됨을 알 수 있으랴
王韋韓杜難偏廢	왕유(王維) · 위응물(韋應物) · 한유(韓愈) · 두보(杜甫) 중 누구 하나 뺄 수 없으니
共是開門合轍人[36]	모두 문을 열고 따라가야 할 사람이라네

33) 申緯, 「再題虞江杜律」, 『警修堂全藁』 27책, 『총간』 291집, 605면, "余在乙未, 得見「虞注杜律濟南黃臣跋」, 卽題二詩, 確辨其非虞注, 乃張性伯行之注, 而伯行與伯生音相近也, 故但知以訛傳爲虞伯生矣. 今乃閱王阮亭池北隅談, 益知其所未知."

34) 申緯, 「再題中州集」 其一, 『警修堂全藁』 5책, 『총간』 291집, 96면, "雄詞瀝液於羣編, 摹寫三唐豈僅然. 記得漁洋心印處, 鵲山寒食泰和年."

35) 申緯, 「今年春間, 蔣秋吟寄示論唐宋人詩絶句三十首全本, 以此爲謝」, 『警修堂全藁』 13책, 『한국문집총간』 291집, 285면, "論詩寄到爲揩靑, 四傑沿洄迄四靈. 兩宋壘新千古幟, 三唐緯密六朝經. **風騷竝駕懷工部, 神韻拈花憶阮亭**. 和者無人爭好處, 恰如初本寫黃庭."

36) 申緯, 『警修堂全藁』 1책, 『한국문집총간』 291집, 331면.

신위는 시의 미적 경계를 지향할 때에, 신운(神韻)에 집착하여 주관적 허경(虛境)에 치우쳐서는 안 되며, 객관적 표현대상[實事]도 중요하다고 보았다. 그리하여 왕사정이 신운(神韻)의 미적 경계에 치우쳐 당대(唐代) 시인들 중에서 이백(李白)과 두보(杜甫)를 경시하고 왕유(王維)와 위응물(韋應物)을 중시한 것과 달리, 신위는 당대(唐代)의 제가(諸家) 시인들을 모두 긍정하는 인식 태도를 보였다. 이 외에도 신위는 창작의 본질인 개인의 성정(性情)과 유가적 학문세계에 충실한 학식을 중시하며, 시 창작의 과정을 선(禪)의 이치로만 파악한 왕사정의 시학에 치우치지 않았다.[37]

이상에서 살펴본 바와 같이 신운설로 대표되는 왕사정의 시학과 시문학은 조선후기의 문인들에게 많은 영향을 미쳤다. 이런 배경 속에서 이학규 또한 서울에서 생활하던 젊은 시절부터 왕사정을 익히 알고 있었다.[38] 하지만 이학규가 왕사정의 시학에 깊은 영향을 받은 것은 유배 후기에 들어서였으며,[39] 그리하여 다음과 같이 왕사정의 신운설을 적극적으로 수용하게 되었다.

> 산문은 논리를 위주로 하며 시는 운치를 위주로 하니, 이것은 변함없는 법칙이지요. 시는 모름지기 물 속에 비친 달, 거울에 비친 꽃과 같아야 합니다. 살펴보면 있는 듯하지만, 잡으려고 하면 붙잡을 수 없는 법이지요. 불경에서 '붙지도 않고 떨어지지도 않는다'라고 말한 것, 조동종(曺洞宗)에서 '활구(活句)를 참구(參究)하다'라고 말한 것이 바로 그것이라오. 의론(議論)과 서사(序事)에 있어서는 별도로 체재가 정해져 있지요.[40]

37) 금지아, 앞의 책, 303~307면 참고.

38) 李學逵, 「西園小集次王阮亭嶽下韻」, 『총간』 290집, 215면.(1799)

39) 李學逵, 「畣權處一」, 『총간』 290집, 476면.(1820), "淸人王士禛亦曰 : '今日作詩, 寫意興而已. 寧使音律不叶, 不可使詞意不工', 皆至言也."

40) 李學逵, 「答朴思浩」, 『총간』 290집, 464면.(1820), "文以理勝, 詩以韻勝, 不易之法也. 詩須如水中月・鏡中花, 覰之故在, 捉之不定. 內典所云'不卽不離, 不粘不脫', 曺

이학규가 1820년에 지은 이 글은 왕사정의 시론을 차용하여 자신의 의견을 개진한 것이다.[41] 이 글에서 이학규는 시와 산문의 차이를 대비하고, 시의 심미적 특징으로 운치[韻]를 주장하였다. 이때의 운치[韻]는 논리적이고 이성적인 인식과 다른, 직관적이고 감성적인 예술성이라고 할 수 있다. 그것은 '물 속의 달, 거울 속의 꽃[水中月, 鏡中花]'과 같이 볼 수는 있어도 손으로 잡을 수 없는 환상이요, '붙지도 않고 떨어지지도 않는다[不卽不離, 不粘不脫]'와 같이 대상에서 자유로우면서 대상을 완전히 벗어나지 않은 경계이며, '활구(活句)를 참구(參究)하다[參活句]'와 같이 분별로 이루어진 사구(死句)가 아닌 분별이 붙지 않은 살아있는 화두[活句]를 참구(參究)하여 깨달음의 세계에 들어가는 것과 같다.

따라서 이는 함축과 여운을 동반한 '언외지의(言外之意)'의 형상화를 통해 정서적 감발을 일으킬 수 있는 표현기법과 밀접한 관련이 있다. 실제로 이학규는 시의 심미적 경계 중에서 여운을 특히 중시하였다. 이학규는 어떤 사람의 칠언고시가 제목에서부터 '쾌재(快哉)'를 내세워 여운이 없다고 평가하고, 칠언절구의 작품성을 판단하는 기준으로 여운의 유무를 거론하였다.[42]

洞宗所云'參活句', 是也. 至於議論序事, 自別是一體." (정우봉 역, 『아침은 언제 오는가』, 태학사, 2007, 187면 인용.)

41) 王士禎, 『師友詩傳續錄』, "嚴儀卿所謂 '**如鏡中花, 如水中月**, 如水中鹽味, 如羚羊挂角, 無跡可求', 皆以禪理喩詩. **內典所云 '不卽不離, 不粘不脫', 曺洞宗所云'參活句', 是也**. 熟看拙選唐賢三昧集, 自知之矣. **至於議論序事, 自別是一體**."(王夫之 等撰, 『淸詩話』, 상해고적출판사, 1999, 150면.)

42) 李學逵, 「與」, 『총간』 290집, 361면, "且其七古一首, 惜乎其命題曰'快哉'二字也. 諸凡快事, 若先道出快字, 其說仍遂不快, 況此二字語頭, 已涉不矜重, 末段分我一臠等語, 尤非老成人口氣. 其七絶, 專主輕盈淸楚, 殊欠溫厚沈重底意. 近日柳惠風, 人皆謂七絶能手, 吾獨以爲不肰. 蓋七絶不過四句耳, 知其優劣, 亦甚難. 但須誦過一遍, 胸中悠肰有餘味者, 佳作也. 索肰一聲, 如用石擊石, 更無餘韻者, 拙手也."

그리고 이러한 심미적 태도는 시에 국한된 것이 아니라, 예술적 정취 전반을 아우르는 인식의 토대로 작용하였다.

> 전에 글을 지어 자네들에게 보냈을 때, 누군가 취(趣)에 대해 묻는 말이 있었네. 내가 이렇게 대답했었네. "말로 설명하기 어렵다네. 만약 형체에 얽매이지 않고 말 밖에서 깨달아 알면 될 걸세. 한유(韓愈)는 「태학청금서(太學聽琴序)」에서 '저물어서 물러나니 마음 가득히 얻은 게 있는 듯하다.' 라고 하였네. 육유(陸游)는 「풍우야좌시(風雨夜坐詩)」에서 '책을 덮으니 여운이 가슴 속에 남아 있다.'라고 하였네. 그리고 원굉도(袁宏道)는 '산 위의 빛깔, 물 속의 맛, 꽃의 광태, 여자의 자태는 말을 아무리 잘 하는 자라도 한 마디로 표현할 수 없고 오직 마음으로 이해하는 자만이 알 수 있다.'라고 하였다네. 대개 취(趣)는 가득하게 얻음이 잇는 듯한 것이며, 여운이 가슴 속에 남아 있는 것이며, 빛깔과 맛과 광태와 태깔은 한 마디 말로 표현하지 못하는 것이라네." 자네들이 이 말을 들으면, 응당 한 번 웃고 깨달아 알 걸세.[43)]

> 산수 그림은 당나라 때에 시작되어, 그 후 곽희(郭熙), 왕흡(王洽), 예찬(倪瓚), 황공망(黃公望) 등이 때로는 청록으로 때로는 엷은 붉은 빛과 남색을 사용하여 맑고 깨끗하게 그리기도 하고, 먹을 뿌려서 산수를 그리기도 하였다. 구름과 안개, 나무와 바위 등을 물들이거나 엷고 흐리게 칠하였다. 이렇게 해서 산수의 참된 모습을 드러내는 것은 가슴 속 생각이 풍부하고 기백 또한 커서 실로 조물주의 마음 바깥의 마음을 사용하여 형태 바깥의 형태를 묘사한 것이다. 그래서 기이한 봉우리, 깊은 골짜기의 기이한 경치와 그윽한

43) 李學逵, 「與尹師赫李思淳」, 『총간』 290집, 485면.(1820), "俄作書付賢輩, 或有問趣之說. 予應之曰 : '難言也. 苟勿拘於形, 而理會言外, 則可矣. 韓退之太學聽琴序云「及暮而退, 充然若有得」. 陸務觀風雨夜坐詩云「掩書餘味在胸中」. 袁石公有言曰「山上之色, 水中之味, 花中之光, 女中之態, 雖善說者, 不能下一語, 惟會心者知之」. 盖趣者, 固充然若得者也, 餘味在胸中者也, 色味光態之不能下一語者也.' 賢輩見此, 想當一笑領會也."(정우봉 역, 『아침은 언제 오는가』, 태학사, 2007, 192면 인용.)

정감은 과장하거나 예쁘게 꾸미는 사람이 생각할 수 있는 경지가 아니다.[44)]

첫 번째 글에서 이학규는 예술작품에서 취(趣)의 미감을 느끼기 위해서는 '형체에 얽매이지 않고 말 밖에서 깨달아 아는[勿拘於形, 而理會言外]' 것이 중요하다고 보았다. 그리하여 취(趣)의 심미적 특징을 한유(韓愈)·육유(陸游)·원굉도(袁宏道)의 언급을 들어 설명하며, 그 모호성·자득성·비실체성을 강조하였다. 이는 궁극적으로 독자의 연상 과정을 거쳐 작품의 심원하고 무궁한 의미를 감득하게 하는 미감 작용으로서의 '운(韻)'과 매우 밀접한 관련이 있다.[45)]

그리고 두 번째 글에서처럼 산수화의 미적 특질을 논하는 데에도 이러한 심미적 태도가 작용하였다. 이학규는 산수화를 표현하는 데 있어서 외형의 감각적 묘사를 넘어선 '의외지의(意外之意)'의 주관적 정취와 '형외지형(形外之形)'의 심원한 예술적 경계를 강조하였다. 이와 같은 심미적 태도는 시화일치(詩畵一致)의 인식을 바탕으로 산수화에서 '필묵지외(筆墨之外)'의 의경을 중시하였던 왕사정과 닮아 있다.[46)] 또한, 신위가 시화일치(詩畵一致)의 관점아래,[47)] 대나무 그림에서 '형사(形似)'보다

---

44) 李學逵, 「童子鄭寧甲意園山水圖序」, 『총간』 290집, 510면.(1822), "繪山水者, 始于李唐, 嗣後若郭熙·王洽·雲林·大癡之徒, 或以青綠, 或以淺絳, 或以潑墨. 若其烟雲樹石之點染渲烘, 以托起山水之眞形眞態者也. 要之懷抱旣富, 魄力亦大, 悉能用化工意外之意, 寫形外之形者. 故其爲奇峰邃壑異境幽情, 有非浮汎刻畵之倫所可想到也."(정우봉 역, 『아침은 언제 오는가』, 태학사, 2007, 163면 인용.)

45) 정우봉, 「조선후기 문예이론에 있어 趣 개념과 그 의미」, 『한문학보』 21집, 우리한문학회, 2009, 421~422면 참고.

46) 王士禎, 「跋門人程友聲近詩卷後」, 『蠶尾續文集』 권20, 『王士禛全集』 3, 齊魯書社, 2007, 2318~2319면, "昔人稱王右丞, '詩中有畵, 畵中有詩'. 詩與畵二者, 事雖不相謀, 而其致一也. 門人程友聲鳴, 工詩畵, 名久譟江淮間. 近以其「七芙蓉閣」詩, 寄予論定. 予嘗聞荊浩論山水而悟詩家三昧矣, 其言曰'遠人无目, 遠水无波, 遠山无皴'. 又王楙『野客叢書』有云'太史公如郭忠恕畵, 天外數峰, 略有筆墨, 意在筆墨之外'. 詩文之道, 大抵皆然."

'신사(神似)'의 예술적 경계를 중시하는 모습[48]도 이와 같은 심미적 태도와 궤를 같이 한다.

요컨대, 이학규가 유배 후기에 들어서 적극적으로 개진한 언외(言外)의 함축과 여운을 중시하는 시론은 왕사정의 신운설에 대한 이해를 바탕으로 형성된 것이었다. 그리고 이는 예술 전반을 아우르는 인식의 토대로 작용하며, 이학규의 심미의식과 시세계에 큰 영향을 미쳤다. 칠언율시의 정제미와 여운미를 활용한 시세계가 유배 후기부터 두드러지기 시작하는 양상은 이러한 심미 의식의 산물이다.

그런데 바로 이 시점이 이학규가 신위와 본격적으로 문학적 교유(交遊)를 시작한 시기라는 점[49]은 주목을 요한다. 즉, 이 당시 누구보다 왕사정의 신운설에 많은 영향을 받은 신위와의 문학적 교유(交遊)는 이학규가 왕사정의 신운설에 적극적으로 관심을 보이는 계기가 되었다. 신위가 "이학규는 시에 있어서 일찍이 다산(茶山)과 뜻이 맞았지만, 나중

---

47) 申緯, 「自題臨十竹齋譜卷後五首」 其三, 『警修堂全藁』 10책, 『총간』 291집, 217면, "豈必筌蹏一一摹, 布毫設色且從吾. 詩書畫髓宜無二, 十竹齋中借學隅."

48) 申緯, 「詠池邊竹影」, 『警修堂全藁』 20책, 『총간』 291집, 443면, "百竿叢玉立亭亭, 烟雨痕深湘水靈. 時見無風脫粉籜, 了然承日印空青. 禁寒翠袖和愁倚, 試舞文鸞顧影停. 以墨像君君解否, 我師神似不師形." ; 申緯, 「爲羲世使君走筆自題墨竹八絶句」 其三, 『警修堂全藁』 28책, 『총간』 291집, 611면, "坡翁畫竹訣, 離形而得似. 追神最妙語, 少縱則逝矣."

49) 현전하는 문집에 근거할 때, 유배 이후에 끊어졌던 이학규와 신위 사이의 交通이 재개된 사실은 「申漢叟參議, 求余詩甚勤, 作此寄示」(李學逵, 『총간』 290집, 433면.)을 통해서 확인할 수 있다. 이 작품의 창작시기는 앞서 살펴본 이학규의 시론이 제기되기 2년 전인 1818년이다. 또한 이학규가 1820, 1821년의 작품을 모은 문집명을 『文漪堂集』이라고 했는데, 신위가 자신의 집 이름을 '文漪堂'이라고 짓고 서영보에게 기문을 요청한 사실(徐榮輔, 「文漪堂記」, 『竹石館遺集』 3책, 『한국문집총간』 269집, 380면.)을 상기할 때, 이 당시부터 이학규와 신위와의 교류가 활발해졌음을 짐작할 수 있다. ○ 이학규와 신위와의 문학적 交遊에 관한 자세한 논의는 다음의 저서에서 고찰이 이루어졌다. (백원철, 앞의 책, 296~317면.)

에는 나와 합치되었다.[醒叟於詩, 早契茶山, 晩合不佞]”라고 평가한 의미는 이러한 맥락에서 이해할 수 있다.

그러나 이학규와 신위는 이와 같이 심미 의식과 시세계에 영향을 주고받으면서도, 실제 작품 창작에서는 서로 다른 개성을 보여주었다. 기존 연구 성과를 참고해 보면, 김동준은 신위 시의 특징으로 자신의 속내를 그대로 노출시켜 보여주지 않는 감상성(感傷性)의 절제를 들고, 이러한 현상을 지학겸비(知學兼備)에 걸맞는 학자풍의 객관성을 확대해 간 결과로 해석하였다.[50] 또한, 이현일은 여러 선집에 뽑힌 신위의 칠언율시들이 기려미(綺麗美)가 두드러지며, 그 원인으로 경화세족의 취향을 거론하였다.[51]

그에 비해서 이학규는 평생 동안 낙척한 신세가 되어 궁벽한 외지에서 생활하였다. 여기에 예민한 감성과 강렬한 창작충동을 내세워, 불우하고 궁핍한 삶에서 비롯되는 정서와 의식들을 적극적으로 표현하였다. 그리하여 유배 후기부터 집중적으로 창작된 이학규의 칠언율시들은 대장법과 장법의 형식미를 능숙하게 구사하며, 응시와 성찰을 통해 심화된 서정을 발산하였다.

a.

心似征鴻懷水國	마음은 먼 길 떠나는 기러기가 수국(水國)을 그리워하는 듯
身如病樹㤿霜天	몸은 병든 나무가 깊어진 가을을 겁내는 듯

「다배원(茶焙院)」

50) 김동준, 「申緯 詩에 나타난 '極變'의 의미와 실제적 양상에 대하여」, 『한국한시연구』 6, 한국한시학회, 1998, 298면.

51) 이현일, 「紫霞詩 硏究」, 성균관대학교 박사학위논문, 2006, 193~209면 참고.

b.

身世羝羊逢大壯	이 몸은 숫양이 대장(大壯)을 만난 격이요
心魂蝴蝶到無何	마음은 나비가 무하유지향(無何有之鄕)에 이른 격이네

「성서주로박모부취이귀(城西酒壚薄暮扶醉而歸)」

c.

羸驂汩沒春塗滑	여윈 말은 미끄러운 봄날의 진창에 빠지고
孤策遲徊夕照頹	외로운 지팡이는 지는 노을을 따라 천천히 배회하는데

「제상홍생선모걸여일시(隄上洪生宣謨乞余一詩), 첩부이증(輒賦以贈)」

위의 세 대장(對仗)들은 이학규가 유배 후기와 해배 이후에 지은 칠언율시 중에서 일부분이다. 대장은 의미상의 병치와 형식상의 대칭을 통해 심미성을 고조시킨다. 이학규는 이러한 대장의 효과를 활용하여, 자신의 처지와 내면의 심리를 적극적으로 표현하였다. 그리하여 육체적 곤궁함과 정신적 괴로움, 머물 곳 없이 떠도는 낙척한 신세를 적절한 비유와 의상(意象)으로 표현함으로써 함축미와 여운미를 발산하였다.

나아가서 만년에 이르러서는 더욱 성숙한 필치를 발휘하여 함축과 여운의 시적 경계를 구현하였다.

「暮秋書懷」
「늦가을의 회포를 적다」

無事無言只據梧	일도 없고 말도 없이 다만 오동나무 안석에 기대니
此身端合號潛夫	이 몸은 잠부(潛夫)라고 불리기에 알맞네
雁奴聲急尙衣裌	경계서는 기러기 소리 다급한데 여전히 겹옷을 입었건만
魚子飯遲須滿盂	좁쌀밥을 천천히 먹으니 어김없이 그릇에 가득하네
籬缺先知來客面	울타리가 이지러져 찾아오는 객의 얼굴을 미리 알아보고
樹深猶聽隔隣呼	나무가 깊은데도 이웃의 부르는 소리가 들리네
幽懷一任閒掙觸	그윽한 정회를 맡겨두니 대하는 일마다 한가로운데

黃葉村莊有噪烏	누른 잎 지는 시골마을엔 까마귀가 우네

「田廬晩興」
「농막에서 느끼는 늘그막의 홍취」

飽食悠然百慮平	배불리 먹고 한가로이 모든 생각이 평온한데
山居容易閉柴荊	산에서 지내니 쉽사리 사립문을 닫네
田丁遠喚疏泉脈	밭가는 장정은 물길을 트며 멀리서 소리치고
穉子遲歸趁月生	어린 아들은 뜨는 달을 좇다가 늦게야 돌아오네
檐角迎凉薰麥氣	처마 귀퉁이로 서늘한 바람 불어와 보리향기 온화하고
竈頭留照燎松明	부엌머리엔 햇빛이 남은 채로 관솔불이 밝게 타는데
老夫已向南齋臥	늙은이는 진작부터 남쪽 집에 누워서는
細聽東林杜宇聲	동편 숲의 두견새 소리에 자세히 귀를 기울이네

1833년에 지은 위의 두 작품에서 이학규는 더 이상 자신의 내면에 대해 별다른 언급을 하지 않는다. 다만 한적한 일상과 평화로운 풍경 속에서 자재로운 자신을 묘사할 뿐이다. 그리고 여운이 가득한 미련(尾聯)의 표현을 통해 자신의 내면을 알 듯 모를 듯 제시한다. 「모추서회(暮秋書懷)」의 미련(尾聯)에서는 여러 가지 비애의 감정이 뒤섞인 '그윽한 정회[幽懷]' 속에서 한가로움에 젖어드는 자신을 묘사하고, 가을날의 까마귀 소리로 여운을 드리운다. 그리하여 한적(閑適)함과 쓸쓸함이 공존하는 내면서정을 진술하고도 담담하게 반영한다.

또한 「전려만홍(田廬晩興)」의 미련(尾聯)에서는 두견새 소리에 귀를 기울이는 예사롭고 태연한 시인의 모습만을 형상화함으로써 짙은 여운을 발산한다. 그리하여 자신의 내면을 함부로 가늠할 수 없게 하면서도, 오히려 기구한 운명의 끝에서 외롭고 쓸쓸할 뿐인 짙은 고독감을 표현한다. 이러한 형상화 방식은 「상야불매감회(霜夜不寐感懷)」의 미련에서

"숲 속의 집 고요한데 새벽 종소리 끊어지니, 몸 일으켜 등불 앞에서 벌레 소리를 듣는다(林齋関寂晨鍾斷, 起向燈前聽暗虫)"라고 하여, 갖은 상념에 잠긴 채로 쓸쓸하게 가을밤을 지새우는 자신의 모습을 구상화하는 데에서도 확인할 수 있다.

즉, 후사가의 초기 작품들이 왕사정 신운 시의 선적(禪的) 취향(趣向)을 수용하여 시에서 자연(自然)의 묘리(妙理)를 구현하고자 하는 신운풍을 추구했다면,[52] 신위는 왕사정의 신운설을 수용하면서 그 시학적 이론의 결함을 보완하기 위해 노력했다. 그에 비해 이학규는 신운설의 심미성을 활용하여 만년의 개인적인 서정을 함축과 여운의 미적 경계 속에서 표현하는 데에 관심을 기울였던 것이다.

3. 제재의 일상성과 표현의 사실성

18세기 한국한시사의 주요한 특징 중 하나는 일상생활 주변의 자질구레한 일들과 사물들을 소재로 포착하여 형상화하는 시 작품이 전면화되고 다양화되었다는 점이다.[53] 그리하여 지금까지 제재의 '일상성'은 조선 후기 한시사의 중요한 특징으로 지목되어 많은 연구가 진행되었다. 이는 조선 후기 한시사적 특징을 조선풍·조선시라는 관점으로 파악하는 과정에서 부각되었다. 일찍이 송재소가 정약용(丁若鏞, 1762~1836)의 「노인

---

52) 이경수, 앞의 책, 111~133면 참고.

53) 김동준은 18세기 무렵으로 접어들면서 수십 수에서 백 수를 넘는 連作雜詠이 나타나 일상을 대폭 수용한 예들이 나타나고, 풍속적 관심에서 타인의 일상을 장편에 묘사한 작품들이 잦게 지어질 뿐만 아니라, 일상이 전대에 비해 전면화되고 다양화되는 추세를 이루어 나간다고 분석하였다. (김동준, 「한시에 나타난 일상의 의의와 역할」, 『국문학연구』 14호, 국문학회, 2006, 43면 참고.)

일쾌사육수효향산체(老人一快事六首效香山體)」 제5수의 "아시조선인(我是朝鮮人), 감작조선시(甘作朝鮮詩)"라는 구절에 주목한 뒤,[54] 이동환은 앞선 정약용의 언급과 함께 박지원(朴趾源, 1737~1805)의 「영처고서(嬰處稿序)」와 이옥(李鈺, 1760~1812)의 「이언인(俚諺引)·일난(一難)」을 아울러 논의하고, 이 세 가지 논술이 "조선 시인으로서의 사고와 감각에 맡겨 조선인의 삶을 중국적 의사화(擬似化)를 배제하고 진실하게 표현하려는 것이라는 논리적 귀결에서는 같다."고 분석하였다.[55]

이 후 지속적인 조선풍·조선시에 대한 논의를 거치면서 문학사를 바라보는 입장과 자료를 해석하는 관점에 따라 조선풍의 개념과 범주에 이견을 보이기도 했다.[56] 그럼에도 불구하고 제재의 '일상성'은 언제나 조선풍의 핵심적인 개념으로 인식되었다. 그리하여 김동준은 조선풍의 개념을 '자신들의 삶의 터전과 생활방식에 대한 자각을 시화한 일군의 시'로 정의하였으며,[57] 이정선은 '일상성 중시를 통한 진(眞)의 추구'를 조선풍 한시의 특징으로 보았다.[58]

---

54) 송재소는 이러한 선언이 나온 배경으로 漢字를 빌어 시를 쓰는데서 오는 어려움과 "다산의 주체성, 중화사상에서 탈피하려는 의지"를 들었다. 이에 조선시의 제 양상을 시어, 용사, 시 정신으로 구분하여 설명하였다. (송재소, 「茶山의 朝鮮詩에 대하여」, 『한국한문학연구』 제2집, 한국한문학회, 1977.)

55) 그리하여 朝鮮風·朝鮮詩에 편입될 만한 작품군으로 첫째, 정약용의 현실 고발시에서부터 이덕무의 자품처럼 시인 개인의 자질구레한 일상들을 새로운 시풍으로 다룬 작품. 둘째, 시의 소재를 우리나라의 역사·풍물·민속 등에서 취한 詠史樂府와 竹枝類. 셋째, 우리나라 시가의 한역시. 넷째, 민요취향의 한시들. 다섯 째, 金笠詩系의 戲作漢詩들을 제시하였다. (이동환, 「朝鮮後期 漢詩에 있어서 民謠趣向의 擡頭」, 『한국한문학연구』 제3·4합집, 1979.)

56) 이에 대해서는 김동준, 「조선후기 '朝鮮風' 漢詩에 대한 재론」, 『국문학연구』 제10호, 국문학회, 2003, 참고.

57) 김동준, 「조선후기 '朝鮮風' 漢詩에 대한 재론」, 『국문학연구』 제10호, 국문학회, 2003, 81면 참고.

58) 이정선, 「조선후기 문화변동과 조선풍의 위상」, 『한국언어문화』 제34집, 한국언어문

또한, 조선풍의 논리를 굳이 전면에 내세우지 않더라도, 제재의 '일상성'은 18세기~19세기 초 주요 시인들의 중요한 시적 특징으로 간주되었다. 이에 이용휴의 시적 특질로 일상성의 절묘한 포착이 주목되었으며,[59] 정약용의 시세계를 '일상성의 대두와 새로운 사유방식'이라는 관점으로 분석한 논의도 진행되었다.[60] 또한, 류경종(柳慶種, 1714~1784) 시세계의 특질로 '생활체험의 형상화와 일상인식'이 거론되고,[61] 김려(金鑢, 1766~1822)의 한시에 나타나는 일상의 양태와 의미를 고찰한 연구도 진행되었다.[62] 아울러 신위 시의 근본적인 특징 중의 하나로 일상사를 운치 있게 경영하고, 소소한 일들에서도 시적 홍취를 찾는 면모를 분석한 연구도 진행되었다.[63]

바로 이와 같은 연구를 통해서 18세기 한국한시사의 주요한 특징으로 제재의 '일상성'이 주목받게 되었으며, 그 과정에서 자연스럽게 표현의 '사실성'에 대한 분석과 서술이 동반되었다. 백탑시파의 시적 특질을 사실주의에서 찾고, 백탑시파가 선택한 제재는 조선(朝鮮)의 진경(眞景)이고, 창작태도는 사생적(寫生的)·묘사적(描寫的)이라고 고찰한 경우[64]는 이러한 양상을 잘 보여준다. 이 와중에 기속시는 조선 후기의 일상성과

화학회, 2007, 319~322면 참고.

59) 정민, 「18세기 시단과 일상성의 시세계」, 『18세기 조선지식인의 발견』, 휴머니스트, 2007, 351~366면 참고.

60) 박무영, 「일상성의 대두와 새로운 사유방식」, 『우리 한문학사의 새로운 조명』, 이혜순·박무영 外, 집문당, 1999, 331~352면 참고.

61) 김동준, 『海巖 柳慶種의 詩文學 硏究』, 서울대학교 박사학위논문, 2003, 178~192면 참고.

62) 강혜선, 「조선후기 한시 속의 일상의 양태와 의미-김려의 한시를 대상으로」, 『한국한시연구』 15, 한국한시학회, 2007.

63) 이현일, 「紫霞詩 硏究」, 성균관대학교 박사학위논문, 2006, 148~174면 참고.

64) 안대회, 『18세기 한국한시사 연구』, 소명출판, 1999, 368~384면 참고.

사실성을 담은 대표적인 시 양식으로 주목을 받았다. 그리하여 세시풍속·서울풍속·여성풍속 등을 묘사한 기속시가 일상적 삶의 현장을 섬세한 필치로 그려낸 양상이 다각도로 분석되었다.[65] 또한 조선 후기 풍속화와 기속시 사이에 존재하는 형상화 방식을 고찰하면서 두 장르가 인간의 일상을 예술의 제재로 채택하고, 개별화의 원리로 일상을 형상화하였다는 고찰이 이루어졌다.[66]

이학규 한시의 주요한 특징 중 하나인 제재의 '일상성'과 표현의 '사실성'도 이와 같은 시사적 맥락에서 이해할 수 있다. 이용휴와 후사가를 비롯한 18세기 한국한시사의 흐름을 적극적으로 수용했던 이학규는 이러한 양상을 시적 소재의 확장과 다양한 시 양식의 활용을 통해 다각도로 표출하였는데, 이는 크게 다음의 세 가지 양상으로 구분할 수 있다.

첫째, 이학규가 창작한 100여 수에 이르는 영물시는 제재의 일상성과 표현의 사실성이 두드러진다. 이학규는 평생에 걸쳐 궁벽한 시골의 자연물과 김해 바다의 수산생물을 소재로 하여 다양한 영물시를 창작하였다. 특히 유배 초기에 장편고시로 창작한 「빙저(冰筯)」와 「목가(木稼)」에서는 각각 고드름과 나뭇가지에 얼어붙은 눈을 탐미적인 시선으로 완상하는 자세가 돋보인다. 또한 「해삼(海蔘)」과 「하돈(河魨)」은 각각 해삼과 복어에 대한 호기심·생김새·성질·맛·요리방법·지역민들의 생활상 등을 장편고시 속에 담아내는 구성력이 돋보인다. 그리하여 이러한 영물시들은 이학규의 섬세한 관찰력과 세밀한 묘사력을 잘 보여준다.

그러나 무엇보다도 사물과의 보다 긴밀한 교감을 바탕으로 불우한 처지에서 생겨난 정서와 내면의식을 적극적으로 투영함으로써 자기연민

65) 김명순, 『조선후기 한시의 민풍 수용 연구』, 보고사, 2005.

66) 강명관, 「조선후기 漢詩와 繪畫의 교섭」, 『한국한문학연구』 제30집, 2002.

을 표출하는 작품들은 이학규 영물시의 개성을 잘 보여준다. 이는 제6장에서 살펴본 바와 같이, 보편적인 영물대상에서부터 생활주변의 미물에 이르기까지 그 소재가 다양하다. 또한 시적 형상화 방식에서도 상징적 묘사를 통해 사물과의 정서적 일체감에 주력하는 근체시에서부터, 대상 사물의 이미지를 형상화하면서 자신의 자의식을 반영하는 장편고시에 이르기까지 다채로운 양상을 보인다. 이러한 작품들은 섬세한 관찰력과 세밀한 묘사력은 물론, 궁핍하고 불우한 삶에 대응하는 예민한 감수성과 특유의 감성적인 작가성향을 잘 보여준다.

둘째, 이학규의 시세계에서는 개인적인 일상의 사실적인 표현이 두드러진다. 그 중에서도 「중야고열(中夜苦熱), 주심연가주로(走尋沿街酒壚)」는 누추한 집에서 더위와 벌레에 시달리는 모습, 여름밤 시골저자의 풍경, 주막에서 술에 잔뜩 취한 채로 다시 집으로 돌아오는 행동반경이 실감나게 그려지고 있다. 그리하여 자신의 하룻밤 일상을 담담하게 묘사하는 가운데, 쓸쓸함과 무력감에 젖은 초라한 자아상을 효과적으로 전달하였다. 또한, 「조식갱유준미(朝食羹有俊味), 즉석구호(卽席口號)」와 「식와거(食萵苣)」에서 각각 순채된장국과 상추쌈을 먹는 사소한 일상을 의미화하면서 가벼운 필치로 그려내는 모습은 삶의 궁핍 속에서도 왜소화와 자기연민에 빠져 있지만은 않았던 작가적인 면모를 보여준다.

아울러 유배 후기부터 전원의 홍취와 은일자적의 정취를 발산하며 전가(田家)의 일상적인 풍경을 심미적으로 형상화 하는 양상, 「채포십이영답한국로(菜圃十二詠答韓菊老)」[67]에서 각각의 채소에 대한 맛과 습성 및 가꾸는 방법에 관한 묘사와 설명을 오언절구 속에 담은 양상, 만년에 지은 「남과삼십사운(南瓜三十四韻)」에서 호박에 대한 세부묘사와 함께

67) 李學逵, 「菜圃十二詠答韓菊老」, 『총간』 290집, 1824, 554면.

요리법과 보관 방법 등을 서술하고 농촌생활에 대한 강한 애착과 긍정적 사유를 부여하는 양상 등은 소외된 문인이 농촌의 생활공간에서 삶의 의미를 획득해가는 면모를 잘 보여준다. 그리하여 이러한 이학규의 작품들은 별도의 예술적 대상으로서 일상을 묘사했던 이덕무[68]와 자기의 일상을 서술하고 묘사하는 과정을 통해 자기 삶의 의미를 새롭게 찾아가던 김려[69]의 작품적 특징들을 모두 갖추었던 것이다.

셋째, 이학규는 일반 서민들의 일상을 사실적으로 표현하는 데에도 적극적인 관심을 기울였다. 비록 본고에서 다루지는 못했지만, 이학규는 「성시전도일백운(城市全圖一百韻)」[70]과 「관시팔십운(觀市八十韻)」[71]에서 각각 서울과 김해의 번화한 시가지와 시정인들을 세밀하게 묘사하였다.[72] 이렇게 시정인들의 생활상에 관심을 가지는 면모는 이학규가 만년에 서울에 들러서 지은 작품을 통해서도 확인할 수 있다. 그 중에서도 한참동안 줄을 서서 약을 타는 약방의 분위기[73]·창틈으로 견주어보다가 뒤늦게 자식을 시켜 생선장수를 부르는 모습[74]·국수를 삶고 고기를 다지

68) 김동준, 「한시에 나타난 일상의 의의와 역할」, 『국문학연구』 14호, 국문학회, 2006, 43~45면 참고.

69) 강혜선, 앞의 논문, 195면 참고.

70) 李學逵, 「城市全圖一百韻」, 『총간』 290집, 1810, 352면.

71) 李學逵, 「觀市八十韻」, 『총간』 290집, 1821, 503면.

72) 「城市全圖一百韻」은 안대회, 「城市全圖詩와 18세기 서울의 풍경」, 『고전문학연구』 35권, 한국고전문학회, 2009; 한영규·정은주, 「이학규의 「城市全圖詩」 창작 배경과 그 특성」, 『한자한문교육』 29, 한국한자한문교육학회, 2012.에서 분석이 이루어졌다. ○ 「觀市八十韻」은 백원철, 앞의 책, 140~141면과 심경호, 「서정자아의 근대적 변모와 그 한계-洛下生 李學逵의 漢詩를 중심으로」, 『한국한시의 이해』, 태학사, 2000, 575~576면에서 분석이 이루어졌다.

73) 李學逵, 「昌德宮前藥鋪」 其二, 『총간』 290집, 568면.(1833), "雙袖郎當狼犤胡, 入門長立語斯須. 腋間抽出雙封紙, 問買黃芩白芷無."

74) 李學逵, 「敦義門外旅舍偶書」 其四, 『총간』 290집, 568면.(1833), "短簑荻笠賣鮮鱸,

는 가정집의 풍경[75] 등에 대한 묘사는 생동감 있는 장면포착이 돋보인다.

아울러 성호가문으로부터 익힌 실학적 학문태도[76]와 정약용으로부터의 문학적 자극을 바탕으로, 지역민들의 일상에 대한 시적 형상화를 활발하게 진행하였다. 이에 '풍인지지(風人之旨)'의 시의식을 확고히 하는 가운데 「금관죽지사(金官竹枝詞)」 77수, 「금관기속시(金官紀俗詩)」 52수, 다수의 '배해체(俳諧體)' 작품 등과 같은 기속시(紀俗詩)를 남겼다. 여기에서 이학규는 일상 언어를 적극적으로 시어화 하면서 인정물태와 민풍토속을 사실적으로 표현하는 가운데, 풍경의 여운미를 강조하거나 개인적인 서정을 적극적으로 투영함으로써 자신만의 개성적인 형상화 방식을 보여주었다.

그리고 이학규는 '근본이 되는 사실을 서술하고, 진실한 감정을 표현하는[서기본사(敍其本事), 달기진정(達其眞情)]' 작가의식을 바탕으로, 『영남악부(嶺南樂府)』(1808)와 『해동악부(海東樂府)』(1821)를 창작하였다. 여기에서 이학규는 영남지역과 우리나라의 역사인물·문화유적·민풍토속에 광범위한 관심을 보이며, 작품의 실감을 높이거나 날카로운 비판을 가미함으로써 문학적 형상화를 이룩하였다. 또한 비록 본고에서 다루지는

一路提籃叫郭隅. 小婦穴囱窺較近, 急教穉子出門呼."

75) 李學逵, 「茶房衖衕藥舖」 其三, 『총간』 290집, 568면.(1833), "傳家盛說食單名, 豉氣油香隔院生. 想是午槃條麪熟, 內房搗肉亂刀聲."

76) 이에 대해서 백원철은 '역사·지리 등에 대한 고증', '자연과한 등에 대한 관심', '致用·厚生에 대한 의식'으로 나누어 고찰하였다. (백원철, 앞의 책, 43~57면 참고.) 또한, 이학규가 編次하고 김해지역의 文士인 盧德奎(1803~1869)가 增補한 『物名類解』라는 책도 주목된다. 이 책은 물명에 관한 어휘집으로서 물명 어휘를 유형별로 분류한 다음 각 물명의 기원과 출전을 자세히 고증한 것이다. (정승혜, 「낙하생 이학규와 『물명유해』」, 『문헌과 해석』 38, 문헌과 해석사, 2007, 153~175면; 정은주, 「실학파 지식인의 물명에 대한 관심과 『物名類解』」, 『한국실학연구』 17, 한국실학학회, 2009, 175~208면.)

못했지만, 이학규가 창작한 일련의 기사시(紀事詩)들도 일상적인 사회현상에 대한 사실적인 표현에 기반하여 비판과 풍자의식을 극대화하였다.

제10장. 결론

지금까지 논의한 바를 정리하고, 이학규 한시의 시사적 위상을 가늠해 봄으로써 결론을 맺고자 한다.

유복자로 태어나 10살까지 외가에서 자란 이학규는 어릴 때부터 외할아버지 이용휴와 외삼촌 이가환·이삼환으로부터 문학과 학문에 대한 가르침을 받았다. 그리고 20대의 청년기에는 성호가문의 가계적 여건 속에서 서울의 주요 문인들과 교유하며 문학적인 역량을 키워나갔다. 그리하여 후사가는 물론 전겸익·왕사정과 같은 국내외 문인들에게 적극적인 관심을 기울이는 등, 18세기 후반 한국한시사의 개성적인 흐름을 누구보다 가까이에서 수용하였다.

이렇게 비교적 여유로운 환경에서 문학 활동을 펼치던 이학규는 신유옥사(1801)에 연루되어, 능주(綾州 : 전남 화순군)를 거쳐 금주(金州 : 김해)에서 24년이라는 기나긴 유배생활을 겪게 된다. 또한, 해배 이후에도 고향에 안착하지 못한 채, 충주와 김해지역을 떠돌다가 생을 마감하였다. 그리하여 불우하고 궁핍한 삶에서 생겨나는 진지한 정서와 치열한 의식들을 다양한 제재와 표현기법을 통해 형상화하였다.

이 과정에서 이학규는 18세기 후반~19세기 초반 한국한시사의 흐름에 적극적으로 반응하였다. 그는 새롭고 심화된 시론과 기왕의 전범과는 다른 창작 경향을 주체적으로 받아들였으며, 이를 통해 시문학의 예술경계를 끊임없이 탐구하면서 자신만의 시론과 시세계를 모색하였다.

이 때문에 이학규의 시세계를 살펴보면, 문학적 계기마다 능동적으로 시 양식을 선택하고 다양한 표현기법을 구사하는 작가의식이 강하게 드러난다. 본고는 이러한 점에 착안하여, 이학규 한시를 양식별 특징에 따라 나누어서 그 표현기법과 미적 특질을 고찰하였다. 이를 정리하면 다음과 같다.

제3장에서는 이학규 잡체시의 표현기법과 미적 특질을 고찰하였다. 이학규의 잡체시는 유배지의 무료한 일상을 달래려는 유희적인 수단, 자신의 존재감을 표출하고자 하는 시재(詩才)의 과시, 다양한 시 형식의 실험을 통한 시작(詩作)의 능력 함양 등과 같은 젊은 시절의 작가의식이 중층적으로 집약된 결과물이다. 이학규는 능숙한 솜씨로 다양한 잡체시를 실험하는 가운데, 격앙되고 부정적인 유배 초기의 내면의식을 적극적으로 투영하였다.

제4장에서는 이학규 장편고시의 표현기법과 미적 특질을 고찰하였다. 이학규의 유배 전기 작품세계는 가족과 고향에 대한 그리움과 회한, 부정적이고 비관적인 현실인식이 주조를 이루고 있다. 이런 상황 속에서 이학규는 장편고시를 적극 활용하여 자신의 격정적인 정서를 거침없이 표출하였다. 또한 평생에 걸쳐 일상적인 제재를 사실적으로 묘사할 필요성을 느낄 때마다 장편고시를 선택함으로써 세밀한 묘사와 구체적인 의론을 적극적으로 반영하였다.

제5장에서는 이학규 칠언율시의 표현기법과 미적 특질을 고찰하였다. 이학규는 아내의 죽음을 기점으로 자아와 세계를 이해하는 근본적인 가치관이 변모하고, 그로 인해 더욱 심화된 서정을 표현할 필요성이 제기되자, 칠언율시의 정제미와 여운미를 적극 활용하였다. 이를 통해

응시와 성찰을 통한 더 높은 차원의 인식 수준과 심미적인 정서를 작품 속에 투영하였다. 또한, 능숙하고 다채로운 대장법(對仗法)과 개성이 돋보이는 장법(章法)을 통해 작품의 형식미를 고취시켰다.

제6장에서는 이학규 영물시의 표현기법과 미적 특질을 고찰하였다. 이학규는 100여 수에 이르는 영물시를 통해 생활주변의 각종 사물을 섬세하게 관찰하고 묘사하였다. 이학규는 애상의 정조가 일어날 때면, 주변의 각종 사물에 감정을 이입하여 자기 연민을 표출하였다. 아울러 감각적 이미지의 형상화를 통해 사물과 풍경을 실감나게 그리고, 혹자구(或字句) 연용(連用)의 표현기법을 적극 활용하는 등 자신의 문학적 상상력과 언어적 감각을 유감없이 발휘하였다.

제7장에서는 이학규 기속시의 표현기법과 미적 특질을 고찰하였다. 이학규는 유배지에서 경험한 낯선 풍속·백성들의 고난과 일상의 모습·관리들의 횡포 등을 작품화하기 위해 다양한 기속시를 활용하였다. 이학규는 정약용의 현실주의적인 시문학에 감발을 받아 '풍인지지(風人之旨)'의 시의식을 확고히 하는 가운데, 한편으로는 '중정(重情)'의 시의식을 반영하여 서정성을 높였다. 또한 배해체를 적극 활용하여, 보다 여유로운 시선으로 지역민들의 삶의 모습을 실감나게 묘사하였다.

제8장에서는 이학규 악부시의 표현기법과 미적 특질을 고찰하였다. 이학규는 1808년에 정약용의 『탐진악부』에 자극을 받아 『영남악부』를 짓고, 1821년에는 『해동악부』를 창작하였다. 이러한 이학규의 영사악부는 지금까지 다방면에 걸쳐 집중적인 연구가 진행되었다. 그 중에서도 본고는 진정(眞情)의 표현방식에 더욱 관심을 기울여 추가적인 고찰을 시행하였다. 이에 '애상적인 정조와 비장미를 통한 충절의 형상화'와 '비극적인 사화(史話)의 서정적 표현'으로 구분하여 문학적 형상화를 극대화하는 양상을 분석하였다.

본고는 이상의 분석과정을 거쳐, 제9장에서 이학규의 시문학을 '감성적이고 적극적인 개인 서정의 표출'·'함축과 여운의 심미성 지향'·'제재의 일상성과 표현의 사실성'으로 구분하여, 조선후기 한시사적 맥락 속에서 조망하였다.

유배 이후 이학규는 예민한 감수성과 강렬한 창작 욕구를 바탕으로 당대 국내외 시단의 흐름을 수용하며, 창작 주체의 진실한 감정을 중시하는 시론을 철저하게 내재화했다. 그리하여 궁벽지고 열악한 생활환경·연이은 가정의 불우함·개선될 기미가 없는 현실 속에서 감성적이고 적극적인 개인 서정의 표출이 두드러지는 시세계를 구현했다.

아울러 유배 후기부터는 신위와 본격적인 문학적 교유를 펼치면서 왕사정의 신운설에 적극적인 관심을 보이며, 함축과 여운의 심미성을 지향하였다. 이는 언외(言外)의 함축미와 담담하고 고요한 풍격을 중시하는 시세계로 이어졌다. 그리하여 자아와 세계에 대한 성숙한 인식 태도와 심미적인 정서를 칠언율시의 정제미와 여운미로 표현하였다.

마지막으로 앞서 살펴본 이학규의 시문학들은 제재의 '일상성'과 표현의 '사실성'을 다각도로 보여주었다. 이학규는 100여 수에 이르는 영물시를 통해 생활주변의 천근한 식물과 생물들을 감각적으로 묘사하고, 자신의 정서와 내면의식을 적극적으로 투영하였다. 그리고 개인적인 일상의 사실적인 표현을 통해 궁벽한 유배지에서의 사소한 생활상을 진솔하게 반영하며, 그 속에서 자신의 정서와 내면의식을 드러내었다. 아울러 일반 서민들의 일상을 사실적으로 표현할 때에는 성호가문으로부터 익힌 실학적 학문태도와 정약용으로부터 받은 문학적 감발을 바탕으로, 기속시·기사시·영사악부를 통해 다양한 현실주의적인 작품세계를 구현하였다.

이학규에게 시 창작 행위는 불우하고 궁핍한 삶을 지탱해 나가는 가장 절실한 방법이었으며, 잃어버린 사회적 존재감을 문학적 존재감으로 보상받을 수 있는 유일한 길이었다. 이 때문에 이학규의 시세계는 예민한 감수성을 바탕으로 한 강한 서정성과 강렬한 창작 욕구가 두드러진다. 그리고 18세기 후반~19세기 초반 한국한시사의 다채로운 문학적인 성과를 수용하고 변용하는 가운데, 다양한 표현기법을 모색하고 활용하는 면모가 돋보인다.

하지만 이학규의 시사적 위상을 보다 구체적으로 살펴보기 위해서는 정약용·신위와의 대비적 고찰이 반드시 필요하다. 신위가 "이학규는 시에 있어서 일찍이 다산(茶山)과 뜻이 맞았지만, 나중에는 나와 합치되었다.[醒叟於詩, 早契茶山, 晩合不佞]"라고 언급했듯이, 이 두 문인은 이학규에게 시세계의 큰 방향성을 제공한 인물이기 때문이다.

이에 유배 전기에 이학규는 정약용의 현실주의적인 시론과 시세계로부터 감발을 받아, 자신의 현실주의적인 시의식을 확고히 하고 그에 관한 다양한 시 양식을 본격적으로 모색하였다. 그러면서도 이학규는 기속시에서 풍경의 여운미를 강조하거나 개인적인 서정을 적극 투영하고, 영사악부에서 작품의 실감을 높이는 차원의 문학성을 극대화함으로써 작가적인 개성과 작품성을 발휘하였다.

그리고 유배후기부터는 신위와 활발한 문학적 교류를 펼치며, 함축과 여운의 심미성을 지향하면서 칠언율시의 정제미와 여운미를 적극 활용하였다. 그러면서도 이학규는 감상성(感傷性)을 절제하고 기려미(綺麗美)를 부각시키던 신위의 작품들과 달리, 자신의 정서와 의식들을 적극적으로 작품화하며 언외(言外)의 여운미(餘韻美)가 돋보이는 시적 경계를 구현하였다.

요컨대 정약용의 지성적이고 경세적인 성향에 비해, 이학규는 감성적이고 문예적이었다. 또한 신위가 경화사족의 문화적 배경을 바탕으로 학자풍의 객관성을 유지했던 것에 비해, 이학규는 불우하고 낙척한 삶 속에서 개인적인 서정을 진솔하게 드러내었다. 그리하여 이학규는 짙은 서정성을 바탕으로, 정약용과 신위라는 두 대가들이 견지하려 했던 시의 형식적·내용적 정형성에서 보다 자유로운 작품세계를 지향했던 것이다.

보론

이학규 부(賦)의 형상화 방식과 문학적 특징

-「해부(海賦)」, 「화부(火賦)」, 「임우부(霖雨賦)」를 중심으로 -

1. 서론

낙하생(洛下生) 이학규(李學逵, 1770~1835)는 어릴 때부터 남인계 문인, 그중에서도 신서파(信西派)와 밀접한 관계를 맺으며 성장하였다.[1) 이 때문에 신유사옥(辛酉邪獄)(1801)의 와중에 황사영 백서 사건에 연루됨으로써 포의(布衣)의 신분임에도 불구하고 능주(綾州 : 전남 화순군)를 거쳐 금주(金州 : 김해)에서 24년간 유배생활을 보냈다.

이 과정에서 이학규는 시창작 행위를 자신의 불우함을 해소하는 유일한 방법으로까지 인식하며 강렬한 창작충동을 고백하였다.[2) 나아가서

---

1) 이학규의 貫鄕은 平昌이며, 그의 본가는 서울 盤松坊(현재의 서대문 밖)에 장서 천여 권을 갖춘 집안이었다. 할아버지 東遇는 승지를 지냈으며, 茶山 丁若鏞(1762~1836)의 매부이자 천주교의 영세를 최초로 받은 李承薰(1758~1801)의 三從叔이었다. 그러나 이학규는 아버지(應薰 1749~1770) 없이 서울의 외가(皇華坊, 지금의 貞洞)에서 유복자로 태어나 10살 때까지 자랐다. 그의 외가는 驪州 李氏 집안으로서 외할아버시는 星湖의 조카인 惠寰 李用休(1708~1782)이며, 외삼촌은 錦帶 李家煥(1742~1801)이다. 15세에는 茶山의 일족인 羅州丁氏를 아내로 맞이했다.

2) 李學逵, 「與」, 『한국문집총간』 290집, 361면.(1811), "吾曹何可一日不作詩. 若不作詩, 何以捱過此許多長日耶? … 近日見家書, 伯津時時寄詩, 數人者亦時時寄詩, 不覺情動神往, 或一日作數十詩, 或一詩易數三藁而不知止. 是猶飢者當食, 渴者當飲, 每

시문학의 장르적 특성과 표현기법에 대해 전문적인 주관과 식견을 갖추었으며,[3] 이를 바탕으로 다양한 시 양식과 형식을 실험하면서 끊임없이 시의 창작방향을 모색하였다.[4]

이학규의 부(賦) 작품 또한 이처럼 치열한 시인의식 속에서 창작되었다. 이학규는 유배지에서 「해부(海賦)」[5](1804), 「화부(火賦)」[6](1806), 「임우부(霖雨賦)」[7](1807), 「치매부(雉媒賦)」[8](1810), 「난부부(嬾婦賦)」[9](1812) 다섯 편의 장편 부를 창작했다. 그런데 이 중에서 앞의 세 작품과 뒤의

每自不知其過量也. …" * 앞으로 『한국문집총간』에서 인용할 때는 '『총간』 ~집, ~면'의 형식으로 약칭함.

3) **이학규는 시와 산문의 장르적 차이를 명확하게 인식하고 있었다.** (「答」, 『총간』 290집, 360면.(1811), "… 然則詩亦文也, 而豈非以有興有比有句有韻, 可以永言, 可以依聲, 故不謂文而謂詩也乎? 詩有詩法, 文有文法, 斷不可胡亂混用. …"); **이학규는 用韻의 방법과 중요성을 강조하며 用韻法의 내력과 그 형식에 대한 해박한 지식을 지니고 있었다.** (「與」, 『총간』 290집, 253면.(1803), "作詩用韻, 須令有不得不肰之勢, 非此不可. 更無第二字可以代換, 肰後纔說好詩. 譬如鑽鍼眼, 須用金剛鑽, 塗簧脣, 須用烏金石. 不爾, 雖公輸之巧, 措手不能矣. …"; 「聲韻說二」, 『총간』 290집, 408면.(1814)); **이학규는 字句와 篇章의 법칙에 관한 唐·宋·元·明의 여러 설들을 자세히 수록한 『廣詩則』을 저술했다.** (李學逵, 「答」, 『총간』 290집, 362면, "至如字句結搆諸法, 僕嘗著廣詩則一書, 俱載唐宋元明諸家著說. 第恨不盡脫藁, 不能寄去, 俟來便更示奉報也." * 이 책은 현전하지 않는다); **이학규는 『詩經』과 唐詩의 작품을 예로 들어 情景融合의 방식에 대해 상세히 논의했다.** (李學逵, 「悶極疾書」, 『洛下詩話』 (단국대 본), "凡詩以情景二道, 瀜合成語, 有因情寓景者, 又有遇景起情者. 就論三百篇……")

4) 이학규는 다양한 시 작품과 시체를 학습하고 운용함으로써 창작역량을 키우고 창작방향을 개척하였으며, 문학적인 경험과 작가의식이 변모할 때마다 각기 다른 시 양식을 적극적으로 활용하였다. (이국진, 「이학규 한시의 표현기법과 미적 특질」, 고려대학교 박사학위논문, 2010, 4면.)

5) 『총간』 290집, 258면.

6) 『총간』 290집, 269면.

7) 『총간』 290집, 276면.

8) 『총간』 290집, 349면.

9) 『총간』 290집, 387면.

두 작품은 제재와 형상화 방식에서 그 성격이 구별된다. 「해부(海賦)」, 「화부(火賦)」, 「임우부(霖雨賦)」는 '바다', '불', '장맛비'라는 대상물을 제재로 하여 묘사적 서술방식이 주를 이루고 있다. 반면에 「치매부(雉媒賦)」와 「난부부(嬾婦賦)」는 각각 '꿩을 잡는 미끼 꿩', '게으른 아낙'이라는 기존에 존재하던 모티프[10)11)]를 제재로 하여 서사적 구조 속에서 인정세태와 밀접한 내용을 다루고 있다.

이렇게 이학규의 부 작품군이 경향을 달리하는 것은 전반적인 시세계의 변모 양상과 관련이 있다. 유배 초기 이학규의 시세계는 개인적인 상념의 거침없는 표현, 이를 위한 다양한 시 형식의 활용 양상이 돋보인다.[12)] 이는 낯선 유배지의 대상물과 불우한 현실에 대한 시적 관심, 수사적 기교를 유감없이 발휘하고자 하는 표현 욕구의 발로였다. 「해부(海賦)」, 「화부(火賦)」, 「임우부(霖雨賦)」는 바로 이러한 작품 활동 배경 속에서 창작되었다.

한편 이학규는 1808년에 농어촌의 생활상과 풍속을 묘사하고 폐정의 비판을 담은 「과정기사시(苽亭紀事詩)」를 지으면서부터, 정약용의 시작품에 감발을 받아 소위 현실주의적 시작품들을 본격적으로 창작하였

---

10) 조선시대 고전 문학에서 '꿩'을 소재로 한 작품은 설화, 민요, 판소리, 가사 계열, 소설 계열 전반에 걸쳐 다뤄졌다. 그 중에서 한문학의 영역에서는 潘岳의 「射雉賦」의 영향을 받아 '꿩을 잡는 미끼 꿩'을 소재로 한 작품이 조선 전기부터 창작되었다. 강희맹이 「訓子五說」 속에 수록한 「三雉說」과 성현의 「雉媒行」이 그 대표적인 작품이다.

11) '게으른 아녀자(嬾婦)'를 소재로 한 가사 및 한시 작품은 조선 전기부터 조선 후기까지 꾸준히 창작되었는데, 17세기 이후부터는 嬾婦의 부정적 형상화가 본격적으로 이뤄졌다. (정한기, 「가사 「나부가」의 형성배경에 관한 연구-懶婦를 소재로 한 漢詩와의 대비를 중심으로-」, 『어문연구』 34권 1호, 2006, 391면 참고.)

12) 특히 이학규는 김해로 유배 온 지 1년 밖에 안 된 1802년에 유희성이 강한 연작형 잡체시 22제 27수를 지었으며, 자신의 회한을 거침없이 표출하거나 다양한 일상적인 제재를 사실적으로 묘사하기 위해 여러 편의 장편고시를 창작했다.

다.[13] 그리하여 이 시기는 이학규가 '풍인지지(風人之旨)'의 시의식을 확고하게 다지는 계기가 되었다. 「치매부(雉媒賦)」와 「난부부(嬾婦賦)」는 이러한 작품 활동 배경 속에서 창작되었다.

따라서 부라는 운문 장르 자체가 높은 수준의 문학적 기교를 필요로 하며, 이학규가 지은 다섯 편의 부 모두 100구 이상의 방대한 편폭을 자랑하는 만큼, 이학규의 부에 대한 정치한 연구를 위해서는 이상의 두 작품군을 구분해서 살펴볼 필요가 있다. 특히 「치매부(雉媒賦)」와 「난부부(嬾婦賦)」는 동일한 모티프를 제재로 한 조선시대의 여러 작품들과 비교 고찰할 필요가 있다.

이에 본고는 이학규가 창작한 「해부(海賦)」(160구 1103자), 「화부(火賦)」(158구 889자), 「임우부(霖雨賦)」(106구, 570자)에 집중하여 이 작품들의 형상화 방식과 문학적 특징을 분석하고, 그 문학적 의미를 탐색하고자 한다.

2. 구성과 내용상의 특징

1) 「해부(海賦)」

바다는 오래전부터 인류에게 주요한 문학적 소재였다. 끝이 보이지 않는 광활함, 신비롭고 아름다운 풍경과 다양한 생태계, 변화무쌍한 자연 현상, 설렘과 두려움이 교차하는 항해 등은 사람들의 호기심과 상상력을 한없이 자극했다.

---

13) 이학규는 정약용의 「耽津樂府」에 감발을 받아 「嶺南樂府」(1808)를 짓고, 「耽津農歌」·「耽津漁歌」·「耽津村謠」에 감발을 받아 「江滄農歌」·「南湖漁歌」·「上東樵歌」(1809)를 짓고, 「田間紀事」에 감발을 받아 「己庚紀事」(1810)를 지었다.

이로 인해 중국에서도 일찍이 『산해경(山海經)』에서 사해(四海)의 해신(海神)에 관한 전설, 바다와 관련된 신화 및 신비한 일에 대한 선설, 해외에 있는 원국(遠國)과 이민족에 관한 전설 등을 자세히 기록하였다. 또한 『박물지(博物志)』에서는 바다에 사는 생물들의 기이한 생태를 자세히 기록하였다.[14)]

이렇게 바다에 관한 많은 지식과 상상력의 산물에 힘입어, 한위진남북조 시기의 부(賦) 문학에서도 바다를 소재로 한 작품들이 큰 비중을 차지할 수 있었다. 그리하여 후한(後漢) 반표(班彪)의 「남해부(覽海賦)」, 위(魏) 조비(曹丕)의 「창해부(滄海賦)」, 위(魏) 왕찬(王粲)의 「유해부(游海賦)」 등의 문학적 전통을 이어 받아, 서진(西晉) 목화(木華)(자 현허(玄虛))의 「해부(海賦)」가 창작되었다.

이학규의 「해부(海賦)」는 이러한 문학적 토대에 힘입어 창작되었다. 서울에서 유배 온 귀양객에게 땅 끝 지역 김해의 바다 풍경은 언제나 낯설고 인상적이었을 것이다. 이에 이학규는 낯선 대상에 대한 문학적 호기심, 지루한 유배생활을 달래려는 심사, 자신의 시재(詩才)를 과시하고 실험하고 싶은 욕구가 중첩되어 부(賦)라는 문학 장르 속에서 바다를 마음껏 형상화했다.

---

14) 이 외에도 선진시기부터 다양한 저작에서 바다와 관련된 신화전설이나 역사적 사실들이 기록되었다. (이에 대해서는 곡금량 편저, 김태만·안승웅·최낙민 역, 『바다가 어떻게 문화가 되는가』, 산지니, 2008, 301~347면 참고.)

[「해부(海賦)」의 전체 구성]

단락	구 범위	주요 내용
1	1~8	인황씨(人皇氏)에 의해 바다가 생겨난 내력
2	9~31	바다의 일반적인 특성에 대한 다양한 묘사
3	32~44	바다 건너편 여러 변방국과 그 나라 무역상들에 대한 상상적 설명
4	45~64	바닷가 별세계에 대한 상상적 묘사 (1) : 신비로운 전체 분위기
5	65~76	바닷가 별세계에 대한 상상적 묘사 (2) : 식물
6	77~82	바닷가 별세계에 대한 상상적 묘사 (3) : 풀
7	83~90	바닷가 별세계에 대한 상상적 묘사 (4) : 날짐승
8	91~96	바닷가 별세계에 대한 상상적 묘사 (5) : 길짐승
9	97~109	바닷가 별세계에 대한 상상적 묘사 (6) : 물고기
10	110~120	바닷가 별세계에 대한 상상적 묘사 (7) : 벌레를 닮은 수중 동물
11	121~134	바닷가 별세계에 대한 상상적 묘사 (8) : 진귀한 사물
12	135~154	넓고 변화무쌍하며 만물을 함양하는 바다의 신비로움에 대한 예찬
13	155~175	바다를 동경하고 함께 했던 역대 인물들에 대한 소개

이 과정에서 이학규는 구성과 내용을 구상할 때에 목화(木華)의 「해부(海賦)」를 참고했다. 이학규의 「해부(海賦)」를 구성하고 있는 바다가 생겨난 내력을 소개하는 도입부, 바다 건너 먼 지방에 대한 관심, 바다 및 바닷가의 생태와 보배에 대한 관심, 만물을 품고 있는 존재에 대한 경외심 등은 목화(木華)의 「해부(海賦)」에서 동일하게 보이는 작품 구성 요소이다. 하지만 이학규는 목화(木華)의 「해부(海賦)」를 단순히 모의하는 차원에 머무르지 않고, 자신의 문학적 호기심과 창작 의도에 따라 적극적으로 구성과 내용을 변용하였다.

옛날 인황씨(人皇氏)가 이 세상에 영역을 만들 때
하늘의 끝을 우러러 헤아리고
땅의 경계를 굽어 살펴 재고서
물이 또 그 안을 지나가게 했네

세차고 드넓게 흘러
출렁거리며 이어지니
이에 강 호수 도랑은 모두 그 물갈래로 구별하는데
바다는 너무 커서 어림잡아 헤아릴 수 없네
저 바다의 모양을 살펴보니
까마득히 드넓고
깊고 광대하며
충만하면서 아득하고
아스라이 널리 펼쳐져
양쪽으로 끝이 없고
하늘과 맞닿은 곳까지 물가가 없네
출렁출렁 물결이 흘러
철썩철썩 언덕에 파도가 이니
바위에 부딪치면 성난 듯 춤을 추다가
구름이 흩어지듯 고요해지네
아침저녁으로 조수가 생겨나니
달에 조응하여 물이 들고 나는데
비록 물이 불어나도 그 가득참을 볼 수 없고
줄어들더라도 다 퍼내어짐을 볼 수 없으니
얕은 물도 아니고 깊은 물도 아니라
일찍이 그 들고 나는 이치를 알지 못하겠네
가령 가는 티끌도 일어나지 않고
미풍도 불지 않으면
신비로운 얼음 같은 거울을 두른 듯한데
크고 밝은 해가 천천히 솟아오르지
절로 파도를 일으키며 물을 내뱉고 들이마시니
떨치고 일어나는 듯 조심스러운 듯하네

昔者人皇之肇域虖九州也 仰窺虖莄極 俯度虖疆界 而水又經行虖其內
汩虖流汪 連絡虖其向背 於是虖江湖溝澮悉其派別 而海其至大而不可槩者也

觀夫海之爲狀也 沆漭淴潚 滉瀁澔汧 沖瀜汪濊
沉淫淏漫 其二藂極 接藏藂浩 汩瀄灢潏
涾澌灑岸 觸礐怒舞 寂寥雲散 朝潮夕汐
應月嘘噏 蓋雖增之而不見其盈 減之而不見其挹 有非淺瀕與凶渚
曾不知其出入也 若乃纖埃不興 微凮不動 圜靈仌鏡
大𠵎徐涌 猶自鼓波吐呷 若振若竦

인용한 「해부(海賦)」의 1, 2단락에서 이학규는 요·순·우 임금을 내세운 목화(木華)와 달리,[15] 인황씨(人皇氏)의 시대로까지 거슬러 올라가 처음 바다가 생겨난 전설적 내력을 서술하였다. 이어서 바다의 광대하고 깊은 크기, 파도가 일렁이고 조수가 드나드는 모습을 묘사했다. 특히 이학규는 규칙적인 시간에 맞춰 일정한 양을 유지하며 생겨나는 조수(潮水)의 이치에 대한 신비로움에 많은 관심을 기울였다. 이 부분은 목화(木華)의 「해부(海賦)」를 비롯한 중국의 기존 부(賦) 작품에서는 잘 보이지 않는 내용이다. 이는 이학규가 조선 후기에 들어와 풍부해진 조수의 이치에 대한 지식을 바탕으로[16], 김해 바다를 직접 관찰하며 느낀 감상을 반영한 것이었다.

이어서 이학규는 3단락에서 전설상의 여러 변방국을 나열하였다.[17] 이 또한 목화(木華)가 「해부(海賦)」에서 동서남북의 변방에 관심을 보인 것[18]을 변용하여, 그 상상력을 더욱 구체적으로 형상화 한 것이다. 그리

15) 木華, 「海賦」, "昔在帝嬀, 巨唐之代. 天綱浡潏, 爲凋爲瘵. 洪濤瀾汗, 萬裏無際. 長波涾㳂陁, 迤涎八裔. 於是乎禹也, 乃鏟臨崖之阜陸, 決陂潢而相沃."

16) 조선 후기 潮水의 이치에 대한 대표적인 논의로는 丁若鏞이 창작한 다섯 편의 「海潮論」(『與猶堂全書』(『총간』 281집), 243~245면.)이 있다.

17) 이학규, 「海賦」, 『총간』 290집, 269면, "… 恐至夫扶桑日本, 文身交阯, 瓜哇拂菻, 蘇門本理, 羊胛之墟 …" * 이 구절에서 '交阯國', '瓜哇國', '拂菻國', '蘇門國', '本理國'은 바다 건너에 있는 변방의 나라이다. '羊胛之墟'는 양의 어깨살을 삶아 익을 동안에 동쪽이 벌써 밝아온다는 변방 지역이다.

고 작품의 본론부에 해당하는 4~11단락에서 원국(遠國)의 바다 및 바닷가의 별세계를 형상화하는 데에 집중하였다.

그 나무에는 종려나무와 소철이 있고
옥산과(玉山果)와 속향목(速香木)
붉은 박처럼 생긴 귤
향기로운 만다라꽃
구슬이 흘러내리는 듯 한 무환자(無患子)
푸른 빛을 띤 노오란 불수감(佛手柑)이 있고
치자꽃은 입술을 내민 듯 화려하고
석류열매는 붉은색 방 속에 쌓여있네
모든 나무의 뿌리가 끝없이 자라있고
가지와 잎은 비와 서리에 젖어
사계절에 상관없이
울창하여 아름답네
其樹有栟櫚蘇鐵 玉果速香 赬壺之橘 曼陀芬芳
櫰患珠流 佛手青黃 薝蔔斐亹虖咕嘟 若榴磊落虖朱房
並皆根柢垠堮 柯葉雨霜 毋歷虖四時 鬱蔥虖其觀美

그 새에는 고니와 바다학이 있고
가마우지가 흩어져 있고
할미새가 넓은 들판을 걷고
물수리가 물을 잡아채는데
혹은 마주 보며 눈빛을 주고 받고
혹은 짝을 지어 교접을 하니
무릇 밤낮으로 울며 추위를 피해 볕을 향하는 무리들이
몇이나 되는지 알 수 없네

---

18) 木華, 「海賦」, "爾其大量也, 則南澰朱崖, 北灑天墟, 東演析木, 西薄青徐."

其禽有天鵝海鸖 舒烏鬼 雝步邉 魚鷹攫水
或對立而睛交 或匹處而孳尾 凡其朝嘲夜啄而背寒趣陽者 蓋不知其幾也

그 물고기로는 큰 잉어와 큰 미꾸라지
거대하게 큰 곤(鯤)
수컷고래, 암컷고래, 다랑어, 악어
숭어, 연어, 방어, 송어가 있고
오징어는 먹물을 흩뿌려 스스로를 지키고
인어는 구슬 눈물 흘려 은혜를 부끄러워하네
오나라 요리사가 생선을 잡아
이에 성난 복어에게서 서시의 젖이 나온다는 소문이 났네
민어 부레를 잘라 아교를 만들고
상어껍질을 섞어 문질러 단단하게 만드네
입을 벌름거리며 침과 거품을 내뱉는 이름 모를 물고기들
그저 쌓여만 가서 낯이 붉어지네
其魚有龍鯉巨鰌 贔屭大鯤 鯨鯢鱘鱷 鯔鰔魴鱒
烏鰂溷墨以自衛 鮫人泣珠以慚恩 吳師操魚羹 乃始皋施之乳發于怒鮏
鮰腹鰾而割膠 鮀皮錯而錭堅 若其噞涎喁沫而不可名狀者 徒委積而騂顏

위 인용문은 「해부(海賦)」의 본론부 중에서 바닷가 별세계의 식물들을 형상화 한 5단락, 날짐승을 형상화 한 7단락, 물고기를 형상화 한 9단락이다. 여기서 주목되는 점은 그 대상물의 특성에 따라 각각 다른 서술방식을 사용하고 있는 부분이다.

우선 정적인 식물에 대해서는 신기하고 화려하면서 울창하고 아름다운 모습의 형상화에 집중하였다. 또한 동적인 날짐승에 대해서는 대상물의 생동감을 부각시켜 실감나는 장면을 묘사하였다. 반면에 바다 속 물고기에 대해서는 다양한 종류와 습성을 더욱 적극적으로 형상화하였

다. 이를 위해 이학규는 눈물로 구슬을 만들어 사례했다는 인어[19]와 그 맛이 서시의 젖에 비유되었던 복어[20]에 관한 전고를 인용하였다. 또한 그 부레를 말려 물에 끓여서 접착제로 썼던 민어와 껍질을 말려 잘 갈아서 군도(軍刀)의 자루나 칼집 또는 안경집 따위에 붙여 썼던 상어의 특징적인 용도도 세심하게 인용하였다.

이처럼 이학규는 대상물의 특성에 따라 서술방식을 달리함으로써 반복되는 구조 속에서도 작품의 긴장감을 유지하며, 바닷가 별세계의 아름다움과 신비로움에 대한 상상적 풍경을 풍부하게 형상화했던 것이다.

한편, 「해부(海賦)」의 결말부는 목화(木華)의 「해부(海賦)」에서와 같이[21] 바다의 신비로움에 대한 예찬과 경외감이 주조를 이룬다. 그런데 여기에서도 이학규는 목화(木華)의 「해부(海賦)」보다 훨씬 자세하게 자신의 감상을 서술하였다. 특히 다음 장에서 살펴볼 바와 같이, 마지막 12단락에서는 바다와 관련된 역대 인물들의 전고 10여 개를 연속적으로 사용함으로써 그 신비로움에 대한 경외감을 극대화하였다.

요컨대 이학규는 「해부(海賦)」를 구성하고 서술하는 과정에서 목화(木華)의 「해부(海賦)」를 비롯한 기존 전범을 충실히 숙지하였다. 이를 바탕으로 김해에서 겪은 자신만의 작가적 경험·세밀한 관찰력·풍부한 상상력을 적극 투영함으로써 작품의 개성을 추구하였다.

---

19) 『蒙求集註』 卷上, "舊注引『博物志』云, '鮫人從水中出, 向人家寄住, 積日賣綃. 臨去, 從主人索器, 泣而出珠, 滿盤. 以與主人, 今本無載.'"

20) 중국에서는 복어 껍질과 점막 사이의 살이 고대 중국 월나라의 절세미인 서시의 젖가슴처럼 부드럽고 희며 맛이 좋다고 하여 '西施乳'라고 불렀다. (『雲麓漫鈔』 卷五, "河豚腹脹而斑狀甚醜, 腹中有白曰訥, 有肝曰脂. 訥最甘肥, 吳人甚珍之, 目爲西施乳." * 일설에는 수컷 복어의 뱃속에 있는 하얀 정소(이리)를 西施乳라고도 한다.

21) 木華, 「海賦」, "曠哉坎德, 卑以自居. 弘往納來, 以宗以都. 品物類生, 何有何無."

2) 「화부(火賦)」

「화부(火賦)」는 이학규가 「해부(海賦)」를 창작하고 2년 뒤에 지은 작품이다. 이학규는 「해부(海賦)」를 창작한 경험을 바탕으로 불을 소재로 한 부를 창작함으로써 자신의 관찰력과 문학적 상상력을 더욱 적극적으로 형상화하였다.

[「화부(火賦)」의 전체 구성]

단락	구 범위	주요 내용
1	1~19	불의 기원과 특성에 대한 전체적인 설명
2	20~31	불의 정치·사회적 효용성에 대한 열거
3	32~40	직업과 신분 고하에 상관없이 널리 쓰이는 불의 효용성
4	41~60	일상생활에서 불의 효용성에 대한 열거
5	61~74	불과 관련된 다양한 전고의 열거
6	75~98	불을 피우고 활용하는 방식의 열거
7	99~120	불이 피어나는 형태와 불꽃과 불빛의 신비로운 모습 열거
8	121~134	하늘과 땅에서 불꽃과 불빛이 발현하는 형태 열거
9	135~140	불을 인용한 경전의 열거
10	141~149	일반 백성들에게까지 널리 미치는 불의 혜택에 대한 설명
11	150~158	불의 소중함에 대한 인식과 경배

「화부(火賦)」의 전체 구성을 살펴보면, 대상물의 기원을 밝힌 도입부와 대상물에 대한 경외감을 표현한 결말부가 「해부(海賦)」와 동일하다. 그에 비해서 본론부에서는 바다와 관련된 다양한 현상과 대상물을 폭넓게 형상화했던 「해부(海賦)」와 달리, 서술 대상을 불 자체에 집중했다는 점에서 구별된다.

옛날 수인(首人)이 세상을 만들 때
화덕진군(火德眞君)이 나란히 태어났네

성격이 발끈 치밀어 오르고 급해서
눈부시게 빛나고 들뜨고 가벼우니
처음에는 숨어서 드러나지 않다가
마침내 어디에 붙으면 바로 움직이네
온 세상을 방자하게 다니며 널리 성을 내다가도
한 순간 쉬더니 다투지를 않네
그러므로 생겨나면 없어지게 할 수 없고
꺼지게 되면 살펴볼 수 없고
가까이 있더라도 비틀 수가 없고
멀리 있더라도 업신여길 수가 없네
어진이를 가까이하는 이는 은혜롭게 만들기 충분하고
악덕을 행하는 이는 또한 큰 근심으로 만들기 충분하네
昔首人之肇世 寔火德之幷生 性怫鬱而敏速 光赫奭而浮輕
始隱伏而不衒 終附著而乃行 放九垓而彌怒 棲一忽而不爭
是以生之不可以盡 戢之不可以間 近之不可以紾 遠之不可以嫚
使親仁足以爲恩 而凶德又足以爲大患

「화부(火賦)」의 도입부인 1단락은 「해부(海賦)」처럼 전설상의 인물[22]을 내세워 불의 기원을 서술하면서 시작된다. 여기서 이학규는 불의 특성을 화를 잘 내고 급한 성격을 지닌 대상으로 의인화함으로써 작품의 실감을 높였다. 이어서 불이 붙으면 걷잡을 수 없이 타오르며 번지다가도 꺼지면 자취를 찾을 수 없는 성질, 어떻게 활용하느냐에 따라 축복 또는 재앙이 될 수 있는 특성을 서술하였다. 이를 통해 변화무쌍하고 종잡을 수 없는 불에 대한 인상을 효과적으로 형상화하였다.

이후 「화부(火賦)」의 본론부는 불의 형상을 상세히 묘사하는 가운데,

22) 火德眞君은 불을 맡은 신령으로 祝融이라고도 한다. 중국 상고 시대 顓頊의 손자 重黎가 高辛氏의 火正이 되어 축융이라고 호칭하였는데, 그가 죽어서 火神이 되었다 한다.

불의 효용성을 나열하는 데에 치중하고 있다. 이러한 서술 방식은 서진(西晉)시대 반니(潘尼)가 지은 「화부(火賦)」의 영향이라고 할 수 있다. 반니(潘尼)의 「화부(火賦)」는 다양한 음식을 조리해서 배고픔을 해결해주고, 병장기를 주조해서 위험을 방비해주고, 대자연의 뭇 생명들을 골고루 화육하는 불의 효용성을 집중적으로 서술하였다.[23] 당시 사람들에게 불의 효용성은 지금보다 훨씬 간절하고 절박한 것이었다는 점을 생각하면, 반니(潘尼)가 「화부(火賦)」에서 보여주는 서술 방식은 쉽게 이해가 간다. 이에 이학규는 이와 같은 서술 방식을 자신의 작품에 적극적으로 활용하였던 것이다.

하늘에서는 저 환한 심수(心宿)가 있어
남쪽 지방에서 곱게 빛나고
깜깜하다가도 해가 길게 빛나
변방의 백성들을 도와주네
장마가 져 어두워지면
번개가 순식간에 일어나며
우레와 벼락이 치다가
불빛이 없어지고 소리도 흩어지네
땅에서는 온천물을 끓게 하고
화정(火井)[24]에서는 불꽃이 성대하게 빛나며
금석을 깊이 간직하여
정밀하여 나눌 수 없네
이는 조물주가 크게 쓰심이니
많은 곳에 고르게 베푼 것이네
그러므로 불교 경전에서 지수화풍(地水火風)을 사대(四大)로 나누었고

23) 潘尼의 「火賦」는 『藝文類聚』 권 80, 「火部」에 수록되어 있다.
24) 연료로 쓸 수 있는 천연가스가 솟아나는 구덩이.

『서경(書經)』에서 육부(六府)에 참여했고[25]
『주역(周易)』에서 불은 마른 곳으로 타들어 간다는 말로 비유했고[26]
『서경(書經)』, 「홍범(洪範)」에서 불은 쓴 것을 만든다는 말을 했고[27]
『내경(內景)』에서는 몸의 장기를 군화(君火)와 상화(相火)로 자리 매겼고[28]
단약을 제련할 때는 문화(文火)와 무화(武火)의 원리를 본받게 했네[29]
若其在天則有晥彼心宿 麗于南維 中昏日永 左流民夷
霦霪晻昧 列缺犇馳 靁(石+隱)震磕 熸絶紛披
在地則有焦溪沸沫 井燗鬱煇 金石內斂 靜密無分
是蓋造物之巨用 而播勻乎庶殷 是以梵典以列乎四大 虞書以參乎六府
太易以喩乎就燥 箕範以陳乎作苦 內景以位乎君臣 修鍊以法乎文武

이학규는 「화부(火賦)」의 본론부에서 불의 효용성을 매우 다양하고 자세하게 서술하였다. 생명을 지켜주고 보살펴주는 불의 효용성에 대해서도 일상생활에서의 많은 사례를 들어 서술하였으며, 특히 다음 장에서 살펴볼 바와 같이 제사·율령 반포와 같은 불의 정치적 효용성을 적극 인용하였다. 아울러 불의 혜택이 지배층에서부터 일반 백성들에게까지 미치는 점을 강조하였다.[30] 또한 위의 인용문과 같이 「화부(火賦)」의 8~9단락에서는 불의 효용과 형상의 범위를 하늘과 땅으로까지 넓혔다.

---

25) 『書經』, 「大禹謨」, "地平天成, 六府三事允治, 萬世永賴, 時乃功." * 다음 장에서 본격적으로 살펴볼 바와 같이, 이학규의 賦 작품에서 전고 인용구의 나열은 중요한 표현기법으로 활용되고 있다. 따라서 본고는 전고 인용구가 나열될 때에는 다소 번거롭더라도 번역문 끝에 해당 전고들을 주석으로 부기하는 형식을 취했다.

26) 『周易』, 「乾卦」, "同聲相應, 同氣相求. 水流濕, 火就燥."

27) 『書經』, 「洪範」, "火曰炎上, 炎上作苦."

28) 『素問』, 「天元紀大論」, "君火以明, 相火以位."

29) 王季友, 「酬李十六山丈」, "鍊丹文武火未成, 賣藥販履俱逃名." * 文火는 불을 약하게 때는 것이고, 武火는 불을 강하게 때는 것이다.

30) 이학규, 「火賦」, 『총간』 290집, 270면, "其後則有農師織女, 甸民鍛工. 文儒好古, 卜筮醫宗. 王侯之貴, 下及嫔僮. 圭竇細瑣, 甲第之中. 秘之不奪, 析之無窮."

이어서 삼라만상에 걸쳐 그 위용과 이로움을 발현하는 불의 권위를 경전의 나열을 통해 강조하였다.

이처럼 이학규의 「화부(火賦)」는 전체적인 구성과 서술에 있어서 본인이 2년 전에 창작한 「해부(海賦)」와 반니(潘尼)의 「화부(火賦)」를 기반으로 하였다. 그러면서도 반니(潘尼)의 「화부(火賦)」보다 두 배 이상 긴 편폭 속에서 대상물의 변화무쌍한 모습과 그 효용성을 훨씬 구체적으로 형상화하였다. 이학규는 이를 통해 「화부(火賦)」의 구성과 내용면에서 개성을 구현하였는데, 이는 다음 장에서 살펴볼 혹자구(或字句)와 전고 인용구를 나열하는 표현기법과 결합하여 극대화되었다.

3) 「임우부(霖雨賦)」

「화부(火賦)」를 창작한 이듬해에 지은 「임우부(霖雨賦)」는 고온다습한 김해에서 맞는 장마의 경험을 형상화한 작품이다. 앞서 살펴본 「해부(海賦)」가 광대하고 신비로운 바다의 형상화라면, 「화부(火賦)」는 다양한 형태와 효용성을 지닌 불의 형상화라고 할 수 있다. 그에 비해서 「임우부(霖雨賦)」는 장맛비와 그로 인한 주변의 풍경 묘사에서 나아가 장맛비로 인한 궁핍한 현실과 개인적인 서정까지 적극적으로 형상화하였다.

[「임우부(霖雨賦)」의 전체 구성]

단락	구 범위	주요 내용
1	1~8	무더위 뒤에 긴 장마를 맞이하는 괴로운 현실
2	9~27	장마가 시작되는 정황과 장면 묘사
3	28~36	한 달 이상 계속되는 장마에 망연자실한 모습
4	37~46	장맛비가 잠시 그쳤을 때의 풍경
5	47~78	오래된 장마로 피폐해진 주변 풍경
6	79~96	오랜 장마로 더욱 궁핍해진 자신의 삶에 대한 애상
7	97~106	성현들의 통찰적 지혜를 되새기며 자신의 마음을 다잡는 정황

장맛비를 제재로 한 중국의 부(賦) 작품으로는 조식(曹植)의 「수림부(愁霖賦)」 두 편이 있다. 하지만 이 작품들은 각각 10구와 6구의 서정소부(抒情小賦)로서 이학규의 「임우부(霖雨賦)」와는 관련이 없다. 그에 비해 이학규의 「임우부(霖雨賦)」와 관련해서 주목되는 작품은 조선중기 이서우(李瑞雨, 1633~?)가 창작한 「임우부(霖雨賦)」이다. 이서우(李瑞雨)의 「임우부(霖雨賦)」는 오랜 장마로 인해 수해를 입은 농작물과 고통스러운 생활상에 대한 안타까움을 형상화 한 작품이다.[31] 이에 제재가 동일하고 묘사와 서정이 어우러진 서술방식이 유사한 점, 이서우의 「임우부(霖雨賦)」 중 "분설솔이림랑혜(紛屑窣而淋浪兮)"의 '분설솔(紛屑窣)', "증불처부상개지악토(曾不處夫爽塏之樂土)"의 '상개(爽塏)'등과 같은 비교적 낯선 단어를 이학규도 「임우부(霖雨賦)」에서 사용하고 있는 점, 이서우가 당시 남인문단에서 종장의 위치를 차지했던 인물이라는 점[32] 등을 고려할 때, 이학규는 「임우부(霖雨賦)」를 창작하기 위해 이서우(李瑞雨)의 「임우부(霖雨賦)」를 참고한 것으로 판단된다.

그러나 이학규는 이서우의 작품 보다 훨씬 긴 편폭 속에서 대상물에 대한 묘사와 서정을 더욱 구체적으로 형상화했다. 또한 전고의 나열을 비롯한 수사적 표현기법도 적극적으로 사용했다. 이로 인해 이학규의 「임우부(霖雨賦)」는 그 도입부 1단락의 서술부터 감각적 형상화가 돋보인다.

> 아! 한여름에 내리는 비의 재앙이여
> 한 달 내내 무덥더니 어둠이 드리우네
> 기후는 푹푹 찌고 갈수록 흐려지니

---

31) 李瑞雨, 「霖雨賦」, 『松谷集』(『총간』 41집), 211면.

32) 이서우의 삶과 시에 대해서는 (부유섭, 「松谷 李瑞雨의 삶과 시」, 『한국한시작가연구』 12, 한국한시학회, 2008, 참고.)

마음이 괴로워 아무 것도 할 수가 없네
백성들의 원망과 탄식이 가여우니
물가에선 온통 배에 실은 물건들이 상해 냄새가 진동하네
어찌 끊임없이 지속되어 모두를 위태롭게 하나
해가 다시 나지 않을까 두렵구나
그 장맛비가 시작 될 때면
하루살이가 하늘을 가리고
상양(商羊)이 들에 나타나고
매실이 누렇게 익어 떨어지고
공기는 젓을 담근 듯하네
놀랄 듯이 우레가 크게 울리고
구름이 넘실넘실 서로 엉기더니
비로소 안개가 엇갈리다가
마침내 번개가 치며 폭풍우가 내리네
이에 하늘에서 옥 빗줄이 드리우고
땅에선 은방울이 뛰어다니며
동이를 뒤엎은 듯 세차게 물이 흐르더니
실을 흩트린 듯 가랑비가 내리네
천천히 아지랑이가 흩날리다가
갑자기 어둠이 모여드니
물에 젖은 나뭇가지들 어지럽게 쓰러져 있고
요란한 번개는 위엄 있고 신령스레 빛나네
밭에선 모가 순식간에 자라나 있으니
아! 공사의 일이 편안할 겨를이 없네
噫暑雨之爲灾 烝彌月以晦昧 氣蒸鬱而愈昏 心煩懣而弗能
隱下民之怨咨 瀕庶昌之臭載 安慆慆以胥阽 惧昫曜之不再
其始作也 蜉蝣蔽天 商羊在壄 梅黃以爇
氣若醰鮓 靁砏磤其若驚 雲溶滃以益惹 始而霧交
終雪雪而飆灑 爾乃天垂玉索 地跳銀鈴 飜盆大注

散絲微零 徐飛靄靄 驟集冥冥 灌枚紛其披靡
淫電赫其威靈 祝田苗之敏發 惟公私之少寧

이처럼 이학규의 「임우부(霖雨賦)」는 고통과 안타까움의 정서를 적극적으로 드러내며 작품을 시작한다. 그리하여 후텁지근한 무더위 속에서 시작되는 장마로 인해 짜증나고 괴로운 심정, 바닷가 재물이 모두 물에 잠기고 썩어가는 현실에 대한 근심을 형상화한다. 이어서 장맛비가 내리기 직전의 조짐, 구름이 모이고 번개가 치는 하늘의 변화상, 본격적으로 빗방울이 떨어지고 빗줄기가 형성되는 모습이 생동감 있게 펼쳐진다. 이학규는 대상물에 대한 다양한 이미지의 나열이 주를 이루던 「해부(海賦)」와 「화부(火賦)」의 서술방식과 달리하여, 「임우부(霖雨賦)」에서는 시간과 장소에 따른 구체적 실경의 묘사를 통해 생동감을 높였던 것이다.

49구 마침내 식초에 곰팡이가 끼고
소금에 간수가 흘러내리네
옻칠이 녹아 안석에 배고
거문고 줄은 늘어져 그릇된 소리가 나네
꽃과 수풀이 성대함을 잃어버리고
열매는 단맛이 사라졌네
이끼는 문을 둘러 가득 자라 있고
버섯은 낙숫물에 뽑혀 나란히 널려있네
채반의 누에고치는 번데기가 되었는데
아, 마당의 보리에서는 나방이 들끓네
구들이 따뜻해지는지 보려고 불을 때라하고
도로에 가보니 출렁이는 물에 막혀 있네
遂乃遭酸湊醭 遇鹹流鹺 髹融几裛 絲慢琹訛
花林殷失 蓏哇甛離 苔緣戶而斐亹 菌挺霤而駢羅

遻箈蘮之化蛹 唉䳭麥之興蛾 䁱炕聶而戒爨 臨莊馗而阻波

71구　못에는 물거품 무늬 거듭 이어지고
처마에서 떨어지는 물방울 소리 메아리 치네
휘장은 젖어서 행주치마만큼 작아졌고
지게문은 눅눅해져 찌그러진 채 닫혀 있네
매미는 우거진 풀숲에서 오랫동안 부르짖고
개구리는 가로수에 올라가 서로 합창을 하네
若其池漚文仍 櫩溜響畣入聲 潰帷少襜 淹戶戾扂
蟬抱莽而久喑 鼃登樾而互合

「임우부(霖雨賦)」의 생동감 있는 묘사는 장마로 피해를 입은 주변 환경의 묘사에서 더욱 두드러진다. 이학규는 「임우부(霖雨賦)」의 5단락에서 곰팡이가 피고 소금기에 찌들어 버린 주변 환경, 꽃과 나무와 과일이 피폐해진 정황, 휘장과 문이 눅눅해진 모습 등을 실감나게 형상화함으로써 생생한 현장감을 조성한다. 이렇게 「임우부(霖雨賦)」는 세밀한 관찰력을 바탕으로 현장감이 생생하게 전달되는 사실적인 묘사를 주조로 하였다.

그리고 이를 기반으로 하여, 이학규는 개인적인 서정을 적극적으로 투영하였다. 이학규는 앞서 살펴본 바와 같이 작품의 도입부에서 무더위 때문에 썩어가는 재눌을 지켜보는 백성들의 원망과 탄식, 물이 차서 빠르게 자라난 모를 가꿔야 하는 바쁜 현실을 간과하지 않았다. 그리하여 긴 장마에 망연자실한 백성들의 모습을 애정 어린 눈빛으로 바라보았다.[33] 나아가서 작품의 후반부에서는 무덥고 긴 장마를 겪는 자신의

33) 「霖雨賦」, 『총간』 290집, 277면, "冀三日以淹延, 猶隃月以瀾漫. 慮貌言之失中, 咸寂嘿而屢歎."

고충을 자세히 서술함으로써 작품의 서정성을 높였다.

83구 집 안 마당이 물에 잠겨
더해지는 서글픔 속에 문을 열고 닫네
여름 내내 온통 물에 잠겨만 있으니
후드득후드득 어지러운 빗소리 난잡하네
물에 잠긴 솥에 물고기가 생길 처지가 되어
배를 몰고 저자로 들어가니
아름답도다, 좋은 사람들이여
나의 초췌함을 슬퍼하네
내 땅의 거처가 무너졌음을 염려하며
항상 전전긍긍하며 자주 옮겨다니네
토우(土偶)가 목우(木偶)에게 하는 말 들었으니
대합조개와 물총새가 모두 죽은 것이 슬프네
떨치고 멀리 날아가서
시원하고 높은 곳을 좇아 머물고 싶어라
庭廇黮其浸延 增凄凄以捭闔 混時月以一淋 紛屑窣而亂雜
至夫沈釜産魚 操舟入市 嘏矣好人 哀我瘁瘁
慮吾壖之圮圮 恒惴惴以屢徙 聞土木之偶言 哀蚌鷸之胥死
要決擧以遠翔 遵爽塏以萃止

이학규는 수해로 인해 여름 내내 물에 잠겨 있는 거처, 떠돌이 신세가 되어 초췌해진 모습, 이런 자신을 안타깝게 여기는 마을 사람들의 인정을 상세하게 서술하였다. 이어서 토우(土偶)와 목우(木偶)의 고사[34]를 내세워 물에 떠내려갈지도 모른다는 두려움을 드러내고, 피폐하고 궁핍한 이곳을 떠나 편안한 곳에서 살고 싶은 바람을 솔직하게 언급하였다. 그

34) 『史記』, 「孟嘗君列傳」, “木偶人曰, ‘天雨, 子將敗矣.’ 土偶人曰, ‘我生於土, 敗則歸土, 今天雨, 流子而行, 未知所止息也.”

리고 다음 장에서 살펴볼 바와 같이, 마지막 7단락에서 성현들의 가르침을 되새기며 자신의 마음을 다잡으면서 작품을 마무리하였다.

요컨대 「해부(海賦)」나 「화부(火賦)」는 제재가 동일한 기존 중국의 작품을 참고하면서 구성과 내용에서의 변용과 개성을 모색했다. 그에 비해 「임우부(霖雨賦)」는 앞선 부 작품 창작 경험을 바탕으로 이서우의 작품을 참고하되, 작가의 주관적인 정서와 현장감을 더욱 적극적으로 투영함으로써 사실적인 묘사와 서정적 감상이 어우러진 형상화 방식을 구현했던 것이다.

3. 표현기법적 특징

부(賦)의 개념에 대해서는 다양한 논의가 있지만,[35] 유협(劉勰, 465~521)이 『문심조룡(文心雕龍)』, 「전부(詮賦)」에서 "부란 펼쳐 서술하는 것이다. 문채를 펼쳐서 문장을 아름답게 엮고, 사물을 체득하고 관찰해서 감정과 사상을 표현한 것이다.(賦者, 鋪也. 鋪采摛文, 體物寫志也.)"라고 언급한 부분은 그중에서도 가장 대표적인 정의이다. 이는 賦의 문학적 특징이 '나열적 진술(부연성)', '화려한 수식', '사물의 형상화'로 요약됨을 간파한 것이다. 유협의 이 정의는 특히 사마상여를 대표로 한 한부(漢賦)와 그 영향 아래 있는 부 작품들을 염두에 둔 것이었다.[36] 그리고

35) 김진경은 賦의 개념에 대한 논의 방식으로 다음의 네 가지 경우가 있다고 고찰했다. 첫째, 賦의 서술 특징에 착안하여 '鋪陳의 의미'로 파악하는 경우; 둘째, 古詩의 유파로 파악하는 경우 ; 셋째, 賦를 시이면서 문인 특수한 형식의 문체로 파악하는 경우; 넷째, 노래로 할 수는 없고 읊조리는 것[不歌而誦]이라고 파악하는 경우이다. (김진경, 「한국 사부의 사적 전개에 관한 연구」, 고려대학교 박사학위논문, 2004, 10~11면.)

36) 漢代의 賦 작품들이 지닌 특징에 대해서는 다음의 책을 참고했다. (김학주, 『漢代의

부의 유형이 '고부(古賦)', '배부(俳賦)', '율부(律賦)', '문부(文賦)'로 변천되는 과정[37]에서도, '문부(文賦)'를 제외한 유형에서는 이러한 부(賦)의 문학적 특징이 기본적인 요소로 작용했다.

이학규가 지은 「해부(海賦)」는 단락별로 전개되는 내용의 변화에 따라 환운(換韻)을 하면서도, 종종 산구(散句)를 사용하여 압운여부를 비교적 자유롭게 구사하는 모습이 고부(古賦)에 가깝다. 그에 비해서 「화부(火賦)」와 「임우부(霖雨賦)」는 정제된 6언구와 4언구를 바탕으로 대구(對句)를 매우 빈번히 사용하고 있으며, 환운(換韻)이 이루어지는 가운데 압운을 보다 철저히 준수하고 있다는 점에서 율부(律賦)의 특성이 강하다.

이에 이학규가 창작한 「해부(海賦)」, 「화부(火賦)」, 「임우부(霖雨賦)」에서도 '나열적 진술(부연성)', '화려한 수식', '사물의 형상화'는 주요한 표현기법으로 작용하였다. 그런데 이학규는 이 과정에서 혹자구(或字句)와 전고 인용구의 나열을 적극 활용함으로써 개성적인 수사적 효과를 발휘하였다.

文學과 賦』, 명문당, 2002.)

37) 徐師曾, 『文章辯體序說』, 「賦」, "故今分爲四體, 一曰古賦, 二曰俳賦, 三曰律賦, 四曰文賦." '古賦'는 주로 漢代에 창작된 작품들을 일컬으며, 창작 시기가 이르다는 것과 對仗과 聲律을 강구하는 俳賦나 律賦와 구별된다는 의미를 지닌다. '俳賦'는 西晉의 潘岳과 陸機에서 시작하여 육조시대에 성행하였으며, '騈賦'라고도 한다. '律賦'는 당송시기 과거시험용으로 생겨났으며, 對仗과 押韻의 제한이 더욱 엄격해진 체재이다. '文賦'는 송나라의 고문운동에 영향을 받아 출현하였으며, 더욱 산문화 된 체재이다. * 부의 유형과 체제에 대해서는 다음의 논문을 참고했다. (강석중, 「科賦의 형식과 문체적 특징」, 『대동한문학』 39, 대동한문학회, 2013; 김진경, 앞의 논문; 우준호, 「辭賦의 詩歌的 特性」, 『중국학논총』 11, 한국중국문화학회, 2001.)

1) 혹자구(或字句) 나열 방식

「해부(海賦)」

49구 혹은 사막의 모래 물결 일렁이고
혹은 큰 바위가 어금니 같이 솟아 있네
혹은 도깨비불이 날고 횃불이 내달리고
혹은 물고기와 벌레가 나지 않네
혹은 외딴 섬들이 돌무더기처럼 쌓였고
혹은 푸른 풀이 음산하게 자라있네
或流沙浪立 或巨礁如牙 或飛燐走熻 或不產魚蟲
或別嶼磊硌 或青艸淒陰

「화부(火賦)」

25구 때로는 유료(槱燎) 제사에서 섶나무를 때어 하늘에 제사지내고[38]
때로는 음식 조리에 빗대어 선정(善政)토록 하였고[39]
때로는 숭상하는 색을 달리 해 제도를 창시하고[40]
때로는 납음[41]의 제도를 통해 율령을 반포하고
때로는 밭을 불살라 암사슴을 모이게 하고
때로는 뜰에 화톳불을 태워 방울소리 울리게 하고[42]
때로는 횃불을 들어 감옥을 방비하고
때로는 화재를 일으켜 편안함에 안주하는 것을 경계하네
或槱熋以告祡 或鼎飪以敎餐 或尙色以制始 或納音以律放
或烈田而甡麀 或燎庭而噦鸞 或燧擧而警棘 或烖興而戒安

38) 『周禮』, 「春官・大宗伯」, "以槱燎祀司中・司命・飌師・雨師."

39) 『書經』, 「說命 下」, "若作酒醴, 爾惟麴糵, 若作和羹, 爾惟鹽梅."

40) 주왕조는 붉은 색을 숭상했고, 진왕조는 검은색, 한왕조는 황색을 숭상했다.

41) 五音에 十二律을 갈라 붙여 만든 六十音을 六十甲子에 배정하여 五行으로 나타낸 것.

42) 『詩經』, 「小雅・庭燎」, "君子至止, 鸞聲噦噦."

42구 때로는 밝음으로 낮을 잇게 하고
때로는 따뜻함으로 겨울을 막게 하고
때로는 굳센 모습으로 가죽을 기름지게 하고
때로는 부드러운 모습으로 다 녹게 하고
때로는 따뜻함으로 곧게 자라게 하고
때로는 무더위로 굽어서 늘어지게 하고
때로는 두텁게 쌓아 고기를 굽게 하고
때로는 넉넉하게 모아 화톳불을 쬐게 하고
때로는 태워서 변화를 주면서도 성질을 보존케 하고
때로는 태워서 사라지게 해서 자취를 없애버리네
때로는 나물을 삶아 맛좋은 음식을 바치고
때로는 탕약을 달여 약을 강하게 처방하고
때로는 바닷물을 끓여 소금가루를 얻고
때로는 밭을 태워 비옥하게 북돋우고
때로는 거북 배딱지를 지져 점을 치고
때로는 해충을 태워 곡식이 풍년들게 하고
때로는 가마에 불을 때서 거푸집을 만들고
때로는 화로에서 쇠붙이를 달궈 쇳물이 흐르게 하고
때로는 불로 달궈 지져서 목숨을 빼앗고
때로는 뜸을 떠 불살라서 몸을 보존케 하네
或明使之繼日 或燠使之禦冬 或剛使之脂韋 或柔使之澌融
或熅使之直遂 或燥使之曲從 或肥使之燔炙 或渥使之焙烘
或變使之存性 或威使之亡蹤 或烹芼以旨獻 或湯藥以峻攻
或鹵煙而鹺屑 或畬灰而墳壅 或龜以兆 或炎賊以稔豐
或窯熾以就範 或鑪煉以沠鎔 或炮烙以殞性 或灸灼以保躬

이학규는 「해부(海賦)」에서 총 14구에 걸쳐 혹자구를 사용하였으며, 「화부(火賦)」에서는 무려 68구에 걸쳐 혹자구를 사용하였다. 먼저 인용한 여섯 구절은 「해부(海賦)」 중의 일부분인데, 대상의 개별적 나열과 그것을 통한 종합적인 풍경 묘사가 이뤄지고 있다. 이학규는 이를 통해 바다 저편의 별세계에 대한 문학적 상상력을 효과적으로 형상화하였다. 다음으로 인용한 구절은 「화부(火賦)」의 일부분인데, 여기에서는 불이 가져다주는 정치적·제도적 효용성과 일상생활의 효용성을 자세히 열거하였다. 이를 통해 대상물의 효용에 대한 연상 작용을 극대화하는 효과를 발휘하였다.

사실 혹자구(或字句) 나열 방식은 『시경(詩經)』, 「소아(小雅)·북산(北山)」과 육기(陸機)의 「문부(文賦)」 및 목화(木華)의 「해부(海賦)」에서부터 사용된 오래된 표현기법이다.[43] 그런데 산수를 비롯한 대상 경물이나 특정 현상을 혹자구(或字句) 나열 방식을 통해 10구 이상 집중적으로 사용하는 양상은 한유의 「남산시(南山詩)」에서 본격적으로 사용되었다.[44] 이 때문에 혹자구(或字句) 나열 방식의 예술성에 관한 논의는 한유의 「남산시(南山詩)」를 중심으로 중국과 우리나라에서 펼쳐졌다. 그리하여 혹자구의 나열 방식이 지루하고 번만하다는 부정적인 평가와 표현력 및 작가적 역량이 우수하다는 긍정적인 평가가 함께 나타났다.[45][46]

---

43) 『詩經』, 「小雅·北山」, "或燕燕居息, 或盡瘁事國. 或息偃在牀, 或不已于行. 或不知叫號, 或慘慘劬勞. 或棲遲偃仰, 或王事鞅掌. 或湛樂飮酒, 或慘慘畏咎. 或出入風議, 或靡事不爲"; 陸機, 「文賦」, "或因枝以振葉, 或沿波而討源. 或本隱以之顯, 或求易而得難. 成虎變而獸擾, 或龍見而鳥瀾. 或妥帖而易施, 或岨峿而不安."; 木華, 「海賦」, "或屑沒於黿鼉之穴, 或挂罥於岑嶅之峯, 或掣掣洩洩於裸人之國, 或汎汎悠悠於黑齒之邦. 或乃萍流而浮轉, 或因歸風以自反."

44) 韓愈의 「南山詩」는 唐 憲宗 元和 元年(806)의 작품으로, 계절에 따른 終南山의 변화를 다각도로 묘사한 작품이다. 이 시는 특히 山勢를 묘사한 중간 부분에서 51개에 달하는 '或~若~'구를 쓰고 있다.

45) 중국 고대 시가비평사에서 「南山詩」 '或'字 連用의 예술성에 관한 논의는 주로 杜甫, 「北征」과의 優劣 논쟁을 중심으로 이루어졌다. 이에 대한 자세한 논의는 『韓昌黎詩繫年集釋』 권4의 「南山詩」 뒷부분에 있는 諸家들의 評語에서 살펴볼 수 있다. (韓愈, 「南山詩」, 『韓昌黎詩繫年集釋』, 상해고적출판사, 2007, 459~462면 참고.)

이처럼 혹자구(或字句) 나열 방식은 역대로 매우 주목받는 수사적 기법이었다. 이에 조선시대의 부(賦) 작품 중에도 혹자구(或字句) 나열 방식을 사용한 경우가 있었는데[47], 혹자구(或字句)의 길이와 묘사적 다양성 측면에서 이학규의 사용 방식은 단연 돋보인다. 즉, 이학규는 사물의 나열적 진술(부연성)을 기본적인 표현기법으로 삼는 부(賦) 문학 작품에서 혹자구를 연이어 사용함으로써 대상물의 형태나 효용성의 서술 과정에서 무한한 확장성을 모색하였다. 아울러 작품의 형식적인 낯설음과 역동적인 리듬감을 도모하였다.

2) 전고 인용구 나열 방식

이학규의 「해부(海賦)」, 「화부(火賦)」, 「임우부(霖雨賦)」에서 혹자구(或字句) 나열 방식 이외에 주목되는 서술 방식은 전고 인용구의 나열이다.

---

46) 或字句 나열 방식에 대한 조선시대의 비평 양상을 예로 들면, 양경우는 함축적이고 정제된 표현의 중요성을 강조하며, 「南山詩」의 대표적인 특징인 或字句의 나열은 支離하다고 평가했다. (梁慶遇, 「霽湖詩話」, 『霽湖集』(『총간』 73), 495면, “又北征詩曰, ‘或紅如丹砂, 或黑如點漆. 雨露之所濡, 甘苦齊結實.’ 兩或字, 令人詠賞, 有三歎之音, 而韓公南山詩, 衍爲五十一或字, 亦似支離. 詩欲精妙, 不要鬪富.”); 반면에 이익은 한유가 천지만물은 물론이거니와 人心과 世道, 文章과 詞藻가 모두 천태만상의 이치를 다 갖추고 있음을 표현하기 위해 비유법을 반복해서 나열했다고 보았다. 나아가서 이러한 표현기법은 한유만이 쓸 수 있는 것이라며 「南山詩」의 시적 가치를 극찬하였다. (李瀷, 『星湖僿說』, 「詩文門 · 南山詩」, “余偶閱南山詩, 不知韓公作此, 果何意乎, 斷不是謾興戲筆也. 蓋天地之間, 無理不具, 故無物不有. 驗之草木, 驗之禽獸, 異品別性怪形奇態, 大小長短輕重强弱, 色有淺深, 氣有好醜, 蓋莫不悉備. …… 推之於人心世道, …… 推之於文章詞藻, …… 韓公欲以筆端描畫之, 非公則莫可)”

47) 조선시대의 賦 작품 중에는 成俔이 「石假山賦」에서 或字句를 연용했다. (成俔, 「石假山賦」, 『虛白堂集』(『총간』 14집), 416면, “或盤或紆, 或橫或縱. 或累階戺, 或攢劍鋒. 或揭甑豆, 或陳簴樅. 或翱翔雕準, 或挐攫虎熊. 或若昂首之鳥, 或若蠆尾之蟲. 或若峨冠之傾, 或若袪袖之縫. 或若跟肘之露, 或若髻髮之鬆. 或若篆籒之錯, 或若龜墨之烘.”)

시는 물론 부(賦) 문학에서도 전고의 활용은 주된 수사법 중의 하나이다. 전고 인용구는 대상의 세밀한 묘사나 직유 또는 은유만으로는 얻을 수 없는 인유적(引喩的) 효과를 발산하기 때문이다. 그런데 이학규가 창작한 「해부(海賦)」, 「화부(火賦)」, 「임우부(霖雨賦)」는 이러한 전고 인용구를 매우 집중적으로 중첩해서 나열하고 있어 주목을 끈다.

「화부(火賦)」

62구 때로는 불새를 통해 상서로움을 고하게 하고[48)]
때로는 소꼬리에 불을 붙여 전공을 아뢰고[49)]
때로는 책을 주조해서 도참(圖讖)이 빛나게 하고[50)]
때로는 불 때는 것을 금해 슬픔을 함께 하고[51)]
때로는 곤륜산에 불을 내어 옥이 시름겹게 하고[52)]
때로는 못을 마르게 해 물고기가 빠끔거리게 하고[53)]
때로는 만세에 전해질 책을 불사르게 하고[54)]
때로는 삼 개월이 걸려 함양의 궁궐을 불태우고[55)]
때로는 기이한 도술로 술을 내뿜어 화재를 진압하고[56)]

---

48) 『史記』, 「周本紀」, "武王渡河,中流, 白魚躍入王舟中, 武王俯取以祭. 旣渡, 有火自上複於下, 至於王屋, 流爲烏, 其色赤, 其聲魄雲."

49) 『史記』, 「田單傳」, "乃收城中得千餘牛 …… 束兵刃於其角, 而灌脂束葦於尾, 燒其端, 鑿城數十穴, 夜縱牛, 壯士五千人隨其後, 牛尾熱, 怒而奔燕軍, 燕軍夜大驚."

50) 『後漢書』, 「光武帝紀」, "是歲, 初起明堂·靈台及北郊兆域, 宣布圖讖於天下."

51) 『後漢書』, 「周擧傳」, "太原一郡, 舊俗以介子推焚骸, 有龍忌之禁. 至其亡月, 鹹言神靈不樂擧火, 由是士民每冬中輒一月寒食, 莫敢煙爨."

52) 『書經』, 「胤征」, "火炎崑岡, 玉石俱焚."

53) 『莊子』, 「外物篇」에 나오는 '涸轍鮒魚'의 고사.

54) '焚書坑儒'의 고사.

55) 『史記』, 「項羽本記」, "居數日, 項羽引兵西屠咸陽. 殺秦降王子嬰, 燒秦宮室, 火三月不滅."

56) 『神仙傳』, 「欒巴」, "巴爲尙書, 正旦, 會群臣, 飮酒, 巴乃含酒起望西南噀之, 奏云,

때로는 정성스러운 기도로 바람의 방향을 바꾸고[57)]
때로는 필방(畢方)이 나타나 날짐승의 근심이 되고[58)]
때로는 회록(回祿)이 나타나 불귀신의 흉사가 일어나고[59)]
때로는 태을신에게 등화를 걸어서 제사를 지내고[60)]
때로는 우란분회(盂蘭盆會)에서 향불을 피워 공양하네[61)]
或流烏以告瑞 或尾牛以奏功 或鑄書而讖光 或禁爨而哀同
或崑褶而玉顇 或池殃而魚喁 或萬世而焚籍 或三月而燒宮
或異術以噀酒 或純誠以反風 或畢方以禽蠥 或回祿以鬼訩
或太乙以燃祀 或盂蘭以炷供

「해부(海賦)」

155구 이에 사양(師襄)은 경쇠를 안고 바다를 지나 섬으로 들어갔고[62)]
백아(伯牙)는 거문고를 잡고서 구슬피 연주했으며[63)]
장자는 곤(鯤)이 붕(鵬)으로 변하는 우언을 지었고[64)]

'臣本鄕成都市失火, 故爲救之.' 帝馳驛往問之, 云,'正旦失火時, 有雨自東北來, 滅火, 雨皆作酒氣也.'"

57) 제갈공명이 적벽대전에서 기도를 올려 바람의 방향을 바꿔 火攻을 성공시킨 고사.

58) 畢方은 전설상의 괴이한 새로 세상에 나타나면 항상 화재가 난다고 한다. (『山海經』, 「西山經」, "有鳥焉, 其狀如鶴, 一足, 赤文青質, 而白喙, 名曰, '畢方'. 其鳴自叫也, 見則其邑有譌火.")

59) 回祿은 전설상의 불귀신으로서 그가 나타나면 재앙이 일어난다고 한다. (『國語』, 「周語上」, "昔夏之興也, 融降於崇山, 其亡也, 回祿信於聆隧.")

60) 太乙舟 : 太一蓮舟라고도 하는데 天神인 太乙神에게 제사지낼 때 燈火를 걸어 두는 연꽃으로 만든 배를 가리킨다.

61) 盂蘭盆會 : 佛家에서 매년 음력 7월 15일에 先祖 및 생존한 부모의 고통을 구하기 위하여 여러 가지 음식을 장만해서 그릇에 남아 시방의 불승들에게 베푸는 佛事를 말한다.

62) 『論語』, 「微子」, "少師陽, 擊磬襄, 入於海."

63) 『太平御覽』, "伯牙學琴於成連先生, 三年不成. 至於精神寂寞, 情之專一, 尙未能也. 成連云, '吾師方子春, 今在東海中, 能移人情.' 乃與伯牙, 俱往至蓬萊山, 留宿伯牙, 曰, '子居習之, 吾將迎師.'"

임공은 자라를 연이어 낚으며 변설을 했네[65]
혹은 뽕나무 밭이 맑고 얕은 물로 변하는 것을 보았고[66]
혹은 폭풍우로 인해 봉래산으로 들어가길 막혔고[67]
혹은 나무를 물어다가 메우고자 했고[68]
혹은 돌다리를 놓아 높은 곳으로 내달렸으나[69]
이러한 일들로도 그 바다의 광원함을 징험하고
큰 파도 속에서 온갖 기궤한 것들을 보기 부족했네
옛날 공자께서 세상을 떠나실 때
이에 뗏목을 타고 바다를 건너가고 싶다 하셨고[70]
맹자가 그 뜻을 이어
바다를 보는 것을 성인의 무리를 보는 것에 견주었네[71]
아! 매우 괴이한 것만을 좋아하는 이는
바다를 선령(仙靈)들의 휴식처이자
해와 달이 머무르는 곳으로만 여겼으니

---

64) 『莊子』, 「逍遙遊」, “北冥有魚, 其名爲鯤. 鯤之大, 不知其幾千里也. 化而爲鳥, 其名爲鵬. 鵬之背, 不知其幾千里也.”

65) 『莊子』, 「外物」, “任公子爲大鉤巨緇, 五十犗以爲餌, 蹲乎會稽, 投竿東海, 旦旦而釣. 期年不得魚, 已而大魚食之, 牽巨鉤, 陷沒而下, 騖揚而奮鬐, 白波若山, 海水震蕩, 聲侔鬼神, 憚赫千里. 任公子得若魚, 離而腊之, 自制河以東, 蒼梧以北, 莫不厭若魚者. 已而後世, 輇才諷說之徒, 皆驚而相告也.”

66) 『神仙傳』, 「麻姑」, “麻姑自說曰, ‘接侍以來, 已見東海三爲桑田. 向到蓬萊, 水又淺于往者, 會時略半也. 豈將復還爲陵陸乎?’”

67) 『史記』, 「封禪書」, “自威宣燕昭使人入海求蓬萊 · 方丈 · 流州, 此三神山者, 其傳在勃海中, 去人不遠, 患且至則船風引而去”

68) 『山海經』, 「北山經」, “是炎帝之少女名曰女娃, 女娃游於東海, 溺而不返, 故爲精衛, 常銜西山之木石, 以堙於東海.”

69) 『太平寰宇記』, “『三齊略記』云, ‘秦始皇造石橋, 渡海觀日出處, 有神人召石下, 城陽一十山, 石遣東下, 岌岌相隨如行狀, 石去不駛, 神人鞭之, 皆見血. 今驗召石山之下, 其石有色盡赤焉.’”

70) 『論語』, 「公冶長」, “道不行, 乘桴浮于海.”

71) 『孟子』, 「盡心 上」, “觀於海者, 難爲水 ; 遊於聖人之門者, 難爲言.”

무릇 어찌 이 세계의 바닷물이
사람을 살리는 도가 있는 곳임을 알랴
於是庨師襄抱磬而踰邁 伯牙操琹而悲慅 漆園寓言於化鳥 任公騁辯於連鼇
或眂桑田之淸淺 或阻蓬萊於衝飆 或嗛木而思窴 或駕石而騤高
斯不足以徵其廣遠 而見其詭變於凬濤也 昔宣父之去世 迺發言庨桀桴
而孟氏繼之 媲觀海于聖徒 噫好怪之弔詭 以爲仙靈之休息
而日月之攸居 夫安知堪輿之積水 而爲生人之所道乎

「임우부(霖雨賦)」

97구 옛날 선대 성인들이 하신 말씀에
평이한 도리를 행하면서 천명을 기다리고[72)]
연못에 임한 듯 삼가라 하셨으니[73)]
분명한 경계로 삼아 스스로를 진정시키네
하늘이 선악을 감시하는 분명함을 우러르고
사람들의 인생이 다다르는 곳을 잘 살펴
칠흑같이 어두운 이 시절에
닭 울음 그치지 않길 바라네[74)]
진실로 뜻밖의 재앙은 근심할 바 아니니[75)]
무한한 천지간에서는 팽(彭)과 상(殤)이 동일하다네[76)]
昔先聖之垂言 蓋俟命乎居易 逝匪淵而如臨 申炯戒以自遲
仰天監之孔昭 審人生之所底 値斯辰之如晦 睎雞鳴之不已
信无妄其非虞 齊彭殤於一指

72) 『中庸』, "君子居易以俟命, 小人行險以徼幸."
73) 『詩經』, 「小雅 · 小旻」, "如臨深淵, 如履薄冰."
74) 『詩經』, 「鄭風 · 風雨」, "風雨如晦, 鷄鳴不已."
75) 『周易』, 「无妄」, "无妄之疾, 勿藥有喜."
76) 『莊子』, 「齊物論」, "天地一指也, 萬物一馬也. … 莫壽於殤子, 而彭祖爲夭."

이학규는 「화부(火賦)」에서 역사적·신화적 전고를 나열하여 불의 효용성을 강조하였다. 이를 통해 일상생활의 범위를 넘어서서 불의 효용성에 대한 연상과 나열의 효과를 극대화하였다. 그리고 「해부(海賦)」와 「임우부(霖雨賦)」는 모두 작품의 마무리 부분에서 전고가 담긴 구절을 반복적으로 나열하였다. 그리하여 자칫 지루한 부연 진술로 비춰질 수 있는 부분에서 권위 있는 전고의 중첩을 바탕으로 결론의 의미부여를 극대화하였다.

4. 결론

이학규는 유배를 당해 잃어버린 사회적 존재감을 문학적 존재감으로 만회하고자 평생을 노력했다. 이에 유배지에서도 열성적으로 시문학의 장르적 특성과 표현기법을 탐색하고, 문학적 동기에 따라 시 양식과 형식을 선택적으로 운용하였다. 따라서 이학규가 유배 초기에 남긴 다섯 편의 부(賦) 작품은 그의 문학세계를 온전히 이해하기 위해 반드시 살펴봐야 할 부분이다. 그 중에서 본고는 대상물을 제재로 하여 묘사적 서술 방식을 주조로 한 「해부(海賦)」, 「화부(火賦)」, 「임우부(霖雨賦)」를 살펴보았다.

이학규는 유배초기에 일상 소재를 대상으로 한 오언장편고시를 다수 창작했다. 1804년에는 고드름[冰筋][77]·나뭇가지에 얼어붙은 눈[木稼][78]·빈대[鼈蝨][79], 1806년에는 해삼[海參][80], 1807년에는 거미줄[遊絲][81]·

77) 『총간』 290집, 257면.

78) 『총간』 290집, 257면.

79) 『총간』 290집, 259면.

복어[河魨][82]·죽순[新筍][83]을 오언장편고시로 창작했다. 이 작품들은 모두 섬세한 관찰력·세밀한 묘사력·정교한 구성력이 돋보인다.

따라서 이학규가 같은 시기에 「해부(海賦)」, 「화부(火賦)」, 「임우부(霖雨賦)」를 창작한 이유는 부라는 장르를 통해 분량과 형식의 상대적 자유로움을 확보하고, 수사적 기교를 유감없이 발휘하고 싶은 작가적 욕구에 의한 것이었다. 아울러 여기에는 압운을 고려한 100구 이상의 분량 속에서 험벽한 글자·박학다식함·문학적 상상력·언어 조직력을 능숙하게 구사하는 창작 역량의 과시 욕구도 반영되었다.

이에 이학규는 이 세 작품을 본격적으로 창작하기에 앞서 동일한 제재를 사용한 중국과 조선의 부 작품들을 섭렵하였다. 이를 바탕으로 세밀한 관찰력과 묘사력, 폭넓은 상상력과 서정성을 적절히 활용하여 자신만의 작품 구성과 내용 서술을 구현했다. 그리하여 동일한 제재를 사용한 기존 작품들과 차별을 이루고, 세 작품 간에도 구분되는 각 작품마다의 개성을 발휘하였다.

아울러 표현기법 면에서는 이 세 작품이 혹자구(或字句)와 전고 인용구의 나열방식을 일정부분 공유하였다. 이를 통해 나열적 진술 과정의 수사적 효과를 극대화함으로써 낯선 형식미·역동적인 리듬감·의미의 함축미를 발산하였다. 특히 혹자구(或字句)와 전고 인용구의 나열은 이학규의 한시 작품에서도 비중 있게 사용되었다.[84] 이는 이러한 표현기

80) 『총간』 290집, 269면.

81) 『총간』 290집, 273면.

82) 『총간』 290집, 273면.

83) 『총간』 290집, 274면.

84) 이학규는 「海賦」를 창작한 뒤 얼마 지나지 않아 창작한 「種蔘」에서 인삼의 모양과 속성을 설명할 때에도 或字句 나열 방식을 사용했다. (李學逵, 「種蔘」, 『총간』 290집, 264면.(1806), "…或雙芽如鑻, 或偶葉如伍. 或晦根如蟄, 或驟長如怒. 或培枯揍莎, 或

법이 일회적·단절적 현상이 아니라 중요한 작가적 개성의 발로였음을 말해준다.

이처럼 이학규의 「해부(海賦)」, 「화부(火賦)」, 「임우부(霖雨賦)」는 본인이 창작한 다른 한시 작품들과 창작 계기 및 표현기법 면에서 밀접한 관련을 맺고 있었다. 앞으로 본고에서 미처 다루지 못한 「치매부(雉媒賦)」와 「난부부(嬾婦賦)」에 대한 고찰이 이뤄지면, 이와 같은 이학규 부 작품의 문학적 특징과 그 의미가 보다 온전하게 밝혀질 것이다.

伺蠹傴僂. 或警偸偵邏, 或惡臭閒斂. 或試重知秏, 或計多點簿. 或窖埋如脔, 或棚乾如脯. …") 그리고 「山鳥」라는 작품에서는 새소리의 묘사를 或字句 나열 방식을 통해 형상화 했다. (李學逵, 『총간』 290집, 388면.(1812)). 또한 「朝食, 虀有俊味, 卽席口號, 得十二韻」이라는 작품에서는 국[虀]과 관련된 수많은 전고를 활용한 시구를 나열하였다. (李學逵, 『총간』 290집, 332면.(1810))

참고문헌

1. 原典資料

1) 원전

李學逵(1770~1835), 『洛下生集』, 한국문집총간 290, 민족문화추진회.
李學逵, 『洛下生全集』(전3책), 아세아문화사 영인본, 1985.
金正喜(1786~1856), 『阮堂全集』, 한국문집총간 301, 민족문화추진회.
金宗直(1431~1492), 『佔畢齋集』, 한국문집총간 12, 민족문화추진회.
金昌協(1651~1708), 『農巖集』, 한국문집총간 162, 민족문화추진회.
金昌翕(1653~1722), 『三淵集』, 한국문집총간 166, 민족문화추진회.
金鑢(1766~1822), 『藫庭遺藁』, 한국문집총간 289, 민족문화추진회.
朴齊家(1750~1805), 『貞蕤閣集』, 한국문집총간 261, 민족문화추진회.
申緯(1769~1845), 『警修堂全藁』, 한국문집총간 291, 민족문화추진회.
沈光世(1577~1624), 『休翁集』, 한국문집총간 84, 민족문화추진회.
安鼎福(1712~1791), 『順菴集』, 한국문집총간 229, 민족문화추진회.
梁慶遇(1568~?), 『霽湖集』, 한국문집총간 73, 민족문화취진회.
柳得恭(1748~1807), 『泠齋集』, 한국문집총간 260, 민족문화추진회.
李家煥(1742~1801), 『錦帶詩文鈔』, 한국문집총간 255, 민족문화추진회.
李德懋(1741~1793), 『靑莊館全書』, 한국문집총간 258, 민족문화추진회.
李書九(1754~1825), 『惕齋集』, 한국문집총간 270, 민족문화추진회.
李用休(1708~1782), 『𢿱數集』, 한국문집총간 223, 민족문화추진회.
李瀷(1681~1763), 『星湖全集』, 한국문집총간 198, 민족문화추진회.
林昌澤(1682~1723), 『崧岳集』, 한국문집총간 202, 민족문화추진회.

丁若鏞(1762~1836), 『與猶堂全書』, 한국문집총간 281, 민족문화추진회.
趙秀三(1762~1849), 『秋齋集』, 한국문집총간 271, 민족문화추진회.
洪世泰(1653~1725), 『柳下集』, 한국문집총간 167, 민족문화추진회.
『近畿實學淵源諸賢集』, 成均館大學校 大東文化硏究院, 2002.
『茶山學團文獻集成』, 成均館大學校 大東文化硏究院, 2008.
『匏華屋集』(계명대학교 동산도서관본)
『匏華屋集』(단국대학교 퇴계기념중앙도서관본)
『洛下詩話』(단국대학교 퇴계기념중앙도서관본)
『秋樹根齋初稿選』 (버클리대학교 동아시아도서관본)
『洛下生卷集』(버클리대학교 동아시아도서관본)
『洛下生集』(버클리대학교 동아시아도서관본)
『五家詩摘句』(버클리대학교 아사미문고본)
『秋雲茶集』(안성이씨 소장본)
『八家精華』(고려대학교 중앙도서관본 외 다수)
『茶山詩零』(고려대학교 중앙도서관본)
『東遊詩』(고려대학교 중앙도서관본)
『近體詩選』(고려대학교 중앙도서관본)
『今古詩選』(동국대학교 경주캠퍼스 도서관본)

郭慶藩 撰, 『莊子集釋』, 中華書局, 1997.
仇兆鰲 注, 『杜詩詳注』 中華書局, 1999.
蕭　統 編, 『文選』, 上海古籍出版社, 1986.
吳文治 主編, 『遼金元詩話全編』, 鳳凰出版社, 2006.
王夫之等撰, 『淸詩話』, 上海古籍出版社, 1999.
袁世碩 主編, 『王士禛全集』, 齊魯書社, 2007
袁行霈 撰, 『陶淵明箋注』, 中華書局, 2003.
劉學鍇·余恕誠 著, 『李商隱詩歌集解』, 中華書局, 1996.
錢仲聯 集釋, 『韓昌黎詩繫年集釋』, 上海古籍出版社, 2007.
錢仲聯 標校, 『錢牧齋全集』, 上海古籍出版社, 2003.

程俊英·蔣見元 著, 『詩經注析』, 中華書局, 1991.
朱謙之 撰, 『老子校釋』, 中華書局, 1984.

2) 번역

곡금량 편저, 김태만·안승웅·최낙민 역, 『바다가 어떻게 문화가 되는가』, 산지니, 2008.
김영문 외 4인 역, 『문선 역주』 1·2, 소명출판, 2010.
陶淵明 저, 이치수 역주, 『陶淵明 全集』, 문학과 지성사, 2005.
朴齊家 저, 정민·이승수·박수밀 역, 『정유각집』, 돌베개, 2010.
박현욱 옮김, 『성시전도시로 읽는 18세기 서울 : 13종 성시전도시 역주』, 보고사, 2015.
실시학사 고전문학연구회 역, 『유배지에서 역사를 노래하다, 영남악부』, 성균관대학교 출판부, 2011.
嚴 羽 저, 郭紹虞 교석, 김해명·이우정 옮김, 『창랑시화』, 소명출판, 2001.
袁宏道 저, 심경호·박용만·유동환 역주, 『(역주)원중랑집』, 소명출판, 2004.
李家煥 저, 조남권·박동욱 옮김, 『이가환 시전집』, 소명출판, 2009.
李用休 저, 조남권·박동욱 옮김, 『혜환 이용휴 산문전집』, 소명출판, 2007.
李用休 저, 조남권·박동욱 옮김, 『혜환 이용휴 시전집』, 소명출판, 2002.
李用休·李家煥 저, 안대회 옮김, 『나를 돌려다오』, 태학사, 2003.
李 瀷 저, 이민홍 역, 『해동악부』, 문자향, 2008.
李學逵 저, 허경진 옮김, 『洛下生 李學逵 詩選』, 평민사, 1998.
李學逵 저, 정우봉 옮김, 『아침은 언제 오는가』, 태학사, 2007.
임형택 편역, 『이조시대 서사시』 상·하, 창작과 비평사, 1992.
丁若鏞 저, 민족문화추진회 편, 『국역 다산시문집』, 솔출판사, 1996.
洪萬宗 저, 洪贊裕 역주, 『譯註 詩話叢林』, 통문관, 1993.

3) 電子版

『CD-ROM 文淵閣四庫全書 電子板』, 迪志文化出版有限公司, 2000.
한국고전종합 DB : http://db.itkc.or.kr/itkcdb/mainIndexIframe.jsp

2. 著書類

강명관, 『공안파와 조선후기 한문학』, 소명출판, 2007.
______, 『조선후기 여항문학 연구』, 창작과 비평사, 1997.
강혜선, 『정조의 시문집 편찬』, 문헌과 해석사, 2000.
권혁명, 『석천 임억령과 식영정 시단』, 월인, 2010.
금지아, 『신운의 전통과 변용』, 태학사, 2008.
김명순, 『조선후기 한시의 민풍 수용 연구』, 보고사, 2005.
김상홍, 『茶山 文學의 再照明』, 단국대학교 출판부, 2003.
김성수, 『사부문학연구』, 공주대학교 출판부, 2007.
김우창, 『궁핍한 시대의 시인』, 민음사, 2006.
______, 『시인의 보석』, 민음사, 2006.
김재욱, 『목은 이색의 영물시』, 다운샘, 2009.
김준연, 『당대 칠언율시 연구』, 역락, 2004.
김준오, 『詩論』, 삼지원, 2003.
김창환, 『도연명의 사상과 문학』, 을유문화사, 2009.
김학주, 『漢代의 文學과 賦』, 명문당, 2002.
김흥규, 『朝鮮後期 詩經論과 詩意識』, 고려대학교 민족문화연구소, 1982.
남재철, 『강산 이서구의 삶과 문학세계』, 소명출판, 2005.
박무영, 『정약용의 시와 사유방식』, 태학사, 2002.
백원철, 『낙하생 이학규 문학연구』, 보고사, 2005.
송재소, 『다산시 연구』, 창작과 비평사, 1986.
심경호, 『조선시대 한문학과 시경론』, 일지사, 1999.
______, 『한국한시의 이해』, 태학사, 2000.
______, 『한시의 세계』, 문학동네, 2006.
안대회, 『18세기 한국한시사 연구』, 소명출판, 1999.
______, 『조선후기시화사』, 소명출판, 2000.
오규원, 『현대시작법』, 문학과 지성사, 2003.
윤재민, 『朝鮮後期 中人層 漢文學의 硏究』, 고려대학교 민족문화연구원,

1999.
이경수, 『漢詩四家의 清代 詩 受容 研究』, 태학사, 1995.
이기면 저, 『원굉도 문학사상』, 한국학술정보, 2007.
이동환, 『실학시대의 사상과 문학』, 지식산업사, 2006.
이상우, 『동양미학론』, 시공사, 1999.
이영주, 『韓國詩話에 보이는 杜詩』, 서울대학교 출판부, 2006.
이종묵, 『한국 한시의 전통과 문예미』, 태학사, 2002.
임준철, 『조선중기 漢詩 意象 연구』, 일지사, 2010.
임형택, 『실사구시의 한국학』, 창작과 비평사, 2000.
정 민, 『18세기 조선지식인의 발견』, 휴머니스트, 2007.
정일남, 『초정 박제가 문학 연구』, 지식산업사, 2004.
진재교, 『이조 후기 한시의 사회사』, 소명출판, 2001.
한국학연구소 편, 『18세기 조선지식인의 문화의식』, 한양대학교 출판부, 2002.
한국학연구소 편, 『19세기 조선지식인의 문화지형도』, 한양대학교 출판부, 2006.

리우샤오간 씀, 최진석 옮김, 『莊子哲學』, 소나무, 1998.
徐有富, 『詩學原理』, 北京大學出版社, 2007.
成復旺 主編, 『中國美學範疇辭典』, 中國人民大學出版社, 1995.
沈雲龍 主編, 「錢牧齋先生遺事及年譜」, 『近代中國史料叢刊』 제71집, 文海出版社, 1971.
鄔化志, 『中國古代雜體詩通論』, 北京大學出版社, 2001.
吳戰壘 저, 유병례 역, 『중국시학의 이해』, 태학사, 2003.
王 力 지음, 송용준 옮김, 『중국시율학』, 소명출판, 2005.
饒少平 著, 『雜體詩歌概論』, 中華書局, 2009.
劉若愚 著, 李章佑 譯, 『中國詩學』, 명문당, 1994.
이병한 편저, 『중국 고전 시학의 이해』, 문학과 지성사, 2000.
李澤厚 저, 윤수영 역, 『美의 歷程』, 동문선, 2003.
장파 지음, 유중하 외 옮김, 『동양과 서양, 그리고 미학』, 푸른숲, 2009.

褚斌杰, 著,『中國古代文體概論』, 북경대학출판사, 2003.
程毅中 著,『中國詩體流變』, 中華書局, 1998.
朱光潛 지음, 정상홍 옮김,『詩論』, 동문선, 1991.
周生亞,『古代詩歌修辭』, 語文出版社, 1995.
朱任生 編著,『詩論分類纂要』, 대만 상무인서관, 중화민국 60년.
陳鼓應 지음, 최진석 옮김,『老莊新論』, 소나무, 2001.
陳伯海 지음, 이종진 옮김,『당시학의 이해』, 사람과 책, 2001.
黃永武,『中國詩學』, 巨流圖書公司, 1981.

3. 論文類

강명관,「조선후기 漢詩와 繪畫의 교섭」,『한국한문학연구』 제30집, 2002.
강석중,「科賦의 형식과 문체적 특징」,『대동한문학』 39, 대동한문학회, 2013.
강정만,「錢謙益의 주정시론과 창작실제고」,『중국문학연구』 11집, 한국중문학회, 1993.
강혜선,「조선후기 한시 속의 일상의 양태와 의미 −김려의 한시를 대상으로−」,『한국한시연구』 15집, 한국한시학회, 2007.
高八美,「韓愈詩에 나타난 用字遣詞의 特殊成就 考察」,『중국어문논집』 10집, 1995.
곽미선,「이학규의『金官紀俗詩』에 나타난 작가의식 연구」,『연민학지』 21, 연민학회, 2014.
금동현,「18世紀 後半~19世紀 前半期 文學理論 硏究」, 고려대학교 박사학위 논문, 2001.
김동준,「申緯 詩에 나타난 '極變'의 의미와 실제적 양상에 대하여」,『한국한시연구』 6, 한국한시학회, 1998.
_____,「이용휴 한시의 이지적 성향과 새로운 시적 형식」,『진단학보』 95, 진단학회, 2003.
_____,「조선후기 '朝鮮風' 漢詩에 대한 재론」,『국문학연구』 제10호, 국문학

회, 2003.

김동준, 『海巖 柳慶種의 詩文學 硏究』, 서울대학교 박사학위논문, 2003.

_____, 「한시에 나타난 일상의 의의와 역할」, 『국문학연구』 14호, 국문학회, 2006.

김두근, 「두보칠언율시형식연구」, 한국외국어대학교 박사학위논문, 2008.

김봉남, 「茶山 詩에 함축된 內面意識의 변모양상」, 고려대학교 박사학위논문, 2007.

김성진, 「李學逵의 〈金官竹枝詞〉 연구」, 『국어국문학』 26, 부산대학교 국어국문학과, 1989.

金洙天, 「洛下生 李學逵의 嶺南樂府 硏究 : 作家意識의 變貌樣相을 中心으로」, 영남대학교 석사학위논문, 1997.

김영숙, 「영남악부 연구」, 『영남어문학』 10, 1983.

_____, 「濯纓 金馹孫의 〈賡進四十八詠〉의 양상과 그 의미」, 『경산어문학』 3집, 경산대학교 국어국문학과, 2002.

김영진, 「朝鮮後期 明淸小品 수용과 小品文의 전개 양상」, 고려대학교 박사학위논문, 2003.

_____, 「버클리대 아사미문고 소장 『五家詩摘句』」, 『고전과 해석』 창간호, 고전문학한문학연구학회, 2006.

_____, 「酉山 丁學淵의 생애와 저작에 대한 一考」, 『다산학』 12호, 다산학술문화재단, 2008.

_____, 「酉山 丁學淵의 회인시 연구 -『秋日懷人絶句十一首』를 중심으로-」, 『한국시가연구』 40, 한국시가학회, 2016.

_____, 「張維의 雜體詩 연구 -復古主義와의 상관성을 중심으로-」, 『한국한시연구』 11, 태학사, 2003.

김순옥, 「영물시의 성격 고찰」, 『한국언어문학』 29집, 한국언어문학회, 1991.

김지인, 「이학규 산문 연구 : 사적 고통의 문학적 형상화」, 연세대학교 석사학위논문, 2012.

김진경, 「한국 사부의 사적 전개에 관한 연구」, 고려대학교 박사학위논문, 2004.

김진홍, 「艮翁 李獻慶의 生涯와 詩世界 研究」, 고려대학교 석사학위논문, 2007.

김창호, 「朝鮮中期 西人系 詩人의 詩世界 研究」, 고려대학교 박사학위논문, 2004.

金昌煥, 「陶淵明詩研究」, 서울대학교 박사학위논문, 1999.

김철범, 「李學逵의 〈金官紀俗詩〉」, 『문화전통논집』 2, 경성대학교 부설 한국학연구소, 1994.

김하라, 「낙하생 이학규 서간문의 自己敍事的 특성」, 『민족문학사연구』 27권, 2005.

金惠實, 「李學逵의 嶺南·海東樂府 研究」, 한남대학교 석사학위논문, 1990.

김희경, 「〈三體詩〉 연구 -詩格을 중심으로-」, 전남대학교 중어중문학과 석사학위논문, 2007.

노요한, 「조선 후기 영사악부의 협운 활용 양상에 대하여」, 『한국한문학연구』 57, 한국한문학회, 2015.

노우정, 「두보 칠언율시 연구」, 이화여자대학교 석사학위논문, 2002.

류정민, 「海左 丁範祖의 長篇古詩 研究」, 고려대학교 석사학위논문, 2000.

류화송, 「李學逵의 「聲韻說」 小考」, 『우리말 글』 34, 우리말글학회, 2005.

맹영일, 「菊圃 姜樸의 生涯와 漢時 研究」, 고려대학교 석사학위논문, 2007.

민병수, 「한문학」, 『국어국문학연구사』, 우석, 1985.

박동욱, 「惠寰 李用休의 文學 研究」, 성균관대학교 박사학위논문, 2006.

박무영, 「일상성의 대두와 새로운 사유방식」, 『우리 한문학사의 새로운 조명』, 이혜순·박무영 外, 집문당, 1999.

박성규, 「高麗朝 漢文學研究의 현황과 과제」, 『국어국문학 40년』, 집문당, 1992.

박영호, 「한국에서의 한문학 연구 동향」, 『퇴계학과 한국문화』 35집, 경북대학교 퇴계학연구소, 2004.

박정교, 「『三體詩』의 실체와 국내적 수용」, 경북대학교 석사학위논문, 2000.

박종훈, 「楚亭 朴齊家 詩 研究」, 한양대학교 박사학위논문, 2008.

박혜숙, 「이학규의 악부시와 金海」, 『한국시가연구』 6, 한국시가학회, 2000.

박희병, 「조선시대 한문학 연구사 검토」, 『국어국문학 40년』, 집문당, 1992.
박희인, 「餘窩 睦萬中 漢詩 硏究」, 고려대학교 석사학위논문, 2010.
배규범, 「잡체시의 범주와 현황 –佛家漢詩를 중심으로」, 『대동문화연구』 53집, 대동문화연구원, 2006.
백원철, 「洛下生 李學逵의 詩硏究」, 성균관대학교 박사학위논문, 1991.
부유섭, 「松谷 李瑞雨의 삶과 시」, 『한국한시작가연구』 12, 한국한시학회, 2008.
석진주, 「李學逵의 「嶺南樂府」·「海東樂府」 硏究」, 고려대학교 석사학위논문, 2004.
_____, 「典故 사용을 통해 본 星湖 家門 『海東樂府』의 3人3色 : 李瀷·李福休·李學逵의 작품을 중심으로」, 『동양한문학연구』 42, 동양한문학회, 2015.
성범중, 「조선후기 시선집」, 『정신문화연구』 통권 68호, 한국학중앙연구원, 1997.
손혜리, 「洛下生 李學逵의 『嶺南樂府』 再論」, 『영남학』 24, 경북대학교 영남문화연구원, 2013.
송재소, 「茶山의 朝鮮詩에 대하여」, 『한국한문학연구』 제2집, 한국한문학회, 1977.
송준호, 「우리 한시 연구에 대한 성찰과 하나의 제언」, 『대동한문학』 11집, 대동한문학회, 1999.
신익철, 「李鳳煥의 椒林體와 「落花詩」에 대하여」, 『한국한문학연구』 24, 한국한문학회, 1999.
심경호, 「한문학연구의 회고와 전망」, 『고전문학연구』 18집, 한국고전문학회, 2000.
_____, 「조선후기 시사와 동호인 집단의 문화활동」, 『민족문화연구』 31집, 고려대학교 민족문화연구원, 1998.
_____, 「조선후기 서울의 遊賞空間과 詩文學」, 『한국한시연구』 8집, 한국한시학회, 2000.
_____, 「서정자아의 근대적 변모와 그 한계 –洛下生 李學逵의 漢詩를 중심으

로」, 『한국한시의 이해』, 태학사, 2000.
심경호, 「19세기 한시의 전개에 대한 일 고찰」, 『한국문학연구』 창간호, 고려대학교 한국문학연구소, 2000.
_____, 「근대 이전의 한시 학습 방식에 관하여」, 『어문연구』 30, 한국어문교육연구회, 2002.
_____, 「조선후기 한문학과 袁宏道」, 『한국한문학연구』 34집, 한국한문학회, 2004.
안대회, 「한국 한시에서의 현실주의 논의」, 『민족문학사연구』 2권, 민족문학사학회, 1992.
_____, 「박제가 시의 사물·인간·사회」, 『18세기 조선지식인의 문화의식』, 한양대학교 출판부, 2001.
_____, 「한문으로 쓰인 고전산문 ⑮ -李學逵의 小品文」, 『현대시학』, 2004.
_____, 「城市全圖詩와 18세기 서울의 풍경」, 『고전문학연구』 35권, 한국고전문학회, 2009.
안병학, 「三唐派 詩世界 硏究」, 고려대학교 박사학위논문, 1988.
안세현, 「震澤 申光河 漢詩의 硏究」, 고려대학교 석사학위논문, 2000.
우준호, 「辭賦의 詩歌的 特性」, 『중국학논총』 11, 한국중국문화학회, 2001.
윤승준, 「筆寫本 『秋雲茶集』의 資料的 價値」, 『동양학』 47집, 단국대학교 동양학연구소, 2010.
윤재환, 「조선 후기 한시 연구를 위한 몇 가지 제언」, 『한문학논집』 41, 근역한문학회, 2015.
윤지훈, 「朝鮮後期 文人들의 錢謙益 批評」, 『대동문화연구』 69집, 대동문화연구원, 2010.
이강옥, 「낙하생 이학규의 문학과 조선후기 김해」, 『지역문학연구』 10, 경남부산지역문학회, 2004.
_____, 「김해 여성과 이학규의 시세계」, 『한국고전여성문학연구』 12, 한국고전여성문학회, 2006.
이관성, 「陶厓 洪錫謨의 漢詩 硏究」, 고려대학교 석사학위논문, 2003.
이국진, 「이학규의 현실인식과 시세계」, 고려대학교 석사학위논문, 2005.

이국진, 「李學逵 시에 나타나는 현실인식과 내면의식」, 『한국한시연구』 14, 한국한시학회, 2006.

______, 「이학규 영물시 연구」, 『대동한문학』 29, 대동한문학회, 2008.

______, 「이학규 칠언율시의 對仗法과 章法 연구」, 『어문논집』 61, 민족어문학회, 2010.

______, 「이학규 잡체시 연구」, 『고전과 해석』 9, 고전문학한문학연구학회, 2010.

______, 「李學逵 漢詩의 표현기법과 미적 특질 연구」, 고려대학교 박사학위논문, 2011.

______, 「이학규 부(賦)의 형상화 방식과 문학적 특징 -〈해부(海賦)〉, 〈화부(火賦)〉, 〈림우부(霖雨賦)〉를 중심으로」, 『한국한시연구』 22, 한국한시학회, 2014.

______, 「한국 한시 연구 방법론의 연구사적 검토와 방향성 탐색」, 『동양학』 60, 단국대학교 동양학연구원, 2015.

이남면, 「東州 李敏求의 生涯와 詩世界」, 고려대학교 석사학위논문, 2006.

이동순, 「이언진 문학 연구」, 고려대학교 박사학위논문, 2010.

이동환, 「朝鮮後期 漢詩에 있어서 民謠趣向의 擡頭」, 『한국한문학연구』 제3·4합집, 1979.

______, 「한문학 연구의 회고와 방향」, 『한국한문학연구』 37집, 한국한문학회, 2006.

이미진, 『계곡 장유의 잡체시 연구』, 경북대학교 석사학위논문, 2009.

이봉원, 「洛下生 李學逵의 「金官竹枝詞」 硏究」, 동아대학교 석사학위논문, 2009.

이영주, 「杜詩 對仗法 硏究」, 『中國文學』 32, 한국중국어문학회, 1999.

______, 「杜詩 章法 硏究」, 『中國文學』 33, 한국중국어문학회, 2000.

이우성, 「한국한문학연구의 회고와 전망」, 『한국한문학연구』 8집, 한국한문학회, 1985.

이원주, 「한문학 연구 동향」, 『한문학 연구』 6집, 계명한문학연구회, 1990.

이은주, 「한국 한시 연구사의 검토와 과제 -최근 10년 한국한시연구를 회고하며-」, 『동양학』 60, 단국대학교 동양학연구원, 2015.

이은희, 「「嶺南樂府」에 나타난 李學逵의 作家意識」, 『연구논집』 11, 이화여자대학교대학원, 1983.

이정선, 「조선후기 문화변동과 조선풍의 위상」, 『한국언어문화』 제34집, 한국언어문화학회, 2007.

이종묵, 「한시 연구의 회고와 전망」, 『대동한문학』 19집, 대동한문학회, 2003.

_____, 「金昌業의 채소류 連作詩와 조선 후기 漢詩史의 한 국면」, 『한국한시연구』 18, 한국한시학회, 2010.

李鍾漢, 「韓國에서의 韓愈 평가에 관한 연구」, 『중어중문학』 17집, 한국중어중문학회, 1995.

이준규, 「鶴陰 沈遠悅의 詩文 硏究」, 고려대학교 박사학위논문, 2005.

이현일, 「紫霞詩 硏究」, 성균관대학교 박사학위논문, 2006.

_____, 「「落花詩」의 계보」, 『대동문화연구』 69, 대동문화연구원, 2010.

_____, 「19세기 漢詩의 小品趣 -申緯의 경우를 중심으로-」, 『한국한시연구』 18, 한국한시학회, 2010.

임형택, 「낙하생전집 해제」, 『낙하생전집』 상, 아세아문화사, 1985.

장유승, 「17세기 古詩 硏究」, 한국정신문화연구원 석사학위논문, 2002.

정　민, 「觀物精神의 美學 意義」, 『韓國學論集』 27집, 한양대학교 한국학연구소, 1995.

_____, 「석주의 잡체시에 대하여」, 『목릉문단과 석주 권필』, 태학사, 1999.

_____, 「禽言體詩 硏究」, 『한국한문학연구』 27집, 한국한문학회, 2001.

_____, 「18세기 한문학 연구와 문화사적 시야」, 『한국한문학연구』 41집, 한국한문학회, 2008.

정승혜, 「낙하생 이학규와 『物名類解』」, 『문헌과 해석』 38, 문헌과 해석사, 2007.

정우봉, 「李家煥의 文學論과 詩世界」, 고려대학교 석사학위논문, 1984.

_____, 「李學逵의 文學論 硏究」, 『한국한문학연구』 12, 한국한문학연구회, 1989.

_____, 「19세기 詩論 硏究」, 고려대학교 박사학위논문, 1992.

정우봉, 「김창협 시론의 비평사적 의의」, 『어문논집』 31, 민족어문학회, 1992.
_____, 「洛下生 李學逵의 散文 世界」, 『한국실학연구』 6집, 한국실학학회, 2004.
_____, 「조선후기 문예이론에 있어 趣 개념과 그 의미」, 『한문학보』 21집, 우리한문학회, 2009.
정은주, 「洛下生 李學逵의 散文에 관한 연구」, 성균관대학교 석사학위논문, 2006.
_____, 「실학파 지식인의 물명에 대한 관심과 『物名類解』」, 『한국실학연구』 17, 한국실학학회, 2009.
_____, 「洛下生 李學逵 文學의 變貌 樣相 硏究」, 성균관대학교 박사학위논문, 2011.
_____, 「이학규의 화훼 취미와 菊影詩 창작」, 『인문과학』 49, 성균관대학교 인문과학연구소, 2012.
_____, 「조선 후기 家蔘 재배와 『蔘書』」, 『한국실학연구』 24, 한국실학학회, 2012.
_____, 「이학규와 한재렴의 문학적 교유 탐색」, 『인문과학』 51, 성균관대학교 인문과학연구소, 2013.
_____, 「19세기 성호학파 문인의 문물 고증과 기록, 『東事日知』」, 『한문고전연구』 31, 한국한문고전학회, 2015.
_____, 「이학규의 書畵 인식과 鑑評」, 『대동한문학』 43, 대동한문학회, 2015.
정한기, 「가사 「나부가」의 형성배경에 관한 연구 –懶婦를 소재로 한 漢詩와의 대비를 중심으로–」, 『어문연구』 34권 1호, 2006.
_____, 「영남 지역 〈모심는소리〉의 愛情 노랫말에 나타난 情緖와 그 의미」, 『한국민요학』 31, 한국민요학회, 2011.
조창록, 「조선조 한시 교육의 실제와 『百聯抄解』」, 『대동한문학』 21, 대동한문학회, 2004.
崔 範, 「洛下生 李學逵의 芃亭紀事詩 硏究」, 공주대학교 석사학위논문, 2005.
최유진, 「楚亭 朴齊家의 詩世界와 그 變貌 樣相」, 고려대학교 석사학위논문,

2005.
최은주, 「17세기 시선집 편찬에 대한 연구」, 경북대학교 박사학위논문, 2006.
한영규·정은주, 「이학규의 「城市全圖詩」 창작 배경과 그 특성」, 『한자한문교육』 29, 한국한자한문교육학회, 2012.
한창훈, 「朝鮮後期 漢詩에 나타난 事實性에 대한 一考察 -〈田間紀事〉와 〈己庚紀事〉를 대상으로」, 『국어문학』 44집, 국어문학회, 2008.
許捲洙, 「韓愈 詩文의 韓國에서의 수용」, 『중국어문학』 9집, 영남중국어문학회, 1985.
許連球, 「洛下生 李學逵의 海東樂府 硏究 : 作家意識을 中心으로」, 공주대학교 석사학위논문, 2003.
허현주, 「동주 이민구의 『唐律廣選』 연구」, 경북대학교 석사학위논문, 2006.
洪貴香, 「洛下生 李學逵의 농촌시에 대하여」, 『동양한문학연구』 19, 동양한문학회, 2004.
황위주, 「朝鮮前期 樂府詩 硏究」, 고려대학교 박사학위논문, 1989.
______, 「한국본 중국 시선집의 편찬에 대한 연구」, 『동아인문학』 3집, 동아인문학회, 2003.
______, 「한시이야기 : 몇 가지 흥미로운 잡체시 2」, 『선비문화』 8호, 남명학연구원, 2005.

찾아보기

인명

작품

저자 **이국진**

경북대학교 한문학과를 졸업하고, 고려대학교 국어국문학과에서 문학 석사와 문학 박사 학위를 받았다. 고려대학교 민족문화연구원 연구교수를 거쳐 현재 고려대학교의 시간강사로 재직하고 있다. 주요 논문으로 「조선시대 「南山詩」 차운시의 양상과 문학적 특징」, 「조선후기 문인들의 전겸익 한시에 대한 관심과 의미」, 「일식과 월식을 소재로 한 한국 한시의 양상과 의미」, 「懶婦를 모티프로 한 한국 한시와 국문가사의 대비적 고찰」 등이 있다. 저서로는 『백운 심대윤의 백운집』(공역), 『하루 한시』(공저)가 있다.

民族文化研究叢書 150

낙하생 이학규의 시문학 연구

2017년 6월 20일 1쇄 펴냄

저 자 이국진
발행인 이형대
발행처 高麗大學校 民族文化研究院

등록 1964년 9월 28일 제6-18호
주소 서울특별시 성북구 안암로 145
전화 02-3290-1610~4
팩스 02-926-8385
http://riks.korea.ac.kr

ISBN 978-89-7155-171-4 94810
978-89-7155-073-2 94810(세트)

정가 20,000원

이 도서의 국립중앙도서관 출판예정도서목록(CIP)은 서지정보유통지원시스템 홈페이지(http://seoji.nl.go.kr)와 국가자료공동목록시스템(http://www.nl.go.kr/kolisnet)에서 이용하실 수 있습니다. (CIP제어번호 : CIP2017013805)